O ensino paulistano de design

Blucher

Coleção Pensando o Design
Coordenação
Marcos Braga

O ensino paulistano de design

Ana Paula Coelho de Carvalho

O ensino paulistano de design
© 2015 Ana Paula Coelho de Carvalho
Editora Edgard Blücher Ltda.

Blucher

Capa Lara Vollmer
Projeto gráfico Priscila Lena Farias
Diagramação Join Bureau

Rua Pedroso Alvarenga, 1245, 4º andar
04531-012 – São Paulo – SP – Brasil
Fax 55 11 3079 2707
Tel 55 11 3078 5366
contato@blucher.com.br
www.blucher.com.br

Segundo Novo Acordo Ortográfico, conforme 5. ed. do *Vocabulário Ortográfico da Língua Portuguesa*. Academia Brasileira de Letras, março de 2009.

Todos os direitos reservados pela Editora Edgard Blücher Ltda.

É proibida a reprodução total ou parcial por quaisquer meios, sem autorização escrita da Editora.

Impressão e acabamento: Yangraf Gráfica e Editora

Ficha Catalográfica

Carvalho, Ana Paula Coelho de
 O ensino paulistano de design / Ana Paula Coelho de Carvalho. – São Paulo: Blucher, 2015. – (Coleção Pensando o Design / coordenação Marcos Braga)

 ISBN 978-85-212-0862-4

 1. Escolas de Design – Brasil 2. Desenho industrial – estudo e ensino I. Título II. Braga, Marcos da Costa.

14-0567   CDD-707.081

Índices para catálogo sistemático:
1. Arte – Estudo e ensino – Brasil

Conteúdo

Prefácio *7*

Introdução *9*

1 Contextos e conceitos *19*

    1.1   Contexto histórico 19

    1.2   O desenho industrial e a industrialização no contexto brasileiro 22

    1.3   Design: linguagem visual e artes aplicadas 24

    1.4   O design e o campo das artes 25

    1.5   O design e o campo profissional 28

    1.6   Ensino do design 32

    1.7   Marcos curriculares 51

    1.8   Uma questão de currículo 57

2 FAU/USP: as sequências de desenho industrial e comunicação visual *61*

    2.1   Separação FAU–POLI 61

    2.2   Caracterização de 1948 a 1962 63

    2.3   O Regimento de 1955 e a Comissão de 1957 67

    2.4   Disciplinas de Composição Decorativa e os antecedentes da Reforma de 1962 71

    2.5   Desenho Industrial: ensino e indústria 75

    2.6   As Sequências de Desenho Industrial e Comunicação Visual da FAU/USP 86

    2.7   Influências estrangeiras 96

    2.8   O Fórum de 1968 e a Reforma Universitária de 1969 103

2.9 Década de 1970   108
2.10 Personagens   114
2.11 Grades curriculares   124

3 FAAP – Fundação Armando Álvares Penteado   *137*

3.1 Histórico   137
3.2 Personagens   164
3.3 Grades curriculares e análise específica   180
3.4 Análise das características da dinâmica cotidiana do curso   190
3.5 Considerações finais sobre o curso da FAAP   193

4 Instituto Presbiteriano Mackenzie   *199*

4.1 Histórico   199
4.2 Alguns personagens do início do curso   224
4.3 Grades curriculares e análises específicas   228
4.4 Considerações dos entrevistados sobre a grade na prática/dinâmica das aulas   249
4.5 Considerações finais   254

5 Análise   *261*

5.1 Contextos   261
5.2 Agentes   267
5.3 Grades curriculares   291

6 Considerações finais   *323*

Referências   *333*

Anexos   *343*

Prefácio

O presente volume é uma revisão crítica da dissertação *O ensino paulistano do design: a formação das escolas pioneiras*, defendida em 2012 na área de concentração de Design e Arquitetura do Programa de Pós-graduação em Arquitetura e Urbanismo da Faculdade de Arquitetura e Urbanismo da Universidade de São Paulo (FAU/USP). A pesquisa originou-se da preocupação de Ana Paula Coelho de Carvalho em compreender a implementação dos cursos paulistanos pioneiros do ensino superior de desenho industrial, especificamente das instituições FAU/USP, FAU/Mackenzie e FAAP, e do questionamento se seria possível haver relações entre eles que pudessem dar indícios da existência de uma matriz de pensamento sobre esse ensino.

O trabalho promoveu um importante resgate histórico sobre o design paulistano e as condições originais de seu ensino em nível superior. Até meados dos anos 2000, quando surgiram as primeiras pesquisas históricas sobre o ensino do design no cenário paulistano, predominavam os estudos sobre as origens na cidade do Rio de Janeiro, pois de fato lá se deu o início de escolas de nível superior específicas de design no Brasil. Porém, o ensino de design no país começou em São Paulo quando Pietro Bardi abriu o curso de desenho industrial no MASP, em 1951. E foi nesse Estado que foi implementado o primeiro ensino de design em nível superior em março de 1962, por meio das sequências de desenho industrial e de comunicação visual no curso de Arquitetura e Urbanismo da FAU/USP.

O Estado de São Paulo apresentava nos anos 1960 uma industrialização que entusiasmou personagens, principalmente das artes e da arquitetura, a se dedicarem à constituição do campo profissional do design. Alguns projetos de produto ocorreram em São Paulo nessa época, ultrapassando as fronteiras do mobiliário que tradicionalmente ofereceu algumas oportunidades de atuação em design para esses profissionais. A indústria gráfica, por sua vez, promoveu uma atualização de maquinário e de tecnologia de impressão no final da década de 1960, momento em que se iniciou um período de crescimento econômico. Todos esses fatores formam um contexto que estimula a abertura do curso de desenho industrial da FAAP e, em seguida, o da FAU/Mackenzie.

Entretanto, esses não foram os únicos pontos em comum entre esses cursos. O texto de Carvalho procura traçar relações entre os três cursos aqui abordados, para verificar possíveis convergências curriculares, didáticas e sociais que possibilitam apurar se e em que nível existiu uma matriz de ideias que marcou as origens paulistanas do ensino superior de design.

A formação e o ensino são parte importante da constituição de uma identidade profissional. E, no caso do design, essa identidade está atualmente em debate em meio a um cenário de crises. Desse modo, a pesquisa de Carvalho contribui não só para os estudos sobre o ensino do design, por meio da recuperação das origens de uma de suas importantes raízes, mas também para a construção do conhecimento sobre a identidade profissional do designer no Brasil.

A Coleção *Pensando o Design* cumpre, assim, um dos seus objetivos ao dar espaço para um texto que recupera a memória e a história do design brasileiro e contribui para a busca contemporânea sobre seu (re)conhecimento.

Marcos da Costa Braga
São Paulo, 2015

Introdução

Diante da diversidade de atuação no campo do design e das dinâmicas sociais recentes, observamos, na contemporaneidade, a oferta de cursos com diferentes abordagens e conteúdos e uma variedade de habilitações, com parcela significativa desses norteada pela recente demanda mercadológica[1]. Isso fez originar o questionamento de como os cursos são formulados e com que propósito.

Assim, a importância deste livro vem ao encontro da procura por referências que possibilitem o melhor entendimento de como os cursos de design podem ser mais bem elaborados, o que nos levou a optar por recuar na cronologia dos fatos e verificar como ocorreu a implantação da academia de design.

Na intenção de uma pesquisa que possa contribuir para relacionar os formatos de cursos e os profissionais que se deseja formar na atualidade, procura-se averiguar as experiências anteriores, tomados os devidos cuidados de distinção dos períodos e seus contextos.

Nos municípios de São Paulo e do Rio de Janeiro, entre as décadas de 1960 e 1970, iniciaram-se as primeiras tentativas brasileiras de abertura de cursos voltados às atividades do design, situação estimulada pelo crescimento da produção de bens materiais, conforme descrito:

> O aparecimento das primeiras instituições de ensino superior na área do conhecimento do design no Brasil se deu a partir da década de 60, estimuladas pelo desenvolvimento econômico e pela política de exportação de produtos manufaturados. Por esse motivo, os primeiros cursos do Brasil foram criados nos maiores centros urbanos e de maior importância econômica da época (De Paula et al., 2010, p. 1-8).

---

1 Nesse caso, refere-se às demandas mercadológicas das instituições de ensino que, muitas vezes, são tendências e nomenclaturas efêmeras de oferta de formação.

Desse modo, este trabalho dirige-se à implantação dos primeiros cursos nas instituições de ensino da cidade de São Paulo.

Com a participação cada vez mais presente em diversas áreas na atualidade, o designer ganha importância e deve estar apto a atuar de forma coerente com as necessidades que lhe são impostas na sociedade contemporânea. Ao observar os assuntos relacionados ao design/desenho industrial, verificamos que o campo do ensino esteve presente em grande parte da busca pelo reconhecimento do campo profissional (Braga, 2011, p. 20) e pelas melhorias das condições de trabalho. Temas pautados no campo do ensino sempre ressoaram no meio profissional brasileiro, pelo menos no período de abordagem desta pesquisa, e giravam em torno de questões sobre novas perspectivas e mudanças da profissão, sua prática e função na sociedade, e seu engajamento no processo de desenvolvimento industrial.

Nesse sentido, a academia, considerada uma das bases de sua formação, é pensada como agente essencial para o desenvolvimento e a valorização do campo profissional, gerando agentes que exerçam atividades coesas às exigências nacionais e internacionais. Com isso, torna-se importante que ela (re)conheça suas origens para refletir sobre sua possível identidade, vocação e rumos para o futuro.

Dentre os variados temas sobre o ensino de design, ainda há muitos com carência de pesquisa e de fontes bibliográficas, principalmente sobre a história de seu ensino. Tanto que é notória a recorrência à história das escolas cariocas como referências nacionais, e em particular a Escola Superior de Desenho Industrial (ESDI). Essa escola conta com uma série de estudos a seu respeito, que contribuíram para o entendimento de suas origens e seu reflexo na academia nacional do design.

A importância dos estudos sobre essa escola carioca revela-se quando sua história é traçada com mais clareza, o que possibilita caracterizá-la, nos dias de hoje, como a primeira escola brasileira específica de design e uma matriz de modelo de ensino para outras escolas de design no país.

A implantação dessa escola é contemporânea a experiências paulistas nesse campo, e alguns dos agentes da instituição carioca exerciam atividades também na cidade de São Paulo naquele período, o que poderia contribuir para supor que um ou mais princípios que nortearam a formação da academia paulista de design seriam semelhantes aos que nortearam a ESDI. Apesar de a Escola de Ulm ser uma referência comum entre a escola carioca e o ensino de desenho industrial na FAU/USP, iniciando em 1962, não estão claros ou confirmados por pesquisa se os discursos dela foram os mesmos em território paulistano nos anos 1960 e qual o nível de envolvimento entre as escolas das duas cidades, apesar de alguns fatos conhecidos sobre essa relação, como a realização do I Seminário de Ensino de Design de 1965.

Analisando o início da formação profissional dos designers/desenhistas industriais das primeiras instituições paulistanas de ensino, foi colocado como problema principal para a presente pesquisa se seria possível verificar a existência de algum padrão, parâmetros ou pensamento comum nessa formação que levaria a identificar uma (ou mais) matriz pedagógica, didática ou conceitual peculiar do ensino paulistano de design.

Para delinear esse problema, surgiram alguns questionamentos que levaram aos seguintes subproblemas: como se apresentava o contexto histórico do campo do design, principalmente paulistano, nas décadas de 1960 e 1970, período deste estudo, e que fatores condicionaram os primeiros cursos de design na cidade de São Paulo?

Ainda no âmbito do problema principal, outro subproblema levantado é: quais os personagens do design na cidade de São Paulo que estavam diretamente relacionados com a academia, quando da abertura dos primeiros cursos? A indefinição e o desconhecimento social sobre as atividades do desenho industrial, por se tratar de um campo em formação naquela época, levaram-nos também ao questionamento sobre qual seria a atuação profissional desses agentes.

A partir desse diagnóstico, pretendeu-se identificar qual o grau de envolvimento e participação de agentes do campo profissional e do ensino na montagem dos cursos e quais as referências utilizadas por estas instituições na metodologia de ensino de design, e assim procurar identificar quais relações podem ser apreendidas entre eles. Com o problema apresentado, tentou-se investigar as experiências educacionais pioneiras de ensino de design no âmbito de bacharelado do maior centro econômico do país, a cidade de São Paulo, município onde foram implantadas as primeiras disciplinas e cursos de design/desenho industrial do Estado e por um grupo de instituições de destaque no cenário paulistano.

Para a obtenção de informações, fez-se uso de documentação, como grades e históricos escolares, levantamento bibliográfico referente aos cursos das respectivas instituições e entrevistas com ex-alunos.

A apresentação do meio social, político, econômico e cultural brasileiro, em particular na cidade de São Paulo, entre as décadas de 1960 e meados de 1970, contribui para a contextualização do design. Nessa época de abertura dos cursos (de design), chamados de desenho industrial, tal contexto permite identificar quais relações podem ser estabelecidas no processo de escolha das grades curriculares inicialmente estipuladas e os pensamentos vigentes naquela sociedade.

Nesse sentido, é relevante apresentar as propostas oficiais de currículos que nortearam as diretrizes acadêmicas do design do período estudado. As décadas de 1960 e 1970 foram emblemáticas para esse campo do ensino, uma vez que compartilharam o momento com importantes ações governamentais para a educação.

São dessa época, no nível da educação nacional, a Lei de Diretrizes e Bases da Educação Nacional, formulada em 1961, e a Reforma Universitária nº 5.540, de 1968, que fixou os Currículos Mínimos dos cursos de graduação; seguidos no campo do design pela proposta do Primeiro Currículo Mínimo em nível federal em 1969, do Conselho Federal de Educação (CFE), e, em 1979, da proposta resultante do Primeiro Encontro Nacional de Desenhistas Industriais (ENDI), apresentada ao Ministério da Educação e Cultura (MEC) (adotada como limite temporal deste trabalho).

Com a apresentação dos conteúdos básicos desses documentos, pretende-se averiguar de que modo as primeiras referências oficiais do ensino de desenho industrial influenciaram as ideias do campo paulistano naquela época. Para tanto, escolheu-se a grade curricular como objeto da análise desejada por ser um elemento representativo da estrutura didático-pedagógica do ensino. Tomando-se para o termo "currículo" a definição de John Franklin Bobbitt[2] (1876-1956) (Bobbitt, 1918) e os apontamentos encontrados em Silva (1999), temos:

> No discurso curricular de Bobbitt, pois, o currículo é supostamente isso: a especificação precisa de objetivos, procedimentos e métodos para a obtenção de resultados que possam ser precisamente mensurados. [...] Para um número considerável de

---

2 Em 1918, conforme Silva (1999, p. 22), Bobbitt escreve *The curriculum*, um marco no estabelecimento do currículo como campo especializado de estudos.

escolas, professores, de estudantes, de administradores educacionais, "aquilo" que Bobbitt definiu como sendo currículo tornou-se uma realidade (Silva, 1999, p. 12).

Mas quando aqui empregado, refletirá principalmente uma parcela de sua definição, aquela voltada à organização das disciplinas em formato de grades curriculares.

A opção por adotar a grade curricular como parâmetro para a análise pretendida deve-se a sua importância como um dos elementos da metodologia do ensino e como organização prática que pretende relacionar as disciplinas na prática pedagógica, organizá-las entre si por meio de ordenação, nomenclaturas e cargas horárias.

Assim, o escopo da pesquisa está delimitado à área do ensino do design/desenho industrial, com foco nas primeiras escolas paulistanas e nas possíveis relações estabelecidas entre elas. Foram relacionadas, para este estudo, instituições que se enquadram na categoria de universidades ou faculdades, que detinham originalmente as habilitações ou a sequência expressiva de formação de Desenho Industrial/Projeto de Produto e Comunicação Visual/Programação Visual, as quais configuram a grande área do design, correspondentes hoje a design de produto e design gráfico, em grande parcela dos cursos oferecidos.

Dessa forma, foram selecionadas:

- Faculdade de Arquitetura e Urbanismo da USP (FAU/USP), em 1962, como a primeira que implementou um ensino superior e regular de design por meio de suas sequências de disciplinas.
- Fundação Armando Álvares Penteado (FAAP) e Universidade Mackenzie, em 1969 e 1971, respectivamente. Duas escolas que posteriormente abriram os primeiros cursos específicos de desenho industrial na cidade de São Paulo.

A FAU/USP é considerada uma das instituições de ensino do design, uma vez que foi entendida como tal nos estudos sobre a academia desse campo próximos ao período aqui abordado. Exemplo disso é sua inserção na publicação de Geraldina Witter (Witter, 1985) sobre um levantamento feito para o Conselho Nacional de Desenvolvimento Científico e

Tecnológico (CNPq) a respeito da situação das escolas de design. Mesma inserção fez Gustavo Amarante Bomfim no levantamento de 1977 sobre o "Ensino do Desenho Industrial", promovido dentro do Programa de Engenharia e Produção da Coppe-UFRJ e que pode ser conferido em Picarelli (1993). A FAU/USP inseriu as disciplinas de projeto em Desenho Industrial e Comunicação Visual na grade do seu curso, atribuindo importância igualitária àquelas dedicadas ao Projeto de Edificações e ao Planejamento.

Outro fato a ser destacado é a anotação, em determinado período entre as décadas de 1960 e 1970, pelo Conselho Regional de Engenharia, Arquitetura e Agronomia de São Paulo (CREA/SP), na carteira profissional dos formandos da FAU/USP com as atribuições de desenho industrial e comunicação visual, narrada por Braga (2011).

A seleção das três instituições é decorrente do período em que tiveram seus cursos implantados, além das relações interpessoais e sociais estabelecidas por meio de seus representantes nas suas origens do ensino desse campo.

Com o cruzamento dos dados provenientes da documentação dos cursos, procuramos relações, de igualdade ou diferença, nas propostas das grades das disciplinas implantadas, para saber qual perfil profissional se objetivava formar naquela época.

Por esta pesquisa abordar uma época em que ainda não se utilizava oficialmente no cursivo a palavra "design", o termo "desenho industrial" será empregado quando nos referirmos aos cursos e às disciplinas do período que se dedicavam à habilitação de desenho de produto. Assim, "desenho industrial" será adotado como entendido na época, ou seja, correspondente de um lado ao termo "design" utilizado hoje, ao passo que este último não será compreendido da forma abrangente como o é na atualidade.

Como objetivo geral, este trabalho buscou aproximar, resgatar e entender o início da formação superior paulistana dos cursos pioneiros de desenho industrial/design e identificar possíveis relações entre as três instituições, em suas dimensões curriculares, na formação profissional oferecida e nos corpos docentes que os compuseram.

A partir dos pressupostos de proximidade geográfica (bairro de Higienópolis, zona centro-oeste da capital paulista), temporal (FAAP, 1967; Mackenzie, 1971) e da relação entre agentes no meio social, acadêmico e profissional, pretende-se verificar como se deu a implantação do ensino de desenho industrial/design nas três primeiras instituições paulistanas que o adotaram e se houve características comuns da formação profissional entre elas.

Em termos específicos, a pesquisa procura identificar a existência ou não de matrizes de ensino de design formadoras dos primeiros cursos e que possam ter norteado a formação paulistana na área de design. A investigação ainda tem por finalidade particular contribuir para a divulgação desse campo acadêmico, evidenciar dados relevantes ao ensino e à maneira como são assimilados na prática docente e discente.

Este estudo pretende ser mais uma peça nas diversas reflexões e nos ensaios investigativos que pensam em transformações de qualidade para a formação do designer. Com isso, busca-se contribuir para o melhor entendimento das propostas curriculares, registrar e documentar informações desconhecidas ou pouco evidentes nos estudos existentes, além de colaborar para a compreensão e avaliações de futuros programas educacionais na área e que respondam adequadamente às novas necessidades expostas pela sociedade.

A polêmica gerada ao longo das últimas décadas no Brasil sobre o termo "design" e suas implicações de ordem profissional e social não será abordada nesta pesquisa. Não se trata aqui de um trabalho aprofundado sobre os conceitos e definições de nomenclaturas dessa área e sua amplitude, pois muitos trabalhos já o descreveram.

Cabe ainda apontar que o objeto de estudo é relacionado à análise das questões curriculares, as quais dizem respeito ao perfil profissional almejado pelas escolas. Com isso, não serão analisadas instalações e oficinas referentes à infraestrutura, bem como escolas abertas posteriormente, sendo estes casos destinados a outras pesquisas.

Como exposto anteriormente, a investigação dedica-se a cursos de graduação (bacharelado) e não estarão incluídos possíveis cursos técnicos e quaisquer outros de curta duração além dos aqui já apresentados, devido à importância e à influência dessas escolas superiores na origem da academia paulistana do design.

Diante dos questionamentos aqui expostos, haveria uma série de possibilidades para conduzir este trabalho, no entanto, ele não se propõe a analisar individualmente os personagens que compuseram os corpos docentes e discentes das instituições, embora muitos deles sejam dignos de exclusividade e objetos de outras pesquisas.

Por se tratar de uma pesquisa exploratória, foram executadas entrevistas abertas semiestruturadas com integrantes do contexto estudado (alunos e professores da época de abertura dos cursos).

Com o objetivo de resgatar a formação dos cursos de design na cidade de São Paulo, com o auxílio das fontes orais, pretendeu-se contribuir para o melhor entendimento do campo educacional da atualidade por meio de suas raízes. A apresentação dos pontos de vista, tomados como uma das referências para este trabalho, pretende esclarecer e evidenciar certas condições implícitas na metodologia pedagógica que não estão registradas em documentos.

A pesquisa primária realizada com alguns destes agentes não teve a pretensão de levantar particularidades de cada entrevistado que não estivessem associadas ao questionamento principal deste trabalho acadêmico. Assim, além das informações obtidas em entrevistas, foram acrescidos os dados provenientes de bibliografia já existente, em sua maioria, que serviram como partes integrantes desta dissertação.

As entrevistas, como fontes de conhecimento primário, somadas ao levantamento documental, contribuíram para pautar o desenvolvimento dos cursos e, consequentemente, colaborarão para uma prospecção futura do ensino. Instituiu-se ainda como objetivo a recomposição possível de uma história desconhecida, e assim se pretendeu que alguns representantes tivessem ocupado diferentes cargos e posições (professores e alunos) dentro dos cursos pesquisados. Desse modo, a premissa para a escolha foi que os entrevistados tivessem se envolvido com a academia e também com acontecimentos no campo do design.

Os depoimentos contribuíram para realizar um comparativo da formação profissional; e, quando provenientes do relato de docentes, colaboraram para a identificação de relações no meio social acadêmico e profissional.

A princípio, para as entrevistas, foi elaborado um modelo de roteiro geral (Anexo 1), e a ele foram incorporadas questões específicas a cada entrevistado, sofrendo adaptações à medida da evolução do trabalho e das necessidades que se apresentaram no percurso da pesquisa.

Por se tratar de fontes cujas conclusões são de caráter pessoal e variável, dependendo da interpretação e memória de cada personagem, publicações referentes à história oral foram guias metodológicos fundamentais na tentativa de levantar, compreender e compilar os dados.

Na sequência, encontramos a presente pesquisa organizada da seguinte maneira:

1. Contexto histórico: contextualização do campo do design no período entre o fim da década de 1950 e os anos 1970, sob os aspectos políticos, econômicos, culturais e sociais dessa época, com ênfase nos fatos relacionados à academia, mais especificamente na cidade de São Paulo. Assim, serão apresentadas escolas nacionais e internacionais que influenciaram diretamente a formatação dos três exemplos escolhidos para esta pesquisa, bem como os marcos curriculares a fim de relacioná-los com os cursos.
2. Faculdade de Arquitetura e Urbanismo da Universidade de São Paulo (FAU/USP): apresentação da história da escola, com ênfase a partir da década de 1960, quando há a inserção da Sequência de Desenho Industrial e Comunicação Visual. Apresentação dos personagens que colaboraram para a implantação da sequência e suas participações no campo do design.
3. Fundação Armando Álvares Penteado (FAAP): historiografia da instituição voltada à abertura dos cursos de Desenho Industrial e Comunicação Visual, em 1967, dentro da Faculdade de Artes Plásticas e Comunicação. Apresentação das primeiras grades curriculares e de alguns dos agentes que contribuíram para a montagem do curso, bem como suas relações com o campo do design no período abordado.
4. Instituto Presbiteriano Mackenzie: história da instituição, principalmente dos cursos de Desenho Industrial e Comunicação Visual, implantados em 1971. Exposição das primeiras grades e de certos personagens que constituíram os primeiros anos desses cursos.
5. Análise: exposição das relações entre os agentes que integraram a constituição das três escolas. Comparação das disciplinas/cursos de design de produto e design gráfico das três escolas a partir do cruzamento das

informações na época da implantação, com o objetivo de traçar pontos de igualdade e/ou diferença que delineassem o ensino paulistano de design.

Para esta análise, no caso da FAU/USP, consideramos as disciplinas a partir de seu título e suas referidas áreas – Desenho Industrial (DI) ou Comunicação Visual (CV). Já para a FAAP e o Mackenzie, o critério estipulado foi dividir as disciplinas em três grupos a fim de auxiliar na identificação das características da grade curricular proposta nos primeiros anos desses cursos.

Assim, a partir dos títulos, separamos as disciplinas em: conhecimentos gerais (Matemática, Física, Economia, Antropologia etc.); comuns da área do design e específicas de cada habilitação (DI ou CV). A aplicação desses critérios permitiu estabelecer grupos que facilitaram a análise da evolução de cada curso/sequência analisado e relacioná-los entre si, em meio à diversidade de composição.

Contextos e conceitos

1.1 Contexto histórico

No fim da década de 1950, as consequências da Segunda Guerra Mundial se evidenciavam no contexto sociopolítico e econômico. Os pensamentos fundados na dualidade dos ideais socialistas e capitalistas orientaram as nações no período chamado Guerra Fria, que tinha como seus representantes a antiga União das Repúblicas Socialistas Soviéticas (URSS) (atual Rússia), de um lado, e os Estados Unidos da América (EUA), de outro. Os dois países avançaram na corrida armamentista e no desenvolvimento das pesquisas espaciais. Em meio a uma série de guerras e conflitos que marcaram esse período, a política mundial procurava se restabelecer através de alianças. Um exemplo disso foi a criação da Comunidade Econômica Europeia (CEE) em 1957.

O Brasil inicia a década de 1960 segundo os parâmetros norte-americanos, sob a crença de que o progresso dependeria do desenvolvimento industrial, ostentado pelo governo de Juscelino Kubitschek. Entretanto, após o presidente deixar o poder, o país entrou em um período de instabilidade política e consequente crise do populismo, o que acompanhou as duas décadas seguintes. Em contrapartida, a tecnologia aplicada a produtos como televisão, geladeira, máquina de lavar, liquidificador etc. invadia o cotidiano das pessoas e conformava um novo modo de vida. Foi nessa conjuntura política, econômica e social, baseada na sociedade do consumo, que o campo artístico e cultural dos países capitalistas também se posicionou.

A política econômica impossibilitou manter em crescimento a faixa da população que seria consumidora dos produtos industriais durante o decênio de 1960. O Estado não conseguiu conter as elevadas taxas inflacionárias deixadas pela política de JK, e os primeiros anos, posteriores a esse governo, transitaram entre as demandas sociais burguesas e industriais e a camada formada pela grande massa populacional, em sua maioria, proletária.

A breve passagem de Jânio Quadros pela Presidência da República – de janeiro a agosto de 1961 – possibilitou que João Goulart (Jango) ascendesse ao poder para lá permanecer durante os dois anos seguintes. Diante das turbulentas cisões entre as camadas sociais e políticas e suas demandas, é lançado o Plano Trienal, cujo propósito é conferir nova dinâmica à economia, porém não se obteve o resultado almejado.

João Goulart, aliado às ideias contrárias ao Congresso, retirou-se do cargo e permitiu que Ranieri Mazzili (presidente da Câmara dos Deputados) fosse o novo presidente, interinamente. A fragilidade advinda dessa troca de representantes do governo derivou na ocupação do poder pelos militares. Assim, esses agentes, que já atuavam no comando de algumas diretrizes nacionais, assumiram oficialmente sua posição no comando do Estado, em 1964.

O golpe militar foi uma estratégia política de controle das sucessivas mobilizações das classes contrárias ao governo, que incluiu atos repressivos para conter a expressão dessas classes. Os anos sob a gestão dos militares distinguiram-se, na história brasileira, por intensa censura e suspensão de direitos, além dos episódios de tortura e exílio de representantes sociais e políticos[1] do país. Outra marca desse período foi a promulgação dos Atos Institucionais, que permitiu a atuação indiscriminada do governo. Uma série desses documentos foi emitida com o pretexto de "justificar os atos de exceção que se seguiam" (Castro, 2012) até chegar a seu exemplo mais repressivo, o AI-5, em 1968.

Se, de um lado, os militares represaram uma parcela da população, de outro, grupos como o empresariado e governadores dos Estados de São Paulo, do Rio de Janeiro e de Minas Gerais (Castro, 2012) posicionaram-se em conformidade com as atitudes dos novos representantes do poder. Sob a conjuntura de deter a ameaça "comunista" – intitulada naquele período de "inimigos internos" (Castro, 2012) –, a intervenção militar também agradou aos Estados Unidos, que viam aí uma maneira de cultivar as ações capitalistas dentro do Brasil,

---

1 Nesse grupo, encontramos personagens que marcaram a política brasileira, como Leonel Brizola, Miguel Arraes, Luis Carlos Prestes e os ex-presidentes Jânio Quadros e João Goulart.

principalmente após a sequência de guerrilhas que se espalhavam em Cuba e nos continentes asiático e africano.

A eficiência política desse período mostrou-se na articulação entre os que pregavam ideias consideradas "radicais" e os chamados "moderados", o que fez com que os militares permanecessem no poder durante 21 anos.

Como consequência dos acontecimentos dos anos 1960, a década seguinte é marcada pelas reações políticas e sociais expressas por meio das revoluções nos países intitulados subdesenvolvidos. O reflexo do combate às ideias dos governos ditatoriais – constituídas de discriminação, racismo, desenvolvimento nuclear e corrida armamentista – ganha notoriedade à medida que alguns países coloniais conseguem sua independência (Angola, Moçambique e Guiné-Bissau) e com o término da Guerra do Vietnã, em 1975, e a retirada das tropas americanas. Enquanto isso, a Guerra Fria evoluía para a coexistência pacífica dos Estados Unidos com a União Soviética (URSS), apesar de os primeiros terem mantido a indústria bélica em atividade.

O mundo passava por intensas crises nos aspectos econômico, político e social. Os conflitos sociais, diante da repressão, em uma atmosfera exasperada da concorrência produtiva, caracterizaram a década identificada como "história de exílios e exilados"[2]. A tensão que se instalou refletia a instabilidade política e econômica, à medida que os conflitos contra as ditaduras se ampliavam.

No fim da década de 1970, tais condições passam a ficar insustentáveis e, prevendo um golpe ainda maior dos países sujeitos a revoltas, as nações dominantes da economia mundial, representadas principalmente por alguns países europeus e os Estados Unidos, a partir de uma estratégia para impedir novas revoluções, como a da Nicaraguá, começam a apoiar a substituição das ditaduras militares em exercício naquele momento, por governos civis de transição conservadora (Habert, 1992).

Em decorrência dessa postura, antigas ditaduras europeias (principalmente o fascismo português, espanhol e grego) foram extintas e emanaram na independência de muitas ex-colônias. A ressalva a esse contexto, no entanto, deve ser dada aos casos do Irã, que, após muita luta, recebeu apoio do povo para o retorno de Aiatolá Khomeini[3] ao poder; e da Nicarágua, cujo poder foi tomado pelos sandinistas[4] em 1979.

---

2 Disponível em: <http://www.casadehistoria.com.br/cont_31-19.htm>. Acesso em: 17 abr. 2008.
3 Líder dos muçulmanos xiitas que estava exilado em Paris.
4 Grupo liderado pela Frente Sandinista de Libertação Nacional (movimento guerrilheiro cujo nome homenageia Augusto César Sandino, líder guerrilheiro que lutou contra a dominação norte-americana entre os anos 1920 e 1930). Cf. Habert, 1992.

1.2 O desenho industrial e a industrialização no contexto brasileiro

O fim da Segunda Guerra Mundial favoreceu de forma significativa o desenvolvimento do desenho industrial, sobretudo por meio de importantes avanços tecnológicos e produtivos no âmbito mundial, enquanto o Brasil se beneficiou da economia de guerra graças ao aumento do volume das exportações de insumos agrícolas. Contudo, era necessário redirecionar a produção industrial. No fim dos anos 1950, o presidente Juscelino Kubitschek (JK) assume o poder e instaura um governo conhecido pela estabilidade política e pelo crescimento econômico. Derivada do contexto internacional, encontramos no Brasil uma ampla entrada do capital estrangeiro para a consolidação do desenvolvimento nacional por meio da política de incentivos à industrialização. Como exemplos do legado desse período, podemos citar a construção de grandes obras como as hidrelétricas para a produção de energia, a expansão dos negócios das indústrias de base, de maquinários e alimentos, a abertura para as montadoras de automóveis e a construção da nova capital nacional, Brasília, símbolo de modernidade e planejamento.

O desenvolvimento proporcionado pela consolidação do parque industrial – do qual as maiores protagonistas foram as multinacionais que aqui instalaram suas linhas de produção – ocasionou a formação de uma limitada classe média inserida no processo de industrialização. Tanto do ponto de vista das oportunidades como do acesso aos produtos que passam a ser oferecidos no país, as diretrizes políticas brasileiras ambicionavam a constituição de uma camada social com poder de compra à semelhança dos padrões de consumo internacionais.

Nos anos 1960, cresce com destaque os setores de bens de consumo duráveis (itens domésticos, carros etc.), e uma parcela da classe média alcança um considerável nível de consumo desses bens durante o período do "milagre econômico" de 1967 a 1973, após uma fase de política recessiva dos primeiros anos de ditadura militar.

Já nos anos 1970, o Brasil, a partir de sua política econômica, sustentou um momento industrial de ascensão como alternativa à exportação de bens primários, e, nesse contexto, o design – que buscava sua definição quanto à atuação e sob as influências estrangeiras – é integrado ao discurso de vários setores do governo que visam à exportação, ao passo que na academia é associado às transformações sociais.

Sob esse ponto de vista, podemos destacar a importância das atividades do campo do design para o período estudado à medida que ele assiste ao crescimento do período em que é desejado por ideias governamentais para auxiliar na competição externa, o que ocorreu pelo menos até meados dos anos 1970. Porém, as ações governamentais em prol do design foram pontuais, não chegando a constituir um planejamento consistente de longo prazo e com ampla inserção na indústria.

As questões relacionadas a tecnologia, desenvolvimento, industrialização e ciência constavam das discussões políticas entre o poder público e o empresariado. Nessa época, "o papel do Estado foi determinante na definição de políticas e programas de desenvolvimento industrial. E, portanto, o setor público – tão depreciado, de acordo com o predominante pensamento neoliberal – criou a base para a atividade do design industrial e gráfico" (Fernandez, 2009).

Dentro desse contexto do design como parte do discurso político, vários países da América Latina o indicavam em suas propostas, como exemplificado por Uriarte:

> Em Cuba, criou-se o Ministério da Indústria, que foi dirigido pelo comandante Ernesto "Che" Guevara e, posteriormente, o Ministério da Indústria Leve. O mesmo "Che", em vários artigos, documentos e conferências, afirmou explicitamente que via o desenvolvimento da indústria nacional como meio de propiciar objetos com qualidade e design para toda a população (Uriarte, 2008, *apud* Fernandez, 2009).

Todavia, os regimes militares, instalados em territórios latinos, anteciparam o fim do ciclo que poderia ter favorecido a evolução do design nesses países caso os investimentos tivessem focado a indústria e a tecnologia locais. No entanto, o campo do design[5] adquiriu importância dentro da política e economia nacionais à medida que suas diretrizes eram colocadas em prática e geravam novas necessidades sociais. No intuito de acompanhar a proposta de desenvolvimento, empresas nacionais e internacionais aqui assentadas instituíram departamentos de design, a maioria só a partir dos anos 1970, principalmente para o desenvolvimento de produtos. Apesar de as bases conceituais e formais serem principalmente importadas, empresas como Volkswagen, General Motors (2ª fábrica),

---

5 Nesse período, o termo "design" estava associado no Brasil à estética, baseado no discurso das questões formais dos objetos.

Willys Motors, Bosch, Caterpillar, entre outras, instalaram suas linhas de montagem e fábricas em território brasileiro.

1.3 Design: linguagem visual e artes aplicadas

Ao lado da crescente oferta de produtos industrializados, a ascensão de novos consumidores conformava uma nova dinâmica nos centros urbanos em formação no fim dos anos 1960 e nos anos 1970; e, para que esses produtos alcançassem o alvo desejado, era necessário que a mensagem atingisse o maior número possível de pessoas. O poder público, norteado pela ordem da economia crescente e como promovedor das grandes mudanças, incorpora o design nos seus planos como um meio de comunicação em maior escala. Assim, organismos estatais passam a encomendar o design para suas obras e eventos a fim de atribuir um caráter de modernidade e inovação, principalmente nas condicionantes estéticas e formais de seus produtos. São inúmeros os casos em que observamos a penetração do design nos acontecimentos públicos, antes e durante o período militar, como campeonatos esportivos (Olimpíadas, Copa do Mundo), obras de grande porte (aeroportos, hospitais), serviços públicos e sinalizações das cidades, e o desenho de peças gráficas para símbolos nacionais, como a cédula da moeda brasileira (Cruzeiro Novo) criada por Aloísio Magalhães em 1966.

Desde a década de 1950, a influência racionalista, as linhas retas e as formas minimalistas compuseram muitos trabalhos das linguagens visuais, caracterizados como expoentes do campo da comunicação visual. O intercâmbio formado entre a escola alemã de Ulm (com a vinda de Max Bill e Tomás Maldonado, por exemplo) e os artistas brasileiros, em sua maioria, proporcionou que uma nova linguagem fosse acrescentada aos trabalhos realizados principalmente na região sudeste do país, na qual passam a ser requisitados em uma parcela pequena dos campos editorial, cultural e publicitário.

Tais condições trouxeram a arte concreta para dentro dos circuitos produtivos artísticos e a tornaram, para as vanguardas artísticas locais, "o caminho para o design de influência suíça/Escola de Ulm"(Fernandez, 2009). A estada de estudantes latinos (10 brasileiros no total) nas dependências da Escola da Forma de Ulm (Hochschule für Gestaltung – HfG), na Alemanha, permitiu a troca direta de conhecimentos entre os profissionais do design dos dois continentes, o que fez, em grande parte, os ideais alemães se manterem, uma vez que estávamos em fase de conhecimento desse campo nacional. Contudo, é importante observar que a influência da HfG nos países latino-americanos é muitas vezes defendida "porque sua linha programática coincidia com os problemas contextuais a ser resolvidos pelos países da periferia. Descartava toda especulação artística ou decorativa sobre a atividade projetual, dava uma resposta operativa, prática aos processos industriais", conforme apontado por Fernandez (2009).

Desde esse período, o design começa a se apresentar como disciplina e procura-se definir sua participação dentro da sociedade brasileira. A criação de instituições de promoção por parte do Estado e, ainda, o surgimento de carreira a partir da fundação das primeiras tentativas de ensino superior apontam a importância que o campo passa a adquirir como profissão.

1.4 O design e o campo das artes

Os anos 1950 iniciam uma nova fase de manifestações artísticas. Essa década foi caracterizada por mudanças comportamentais e culturais que seguiram os avanços tecnológicos e científicos ao redor do mundo. Nesse momento, apareceram os programas televisivos que desencadearam uma nova era nos meios de comunicação. Ao lado do *rock*, que fez despontar nomes como The Beatles e Elvis Presley, a Bossa Nova brasileira com Tom Jobim, Vinícius de Moraes e João Gilberto começa a ganhar prestígio no meio cultural.

Nos anos 1950, o Brasil entrava em um período de crescimento econômico e estabilidade política que foi acompanhado por diversas ações no campo das artes. Em 1948, são inaugurados dois museus de arte, o Museu de Arte de São Paulo – MASP, por iniciativa de Assis Chateaubriand, e o Museu de Arte Moderna – MAM, por Ciccillo Matarazzo, que se dedicaram à arte moderna e criaram em seus recintos atividades paralelas e relacionadas com as exposições.

Como exemplos dessa fase, constam também o Instituto de Arte Contemporânea – IAC (1951) e a Escola de Artesanato do MAM (1952). O primeiro oferecia cursos de desenho industrial, fotografia, propaganda e comunicação visual, e a segunda capacitava profissionais de nível técnico na indústria gráfica. O MAM ainda contribuiu para um novo cenário artístico nacional ao receber em suas instalações as Bienais Internacionais de São Paulo, no início da década de 1950, eventos dos mais significativos para a cultura nacional e latina.

Além de apresentar as referências contemporâneas da época à população, a importância desses acontecimentos também abrangeu sua divulgação, principalmente para o campo do design, que tinha nos cartazes uma força expressiva de comunicação. Conforme identificado por Heloísa Dallari (2008), essas peças gráficas eram elaboradas por "profissionais ligados aos primeiros cursos de desenho industrial e comunicação visual no IAC", e completa que as impressões delas "passam a ser concebidas segundo um projeto gráfico de estruturação racional, que visava à comunicação imediata e clara com os transeuntes nos espaços públicos da metrópole". As características formais empregadas prenunciaram a linguagem gráfica associada ao campo do design dos anos 1960.

Na maioria desses trabalhos, identificam-se os princípios construtivistas, o emprego de linhas retas e cores primárias em especial, a partir da racionalização dos seus componentes, os elementos geométricos e a aplicação de tipografia simples, sem serifa, o que permite uma leitura rápida da mensagem proposta.

A presença do cartaz, nas comunicações durante o período, tornou-o um meio de valorização do trabalho dos designers gráficos, "profissão que procurava se afirmar como disciplina de estudo e área de trabalho a partir desse momento" (Dallari, 2008). O cartaz, além de comunicar, oferecia a uma classe intelectualizada da sociedade uma nova linguagem visual, diferente do que fora apresentado pelas artes plásticas até aquele momento, e era ainda uma maneira de atingir outras camadas sociais por meio de sua produção em escala. Nessas condições, é relevante a ênfase conferida ao cartaz, como promulgador de ideias, e ao papel de profissionais do IAC, como personagens iniciais dessa história, por exemplo, Antônio Maluf, Antônio Bandeira, Alexandre Wollner e Arnaldo Grostein[6], vencedores dos concursos para os primeiros cartazes das Bienais de Artes de São Paulo.

Em paralelo às artes visuais, algumas atividades relacionadas à música brasileira na década de 1960, intensificada pelo Tropicalismo, buscavam autenticidade para seus gêneros. A classe musical procurou um novo posicionamento social e uma mudança na estética praticada até aquele momento. O engajamento dos artistas brasileiros refletia essa tentativa e

---

6 "Trabalhando apenas com letras caracteres gráficos, Grostein procura afirmar a autonomia da criação do designer em relação às tendências do campo das artes plásticas, atitude fundamental para a consolidação da profissão no mercado de trabalho" (Dallari, 2008).

encontrou nos festivais de 1960 e 1970 alguns dos seus momentos de auge.

Durante os anos 1960, as artes brasileiras – que antes eram promovidas pelas galerias e museus de arte e se espalhavam pelos espaços coletivos públicos – começam a assumir um papel social ao expor uma linguagem revolucionária de polêmica e decisão e ao levar a universidade e o teatro às ruas.

A participação do meio artístico nas circunstâncias políticas daquele momento reflete o cunho político e social que esses profissionais buscavam a partir de suas obras e atuações. Diversos são os episódios que envolveram artistas durante o período militar e exemplificam tal conjuntura. Um deles (Pontes e Vassão, 2010) é a apreensão pelos fiscais da prefeitura, em 1967, de bandeiras impressas em serigrafia de Flávio Motta[7] e Nelson Leirner[8], em uma tentativa de levar a arte para fora dos museus. Na sequência dos fatos, encontra-se uma série de ações no campo das artes que utiliza metáforas remissivas ao contexto político nacional. As artes não apenas dialogaram, mas expuseram as questões políticas e sociais dentro do projeto brasileiro de modernidade, por intermédio de suas linguagens e áreas específicas.

Esse envolvimento das atividades artísticas nos acontecimentos nacionais sofreu um retrocesso a partir de 1968, com o aumento da censura nas instituições educacionais e culturais, principalmente em consequência da promulgação do Ato Institucional 5. Naquela época de "milagre econômico", o campo das artes também foi visto como uma das áreas componentes desse sistema e um negócio em potencial que fez despontar o mercado artístico. Na cidade de São Paulo, nos primeiros anos da década de 1970, guiado por uma visão empreendedora, houve o crescimento de uma estrutura própria para receber a produção artística e seus acontecimentos, com aumento das galerias de coleções particulares, espaços para a realização de leilões e ambientes para artes específicas, como gravura e escultura.

A repressão política diante das manifestações artísticas simbolizou o fim da década de 1960 e o início dos anos 1970, cujos reflexos são verificados nas intervenções governamentais nas Bienais de Arte ocorridas no país e nos protestos e renúncias de representantes das artes nos eventos desse campo. Nesse momento, uma parcela significativa de professores universitários é "convidada" a se afastar e parar de

7 Flávio Lúcio Lichtenfelds Motta (São Paulo, SP, 1923): historiador da arte, pintor, desenhista. Devido à importância de sua atuação no meio acadêmico, está citado com mais detalhes no capítulo 3 deste trabalho.

8 Nelson Leirner (São Paulo, SP, 1932): artista intermídia. Estuda pintura com Joan Ponç em 1956 e frequenta o Atelier-Abstração, de Flexor, em 1958. Em 1966, funda o Grupo Rex, com Wesley Duke Lee, Geraldo de Barros, Carlos Fajardo, José Resende e Frederico Nasser. Ainda em 1966, recebe prêmio na Bienal de Tóquio. Em 1967, realiza a Exposição Não Exposição. No mesmo ano, envia ao 4º Salão de Arte Moderna de Brasília um porco empalhado e questiona publicamente, pelo *Jornal da Tarde*, os critérios que levam o júri a aceitar a obra. É também um dos pioneiros no uso do *outdoor* como suporte. Ganha o prêmio Itamaraty na Bienal de São Paulo. Nos anos 1970, cria grandes alegorias da situação política contemporânea em séries de desenhos e gravuras. Disponível em: <http://www.-nelsonleirner.com.br/portu/biografia.asp>. Acesso em: 12 jan. 2011.

exercitar suas atividades no país, dentre eles, arquitetos, artistas e críticos de arte.

1.5 O design e o campo profissional

Durante as décadas de 1960 e 1970, diversos foram os acontecimentos nacionais em torno das atividades que envolviam o campo profissional de desenho industrial e comunicação visual, cuja importância pode ser notada pelo surgimento de várias instituições e associações e pela realização de eventos em âmbito nacional e internacional.

Diante da ampliação das atividades do design e na busca de sua consolidação, em 1963 surge a Associação Brasileira de Desenho Industrial (ABDI), primeira associação profissional de design do Brasil que se manteve única até 1978 (Braga, 2005).

A ABDI funcionou como um importante núcleo de discussão do campo por possibilitar a reunião de agentes pioneiros do desenho industrial/design brasileiro. Esses personagens, sob o intuito de "promover a divulgação e conscientização sobre o design junto a governos e empresários" (Braga, 2007, p. 1), realizaram uma série de encontros e eventos com assuntos que permeavam todos os campos da disciplina, do profissional ao acadêmico.

Em coerência com o momento econômico e político brasileiro, alguns profissionais que desenvolviam atividades projetuais nesse campo viram um cenário favorável para firmar a área em que atuavam. Muitos deles eram docentes de áreas correlatas e naquele momento investiam nas primeiras propostas de ensino de design no Brasil. Um exemplo disso foi a inserção das disciplinas de Desenho Industrial e Comunicação Visual na Faculdade de Arquitetura e Urbanismo da USP, em São Paulo, e outro foi a criação da Escola Superior de Desenho Industrial, na cidade do Rio de Janeiro.

Esses profissionais de dentro da academia e outros de fora entenderam aquele momento brasileiro como uma ocasião oportuna e se juntaram para formar a ABDI. Dentro desse grupo, participaram dos cargos iniciais: Lúcio Grinover, João Carlos Cauduro, Abraão Sanovicz, João Rodolfo Stroeter, Alexandre Wollner e Karl Heinz Bergmiller. Esse era um grupo heterogêneo quanto à natureza de suas atividades, tanto que havia profissionais das artes aplicadas, como gráficos, e empresários. Além dos nomes citados, integravam o grupo: Décio Pignatari, Willys de Castro, Fernando Lemos e Leib Seincman, dono da indústria de móveis Probjeto (antiga Ambiente).

Lúcio Grinover, eleito o primeiro presidente da associação, geriu-a entre 1963 e 1968 e teve como principais metas a divulgação e o reconhecimento do campo. Como ações de conscientização, a ABDI agenciou palestras, publicações e eventos a fim de reunir os profissionais e potenciais promovedores da área, bem como criar condições adequadas para o exercício da profissão. Com esse propósito, o primeiro evento promulgado pela ABDI foi promovido pela Federação das Indústrias do Estado de São Paulo – Fiesp, um ciclo de palestras realizado no Fórum Roberto Simonsen, que contou com a participação de alguns dos associados da ABDI e gerou patrocínio para a primeira publicação da associação, o livro *Desenho industrial: aspectos sociais, históricos, culturais e econômicos*[9], editado em 1964 pela Fiesp.

As atividades culturais relacionadas ao design ganham fôlego a partir dessa época e, com a conquista de novas parcerias, os acontecimentos relacionados ao campo adquirem importância na programação dos eventos, principalmente na cidade de São Paulo, onde grande parte dos representantes da ABDI desenvolvia suas atividades profissionais.

Essas parcerias renderam à ABDI a possibilidade de coligar diferentes setores da sociedade envolvidos com as questões do design. Membros da associação compunham o júri de premiações dedicadas ao projeto de produtos, como o Prêmio Lúcio Meira (carrocerias de automóveis) e Roberto Simonsen (utilidades domésticas). Além da participação da ABDI em eventos, seu contato com os empresários lhe permitiu promover palestras em escolas e empresas públicas e privadas, integrando os agentes dos diferentes cenários de atuação do design. Outro destaque da união entre associação e empresariado foi o lançamento de publicações que contribuíram para a divulgação das atividades relacionadas ao campo, como a revista *Produto e Linguagem*, nos anos de 1965 e 1966.

A presença dos membros da ABDI não se restringiu apenas aos eventos nacionais. Em 1965, o professor, escritor e estudioso da semiótica Décio Pignatari e o arquiteto Lívio Edmundo Levi representaram o Brasil em um dos mais importantes eventos de desenho industrial mundial, o International Council of Societies of Industrial Design (ICSID). Esse

9 Essa publicação "trazia os textos das conferências proferidas por membros associados da ABDI. Abrangiam definições sobre a profissão de desenhista industrial, sua história no Brasil e no mundo e os diversos aspectos técnicos e sociais que o envolviam" (Braga, 2007, p. 4).

encontro permitiu-lhes estabelecer contatos e recolher informações que contribuíram significativamente para novas visões brasileiras no campo do design.

Enquanto a década de 1960 é caracterizada no campo do desenho industrial pelo surgimento das primeiras instituições, os anos 1970 são marcados pela busca de regulamentação da profissão e pela ampliação e diversificação na ABDI dos seus membros. A maior participação de empresários e estudantes em meados dessa década colabora para a variedade das ideias. No entanto, alguns de seus representantes pertenciam ao campo das artes e cultura e foram atingidos pelas barreiras impostas pelo governo. A gestão de Fernando Lemos, de 1968 a 1970, contou com um número pequeno de associados. Já a de Alexandre Wollner, de 1970 a 1974, teve como política formar um contingente com o maior número de formados em design.

Durante esses anos, continuaram as parcerias com outras instituições, como as premiações no Salão do Automóvel (Prêmio Lúcio Meira), além do surgimento de outros eventos, por exemplo, a Eucat Expo, em 1972. Sobre esta última, assim decreve Braga: "[...] uma grande exposição foi organizada por Wollner em São Paulo. Tratava-se da mostra de trabalhos de desenho industrial realizada junto à empresa Eucat Expo, que obteve cobertura de mídias jornalísticas impressas e televisivas [...]" (Braga, 2007, p. 7).

O chamado "milagre econômico" trouxe à tona o design como sinônimo de aspectos formais estéticos dos produtos. Dentro de um cenário de cópia de produtos importados e falta de investimentos na indústria local, o governo brasileiro atuou de maneira pontual em algumas frentes desse campo, mas não a contento para as necessidades da profissão.

A partir de 1974, sob a direção de Sérgio Penna Kehl, profissional diretamente ligado ao setor industrial, estabeleceu-se na ABDI um Conselho Consultivo para permitir maior aproximação dos associados ao grupo de empresários do campo do desenho industrial. Dessa relação, nos anos seguintes, apareceram novos concursos, conferências em locais voltados a diferentes fins, dos quais podemos destacar dois acontecimentos: o Ciclo de Debates sobre desenho industrial, em 1975, e o Simpósio 76. O primeiro, realizado na Fundação Armando Álvares Penteado – FAAP, teve a participação de estudantes, docentes, profissionais, empresariado e representantes do governo paulista. O segundo, instalado no Hilton Hotel em São Paulo, possibilitou a diversidade das atividades pela capacidade de reunir mais de 300 pessoas de diferentes Estados.

Nesse período, começaram a surgir diferentes pensamentos quanto aos rumos que deveriam ser adotados para a regulamentação da profissão. Além de São Paulo, a diretoria passa a ter uma participação maior de representantes do Rio de Janeiro. As divergências quanto aos interesses de cariocas e paulistas fizeram, em 1978, os primeiros fundarem a Associação Profissional dos Desenhistas Industriais do Rio de Janeiro (APDINS-RJ)[10]. A principal diferença entre as ideologias era que, para os cariocas, deveria ser formada uma entidade pré-sindical a fim de conseguir a regulamentação da profissão, ao passo que os paulistas apostavam na elaboração de um projeto de regulamentação para o Congresso Nacional como meio mais rápido de obtê-la.

A gestão de Sérgio Akamatú, de 1978 a 1980, iniciada no meio dessa desarticulação, teve como meta concluir, na medida do possível, os procedimentos das gestões anteriores e enviar os documentos referentes às condições profissionais do desenhista industrial para o Congresso Nacional. Outro importante acontecimento desse período foi a realização do 1º Encontro Nacional de Desenho Industrial (ENDI), em 1979. A organização coube às associações existentes naquele momento (ABDI, APDINS-RJ e APDINS-PE) e, como resultado, foi gerado um documento sobre a regulamentação da profissão, que orientou as atividades dos profissionais na década seguinte, de modo não oficial.

Os últimos anos de 1970 caracterizaram-se pela diminuição do número de associados na ABDI e de participações de representantes empresariais. Outro fator que contribuiu para a redução dos membros da ABDI foi a abertura do Núcleo de Desenho Industrial (NDI/Fiesp), cujos objetivos e ações eram semelhantes aos da ABDI. Apesar da tentativa do presidente da associação, que também era professor da FAAP, de trazer maior número de interessados, entre eles, muitos de seus ex-alunos, a ABDI só resistiu até 1980.

A maior demanda por trabalhos no mercado nessa época continuava sendo da área de comunicação visual. E a década de 1970 termina com cerca de 17 cursos de Desenho Industrial/Comunicação Visual (DI/CV) e mais a FAU/USP.

10 "A APDINS-RJ foi a primeira associação profissional de designers de caráter pré-sindical e de nível estadual no Brasil. Suas lideranças, principais articuladores, eram, na maioria, compostas por profissionais oriundos da ESDI" (Braga, 2007, p. 10).

1.6 Ensino do design

1.6.1 Experiências internacionais

1.6.1.1 Bauhaus (1919-1933)

A história da Bauhaus tem origem em 1919, na cidade de Weimar, Alemanha. Naquele momento, até o início da década de 1930, o país tentava recuperar-se das consequências da Primeira Guerra Mundial. Em meio a esse cenário, a Bauhaus surge para auxiliar na manutenção da República, desempenhando, além das atividades educacionais, um papel político, uma vez que se tratava de uma instituição estatal.

Sob a direção de Henry van de Velde[11] na Escola de Artes e Ofícios e os princípios vanguardistas, surge a ideia da Bauhaus com a proposta do equilíbrio entre arte e técnica, envolvendo várias áreas de conhecimento a partir de intensa atividade nos ateliês. O arquiteto permaneceu até o ano de 1915 na Alemanha, quando indicou Walter Gropius, outro arquiteto, para sucedê-lo. Gropius assumiu o cargo em 1919 (Wick, 1989). Ocorre, então, a fusão das Escolas de Artes Plásticas e de Artes e Ofícios, e foi intitulada Staatliches Bauhaus (Casa do Construtor Estatal).

O discurso de Gropius ao tomar posse é uma defesa do papel social que a escola deveria assumir por meio da união entre artistas e artesãos, a partir dos princípios modernos que associavam o aprendizado da prática em ateliês à formação acadêmica. O currículo da escola abrangia ateliês dos materiais (pedra, madeira, metal, vidro, argila, têxteis e pigmentos) e ferramentas, além de um currículo formal (natureza dos materiais, geometria, maquetes e desenho) e da realização de palestras sobre arte e ciência.

O curso da Bauhaus dividia-se em três módulos. O primeiro, *Vorkus*, consistia no Curso Básico de seis meses, inicialmente ministrado por Johannes Itten. Em seguida, o aluno passava a uma etapa de três anos, mais orientada à prática e à forma, o *Weklehre*. Ao final deste, o aluno deveria submeter-se ao exame; se aprovado, lhe seria permitido prestar exame para obter o certificado de aprendizado da Bauhaus e participar do terceiro módulo da escola, o *Baulehre*, com acesso a todas as oficinas. Essa etapa propiciava ao aluno uma experiência que o levaria à condição de mestre.

---

11 "Van de Velde, Henry – arquiteto e professor belga, classificado com Victor Horta como um dos fundadores do estilo *Arte Nouveau*, caracterizado pelas longas linhas sinuosas derivadas das formas naturalistas" (Encyclopaedia Britannica online). Disponível em: <http://www.henry-van-de-velde.com>. Acesso em: 22 out. 2010.

Quanto ao curso básico proposto por Itten, pode-se dizer que buscava levar os alunos a descobrir sua capacidade de criação por meio de exercícios de desenho, pintura e composição, relacionados ao corpo, gesto e ritmo.

Havia diversidade de formações e experiências, representada por arquitetos, artesãos e mestres com trânsito por diferentes ideologias, nacionalidades e especializações, os quais colaboraram para construir novos parâmetros no ensino das artes. No entanto, a partir dos primeiros anos da década de 1920, a imagem desgastada da escola, devido às atitudes de seus alunos e ao desconhecimento da sua produção por parte da sociedade, ganhou novo significado com o aumento da produção dos ateliês.

Com a dicotomia de pensamentos entre seus fundadores – de um lado, Gropius, com seus princípios racionalistas e voltados à forma, e, do outro, Itten, partidário das ideias expressionistas –, a escola viveu os anos iniciais de instabilidade. Era uma fase em que, forçosamente, artesãos conviviam com artistas nas oficinas, o que contribuiu para a união dessas áreas e a orientação dos alunos.

Apesar da colaboração de Itten para a escola, sua defesa das ideias expressionistas estava em desacordo com o ambiente da Bauhaus e seus agentes, detentores de um ensino que se aliou ao pensamento internacionalista daquele momento. Com isso, Itten foi afastado em 1923, e em seu lugar foi convidado Lazlo Moholy-Nagy para coordenar o curso básico. As oficinas passam a orientar-se para uma produção seriada, pautada na indústria, mas inspirada no construtivismo.

Devido a questões político-financeiras, a sede mudou-se para a cidade de Dessau em 1926 e passou a se chamar Hochschule für Gestaltung (Institute of Design). O termo "mestre" dá lugar a "docente", em virtude da nova orientação adotada. Nessa sede, Gropius pôde colocar em prática seu desejo de refletir o ensino da Bauhaus na arquitetura.

A convite de Gropius, em 1927, Hannes Meyer assume a coordenação do curso de arquitetura, e em 1928 a direção da Bauhaus e o curso básico passam a ser conduzidos por Josef Albers[12]. Meyer era adepto do emprego da ciência, técnica e prática no lugar da subjetividade e, ao colocar a arquitetura e o desenho industrial em primeiro plano, provocou a saída de alguns professores. Nesse mesmo ano, Gropius se demite, e com

---

12 Josef Albers (1888-1976) ingressou na Bauhaus em 1920 como aluno e nela permaneceu como professor até seu fechamento, em 1933.

ele saíram da escola Marcel Breuer, Moholy-Nagy e Herbert Bayer, também devido às orientações do sucessor de Gropius[13].

A arquitetura assume importância na Bauhaus com uma orientação prática, e matérias como psicologia, sociologia, engenharia e economia ganham destaque. A produção da escola orientava-se para a melhoria social, privilegiando as classes sociais mais carentes e, por meio de um funcionalismo técnico, atendia melhor às demandas por padronização e racionalização.

Na nova sede em Dessau, Walter Gropius baseou os alicerces do curso na mecanização e na racionalização da construção civil, e "a padronização era a palavra de ordem, com ênfase ao processo e não ao produto" (Niemeyer, 2007, p. 43). Nesse período, há alta politização da Bauhaus e certa desorganização, o que fez Meyer sair da diretoria.

Em seu lugar, em 1930, entrou Mies van der Rohe, vanguardista reconhecido. Ele direcionou a Bauhaus ao ensino, e não mais à produção. A ênfase dada à arquitetura o fez entrar em desacordo com Paul Klee e Kandinsky. O curso orientado por Rohe não mantinha a obrigação do curso básico, e as oficinas adotaram um formato teórico, e não prático como seu objetivo inicial.

As mudanças e adequações não foram suficientes para manter uma escola como a Bauhaus diante da situação política e social da Alemanha, resultando, no dia 30 de setembro de 1930, na decisão do parlamento por fechá-la. Em 1933, suas portas foram cerradas pela polícia, sob a alegação oficial de problemas financeiros.

Com a extinção definitiva da Bauhaus e sem perspectivas para sua reabertura, muitos professores migram principalmente para os Estados Unidos e adotam novas referências no ensino do design.

> Moholy-Nagy abriu a New Bauhaus que acabou se transformando no *Chicago Institute of Design*. Albers abriu uma Bauhaus rural nas montanhas da Carolina do Norte, no *Black Mountain College*. Mies instalou o *Armours Institute of Chicago* (que se fundiu posteriormente com o *Lewis Institute* para formar o *Illinois Institute of Technology* – IIT) (Wolfe, 1991, *apud* Niemeyer, 2007, p. 45).

13 Disponível em: <http://www.bauhaus-dessau.de>. Acesso em: 20 out. 2010.

1.6.1.2 Hochschule für Gestaltung – Ulm (1956-1968)

A Hochschule fur Gestaltung, mais conhecida como HfG-Ulm, é um dos exemplos mais representativos do ensino de design mundial. No caso do nosso estudo, que aborda uma parte da academia brasileira de design, a importância é mais significativa pelas relações diretas exercidas pelos agentes na origem e no desenvolvimento dos cursos brasileiros.

A HfG-Ulm foi uma das diversas escolas que sofreram a influência da Bauhaus, mas não se propôs apenas a ser uma reforma da proposta anterior, e sim uma continuidade. A adoção do nome Bauhaus de Dessau, a participação de ex--professores e alunos e a estrutura pedagógica eram herdeiros da Bauhaus.

O contexto era de fins da Segunda Guerra Mundial e em meio a tantas acusações e perseguições, os irmãos Scholl decidem fundar em 1946 a Volschochschule em Ulm. Essa experiência, composta por diversas áreas do conhecimento, como artes, literatura, música, filosofia, ciências sociais e políticas, incentivou a abertura de outra instituição, e no ano de 1950 foi criada a Fundação dos Irmãos Scholl.

Os contatos com os antigos representantes da Bauhaus, principalmente Max Bill, que projetaria o novo prédio, fizeram a escola trazer certos ideais presentes na Bauhaus, uma escola de design em que existiram estudos de ciências políticas e sociais dentro da instituição. Com isso, o grupo de professores era formado por alguns que também estavam naquela escola, como Itten e Albers, que mantinham o intuito de colaborar para a criação de uma sociedade mais democrática.

Em 1953, iniciou-se a primeira turma da Escola da Forma de Ulm, sob a direção de Max Bill. A estrutura incluía disciplinas das ciências humanas acrescidas da construção de protótipos. O caráter hereditário da proposta de Max Bill é verificado em seu primeiro discurso como diretor da escola que conduziu nas bases estéticas formais análogas a sua antecessora. As intenções de Bill são expostas quando diz que "os fundadores da Escola de Ulm acreditam que a arte seja a mais alta expressão da vida humana e seu objetivo é, portanto, ajudar a transformar a vida em uma obra de arte" (Garcia, 2001, p. 100), e um dos objetivos era "engajar-se na guerra contra o feio".

A intenção de formar profissionais que atuassem com responsabilidade comunitária, aliando trabalhos colaborativos e desenvolvimento tecnológico, acompanhou o início da escola. O ensinamento baseava-se em criar condições próximas da prática profissional e possibilitar o estreito contato com o corpo docente[14], a fim de permitir a autonomia de criação de cada aluno sob a orientação de um pensamento metódico. Isso se refletia em suas instalações e na organização, que combinava ateliês, laboratórios, oficinas e trabalhos coletivos.

O curso abrangia quatro anos, sendo o 1º ano básico, e era dividido em quatro departamentos: Design de Produtos, Comunicação Visual, Informação e Arquitetura. Em 1961, é criado o Departamento de Cinema.

Os propósitos da escola são ainda mais explícitos nas apresentações de sua inauguração oficial, em julho de 1955, quando Gropius expôs que "apenas juntos eles (o artista, o cientista e o empresário) podem desenvolver um padrão de qualidade que considere o ser humano como sua medida" (Garcia, 2001, p. 100). Ao citar que acredita "na importância crescente do trabalho em equipe para elevar o nível mental da vida nas democracias" (Garcia, 2001, p. 100), de certo modo o professor refletiu o pensamento internacionalista cultivado dentro da Escola de Ulm.

O caminho percorrido pela HfG-Ulm costuma ser dividido em seis etapas (Garcia, 2001). A primeira, entre 1947 e 1953, foi entendida como fase de reconhecimento, em que os contatos são estabelecidos, e as ideias, alinhadas.

Entre 1953 e 1956, Max Bill torna-se reitor, e Tomás Maldonado, Otl Aicher, Hans Gugelot ingressam como professores. Nessa fase, houve um confrontamento dos ideais, pois enquanto Bill mantinha o intuito de continuação da Bauhaus, os outros acreditavam na base cientificista para os futuros rumos do ensino. Após Maldonado comandar com outros professores um ensino baseado na ciência e na técnica, Bill deixa a escola. Maldonado assume o cargo de diretor.

O distanciamento dos princípios bauhausianos começou entre 1956 e 1958, quando o curso se caracterizou por suas atividades voltadas às práticas cientificistas e tecnológicas, colocando lado a lado prática e teoria.

No período entre 1958 e 1962, dentro do Departamento de Design de Produto, a proposta foi baseada no uso de sistemas modulares, e as disciplinas mais voltadas às ciências exatas (como ergonomia, matemática, economia, física, semiótica, sociologia e teoria da ciência) ganharam importância. Nessa

---

14 O convívio era intenso, alunos e professores de diferentes países moravam no campus da escola, o que permitiu a construção de uma comunidade ativa em todos os assuntos da instituição e de características atípicas aos demais modelos escolares.

época, encontram-se claros no editorial da primeira edição da revista Ulm (1958) os princípios filosóficos da escola e a apresentação das duas áreas que compõem o design: "a HfG forma especialistas para duas diferentes áreas de atividade de nossa civilização técnica: o desenho de produtos industriais (seção de desenho industrial e de construção) e o desenho dos meios de comunicação visual (seção de comunicação visual e informação)" (Souza, 1996, p. 62).

O apogeu da Escola aconteceu na fase seguinte, entre os anos de 1962 e 1966. Essa época, com Maldonado como vice-diretor e Otl Aicher na direção, foi marcada por diversas parcerias com o empresariado industrial, mas também por confrontos entre teóricos e práticos. Não havia mais o curso básico, e o ingresso era feito diretamente para um dos departamentos, com seu curso básico independente, o que dificultava a integração entre os grupos.

Nesse contexto, o Departamento de Arquitetura voltava suas propostas para o desenvolvimento de sistemas modulares e se aproveitava do desenvolvimento das estruturas pré-fabricadas e da evolução das práticas tecnológicas. Os estudos eram focados na produção industrial e na formação de profissionais capacitados para o exercício em diferentes áreas do conhecimento. Era uma visão mais abrangente da arquitetura.

O Departamento de Design de Produto incluiu assuntos como meio ambiente e ecologia, além de dar maior ênfase à ergonomia e a outras questões técnicas e científicas, mas descartavam-se as questões puramente estéticas. Esse departamento recebeu grande reconhecimento da indústria, e alguns de seus ateliês chegaram a funcionar como escritórios independentes.

O Departamento de Comunicação Visual dividia-se em duas áreas: tipografia e filmes e televisão. Seu objetivo era preparar o aluno para a comunicação em massa. Esse departamento trabalhava intimamente ligado ao Departamento de Informação, principalmente em relação a matérias teóricas, como Teoria da Comunicação e Semântica.

O Departamento de Informação estudava os meios de comunicação em massa de maneira integrada. Dessa forma, seus estudantes se viam capacitados para atuar em jornais, cinema, rádio e televisão.

O Departamento de Cinema trabalhava com produção de filmes, fotografias e programas para a televisão e também tinha ligação com o Departamento de Comunicação Visual.

Manteve parcerias com a indústria cinematográfica para oferecer estágios aos alunos.

As desarticulações ideológicas e econômicas internas caracterizaram e justificaram os últimos anos da Escola da Forma de Ulm, principalmente entre 1966 e 1968 (ano de seu fechamento). Apesar das parcerias conquistadas com indústrias alemãs, cujo exemplo maior foi o desenvolvimento dos produtos da Braun[15], para a construção de uma estética própria e o uso de novos materiais e tecnologias, o encerramento de suas atividades é, em parte, associado a questões políticas, como exposto por Souza (1996, p. 71) ao apresentar as palavras de Kenneth Frampton[16].

1.6.2 Experiências nacionais

1.6.2.1 As atividades do MASP (1951-1953)

Antecedentes do IAC

O percurso das artes nos anos 1950 teve como uma de suas características a busca por uni-las ao ensino. Iniciativas como as de Ciccillo Matarazzo e Assis Chateaubriand deram novo significado às atividades artísticas. Embalado por esse contexto, no ano de 1949 surge a Escola Livre de Artes Plásticas no MASP, em paralelo às ações do museu.

A escola oferecia cursos livres de pintura, escultura, desenho e outros, com duração de três meses, dedicados às "artes aplicadas", como: publicidade, gravura, tapeçaria e fotografia. As aulas eram ministradas por agentes do meio artístico, frequentadores dos museus que tinham sido inaugurados havia pouco. A maioria desse grupo era formada por renomados artistas, o que permitiu, de certa forma, a reunião dos representantes das artes nacionais e o início das primeiras discussões sobre o ensino desse campo.

De acordo com publicação da Escola[17] (Costa, 2010, p. 54), os cursos tinham o objetivo de "estabelecer contato entre a vocação e os meios de expressão". Dentre os docentes, havia nomes como "Danilo Di Prete e Waldemar Amarante (publicidade), Volpi, Bonadei, Waldemar da Costa e Nelson Nóbrega (desenho e pintura), e Victor Brecheret, Raphael Galvez e Bruno Giorgi (escultura)", além da participação de Flávio Motta.

---

15 Empresa de eletrodomésticos e eletroeletrônicos, aberta em 1921 na cidade alemã de Frankfurt, que se destacou no meio produtivo pelas características de seus produtos, que pregavam as linhas retas e o funcionalismo, assim identificado no seu site corporativo: "A partir da década de 1960, a marca tinha-se tornado mundialmente conhecida pelos seus pequenos aparelhos elétricos, uma evolução impulsionada pela inovação técnica, qualidade e durabilidade dos produtos e ainda pelo seu design surpreendente". Disponível em: <http://www.braun.com>. Acesso em: 12 nov. 2011.

16 Kenneth Frampton atuou como arquiteto no Reino Unido, nos Estados Unidos e em Israel. Após uma rápida passagem pelo Royal College of Art, Kenneth passa a lecionar no curso de Arquitetura da Columbia University desde 1972. O professor é autor de significativo número de textos críticos sobre arquitetura que o fizeram conquistar alguns prêmios como a medalha de ouro da ASCA Topaz Award and L'Academie d'Architecture.

17 "Folheto de divulgação da Escola Livre de Artes Plásticas, pertencente ao acervo pessoal de Flávio Motta" (Costa, 2010, p. 54).

Os importantes nomes atrelados à escola não lhe garantiram que fosse adiante, muito menos a presença de expoentes artistas brasileiros no seu quadro de alunos. Na única turma constituída na escola, passaram nomes como Aldemir Martins, Mario Gruber e Marcelo Grassmann, que, posteriormente, comporiam o corpo docente de importantes cursos de faculdades de artes.

Quanto a essa experiência embrionária, também é interessante a colocação feita por Costa (2010, p. 54) quando escreve que essa escola fora instalada em uma casa "emprestada aos artistas por Ciccillo Matarazzo" e assim se refere ao período: "sendo essa mais uma daquelas evidências de que a rivalidade entre os grupos ligados aos dois museus paulistas (MASP e MAM) era bastante relativa". Dessa forma, reforça certo alinhamento dos pensamentos dos agentes que impulsionaram o campo artístico, nesse caso, paulistano.

O Instituto de Arte Contemporânea – IAC

No compasso das diversas iniciativas no campo das artes, ocorridas no fim da década de 1940 e no início da década de 1950, a proposta de unir arte e ensino de Assis Chateaubriand – reconhecido empresário e proprietário dos Diários e Emissoras Associados – começa a ser posta em prática com a chegada de Pietro Maria Bardi[18] e sua esposa, Lina Bo Bardi. A ele coube a responsabilidade pelo museu, desde a montagem dos espaços até a aquisição de seu acervo; e a ela, a concepção do projeto da nova sede do museu, na Avenida Paulista, cuja construção durou de 1956 a 1968, ano em que foi inaugurada.

Em 1951, em consonância com as pretensões do seu fundador de unir arte e ensino e de formar profissionais que acompanhassem a evolução das artes, com mão de obra qualificada, foram abertos o curso Formação de Professores, a Escola Superior de Propaganda e o Instituto de Arte Contemporânea – IAC.

O IAC acolhe o primeiro curso de Desenho Industrial da América Latina, de acordo com Dias (2004, p. 17), baseado na estrutura da The New Bauhaus, do Instituto de Arte de Chicago (1937), assim relatado por seu ex-aluno Alexandre Wollner, que destaca o nome do professor Ruchti:

> Jacob Ruchti talvez seja o mais importante professor, pois implantou toda a metodologia do curso fundamental da The New

18 Italiano, crítico de arte e jornalista, Bardi tinha chegado recentemente ao Brasil com sua esposa, a arquiteta Lina Bo Bardi.

Bauhaus do Instituto de Arte de Chicago. [...] Seu curso fundamental foi baseado nas teorias desenvolvidas por Kandinsky (ponto e linha sobre plano) e por Klee – *The thinking eye, The nature of nature* (Wollner, 2002, *apud* Dias, 2004, p. 17).

Moholy-Nagy, ex-professor da Bauhaus, fundou a escola de Chicago, onde Pietro Bardi coordenava a equipe de professores composta por importantes nomes do campo das artes e áreas correlatas. Entre eles, destacam-se os arquitetos Lina Bo Bardi, Jacob Ruchti, Salvador Candia, Wolfgang Pfeifer, e os artistas Flávio Motta, Roberto Sambonet, Gastone Novelli, Leopoldo Haar e Zoltan Hegedus.

Nos exemplos anteriores, fica clara a participação dos arquitetos adeptos das linguagens modernistas no quadro docente do IAC. Naquele momento, os cursos de arquitetura eram representados pela Faculdade de Arquitetura e Urbanismo da USP e pela Faculdade de Arquitetura do Instituto Presbiteriano Mackenzie, recém-criadas na cidade de São Paulo[19]. O ensino nessas instituições seguia a orientação de suas antecessoras – as Escolas de Engenharia –, e nessa conjuntura o IAC aspirava aproximar os conceitos modernistas da formação tradicional das Belas-Artes ao pensamento que se emoldurava no campo das artes daquele período. Além da arquitetura, outra área que se beneficiou da ação dos personagens do IAC foi o desenho industrial (DI), como disposto por Costa: "É importante notar que a atuação de alguns dos arquitetos que lecionavam no IAC também tangenciava o campo do DI, como a experiência de Lina Bo Bardi e do próprio (Jacob) Ruchti, que mantinha a loja de móveis e interiores Branco & Preto" (Costa, 2010, p. 48).

Nas aulas do IAC, eram apresentados os preceitos estéticos do funcionalismo proposto e trabalhado na Bauhaus dos anos 1920. A função era valorizada sobre a forma, e o decorativismo era rejeitado em favor dos elementos estritamente necessários à concepção industrial. Ao priorizar o projeto, os custos de produção seriam reduzidos, e o produto final se tornaria mais acessível ao público. Daí a atenção atribuída ao design gráfico, em especial ao cartaz, como instrumento de forte apelo popular. Nesse sentido, a importância do IAC é notória ao verificarmos o trabalho de seus profissionais/alunos na consolidação do design gráfico moderno e na difusão da estética funcionalista por meio desses produtos gráficos.

---

19 Este livro conta com capítulos exclusivos dedicados a tais instituições.

As disciplinas do Instituto giravam em torno das artes plásticas, em muito devido à formação do corpo docente. Entre seus alunos, encontramos futuros expoentes do design brasileiro, como Alexandre Wollner, Emilie Chamie, Gustavo Kresbs, Ludovico Martino, Maurício Nogueira Lima, Estella T. Aronis, entre outros.

Como parte integrante do museu, o curso beneficiou-se, além de suas instalações, de toda a atmosfera artística que permeava o ambiente. Exposições, palestras e grande parte das atividades culturais que influenciaram e marcaram o design brasileiro que encontrou campo favorável para se expressar, assim destacado por Costa: "É importante ressaltar que, em paralelo com o IAC, os cursos livres e as conferências que eram oferecidas continuaram em pleno funcionamento, e muitas vezes as atividades da escola se misturavam com as outras atividades didáticas do museu" (Costa, 2010, p. 49). Esse apontamento assinala a indissociável relação entre as atividades dos cursos do IAC e do MASP no cotidiano das artes paulistanas.

Dentre as ações do museu, há três exposições importantes: a exposição sobre a empresa italiana Olivetti, que na época se destacava no design; a exposição de cartazes suíços e, por fim, uma exposição retrospectiva do arquiteto e artista Max Bill, formado pela Bauhaus e fundador da Escola Superior de Design de Ulm, na Alemanha. Segundo Wollner, essas exposições representaram um evento determinante na formação dos estudantes (*apud* Dias, 2004).

A importância do Instituto de Arte Contemporânea do MASP para as artes nacionais é identificada pela presença de nomes representativos desse campo nos seus cursos, por suas práticas profissionais e difusão de novos parâmetros aplicados às atividades que surgiam, como o desenho industrial. Ali, constituiu-se um ambiente primoroso para que se desenrolassem discussões sobre certos motes que conduziram à modernidade nos campos do design, arquitetura e artes plásticas, presentes até os dias de hoje.

No entanto, o desconhecimento por parte da sociedade da época sobre a atuação desse profissional impossibilitou aos alunos serem plenamente absorvidos pelo mercado de trabalho. O setor produtivo não apoiou o curso e, com apenas três anos de duração e sem concluir uma turma, foi desativado por Pietro Bardi em 1953.

Curso de Formação de Professores

Outro importante legado do Museu de Arte de São Paulo provém dos anos posteriores ao IAC, com a abertura do curso de Formação de Professorado em 1953. Segundo Flávio Motta (Costa, 2010, p. 49), responsável por dirigi-lo, esse curso foi um exemplo daquele que lecionava como Didática, na Faculdade de Filosofia, Ciências e Letras – FFCL (atual FFLCH) da USP, intitulado "Desenho Didático"[20]. O curso de Professores de Desenho objetivava instruir professores das diversas disciplinas a empregar o desenho como técnica auxiliar a seus ensinamentos específicos.

Ao levar esse curso para o Museu de Arte de São Paulo, a convite de Bardi, Flávio Motta, como um dos representantes da vanguarda das artes paulistanas, procurou aproximar as novas linguagens artísticas de seus alunos, estimulando a sensibilidade e a criatividade. Dessa forma, o curso ganha um formato diferente de como era na USP – então, de desenho didático –, passando a "uma abordagem do ensino de desenho como disciplina autônoma" (Costa, 2010, p. 50).

Nos primeiros anos de 1950, o professor Motta se envolveu cada vez mais com as questões do MASP. No papel de monitor do museu, tinha a "função na qual uma de suas principais atribuições era apresentar o panorama da história da arte para os visitantes a partir da exposição didática, seja como professor efetivo da disciplina no curso do IAC entre 1951 e 1953" (Costa, 2010, p. 61). Nesse período, o museu enfrentava o questionamento da autenticidade de suas obras, e Motta participou da pesquisa, sugerida pelos amigos, de buscar referências estrangeiras[21]. Também substituiu a diretoria temporariamente durante o ano de 1954, enquanto eles realizavam mostras das obras do acervo na Europa.

A partir da segunda metade da década de 1950, a crise no MASP intensificou-se e encontrou uma oportunidade de parceria com a Fundação Armando Álvares Penteado – FAAP, que propôs preservar seu acervo e garantir a continuidade de uma parcela de seus cursos. O diálogo estabelecido entre as duas instituições está registrado na obra *Memórias reveladas*, destinada à história da FAAP. Nessa publicação, verifica-se o envolvimento do professor Motta na condução da transferência das obras e cursos para a recém-criada Fundação.

20 Não há indícios desse curso como integrante do currículo regular do curso de licenciatura da USP, "ao que parece era muito mais uma colaboração entre amigos, um curso complementar" (Costa, 2010, p. 49).
21 Em uma ocasião, Flávio Motta acompanhou o casal em uma viagem aos EUA, e um dos intuitos era estabelecer contatos no campo das artes.

A relevância da implantação desses cursos (livres de artes e, principalmente, de Professorado) na construção da academia paulistana de design será apresentada adiante, em capítulo dedicado exclusivamente à Fundação Armando Álvares Penteado (FAAP) (capítulo 3).

1.6.2.2 Escola Técnica de Criação – ETC

A Escola Técnica de Criação – ETC foi uma das primeiras iniciativas de implantação de uma escola de design no Brasil. Max Bill, que estava no Brasil em 1953, propôs um curso para ser instalado no Museu de Arte Moderna do Rio de Janeiro (MAM-RJ).

O designer suíço, naquele momento, acabara de inaugurar a Escola da Forma em Ulm e recomendou a Carmem Portinho, diretora do MAM-RJ, a instalação de uma escola sob os mesmos preceitos da escola alemã.

Anos mais tarde, em 1956, após visitar Max Bill, Niomar Sodré Bittencourt, diretora executiva do museu, retomou a ideia de abrir a escola dentro do museu e coube a Tomás Maldonado e Otl Aicher, ambos professores da Escola Superior de Design na HfG, a organização do primeiro currículo para a sucursal carioca (Anexo 2). Embasado nos moldes do curso que dirigia, Maldonado fez apontamentos sobre a situação do campo no Brasil e recomendações de mudanças na infraestrutura do museu.

As características da proposta curricular e física para a ETC estão expostas na obra de Pedro Souza, *ESDI: Biografia de uma ideia* (Souza, 1996, p. 119), na qual faz um relato detalhado das relações e troca de contatos entre os dirigentes e representantes das instituições. Conforme apresentado, era previsto um curso fundamental (iniciação visual, métodos de representação e integração cultural) para os dois primeiros anos, e nos dois anos posteriores deveria ser feita a opção entre uma das três habilitações: desenho industrial (design de produtos), comunicação visual ou informação.

A abertura da escola não chegou a ocorrer em consequência da conjuntura financeira e política da época e da ausência de quadro docente capacitado. No entanto, o assunto de associar atividades pedagógicas ao museu não se esgotou imediatamente dentro da instituição, como no caso de alguns cursos ministrados por Tomás Maldonado e Otl Aicher, em 1959 e

1960. Outro exemplo foi a implantação do núcleo de Tipografia, criado por Alexandre Wollner, Goebel Weyne e Aloísio Magalhães em 1962, dentro do MAM-RJ.

Apesar de a ETC não ter sido inaugurada, as ideias que orientaram sua concepção deixaram um legado para a academia do ensino brasileiro de design por meio dos planos propostos para seus cursos. A partir das convicções de Maldonado, importante personagem internacional desse campo, os esquemas[22] para a organização dessa escola e os objetivos de uma escola de design encontram-se em várias publicações afins. As informações obtidas, desde o primeiro contato com Max Bill até as aulas ocorridas dentro do museu, contribuíram significativamente para a montagem da Escola Superior de Desenho Industrial – ESDI, que viria a ser a primeira entidade brasileira específica de design com nível de graduação, adotada como referência por muitos planos educacionais.

Mesmo após a abertura da ESDI, o MAM-RJ não deixou de incluir o ensino em suas atividades e, além disso, criou em 1968 o Instituto de Desenho Industrial – IDI[23]. O contato direto entre o Instituto e a ESDI permitiu que o primeiro funcionasse quase como uma extensão da segunda, por meio da participação de seus alunos como estagiários ou integrantes do quadro profissional do IDI.

No curto período de vida, tendo encerrado suas atividades em 1980, o IDI foi responsável por uma série de atividades do campo do design, como o desenvolvimento de projetos de design de produtos e gráfico, a realização de exposições de design, a divulgação do design por meio de publicações, eventos e cursos e a consultoria para empresas. Entre os acontecimentos, podemos ainda destacar a organização do evento Desenho Industrial: Bienal Internacional do Rio de Janeiro nos anos de 1968, 1970 e 1972.

1.6.2.3 Escola Superior de Desenho Industrial – ESDI

Na sequência dos estudos para a implantação da Escola Técnica de Criação – ETC, que não chegou a ser efetivada, surgem as primeiras ideias de abertura da Escola Superior de Desenho Industrial – ESDI, embaladas pelas perspectivas políticas e de crescimento econômico. O início da década de 1960 era o momento propício para a implantação de um curso dedicado às demandas industriais, aportadas no âmbito do

---

22 Cf. Niemeyer (2007) e Souza (1996), por exemplo.

23 O IDI não tinha como foco o ensino, mas o MAM-RJ manteve cursos variados de extensão até os anos 1980.

desenvolvimento nacional; é quando passam a ter certas atividades correspondentes ao design.

O então governador do Estado da Guanabara (atual Rio de Janeiro), Carlos Lacerda, via a abertura desse curso como uma forma de se mostrar moderno e liberal, o que contribuía para sua projeção política, além de promover a preparação de técnicos para a indústria que pretendia implantar nesse Estado.

O desconhecimento do campo do design fez o governo buscar referências fora do país e incumbir Lamartine Oberg[24] de fazer uma visita a uma série de escolas europeias, em 1961, com o apoio da Divisão Cultural do Ministério das Relações Exteriores. Essa viagem permitiu a Oberg conhecer a estrutura e a organização das escolas de design e estabelecer contato com Max Bill. O relatório decorrente dessa viagem motivou, ainda mais, Flexa Ribeiro[25], que decidiu, com o governador, a implantação de um curso de desenho industrial/design. Já no fim do ano de 1961, foi montado um Grupo de Trabalho (GT) com o intuito de estudar e viabilizar essa abertura. E, ao término de 1962, em 25 de dezembro, é assinado o decreto[26] que cria a Escola Superior de Desenho Industrial.

A proposta curricular original sofria grande influência da Escola de Ulm, e a estrutura era similar àquela apresentada para a escola do MAM-RJ (ETC). O curso fundamentava-se na relação com as ciências exatas e no funcionalismo promulgado pela escola alemã. Sua organização contava com um curso fundamental, com duração de um ano e dividido em Integração Cultural, Meios de Representação, Metodologia Visual, Introdução à Lógica e à Teoria da Informação e Oficinas. A partir do segundo ano, optava-se pelas especialidades de Comunicação Visual ou Desenho Industrial, em um total de quatro anos de duração.

Nessa época, foram chamados para compor a coordenação e o corpo docente profissionais que atuavam em atividades relacionadas ao desenho industrial e à comunicação visual, ou que haviam passado por alguma escola de design no exterior, além de professores e profissionais de áreas correlatas. Nesse grupo, a ex-aluna Lucy Niemeyer apresenta nomes como:

> Flávio d'Aquino (arquiteto, crítico de arte, professor-assistente de história da arte na Faculdade Nacional de Arquitetura – FNA), Aloísio Magalhães (pintor, gráfico, designer gráfico, professor visitante no Philadelphia College of Art), Alexandre

24 Lamartine Oberg era diretor do Instituto de Belas Artes do Estado da Guanabara.
25 Flexa Ribeiro era secretário da Educação e Cultura do Rio de Janeiro.
26 Decreto nº 1.443, de 25/12/1962. É criada a Escola Superior de Desenho Industrial como um órgão relativamente autônomo da Secretaria de Educação e Cultura do Estado da Guanabara.

Wollner (designer gráfico, ex-aluno da Escola de Ulm e do IAC), Euryalo Cannabrava (professor catedrático do Colégio Pedro II, professor visitante na Universidade de Columbia), Antonio Gomes Penna (psicólogo, livre-docente de psicologia da Faculdade de Filosofia, Ciências e Letras do Estado da Guanabara, assistente da cadeira de psicologia da Faculdade Nacional de Filosofia), Zuenir Carlos Ventura (técnico em redação, assistente da cadeira de literatura e língua portuguesa do curso de jornalismo da Faculdade Nacional de Filosofia), Karl Heinz Bergmiller (designer industrial, formado pela Escola de Ulm, ex-membro do escritório de Max Bill, na Alemanha), Orlando Luiz de Souza Costa (designer industrial, diplomado em Industrial Design pela Parson School of Design, de Nova York) (Niemeyer, 2007, p. 93).

Niemeyer (2007) ainda relata a influência do governo do Estado na indicação e escolha de alguns cargos da escola e cita nomes como Flávio d'Aquino, José Almeida de Oliveira, Edgard Duvivier, Antônio Rudge e Luís Fernando de Noronha e Silva, resultantes da proximidade de Flexa Ribeiro e Carlos Lacerda.

Em 1963, Maurício Roberto[27] foi nomeado o primeiro diretor, por Flexa Ribeiro, enquanto a Lamartine Oberg coube apenas a posição de docente de desenho técnico. Apesar de não ter uma relação direta com o ensino, o arquiteto foi presidente do Instituto dos Arquitetos do Brasil (IAB) e atuou junto ao GT nos estudos que precederam a abertura da escola, o que lhe garantiu exercer o cargo durante o ano inicial do curso.

A primeira turma da ESDI teve início em julho de 1963 e contou com um processo seletivo qualitativo com provas de língua estrangeira, português/redação, teste vocacional, desenho e nível cultural – conhecimentos gerais –, seguidas de entrevistas com o corpo docente e o diretor.

Segundo Niemeyer (2007), a orientação da escola era basicamente pragmática, voltada para o mercado de trabalho, e o Centro de Coordenação, formado por representantes dos departamentos e discentes, era responsável pela elaboração e condução da linha de trabalho da escola.

Dentre as características históricas da ESDI, a referência ao currículo da escola alemã de Ulm foi tema de questionamentos durante muito tempo. Enquanto alguns autores

---

27 O arquiteto deveria atuar como interlocutor entre a instituição e os alunos.

pontuam que esse era descontextualizado da realidade sociocultural brasileira e sem participação dos setores produtivos – como na opinião de Niemeyer (2007) e Melo (2006) –, outros, como Souza, acreditam que "[...] a ESDI não fora caracterizada rigorosamente segundo os padrões originais da HfG-Ulm de Max Bill nem segundo os critérios da reforma operada a partir de 1956" (Souza, 1996, p. 116), mas teve uma orientação técnico-produtiva.

A escola buscou, em seus primeiros anos, construir os parâmetros das atividades profissionais que rondavam o desenho industrial nacional e aliar-se ao discurso político e ao crescimento econômico, industrial e tecnológico. Assim, o grupo de especialidades foi revisto e dividido em: Comunicação Visual (CV), Desenho Industrial (DI) ou CV e DI juntos, com a disciplina de Desenvolvimento de Projeto como tronco principal da formação profissional.

Nesse contexto, não foi aleatória a escolha do modelo ulminiano que surgiu como alternativa para os brasileiros que estudavam a implantação de cursos de desenho industrial/design, pois esse padrão condizia, em grande parte, com as pretensões políticas da época.

As bases racionalistas provenientes do ensino de Ulm encontraram no Brasil um campo fértil no discurso que aqui se propagava; contudo, não é possível admiti-la como única condicionante na formação da academia esdiana[28]. É importante não esquecer ainda que outras culturas, como a americana, principalmente, exerceram influência no desenvolvimento e ensino do design, pois embora a influência da Bauhaus estivesse presente, "ao lado do ulminismo havia um americanismo sob influência de Décio Pignatari, que pregava a vitalidade do mercado de massa conforme o padrão norte-americano" (Leite, 2003, p. 147).

A participação de pessoas ligadas ou sob a influência de outras instituições e a incerteza de atuação do campo do design brasileiro fizeram outra questão relacionada ao ensino da ESDI ser colocada, ao longo do tempo: a endogenia (Niemeyer, 2007), derivada da continuidade dos métodos de ensino aplicados pelos primeiros docentes e adotados pelos seguintes, muitos ex-alunos da instituição.

Isso permitiu que, de certa forma, o ensino da ESDI se caracterizasse por refletir em suas atividades acadêmicas os métodos que os docentes adotavam na prática profissional.

28 De origem da Escola Superior de Desenho Industrial (ESDI).

Como responsáveis pelo conteúdo das disciplinas, de certo modo esses professores contribuíram para que o perfil dos primeiros desenhistas industriais diplomados brasileiros e, consequentemente, da definição inicial do campo brasileiro, estivesse, em parte, baseado nas proposições daquela escola.

Os primeiros anos da escola foram marcados por propostas e mudanças na organização dos cursos. Em 1964, o diretor Flávio d'Aquino promoveu uma reformulação do programa ao questionar a importância da disciplina de Desenvolvimento de Projeto e a integração sobre disciplinas teóricas e práticas. Em 1965, o professor Décio Pignatari[29] defendeu uma atitude mais experimental e apresentou um esboço de nova setorização da escola, baseada no conceito de processo (Souza, 1996, p. 114), no mesmo período em que Maldonado se mostrava resistente em aceitar tanta ciência no ensino da Ulm na Alemanha.

Após algumas revisões, a grade curricular ativa no ano de 1966 na ESDI encontrava-se com sua estrutura completa, e no ano seguinte foi encaminhada para a Secretaria do Estado da Guanabara para o reconhecimento dos cursos, o que aconteceu em 1970. Essa mesma grade torna-se objeto de estudo, já em 1968, por uma comissão organizada pelo Conselho Federal de Educação (CFE), que a adota como referência a fim de organizar o primeiro Currículo Mínimo para os cursos de Desenho Industrial e Comunicação Visual, no ano de 1969.

Contudo, antes dessa divulgação, a escola viveu um período em que os questionamentos ganhavam amplitude interna, e a busca pela elaboração de uma proposta curricular "autêntica e original" (Souza, 1996, p. 138) fez a insatisfação paralisar parcialmente as atividades da ESDI.

No ano de 1968, acompanhando a crise brasileira do ensino, a escola carioca organiza sucessivas assembleias para discutir novos rumos pedagógicos, o que resulta em mudança curricular. Antes mesmo da implantação do Currículo Mínimo para os cursos de desenho industrial, a ESDI expôs sua vontade de mudança e organizou uma comissão durante o processo intitulada Assembleia Geral, formada por alunos e professores, para discorrer sobre a qualidade de seu ensino e a coerência com o mercado profissional.

O ano de 1969 inicia-se com a presença do Diretório Acadêmico na condução da escola e novas propostas de

---

29 Décio Pignatari (20/8/1927 – 2/12/2012), foi um dos principais integrantes do grupo concretista paulistano, junto dos irmãos Haroldo e Augusto de Campos. Além de poeta, Pignatari escreveu romance, peça de teatro e foi tradutor, professor e estudioso de semiótica, assunto de diversos de seus livros. Sua obra poética está reunida em *Poesia pois é poesia* (1977). Disponível em: <www.http://editora.cosacnaify.com.br/Autor/635/Decio-Pignatari.aspx>. Acesso em: 2 dez. 2014.

revisão curricular. Nessa fase, já com a publicação do AI-5, o momento político desfavorecia qualquer tentativa de mudança e as reuniões não atingiram os objetivos desejados. No entanto, conseguiu-se estabelecer um Centro de Coordenação, aumentando a representação discente, a duração do curso para nove semestres e a formação conjunta das habilitações de desenho industrial e comunicação visual, como a mais significativa das mudanças (Braga, 2005, p. 125). Apesar disso, a dificuldade da contratação de professores não foi um dos pontos solucionados e o poder ficou centralizado nas mãos do diretor.

A importância da ESDI para o campo acadêmico e profissional do design brasileiro é apresentada em diversos estudos e publicações. Ao longo dos anos, ela consolidou sua posição referencial no ensino do design nacional. Como primeira experiência acadêmica brasileira específica de design no nível de graduação, formou os primeiros grupos de profissionais específicos e concentrou alguns dos precursores do campo e, com eles, suas experiências e crenças. Ao lado de São Paulo, o Rio de Janeiro contou com muitos agentes que fizeram parte da academia e dos acontecimentos iniciais voltados ao desenho industrial e à comunicação visual.

1.6.2.4 Instituto de Arte e Decoração (Iadê) (1959-1987)

Outra experiência de ensino das atividades relacionadas ao campo do design foi o Instituto de Arte e Decoração (Iadê), que nasceu em 1959, na cidade de São Paulo, sob o propósito de ser um curso superior. A pretensão inicial de seus fundadores era ofertar cursos voltados ao projeto de interiores e decoração, mas, em decorrência da conjuntura política do regime militar e das restrições por ele impostas, uma vez vetado, seus diretores decidiram transformá-lo em curso técnico. Assim, aproveitando-se da intenção do governo de ampliar a mão de obra técnica qualificada, nasceu o Curso Técnico de Desenho de Comunicação do Iadê, nos moldes de um colegial técnico de desenho e comunicação.

Ao longo de seus 32 anos de duração, o Iadê, além dos cursos técnicos de desenho de comunicação e de administração de empresas, ofereceu cursos livres e de decoração. Este último foi dividido em um curso específico com um ano de duração, ao passo que o colegial técnico de desenho de comunicação era formado por comunicação visual, artes, fotografia, literatura, português, redação criativa, estudo da imagem estática e em movimento, história da arte, estudos de materiais, matemática, sociologia, semiótica, desenho técnico, desenho de livre expressão, projeto, além de outras matérias exigidas pelo MEC.

Criado pelo cenógrafo italiano e professor Ítalo Bianchi, com o espanhol Emílio Hernandez Cano, o historiador da arte Paulo Ramos Machado e o administrador Mishiro Motoda, o instituto foi um dos espaços que colaborou para difundir o conhecimento do design, com áreas correlatas como a fotografia e a cenografia. Em meados da década de 1960, o Iadê oferecia ótimas instalações para seus cursos e chegou a contar com mais de mil alunos (Leon, 2005, p. 96) na sede próxima à Avenida Paulista.

No ano de 1965, o instituto inseriu em seu currículo a comunicação visual e o desenho de objetos, o que fez Ítalo Bianchi convidar arquitetos para lecionar. Esse grupo era composto por Haron Cohen, Laonte Klawa, Sami Bussab, Ruy Ohtake, Sérgio Ferro, J. J. de Moraes, Antonio Benetazzo e Carlos Henrique Heck.

Essa escola contou com nomes significativos para o campo das artes e do design, muitos vindos de outras instituições, os quais contribuíram para a composição da academia paulistana do design em seus primeiros anos. Desse grupo também fez parte, a partir de 1968, Alexandre Wollner, que levou Ricardo Ohtake como assistente, que, posteriormente, tornou-se professor. Ainda como assistentes encontramos Tizuka Yamasaki, Márcio Colaferro, Isabella Assunção e Cássia Machado Klawa.

Mesmo ao se transformar em um curso de segundo grau, o Iadê praticava a liberdade em todos os seus âmbitos, desde o comportamental ao estrutural, com a adaptação das matérias de conhecimento geral próximas às de um curso de design, tanto que conseguiu desenvolver um ensino experimental, de acordo com os questionamentos e posturas libertárias do período, ao contrário das crises ocorridas nas escolas tradicionais (Leon, 2006).

É nessa época, entre 1968 e 1971, que encontramos no currículo a inserção da história em quadrinhos como linguagem específica e a presença no corpo docente de importantes nomes do campo do design, como Oswaldo Lousada, Ana Belluzzo, Wesley Duke Lee, Roberto Lombardi, Dalton de

Lucca, Luiz Baravelli, Carmela Gross, José Resende, Carlos Fajardo, Jorge Carbajal e Paulo Jorge Pedreira.

Além de reunir um grupo expressivo de professores, o Iadê teve como alunos profissionais que se tornaram personagens representativos do campo das artes e do design: Renata Rubim, Márcio Colaferro, Auresnede Pires Stephan, Fernanda Sarmento, Lenora de Barros, Fabíola de Barros, Sérgio Romagnolo, Esther Grinspum, entre outros.

1.7 Marcos curriculares

As décadas de 1960 e 1970 promoveram uma série de mudanças no sistema de ensino brasileiro. No presente e específico caso, que se refere ao ensino regular de design, é relevante pontuar algumas dessas ações, pois além de influenciarem os rumos brasileiros como um todo, foram contemporâneas da montagem dos primeiros cursos de design. Em decorrência das discussões sobre a definição e regulamentação desse campo, aquele momento produziu grandes influências para a composição da academia.

Até meados da década de 1960, a estrutura do ensino superior era baseada na cátedra, entendida como "unidade operativa de ensino e pesquisa docente, entregue a um professor" (Fávero, 2006, p. 24), que proporcionava privilégios a seus responsáveis, os professores catedráticos. Esse sistema permite tanto garantias de permanência nos cargos como indicações para docentes de disciplinas – chamado de "*alma mater* das instituições de ensino superior" por Fávero (2006, p. 24) – e prevaleceu até 1968, quando foi extinto na organização do ensino superior, mediante a Lei nº 5.540/68.

Foi nessa condição que se formulou a primeira Lei de Diretrizes e Bases da Educação Nacional, a LDB nº 4.024/61. Essa lei estabeleceu o Currículo Mínimo para o ensino regular superior com a finalidade de permitir maior flexibilidade na estrutura de ensino e expandir o acesso à educação, seguindo as diretrizes do desenvolvimento econômico pregado pela política nacional.

Os estabelecimentos educacionais deveriam "produzir" profissionais que atendessem à incipiente indústria, o que foi facilitado com a criação do Conselho Federal de Educação (CFE) e consequente centralidade de poder. Em sua obra *Educação no Brasil: anos 60*, Ivani Fazenda (Fazenda, 1988), além de enfatizar o exagerado uso dos termos "produção" e "produtividade" nas questões educacionais, caracteriza esse período como decorrência dos acordos internacionais e das tomadas de decisões governamentais sob os parâmetros das camadas mais abastecidas da sociedade. Essa situação é ressaltada na segunda metade da década de 1960, após o golpe militar de 1964, quando ocorre uma das mais significativas alterações no campo educacional brasileiro, a Reforma Universitária de 1968, antes mesmo da aprovação da segunda Lei de Diretrizes e Bases, a LDB nº 5692/71. Esta última, por sua vez, caracterizou-se pela articulação com o ensino médio e pelas normas mais claras de organização e funcionamento do ensino superior. Dessa lei resultou a gênese do "primeiro grau", com duração de oito anos, como junção do curso primário e do curso médio ginasial, ao passo que o ensino médio colegial passou a ser chamado de "segundo grau".

Em 1968, a Lei nº 5540/68 fixou os Currículos Mínimos Profissionais para os cursos brasileiros em nível de graduação. Isso permitia ao Conselho Federal de Educação (CFE) definir os conteúdos dos cursos com o propósito de estabelecer relativa igualdade entre os currículos plenos de cada área e fixar disciplinas obrigatórias, ao passo que às Instituições de Ensino Superior (IES) ficou reservado complementar seus currículos com outras matérias optativas.

Essa organização foi criticada por muitos pesquisadores do ensino por desconsiderar as diferenças entre as escolas e, em vez de permitir a maleabilidade dos cursos, construiu um modelo que não permitiu a inserção de propostas particulares devido à dedicação exigida aos conteúdos obrigatórios, como escrito por Couto:

> Os Currículos Mínimos, direcionados basicamente ao exercício profissional e presos a estruturas rígidas, conduziram a uma formação superior carente de flexibilidade que, na maioria dos casos, não acompanhou as mudanças sociais, tecnológicas e científicas do processo de desenvolvimento da sociedade. Desse estado de coisas resultou uma crescente defasagem dos graduados em relação ao componente desempenho necessário no contexto pós-acadêmico (Couto, 2008, p. 18).

No fim da década de 1960, essas mudanças não passaram incólumes pela atmosfera vivida pela ESDI. No mesmo ano de 1968, a escola repensou suas diretrizes, o que culminou na paralisação parcial dos cursos e em um período de transição e reformulações do seu currículo.

A organização do currículo da ESDI, antes desse episódio, era comparável, em certo nível, à da Escola de Ulm, contava com um curso fundamental e a ênfase dada às atividades projetuais moldou o que viria a se tornar referência para as primeiras escolas de design no Brasil. Na ausência de parâmetros curriculares, a influência dos conceitos empregados na escola alemã orientou, mesmo que indiretamente, os primeiros currículos brasileiros, como sinalizado por Rita Couto[30]: "O currículo proposto para a ESDI se tornaria paradigma para o ensino do design no Brasil" (Couto, 2008, p. 21). Sobre essa afirmação, a professora ainda esclarece que:

> Aqui estamos falando do primeiríssimo currículo da ESDI, datado de suas primeiras turmas e que, se não estou enganada, é o que foi encaminhado em 1967 para a Secretaria do Estado da Guanabara para o reconhecimento do curso em 1970 e que foi objeto de estudo já em 1968 por Comissão junto ao CFE[31].

Esse currículo era dividido em matérias básicas e matérias profissionais para o curso de desenho industrial, que deveriam ser desdobradas em disciplinas, permitindo liberdade e originalidade aos currículos plenos dos cursos. Rita Couto esclarece que "essa proposta [foi] considerada mais tarde extremamente aberta e gerou uma quantidade enorme de interpretações pelas IES"[32]. Ela completa dizendo que "esse currículo de 1968, o qual foi sendo 'interpretado' pelas IES que surgiram após a ESDI, levou o CFE a tentar organizar a casa em 1978".

Ao expor essas condições, Couto apresenta também um panorama dessa academia quando cita que, em 1976, havia dezesseis cursos de design, "dos quais 50% eram cursos de arte que se transformaram às pressas em cursos de design, pelo incentivo financeiro oferecido pelo governo federal" (Couto, 2008, p. 23), evidenciando a caracterização dos cursos que se formaram ao longo da década de 1970.

Segundo as formulações a partir de 1968, "caberia às Instituições de Ensino Superior (IES) complementar o Currículo Mínimo, acrescentando disciplinas efetivas ou não, que expressassem suas vocações regionais e as demandas particulares

---

30 Rita Maria de Souza Couto é professora e pesquisadora do ensino do design da PUC-RJ. Sua obra *Escritos sobre ensino de design no Brasil* (Couto, 2008, p. 5) é "resultado de anos de pesquisa sobre o ensino de design no Brasil empreendida pela autora. Em versão inicial, recebeu a contribuição do prof. dr. Gustavo Amarante Bomfim".

31 Couto. Esclarecimento, Mensagem recebida por <bragamcb@usp.br> em 31 jan. 2011.

32 *Idem*.

de cada região, tornando-o um currículo pleno" (Couto, 2008, p. 26), mas o que ocorreu foi na contramão daquela flexibilidade almejada. A interpretação diferente das IES criou uma cartela enorme de abordagens, e a heterogeneidade nesses cursos fez o CFE criar, em 1978, uma comissão de especialistas para gerar um novo currículo mínimo da área, que foi aprovado apenas em 1987, pela Resolução nº 02/87 do CFE. O Parecer nº 62.187 do CFE dividiu o currículo em duas subáreas: Projeto de Produto e Programação Visual, com matérias de formação profissional distintas após o ciclo básico comum a ambas as habilitações.

No fim da década de 1960, os questionamentos levantados giravam em torno do verdadeiro valor do currículo mínimo e de permitir a integração do conhecimento diante da interdisciplinaridade do design. Algo que poderia ser abrangente, devido ao sistema de créditos instalado na reforma curricular de 1968, acaba por resultar o contrário, pois o regime de pré-requisitos e o grande número de disciplinas obrigatórias não garantiram ao aluno um sistema flexível. Para garantir a aplicação desse propósito, uma ação coletiva é realizada, como nos informa Vicente Cerqueira:

> A fim de estabelecer um núcleo de conhecimentos específicos à prática profissional, em 1969, com o apoio da Associação Brasileira de Desenho Industrial (ABDI), surge a primeira tentativa de elaboração de currículo específico aos cursos de DI, tendo como prerrogativa a Lei nº 5540/68, que determinou a Reforma Universitária (Cerqueira, 2008, p. 779-780).

O primeiro Currículo Mínimo para os cursos de Desenho Industrial origina-se do Parecer nº 408/69, aprovado em 12 de junho de 1969, no qual encontramos citadas as referências das escolas alemãs, Bauhaus e Ulm. Nesse mesmo documento, o relator Cons. Celso Kelly cita a qualidade do ensino proporcionado pela ESDI, como segue na primeira página do documento (Figura 1.1).

O Currículo Mínimo para os cursos de Desenho Industrial foi organizado com um primeiro ano de curso fundamental e os três anos posteriores na habilitação escolhida, com duração mínima de 2.700 horas, similar ao da ESDI, sendo obrigatório o estágio no fim do curso. O primeiro semestre era eliminatório na ESDI, mas esse processo foi

> No texto do parecer, recordamos que:
>
> "duas grandes experiências acentuaram a *generalização* da arte, a associação entre *arte* e *indústria* e a fruição da arte no *uso comum* dos objetivos e ambientes: a Bauhaus, com Gropius à frente, e a Escola Superior de Ulm, à frente Max Bill".
>
> Examinando anterior memorial relativo à experiência brasileira da Escola Superior de Desenho Industrial (ESDI), do sistema do Estado da Guanabara, o Conselho Federal de Educação pôs em relevo "a excelência da escola, através de seus currículos e programas e da qualificação de seus professores", sem, contudo, poder pronunciar-se quanto ao currículo, por não se tratar de habilitação para profissão regulamentada, nos termos do art. 70 da Lei de Diretrizes e Bases.

Figura 1.1 – Trecho retirado do Parecer nº 408/69, aprovado em 12 de junho de 1969.

abandonado em 1967. Sua organização contava com três grupos: matérias básicas, matérias profissionais para o curso de Desenho Industrial e matérias profissionais para o curso de Comunicação Visual.

As transformações e os questionamentos que pautaram o campo do desenho industrial nos anos 1960 desdobram-se na busca por mudanças acadêmicas e profissionais, que passaram a exigir novas formas de atuação, muito em decorrência da abertura de novos cursos ao longo do país nos anos 1970. De acordo com o levantamento publicado pela revista *Design & Interiores*, identificamos as seguintes escolas de design no Brasil naquele período: ESDI (1963), FUMA (1964), UFMA, FAAP e Mackenzie (1970), UFPE e União das Faculdades Francanas (1972), PUC-PR e Universidade de Guarulhos (1974), UFPR e Unesp-Bauru (1975), Universidade Santa Cecília dos Bandeirantes (1976), PUC-RJ (1977), UFPB e Faculdade de Desenho Industrial Mauá (1978) Faculdade da Cidade (1979) e UFRJ (1979) (Design & Interiores, 1990).

Com isso, no fim da década de 1970, o Ministério da Educação e Cultura convida um grupo de profissionais e professores para elaborar uma proposta inicial do novo Currículo Mínimo. Nesse mesmo ano (1978), promove-se um encontro na Associação Brasileira de Ensino de Engenharia (Abenge), do qual participaram representantes das entidades da classe (16 escolas e associações). Como resultado do seminário *Desenho industrial e o ensino*, logo as comunidades acadêmicas e profissionais elaboraram uma proposta de currículo mínimo. A seguir, durante a realização do *Primeiro Encontro Nacional de Desenho Industrial* (ENDI)[33], em 1979, ocorrido no Rio de Janeiro, uma proposta de regulamentação profissional e Currículo Mínimo seria ratificada e encaminhada para as instâncias governamentais.

Essa proposta do Currículo Mínimo (Anexo 3) determinava as áreas de atuação do profissional, as disciplinas a serem oferecidas e a duração mínima do curso. A divisão mantinha o núcleo básico, como disciplinas de Formação Básica (Matemática, Física Experimental, Meios de Representação Bidimensional e Meios de Representação Tridimensional) e Formação Geral (História da Arte e Tecnologia, Economia, Ciências Sociais – Antropologia, Sociologia e Psicologia – e Legislação e Normas); e as de conhecimento específico: Formação Profissional para Habilitação em Projeto do Produto e Formação Profissional para Habilitação em Comunicação Visual.

Além da aprovação da proposta do Currículo Mínimo, o I ENDI apresentou o anteprojeto de lei a respeito do exercício da atividade de desenho industrial, que define:

> A profissão do Desenhista Industrial se caracteriza pelo desempenho de atividades especializadas, de caráter tecno-científico e criativo para elaboração de projetos de sistemas e/ou produtos e mensagens visuais passíveis de seriação e/ou industrialização que estabeleça uma relação de contato direto com o ser humano, tanto no aspecto de uso, quanto no aspecto de percepção, de modo a atender necessidades materiais e de informação visual[34].

O documento resultante do ENDI (Anexo 4) descrevia que, para a composição dos currículos plenos, as instituições poderiam desdobrar as matérias em disciplinas para atender às necessidades de cada localidade. Era mantida a carga horária de 2.700 horas, o período de, no mínimo, quatro anos, e previa-se que fosse implantada em 1981, em substituição à Resolução nº 5 do CFE, de 2 de julho de 1969, o que não acabou acontecendo. O Governo Federal não deu andamento a esse processo, que foi apenas retomado em 1987.

Apesar de não ser um documento oficial no início dos anos 1980, ele é considerado um marco de referência, por ser fruto da decisão de um fórum da categoria em que todas as instituições de ensino e profissionais chegaram a um consenso

33 "[...] ocorrido em outubro de 1979, na cidade do Rio de Janeiro. O 1º Encontro Nacional de Desenho Industrial – ENDI, foi um fórum promovido pelas associações existentes na época: ABDI, APDINS-RJ e APDINS-PE" (Braga, 2007, p. 11).

34 Artigo 1º, Capítulo I – Caracterização e Atribuições Profissionais. Anteprojeto de lei federal sobre o exercício da profissão de desenhista industrial. Rio de Janeiro: ABDI/APDINS-RJ/APDINS-PE, 1979.

para o campo do ensino e que, em 1987, torna-se oficial pelo Governo Federal. Assim, a importância desses encontros da área do design é apresentada por Braga:

> Dos ENDI saíram documentos que orientaram as ações das diversas entidades criadas por grupos que procuraram organizar os designers em seus locais de origem. Entre estes documentos, alguns integraram o ideário que definiu durante um bom tempo o estatuto profissional do desenhista industrial brasileiro, como o Currículo Mínimo e as atribuições para o exercício da profissão, expresso no projeto de lei da regulamentação (Braga, 2005, p. 326).

Com isso, o tempo transcorrido entre a elaboração da proposta do Currículo Mínimo e sua implantação em 1987 ocasionou uma defasagem significativa de conteúdos, principalmente nos aspectos profissionais, que requisitaram novas competências às atividades de ensino e de projeto.

1.8 Uma questão de currículo

Diante da importância do currículo como elemento de composição da formação profissional, a intenção neste contexto é expor alguns de seus conceitos para que sejam adotados nas condições cabíveis desta publicação. Nesta pesquisa, ele foi incorporado como um elemento representativo e integrante da formação profissional plenamente inserido no sistema educacional da época. Seu valor como instrumento de análise do ensino é verificado em muitos trabalhos dedicados ao entendimento, avaliação e proposição de questões acadêmicas e profissionais. Quando falamos em elaboração de cursos oficiais regulares, o currículo é uma das questões mais importantes e decisivas na aplicação da pedagogia a ser adotada.

Sob esses aspectos, muitos autores destacam a importância em inseri-lo nos estudos destinados às análises pedagógicas. Ao descrever o currículo, Maria Regina Álvares expõe a abrangência que esse elemento atinge nas esferas acadêmicas e o significado de considerá-lo na elaboração de um curso.

> O currículo é peça fundamental no sistema educacional, uma vez que estrutura, norteia, orienta, direciona e organiza o processo de ensino-aprendizagem. Assim, a elaboração de um

currículo é de suma importância, uma vez que são vários os aspectos considerados: a realidade social, política e econômica; a realidade cultural, identidade e aspectos multiculturais; a influência ideológica; ética; estética; e a realidade do "estado da arte" das áreas do conhecimento técnico-científicos (Álvares, 2004, p. 52).

A grade curricular, como um dos componentes do sistema educacional, foi adotada como referencial principal neste estudo devido à possibilidade de identificação dos termos usados para as disciplinas e à análise comparativa desejada, de acordo com os objetivos da nossa pesquisa. Contudo, nesse momento, a elaboração de "uma proposta pedagógica não é uma mera listagem de conteúdos ou grade curricular", mas sim a "expressão de um projeto político e cultural", de acordo com o pensamento de Sonia Kramer (Kramer, 1997, p. 18), professora do Departamento de Pedagogia da PUC-RJ.

Diante das várias definições do termo "currículo"[35], ao adotá-lo como objeto que orienta a formação profissional, deparamos com a complexidade do seu significado. Uma das primeiras definições para currículo é apresentada por Bobbitt: "A especificação precisa de objetivos, procedimentos e métodos para a obtenção que possam ser precisamente mensurados" (Bobbitt, 1918, *apud* Silva, 1999, p. 12). E, ao citar Bobbitt, Thomaz Silva (1999, p. 148) declara ainda que "além de uma questão de conhecimento, o currículo é uma questão de saber, poder e identidade". Nesse sentido, por se tratar de uma escolha dentre as várias possibilidades de composição, sociedades, valores em um determinado período, o currículo reflete as questões de poder que o envolvem.

A importância de estudar as escolas, relacionadas neste trabalho, vem ao encontro do objetivo de revelar o que as guiou por "este" e não "aquele" caminho no início da academia do design. De acordo com Althusser (*apud* Silva, 1999, p. 31), a escola constitui-se em um aparelho ideológico central porque atinge praticamente toda a população por um período prolongado de tempo. Com isso, "a escola contribui para esse processo (de transmissão de ideologia aos seus estudantes) não propriamente através do conteúdo explícito de seu currículo, mas ao espelhar, no seu funcionamento, as relações sociais do local de trabalho" (Silva, 1999, p. 33).

35 Epistemologicamente, originário do latim *curriculum*, significa "pista de corrida".

Ao abordar a origem do ensino do design, entre as décadas de 1960 e 1970, marcadas por significativas ações no campo do ensino brasileiro, torna-se necessário apresentar outro elemento de referência, o Currículo Mínimo, que segundo o Instituto Nacional de Estudos e Pesquisas Educacionais Anísio Teixeira (INEP) seria:

> Núcleo mínimo necessário de matérias, fixado pelo Conselho Nacional de Educação para uma adequada formação acadêmica e/ou profissional em todo o território nacional. Nota: 1. Esse currículo constitui o "núcleo de matérias fixado pelo Conselho Federal de Educação, Lei nº 5.540/1968, considerando o mínimo indispensável para uma adequação da formação profissional"[36].

Provenientes da Reforma Universitária nº 5.540/68, os Currículos Mínimos fixados para os cursos de graduação foram assim definidos nas palavras de Guedes, ao expor que "o currículo mínimo deveria ser o núcleo de matérias consideradas indispensáveis para uma formação profissional adequada. Esse núcleo deveria ser complementado com matérias pelas instituições de ensino quando da criação dos cursos, formulando então o *currículo pleno*" (Guedes, 1997, p. 26). Verifica-se, ainda, que a variável permitida às IES estava na inserção das disciplinas complementares, o que não chegou a ser efetivado satisfatoriamente pela falta de clareza nos conteúdos disciplinares estipulados na grade mínima oficial.

Aqui encontramos, de maneira simples, a apresentação do elemento que conduziria a grande mudança do ensino brasileiro a partir da década de 1960. Com o Currículo Mínimo, pretendia-se assegurar, entre instituições de formações, regiões e diretrizes diferentes, uma uniformidade no aprendizado. Cada instituição tinha a liberdade restringida na organização de seus cursos, capacidades e contextos. A educação ficava limitada ao conteúdo proposto, sem possibilidade de alteração das ementas das disciplinas, o que interferia na identidade de cada curso.

> Os Currículos Mínimos foram concebidos com os objetivos principais de: facilitar as transferências entre instituições; fornecer diploma profissional; assegurar uniformidade mínima, profissionalizante, aos formados; determinar a fixação de tem-

36 Disponível em: http://www.inep.gov.br>. Acesso em: 27 jul. 2010.

po útil mínimo, médio ou máximo dos cursos; e observar normas gerais válidas para o País, de tal maneira que ao estudante se assegurasse, como "igualdade de oportunidades", o mesmo estudo, com os mesmos conteúdos e até com a mesma duração e denominação, em qualquer instituição de ensino (Álvares, 2004, p. 52).

Nessa declaração, confirma-se a tentativa de uniformizar o ensino brasileiro ao mesmo tempo em que se esbarra na diversidade territorial, o que levanta uma das principais questões do ensino da modernidade, de como se manter atual e construir a unidade na diversidade.

Baseada na obra *A didática necessária* de A. A. Karling (1991), Maria Helena Guedes apresenta a definição de currículo como todas as experiências que o aluno executa sob a supervisão da escola (Guedes, 1997), o que vai ao encontro do que conhecemos na acepção comum, e completa com a conceituação usada por Michael Young e seus dois entendimentos, o "currículo de fato" e o "currículo como prática" (Young e Spours, 1975). O primeiro é muito semelhante ao praticado nas nossas universidades, e o segundo permite uma integração maior do conteúdo e das relações sociais e humanas.

A metodologia empregada para esta pesquisa pretendeu estabelecer uma maneira possível de buscar proximidade entre esses dois conceitos de currículo. Para tanto, além da análise das grades curriculares, também demos voz a personagens que vivenciaram de fato o currículo por meio da narrativa das dinâmicas em sala de aula, daquilo que foi possível ser relembrado e não se encontra escrito nos documentos oficiais escolares.

Como veremos adiante, para os objetivos de nossa pesquisa, o estudo das grades curriculares revelou não só as características de cada escola ao adotar o ensino de design, mas também algumas possíveis relações entre elas.

2

FAU/USP: as sequências de desenho industrial e comunicação visual

2.1 Separação FAU–POLI

Originária do curso de Engenharia da Escola Politécnica da Universidade de São Paulo (EP/USP), a Faculdade de Arquitetura e Urbanismo da USP (FAU/USP) nascia, em 1948, como um desmembramento e um curso independente daquele em que se formavam engenheiros arquitetos.

No curso da Escola Politécnica, havia predominância da técnica e certa carência de disciplinas reflexivas sobre a arquitetura, colocando-se em segundo plano o projeto arquitetônico e com a formação de um pequeno número de profissionais, o que limitava a profissão e facilitava a prática por aqueles que não possuíam essa formação. Nessas condições, a criação do curso independente de arquitetura não repercutiu como uma novidade dentro da EP/USP, tanto que a solução foi descrita sob o seguinte teor: "transformação do Curso de Engenheiros Arquitetos da Escola Politécnica na Faculdade de Arquitetura da Universidade de São Paulo", de acordo com Birkholz[1] e Nogueira[2]. (Nogueira e Birkholz, 1993, p. 8).

Em 1944, no primeiro congresso do Instituto dos Arquitetos do Brasil (IAB), manifestam-se algumas ideias de separação das escolas de engenharia e de arquitetura (Domschke, 2007). No ano de 1949, a faculdade sai das instalações da Escola Politécnica para ser implantada em um imóvel doado para fins educacionais pela família Penteado, no bairro de Higienópolis, na capital paulista. A então residência *Art Nouveau* aristocrática deu lugar aos novos usos de seus espaços. Das antigas construções do quarteirão inteiro, restara apenas a casa. O porão foi ocupado pelo Grêmio da Faculdade (GFAU), e os quartos e salões, adaptados para as salas de aula e locais de reuniões.

1 Lauro Bastos Birkholz, professor catedrático de Planejamento Territorial Urbano e Regional, aposentado da Faculdade de Arquitetura e Urbanismo da USP.
2 Brenno Cyrino Nogueira, professor-assistente e doutor na área de Planejamento Urbano e Regional do curso de pós-graduação da Faculdade de Arquitetura e Urbanismo da USP.

Nessa escola, fundada por Luiz Ignácio de Anhaia Mello[3], a metodologia seguia os mesmos moldes daquela de sua origem, não havia uma adaptação para o curso de arquitetura. O corpo docente, em sua maioria, era formado por engenheiros, que se dedicavam às disciplinas técnicas, e artistas plásticos, que adotavam o padrão da Escola Nacional de Belas Artes.

Assim, a FAU/USP era criada segundo o pensamento do seu primeiro diretor, Anhaia Mello, alinhada a uma produção da arquitetura moderna e a uma luta antiacadêmica. Com esse intuito, foram contratados professores cuja orientação seguia esse mesmo discurso. Para formar o corpo docente, Anhaia Mello contou também com professores cariocas, provenientes da Escola Nacional de Belas Artes (ENBA), que passou pela reformulação de seu ensino orientado por Lúcio Costa, ou seja, "arquitetos de formação carioca e de orientação moderna" (Pereira, 2009, p. 10).

Por meio da Lei nº 104, de 21 de junho de 1948, de acordo com artigo publicado no V CIPED por Siqueira e Braga, a distinção para o novo curso foi feita da seguinte maneira:

> Neste momento, previa-se que a escola ministraria dois cursos diferentes: Arquitetura, de duração de cinco anos, para estudantes que houvessem concluído o ciclo colegial, e Urbanismo, de dois anos, acessível aos diplomados engenheiros arquitetos ou engenheiros civis. O ingresso em ambos os cursos se dava mediante prestação de concurso vestibular (Siqueira e Braga, 2009, p. 2).

Ao contrário do exemplo da escola carioca, em que Lúcio Costa elaborou um modelo oposto ao que se praticava na ENBA, a FAU/USP, herdeira da Escola Politécnica, cuja tradição se fez a partir da valorização do domínio da técnica construtiva, encontra alguns princípios que antecipam a arquitetura moderna e os adota para seu desenvolvimento. Neste contexto, encontramos o exemplo da disciplina de Composição como uma prática de ateliê sob a supervisão de um mestre arquiteto e que, ao longo do tempo, tem seu conteúdo amadurecido, sendo particularmente desenvolvida na FAU/USP.

Em entrevista cedida a Juliano Pereira por ocasião de sua tese de doutorado, o professor Júlio Katinsky (*apud* Pereira, 2009) defende que prevaleceu na FAU/USP uma transição nos primeiros anos do curso, da seguinte maneira: "Apesar de

---

3 Anhaia Mello (1891-1974), filho de Luiz de Anhaia Mello (fundador da Escola Politécnica da USP), formou-se engenheiro arquiteto pela Escola Politécnica, da qual foi diretor, em 1930. Ocupou o cargo de Prefeito do município de São Paulo no ano seguinte. Em 1941 dirigiu a Faculdade de Filosofia, Ciências e Letras da USP. Em 1948 fundou a Faculdade de Arquitetura e Urbanismo (FAU/USP) e foi seu primeiro diretor. Torna-se vice-reitor da USP, em 1950. Ocupou importantes cargos públicos na cidade de São Paulo e, ainda, publicou duas importantes obras: *O problema social dos serviços de utilidade pública* e *O recreio ativo e organização nas cidades modernas* (Ficher, 2005).

se falar que nós não queríamos nem o curso da Poli nem o curso de Belas Artes, historicamente, as duas grandes escolas que existiram [...], o que a FAU/USP fez, na realidade, [...] foi a síntese das duas escolas". Desse modo, a partir das palavras do prof. Katinsky, Pereira destaca a "[...] existência de um contexto de implantação do curso de Arquitetura da USP muito mais como um processo de evolução do que uma radical ruptura com uma visão conceitual do ensino de construção e da arquitetura" (Pereira, 2009, p. 14).

O modelo próprio de ensino de arquitetura desenvolvido dentro da FAU/USP passa por um lento processo de formulação ao longo do tempo até a Reforma Curricular no ano de 1962.

2.2 Caracterização de 1948 a 1962

Anhaia Mello, o primeiro diretor e responsável pela criação da Faculdade de Arquitetura e Urbanismo da Universidade de São Paulo, era professor catedrático da Escola Politécnica, o que viria a conduzir as contratações e formação dos princípios da faculdade no começo do curso, como identificado por Ficher:

> Quanto ao ensino na FAU, esse iria se caracterizar pela manutenção de certos ideais politécnicos ligados ao conhecimento técnico da construção e ao racionalismo arquitetônico, pela preocupação quase exclusiva de Anhaia com o urbanismo e pela orientação do debate estético para o modernismo. No que se refere ao último aspecto, novamente seu papel foi ímpar, na medida em que, como diretor, era o responsável pela contratação de novos professores para complementar o corpo docente advindo da Escola Politécnica. E foi por seu intermédio que para ela entrou uma série de arquitetos de formação carioca e orientação moderna [...] (Ficher, 2005 *apud* Pereira, 2009, p. 14).

Nesse período, além da busca pelos princípios da arquitetura moderna, o ensino da arquitetura tem uma relação direta com a regulamentação da profissão. A partir de 1933, quando são criados o Conselho Regional de Engenharia, Arquitetura e Agronomia (CREA) e o Conselho Federal de Engenharia, Arquitetura e Agronomia (Confea), a atuação do exercício profissional ganha delimitações mais claras, diferenciando o arquiteto dos demais profissionais da área da construção. Na tese de Juliano Pereira, referenciado no texto de Ficher (1988), encontramos ainda nessa época que o projeto arquitetônico ganhou valor econômico no mercado e o escritório de Rino Levi[4] é citado como o primeiro em São Paulo a sobreviver econômica e exclusivamente dessa atividade.

Essa questão de delimitação da atuação do arquiteto dotado da exclusividade do projeto, discutida sob o ponto de vista do exercício profissional, é de importância significativa para a pesquisa sobre o ensino do campo. O desenvolvimento da academia da arquitetura no Brasil, nesse caso específico da FAU/USP, objeto deste capítulo, contribui para caracterizar como era promulgada a prática do projeto e sua base teórica. Nesse sentido, mudanças ocorridas na configuração e nomenclatura da grade curricular refletem o processo de evolução do ensino da arquitetura nessa escola. Exemplo disso é a substituição das disciplinas de Composição Arquitetônica pela prática do ateliê.

É interessante ressaltar, no entanto, que o curso da FAU/USP não assume um perfil definido imediatamente após sua criação, no fim da década de 1940. O currículo estabelecido desde 1948 até 1962 será, como dito anteriormente, uma soma de disciplinas com dupla origem: a matriz da Belas Artes e a da Politécnica. Apesar da visão de seu fundador alinhada aos princípios da arquitetura moderna sob três pressupostos – valorização da técnica, do urbanismo e a identificação com a própria estética moderna em arquitetura –, o processo de consolidação do ensino da escola é realizado ao longo das décadas seguintes.

Desde sua criação até a reformulação curricular de seu ensino, em 1962, a FAU/USP viveu um período de transição e firmação de seus ideais; exemplo disso é a grade curricular adotada para o início do curso, na qual estavam presentes disciplinas voltadas à prática projetual sob a prescrição do título "Composição", termo originário do ensino de Belas Artes, conforme explicação do artigo de Siqueira e Braga:

> A lei de criação da Faculdade previa, conforme o regulamento daquele momento, que o ensino nos cursos ministrados na Faculdade fosse constituído por Cadeiras – ao todo vinte e nove – a serem regidas por professores catedráticos, que poderiam, conforme as necessidades, contar com professores adjuntos e assistentes de ensino. Uma dessas Cadeiras era "Composição de Arquitetura" e previa-se que fosse ministrada preferencial-

4 Rino Levi (1901-1965), arquiteto, urbanista, formado na Itália, entre 1921 e 1923. Retorna ao Brasil em 1926. Inicia uma carreira independente em 1927 com projetos baseados na arquitetura moderna. A partir de 1936, seu escritório conta com a colaboração de outros dois arquitetos, que se tornam sócios: Roberto Cerqueira César (1917) e Luiz Roberto Carvalho Franco (1926-2001). Levi tem participação decisiva na constituição do Instituto de Arquitetos do Brasil (IAB), em 1933. Vence, com outras duas equipes, o concurso promovido para a sede do IAB em São Paulo, em 1946, com o projeto desenvolvido em seu escritório. Participa da criação do Museu de Arte Moderna de São Paulo (MAM/SP), em 1948, e torna-se diretor executivo da instituição. Integra o *Primeiro Congresso Brasileiro de Arquitetos*, realizado em São Paulo, em 1945, ano em que se torna membro do *Congresso Internacional de Arquitetura Moderna* (CIAM). Em 1952, chefia a delegação brasileira no *Oitavo Congresso Pan-Americano de Arquitetos*, no México, e é eleito diretor do IAB/SP, em que permanece por duas gestões, até 1955. Em 1957, ao lado de Vilanova Artigas (1915-1985) e outros colegas, organiza uma proposta de reelaboração do ensino na FAU/USP, na qual leciona até 1959.

mente em ateliers – o que indica o caráter prático-projetual que iria nortear a proposta didática da Faculdade (Siqueira e Braga, 2009).

Na composição da grade curricular que formava o curso até 1962, encontramos descritas as seguintes cadeiras relacionadas ao projeto, na ordem em que eram ministradas no curso (FAU/USP, 1961):

- Composição de Arquitetura, Pequenas Composições I e Desenho Arquitetônico (1º ano)
- Desenho Artístico (1º e 2º anos)
- Composição de Arquitetura, Pequenas Composições II e Plástica II (3º ano)
- Composição Decorativa (3º ano)
- Arquitetura Paisagística (3º ano)
- Composição de Arquitetura, Grandes Composições I e Plástica III (4º ano)
- Urbanismo (4º e 5º anos)
- Composição de Arquitetura, Grandes Composições II (5º ano)

Os anos entre 1948 e 1962 foram marcados pela organização entre os professores a partir de movimentos dentro da escola para discutir o ensino e a atuação profissional em arquitetura por meio de comissões ou grupos de trabalhos. Foi um processo que, ao longo daqueles anos, fez a arquitetura moderna ganhar força, com o consequente abandono das estruturas mais tradicionais, nas quais a FAU/USP teve sua origem. A estrutura do curso e seus conteúdos disciplinares sofreram modificações que serviram de modelo aos currículos de outras escolas surgidas naquele período, bem como a produção arquitetônica de alguns professores, que também contribuiu como referência para outros arquitetos da época.

Durante o período de 1948 a 1962, o campo passava por questionamentos sobre sua identidade, principalmente devido à regulamentação profissional, e alguns dos professores dessa instituição estavam envolvidos nessas discussões.

Como exemplo de acontecimento importante do campo, anterior à abertura do curso de Arquitetura e Urbanismo da Universidade de São Paulo, cita-se o pioneirismo da realização do *Primeiro Congresso Nacional dos Arquitetos*, em 1944, organizado pelo Instituto dos Arquitetos do Brasil (IAB), quando "amadureceu a consciência por um ensino autônomo de arquitetura como condição de consolidação e desenvolvimento da profissão", conforme palavras de Nogueira e Birkholz (1993). Essa época foi marcada pela abertura de faculdades de arquitetura que já nasciam independentes ou originárias de escolas de engenharia. Nesse sentido, encontramos a FAU/USP citada na seguinte condição:

> A FAU/USP, assim como todas as escolas de Arquitetura criadas no Brasil durante o século XX, surgiram[5] na esteira do êxito nacional e internacional da moderna arquitetura brasileira KATINSKY (1983: 938). No entanto, apesar da inegável influência das escolas modernas internacionais, em particular a Bauhaus, o Autor (Katinsky) insiste na especificidade do programa de ensino de arquitetura no Brasil. Segundo afirma, a solução de ensino adotada no País origina-se numa proposta de Lúcio Costa, para quem havia "a necessidade de ser recuado, no currículo, o início efetivo da prática da composição, disciplina mais a trabalho de atelier sob a supervisão de um mestre arquiteto com o auxílio de assistente e a cooperação de professores das demais matérias interessadas no desenvolvimento de cada tema" (ibidem: 937). Tal proposta teria sofrido um amadurecimento ao longo do tempo, sendo particularmente desenvolvida na FAU/USP (Siqueira e Braga, 2009, p. 2-3).

Há, ainda, importantes fatos que marcaram a definição do campo da arquitetura no tocante ao ensino e à regulamentação da profissão. No ano de 1958, são apresentadas, na forma de projeto de lei ao então presidente Juscelino Kubitschek, as reivindicações por uma nova regulamentação profissional (Millan, 1993, p. 130), e naquele mesmo ano acontece o *Primeiro Encontro Nacional de Estudantes de Arquitetura*, que examinou a relação do ensino acadêmico e da prática profissional (Faggin, 1993, p. 130).

Em 1960, foi realizado ainda o *Encontro Regional dos Educadores Brasileiros*, e entre os membros que analisaram o ensino da arquitetura estavam os professores da FAU/USP: Vilanova Artigas, Roberto Cerqueira César, Hélio Duarte, Joaquim Guedes, Carlos Millan, Lúcio Grinover, Roberto Coelho Cardozo, Luiz Roberto Carvalho Franco, Rubens Meister e Miranda Maria Martinelli Magnoli. Nas palavras de Pereira,

---

5 O texto foi transcrito *ipsis litteris*, mantendo-se a não concordância verbal.

"este relatório, elaborado por Cerqueira César, concentra o ponto de vista de um conjunto considerável de arquitetos professores da FAU/USP que estavam empenhados na reestruturação do ensino da Escola" (Pereira, 2009, p. 28); e o autor considera o relatório para levantar a questão da sobreposição de tarefas, até então distribuídas entre engenheiros e arquitetos, e a falta de recursos oriunda do governo para uma formação adequada a essa profissão.

Diante desses acontecimentos, também não podem ser destacados os contatos estabelecidos entre personagens e instituições nacionais e internacionais do mesmo gênero, como aponta Pereira: "Esses anos corridos dentro da década de 1960 podem ser caracterizados para a FAU/USP com um sentido complementar às transformações dos anos anteriores (desde 1948), a partir da intensa interlocução entre o quadro docente da escola e as experiências gestadas em outras instituições" (Pereira, 2009, p. 40). Nesse conjunto, encontramos no plano internacional as escolas alemãs Bauhaus (1919-1933) e a Escola da Forma de Ulm (1953-1968) e, no Brasil, o IAC/MASP (1951-1953), em São Paulo, e a ESDI (1962), no Rio de Janeiro. Alguns representantes dessas escolas nacionais interagiram diretamente com os docentes da FAU/USP.

A contribuição da FAU/USP para o campo foi o estabelecimento de um modelo de ensino com ideais que buscavam uma identidade própria. Dois acontecimentos se destacaram na década de 1950, um em 1955 e outro em 1957, os quais contribuíram para a elaboração dos princípios da primeira grande reforma curricular proposta em 1962, a qual viria a alterar toda a estrutura e diretriz da escola.

2.3 O Regimento de 1955 e a Comissão de 1957

Durante o período entre a sua fundação, em 1948, e a primeira reforma curricular, em 1962, a discussão em torno do ensino ganhou força dentro da Faculdade de Arquitetura e Urbanismo da Universidade de São Paulo; cujos reflexos são o Regimento de 1955 e a Comissão de 1957.

Em 1955, aprovou-se a Lei nº 3233/55, que regulamentava as atividades da Faculdade de Arquitetura e Urbanismo, e em fevereiro de 1957 foi publicado o programa proposto para 1957, com os conteúdos de cada uma das cadeiras (24) e apenas quatro catedráticos, todos engenheiros.

Quanto ao Regimento de 1955, Birkholz e Nogueira (*apud* Pereira, 2009, p. 34) esclarecem que, apesar de não ter sido implantado e não expor consideráveis modificações nos programas e na estrutura oficial, o documento apresentou a organização por departamentos que viria a ser aplicada posteriormente. Nesse regimento, foi criado o Centro de Pesquisa e Estudos Urbanísticos (CPEU) da FAU/USP. Apesar de a denominação das disciplinas permanecer praticamente a mesma, ocorreram ainda alterações nos conteúdos e programas.

Outro importante fato que culminaria nas bases para a Reforma de 1962 foi a Comissão estabelecida em 1957, cujos ideais serviriam para efetivar essa reforma. O grupo da Comissão de 1957, de acordo com Faggin, foi composto por professores que pensavam em um novo modelo de ensino e que, apesar de não ser implantado naquele momento, foi recuperado no ano de 1962, sendo formado por Rino Levi, Vilanova Artigas, Abelardo de Souza e Hélio Duarte (Faggin, 1993, p. 131).

Em 1962, Carlos Millan desenvolve o relatório *O ateliê na formação do arquiteto* (Millan, 1993), em que aponta o desejo de um ensino prático e integrado. Tal documento foi assumido como a base teórica para as realizações práticas da Reforma de 1962, apesar de o próprio Millan assinalar posteriormente que a ideia de ateliê não havia sido plenamente desenvolvida no documento apresentado. Contudo, foi dada ênfase às disciplinas de Composição (redefinidas como disciplinas de Projeto, em 1963), afirmando-se, assim, a importância do ateliê dentro da Faculdade de Arquitetura da USP, conforme exposto na tese de Juliano Pereira, a qual declara que "a Comissão de 1957 reunia e organizava as cadeiras existentes, estabelecendo distinções de natureza e de função educativa de cada matéria na formação do arquiteto; criava o grupo de matérias de formação científica, de aplicação técnica, de cultura apropriada e do ateliê". Contudo, demonstra a necessidade de maior definição na natureza do ateliê e suas características naquela época e completa com as palavras do próprio Carlos Millan (1993, p. 167) que "tais ideias foram incorporadas, mas ainda com a necessidade de se compreender com maior profundidade a natureza do papel do ateliê no novo curso" (Millan, *apud* Pereira, 2009, p. 36).

Com o subtítulo de *A experiência estrangeira*, o relatório de Millan descreve também a tentativa de superar o atraso da FAU/USP diante das outras instituições de ensino de arquitetura da América Latina que já adotavam o ateliê como pilar central de suas atividades. Apesar de ainda utilizar o termo Composição, separando-a em Pequenas Composições e Grandes Composições, o texto defende a relação do ensino da arquitetura com a realidade profissional por meio da prática do ateliê, que deveria possibilitar ao aluno o domínio da expressão gráfica e desenvolver a sensibilidade e a capacidade criadora.

Dentre as questões levantadas no Relatório de 1957 e sua aplicação na Reforma de 1962, encontra-se o desejo de introduzir ideais de um projeto de âmbito social na atividade do profissional da arquitetura, assim descrito por Philip Gunn: "Esta reforma, iniciada em 1962, foi influenciada por um conceito de projeto altamente vinculado a uma visão social do arquiteto e a uma ideologia racionalista no trabalho de projetar" (Gunn, 1993, p. 77).

Os conteúdos das mudanças apresentadas na proposta da Reforma de 1962 foram consequência de uma gradual evolução ao longo dos últimos anos da década de 1950 e no início da década seguinte. Em um período marcado pelo otimismo com relação à industrialização, esse processo foi significativo na construção do ensino do campo da arquitetura e do desenho industrial, conforme verificado também nas palavras de Sydney Freitas quando apresenta uma das primeiras práticas acadêmicas não oficiais do ensino de desenho industrial e comunicação visual:

> A ESDI é a primeira escola, mas a primeira aula em curso superior de Design no Brasil se deu na FAU/USP, quando em 1957, disciplinas voltadas para o ensino de Desenho Industrial e Programação Visual foram introduzidas no currículo. A partir de 1962 passaram a constituir áreas de formação, caracterizando-se não como curso de Design, mas como sequência dentro do Curso de Arquitetura (Freitas, 2000a, p. 56).

Quanto ao ano de 1957, Sydney pode ter se baseado nas características que marcaram as propostas da Comissão de Reestruturação ocorrida nesse ano. No entanto, como apresentado anteriormente, as ideias não foram implantadas naquele momento. Também não foram encontrados registros oficiais da inserção das disciplinas de Desenho Industrial e Comunicação Visual no currículo da FAU/USP em 1957, o que pode ser confirmado ao se confrontar com a declaração de Lúcio Grinover[6]

6 Entrevista concedida a Marcos da Costa Braga (*apud* Braga, 2005).

no artigo sobre os acontecimentos do ano de 1962 da FAU/USP (Siqueira e Braga, 2009, p. 4). Ao relatar que anterior a sua entrada (em 1958) as disciplinas se voltavam à decoração, o professor Grinover sugere que as novas propostas acadêmicas relacionadas às práticas projetuais só começaram a ocorrer a partir de 1959 com sua contribuição e de outros docentes. Porém, isso não pode ser confirmado a partir de dados encontrados.

No entanto, o que se extrai do conjunto de dados e declarações é a tentativa de aproximar as atividades relacionadas aos campos da arquitetura e do desenho industrial nas atividades acadêmicas dessa instituição. Apesar de não serem habilitações e não se tratar de um curso exclusivo, aspectos do desenho industrial são introduzidos informalmente nas disciplinas de Composição Decorativa antes de 1962 por meio de seus docentes e das atividades propostas dentro das disciplinas.

Muitos desses docentes, principalmente a partir dos anos 1950, fizeram parte de uma geração formada por arquitetos que buscavam os princípios da arquitetura moderna baseada na democratização dos bens de consumo por meio da industrialização da construção e de seus componentes e mobiliários.

O crescimento industrial proveniente das décadas de 1940 e 1950 criou condições, mais adequadas que as décadas anteriores, para formar um grupo de profissionais voltados às práticas do desenho industrial. Em decorrência do modelo de industrialização adotado pelo país, certos setores produtivos, como móveis e itens de interiores, conseguiram suplantar os moldes artesanais e ofereceram algumas oportunidades a brasileiros do campo projetual que souberam desenvolver boas respostas diante de um quadro desfavorável profissionalmente.

Ainda que prevalecesse na época a importação de produtos e tecnologias, aos poucos o mercado era aberto aos profissionais de desenho industrial a partir do início da década de 1960, para além dos tradicionais de mobiliário e interiores.

Naquele momento, o ensino de desenho industrial foi introduzido informalmente por meio de atividades e exercícios do campo, o que transformou a FAU/USP em exemplo ímpar na construção do campo do design brasileiro. Independentemente de não haver registro no currículo sobre essa terminologia (desenho industrial), as disciplinas passaram por mudanças ora de denominação, ora de objetivos, para se adequarem a essa nova realidade. Assim, encontramos a transformação das disciplinas de Plástica e Composição Decorativa dentro da instituição como uma das primeiras tentativas de reformulação do seu ensino.

2.4 Disciplinas de Composição Decorativa e os antecedentes da Reforma de 1962

Dentre as disciplinas citadas anteriormente, encontramos no ano de 1962 aquelas que influenciaram na origem do Departamento de Projeto, no qual são implantadas as matérias relacionadas ao desenho industrial e à comunicação visual. As cadeiras que abrigavam matérias desse campo estavam organizadas da seguinte maneira, com seus respectivos docentes:

- **Cadeira nº 16** (1º e 2º anos do curso)
  Composição de Arquitetura: Pequenas Composições I, Desenho Arquitetônico, Plástica I
  Professor responsável: Hélio Queiroz Duarte
  Professores-assistentes: Marlene Picarelli e Lúcio Grinover
- **Cadeira nº 17** (3º ano do curso)
  Composição de Arquitetura: Pequenas Composições II – Plástica II
  Professor responsável: Abelardo Riedy de Souza
- **Cadeira nº 18** (4º ano do curso)
  Composição de Arquitetura: Grandes Composições I – Plástica III
  Professor responsável: Roberto Cerqueira César
  Professores-assistentes: Luiz Roberto de Carvalho Franco e Dario Imparato
- **Cadeira nº 21** (1º e 2º anos do curso)
  Desenho Artístico
  Professor responsável: Ernest Robert de Carvalho Mange
  Professores-assistentes: João Baptista Alves Xavier e Cândido Malta Campos Filho
- **Cadeira nº 22** (3º ano do curso)
  Composição Decorativa
  Professor responsável: José Maria da Silva Neves
  Professores-assistentes: Abrahão V. Sanovicz e Luiz Gastão de C. Lima (FAU/USP, 1962b)

Conforme apresentado anteriormente, até o ano de 1962 o curso da Faculdade de Arquitetura e Urbanismo da USP operava segundo o sistema de ensino composto por cadeiras, e a maioria do Departamento de Composição incorporava tal nomenclatura (Composição). Em 1963, o Departamento de Composição altera seu nome para Projeto, quando são criadas quatro linhas didáticas: 1) expressão gráfica ou comunicação visual; 2) desenho industrial; 3) arquitetura de edifícios; 4) planejamento.

Visando a uma "sólida formação histórico-sociológica", em soma à nova estrutura curricular, principalmente no Departamento de Composição, o *Relatório das atividades de 1962* apresenta a mudança ocorrida dentro do Departamento Histórico-Crítico, com a criação da Cadeira nº 14 "História da Arquitetura II" e a transformação da Cadeira nº 13 "Arquitetura Analítica" em "História da Arquitetura I" (FAU/USP, 1962a).

No início dessa mudança, tais linhas não contavam com profissionais que as dominassem ou mesmo que tivessem conhecimento dos conteúdos a serem ministrados. Com isso, "a criação do grupo dessas disciplinas de desenho industrial ocorreu sem a alteração nominal das disciplinas existentes: adaptou-se o conteúdo das disciplinas anteriormente ministradas pelos professores titulares do departamento de Composição" (Siqueira e Braga, 2009, p. 4).

Esses autores também destacam a importância dos professores-assistentes nesse processo que, devido à proximidade entre as atividades profissionais desenvolvidas no mercado relacionadas ao desenho industrial, questionavam a relação do ensino com suas atuações e as novas necessidades da sociedade. Assim, esse processo de reestruturação didática da cadeira de Composição da FAU/USP aconteceu mediante intenso debate entre o corpo docente da escola, o que também é enfatizado pelo arquiteto Lúcio Grinover na tese de Juliano Pereira (Pereira, 2009, p. 280).

A dualidade de origens e pensamentos dos profissionais, artistas e técnicos, transitando entre o abandono das matrizes tradicionais e a definição pela arquitetura moderna, estava presente na composição do corpo docente. Nesse grupo, encontramos professores com princípios modernos como Vilanova Artigas e Zenon Lotufo e ainda José Maria da Silva Neves e Caetano Fraccaroli, de formação tradicional e que adicionaram a suas origens na arquitetura eclética os conteúdos da arquitetura moderna, conforme destacado por Pereira:

O professor José Maria da Silva Neves foi responsável pela cadeira Composição Decorativa até 1962. Com a implantação da Reforma de 1962, passa a ser responsável pela disciplina Desenho Industrial III, tendo como auxiliares Abrahão Velvu Sanovicz (arq. FAU/USP, 1958) e Luiz Gastão de Castro Lima (arq. FAU/USP, 1954) (Pereira, 2009, p. 20).

O professor Silva Neves ministrava a Cadeira nº 22, "Composição Decorativa", na qual abordava aspectos de arte e arquitetura decorativa sem abandonar a referência de sua formação na Politécnica e a valorização do domínio da técnica no campo da arquitetura. De acordo com Lúcio Grinover (*apud* Pereira, 2009, p. 281), Silva Neves foi um dos precursores da inserção do desenho industrial na Faculdade de Arquitetura e Urbanismo da USP. Em entrevista a Juliano Pereira, o professor Grinover afirma que a "[...] preocupação da relação entre a indústria e a arquitetura estava mais vinculada à composição decorativa dos ambientes, no sentido tradicional, que propriamente do desenho de produto, como definido pela arquitetura moderna", e conclui que, na disciplina de Composição Decorativa, "o desenho industrial entrava como algo que tentava quebrar um pouco as velhas estruturas" (Grinover, *apud* Pereira, 2009, p. 23).

Quanto a Caetano Fraccaroli, formado na Escola de Belas Artes de Verona, encontramos a importância de sua atuação docente desde a abertura da FAU/USP. Era professor da Escola Politécnica desde 1944, na aula de Composição Decorativa para o curso de engenheiro arquiteto até 1949, quando foi transferido para a Faculdade de Arquitetura e Urbanismo da USP. Foi responsável pelas disciplinas de Plástica e, de 1969 a 1985, foi professor da Sequência de Comunicação Visual do Departamento de Projeto. Em 1969, foi um dos responsáveis pela abertura do Laboratório de Modelos e Maquetes, o LAME. Fraccaroli pôde contribuir na formação dos arquitetos pela sua formação no campo da escultura e da pintura, "sendo quem primeiro introduziu na FAU/USP as teorias de Gestalt, mostrando-se consciente e sensível ao pensamento da vanguarda europeia por outro lado e politicamente com certos ideais considerados fascistas naquele período" (Pereira, 2009, p. 24).

Na época, as disciplinas eram ministradas por um professor titular e dois professores-assistentes, originárias da antiga cadeira de Composição Decorativa, como escrito no artigo sobre a introdução da Sequência de Desenho Industrial e Comunicação Visual na FAU/USP: "A princípio, as disciplinas de desenho industrial passaram a ser ministradas dentro de uma antiga Cadeira denominada 'Composição Decorativa'. Até então, essa disciplina correspondia ao projeto de interiores, com ênfase em decoração" (Siqueira e Braga, 2009, p. 4).

Em entrevista cedida a Marcos Braga, o ex-professor Lúcio Grinover relata que, apesar de a grade se manter a mesma, a orientação das atividades relacionadas ao desenho industrial volta-se para elementos da construção civil; e ele cita alguns exemplos do exercício da profissão desse ramo, como a produção de elementos de uma habitação feitos em concreto armado:

> Quer dizer, se transferiu, a um certo momento, por insistência por parte de diversos arquitetos, inclusive do nosso grupo [...] sair do ventilador e começar a fazer qualquer coisa que pudesse ser aplicada em termos industriais na arquitetura. Que também era esse um dos objetivos: você não fazer da arquitetura somente um ato criativo, mas ao contrário ou, digamos, concomitantemente criativo, construtivo e com certo tipo de utilidade, tipo de composição de arquitetura para as classes menos aquinhoadas. (Entrevista com Lúcio Grinover em 2008, *apud* Siqueira e Braga, 2009).

Um exemplo dessa mentalidade se encontra expresso no documento *Programa proposto para 1962* da Faculdade de Arquitetura e Urbanismo da USP, no qual a disciplina de Plástica III pertence à Cadeira nº 18 – Grandes Composições. Em uma de suas duas linhas de trabalho, tratava a questão do estudo e desenvolvimento de implementos e equipamentos de edifício, industrializados e industrializáveis, dando ênfase à ligação do edifício com a realidade urbanística. Esse estudo obedecia às seguintes etapas:

> 1) Exame, crítica e discussão dos equipamentos atualmente oferecidos pela indústria; 2) Estudo dos processos de fabricação com vistas às indústrias produtoras; 3) Projeto do protótipo, estudo e construção de modelo; 4) Crítica e discussão do trabalho (FAU/USP, 1962b).

Os resultados dessa primeira experiência são apresentados no *Relatório das atividades* da FAU/USP de 1962. Esse documento apresenta que a nova estrutura curricular pretendia alinhar as atividades do arquiteto às novas demandas industriais e sociais, o que seria possível com a instalação do ateliê, que comportaria as aulas do Departamento de Composição.

Desse modo, a FAU/USP, por intermédio da proposta de reforma curricular de 1962, levantou as discussões presentes naquele momento sobre a atuação dos profissionais da arquitetura e do desenho industrial, conforme será apresentado no item seguinte.

2.5 Desenho Industrial: ensino e indústria

2.5.1 Reforma de 1962: ideias e época

> [...] é nesta sequência de fatos (processo de substituição das importações, modernização da economia, incremento da produção, o aumento da faixa de consumo) que em 1962, com a reforma do curso de graduação da Faculdade de Arquitetura e Urbanismo da USP é introduzido em seu currículo o Desenho Industrial (DI), e criada no Departamento de Projeto a sequência de Desenho Industrial (Picarelli, 1993, p. 46).

A Reforma de 1962 foi uma proposta de reestruturação da Faculdade de Arquitetura e Urbanismo da USP, na qual foram incluídas disciplinas das sequências relativas ao Desenho Industrial e à Comunicação Visual.

Tal reforma tinha como objetivo minimizar o peso das cátedras por meio da inclusão de quatro linhas didáticas (Expressão Gráfica ou Comunicação Visual, Desenho Industrial, Arquitetura de Edifícios e Planejamento), de quatro Departamentos (Composição, Histórico-Crítico, Ciências Aplicadas e Disciplinas Técnicas) e da criação do *Museum*, como órgão coordenador das atividades extracurriculares e complementares do ensino (FAU/USP, 1962a).

Além dessas mudanças, o curso fundamentava o aprendizado na prática do ateliê, desde seu início, característica essa que é adotada pela escola e molda sua identidade ao longo dos anos em direção à arquitetura moderna e seus princípios.

Quanto à organização das cadeiras referentes às áreas de Desenho Industrial e de Comunicação Visual, apresentadas anteriormente no *Relatório das atividades de 1962* da FAU/USP, são encontradas as respectivas relações com esses campos:

- **Cadeira nº 16:** Plástica I (2º ano) – ligada ao campo da educação visual
- **Cadeira nº 17:** Plástica II – estudo dos elementos construtivos da forma, de organização e estrutura dos meios plásticos bi e tridimensionais
- **Cadeira nº 18:** Plástica III – ligada ao campo do desenho industrial, especialmente no que se refere à indústria da construção e ao estudo e desenvolvimento de implementos e equipamentos do edifício, industrializados e industrializáveis
- **Cadeira nº 21:** Desenho Artístico (duas linhas de trabalho):
  - uma no campo da educação visual
  - outra no campo objetivo da representação
- **Cadeira nº 22:** Composição Decorativa – Conceito e prática do desenho industrial, generalidades, apanhado histórico sobre os problemas da arquitetura e da indústria
  - O patrimônio formal das artes no Brasil e seu aproveitamento nas formas industriais.
  - Exercícios constantes de projetos e desenhos dentro de um relacionamento com os processos industriais existentes, compreendendo assuntos ligados aos equipamentos residencial, religioso, comercial e de diversões.
  - Os exercícios serão rigorosamente executados de acordo com as recomendações da "Associação Brasileira de Normas Técnicas", tendo em vista permitir aos alunos imaginar formas, formulá-las em termos precisos e realizá-las em modelos.

Apesar de ocorrer no ambiente específico da FAU/USP, essa reestruturação estava vinculada a uma reforma maior, como citado no texto de Siqueira e Braga:

> A criação destes departamentos não estava ligada unicamente à reforma efetuada dentro da Faculdade, mas também a uma reforma na estrutura da Universidade como um todo, que aconteceu no mesmo ano. É importante mencionar que estas reformas foram realizadas durante a gestão do professor Lourival Gomes Machado na diretoria da faculdade (1961-1962), uma vez que a sua aquiescência com relação às mesmas foi de

fundamental importância para sua exequibilidade (Siqueira e Braga, 2009, p. 3).

A importância da presença de Lourival Gomes Machado[7] na direção da escola, quando ocorre a Reforma de 1962, também é levantada por Pereira (2009), o qual destaca que, por Lourival ser o primeiro professor cuja formação não era a tradição da Escola Politécnica, possibilitou a abertura para os novos pensamentos. Pereira cita ainda a significativa contribuição do Grêmio da FAU/USP, o GFAU, e sua atuação na construção do conhecimento sobre arquitetura, artes e cultura dentro dessa faculdade, nesse período.

Essa reestruturação acontece no início da década de 1960, época de intensa agitação política, social e cultural, conforme destacado por Francisco Homem de Melo:

> [...] os anos 60 mudaram o mundo. Revolução era a palavra mágica. As rupturas foram de toda ordem: políticas, sociais, artísticas, científicas, comportamentais. O sonho de construir uma sociedade pacífica e igualitária levou jovens do mundo todo a lutar por mudanças que, mesmo parecendo ingênuas ou irrealizáveis, cumpriram o papel de motores de transformações duradouras em múltiplas esferas (Melo, 2006, p. 28).

A política brasileira se fazia cada vez mais presente no cotidiano dos cidadãos, e os militares começavam a ocupar seu espaço, que seria consolidado em 1964 pelo golpe militar. Diante dessa luta pelo poder, estudantes mobilizam-se na busca de transformação social. Era a época dos festivais de música (Tropicália, Bossa Nova, Jovem Guarda), enquanto locais culturais como o Teatro Oficina e Arena e o Cinema Novo eram palco de manifestações. Em meio a esse momento conturbado, a Reforma de 1962 foi proposta.

A reforma abrangeu não apenas as questões didáticas, mas a organização da escola como um todo, quando foram reavaliados setores como o técnico-administrativo, além do incentivo a atividades extras como a pesquisa, cursos extraordinários e intercâmbios. Em consequência da ampliação, houve também um aumento significativo do número de docentes e demais funcionários, como apresentado no *Relatório*: "As reformas introduzidas no campo administrativo, graças às verbas concedidas pelo Plano de Ação do governo do estado, visaram a ampliar serviços

---

7 Lourival Gomes Machado (1917-1967), crítico de arte, historiador da arte, professor, cientista político, jornalista.

que, por falta de pessoal, não preenchiam suas finalidades" (FAU/USP, 1962a, p. III).

A reforma administrativa visou intensificar os serviços de pessoal, que tiveram significativo aumento com as alterações no sistema educacional. Além do setor de contabilidade, a biblioteca foi o setor de maior ampliação, inclusive em seu espaço físico e volumes do acervo. O *Relatório* ainda aponta a contribuição do CPEU nas atividades municipais.

Referente à Política de Afins, verificam-se os objetivos da FAU/USP de possibilitar ampla habilitação a seus profissionais, por meio do ensino da arquitetura e do urbanismo, e capacitá-los para atuar nas diversas atividades do campo técnico e artístico, proporcionando ao arquiteto conhecimentos de diferentes campos baseados em seu papel social, expressos da seguinte maneira:

> A reestruturação curricular foi orientada no sentido de despertar por outros ramos da atividade profissional. Cuida-se de formar o arquiteto, imprimindo-lhe, porém, uma formação consentânea com a solicitação, cada vez mais crescente, da indústria e as necessidades sociais. O objetivo será alcançado através do desenvolvimento de quatro (4) linhas didáticas, bem marcadas: comunicação visual (expressão gráfica), desenho industrial, arquitetura de edifícios e planejamento (FAU/USP, 1962a, p. IV).

O *Relatório das atividades de 1962* da FAU/USP demonstra o desejo, naquele momento, de posicionar o arquiteto como profissional voltado às questões sociais em resposta às novas demandas industriais e tecnológicas que eram almejadas para o desenvolvimento brasileiro. A inserção das atividades de desenho industrial e de comunicação visual nas práticas dos profissionais de arquitetura demonstra a abrangência pretendida pela Faculdade de Arquitetura e Urbanismo da USP para seus formandos.

Na intenção de tornar o arquiteto um agente com respostas adequadas às demandas industriais, a Reforma do ensino da FAU/USP de 1962 procurou garantir variedade e flexibilidade a seus formandos a fim de proporcionar o desejado engajamento do arquiteto no processo de industrialização do Brasil nos anos 1960, como verificado nos trabalhos acadêmicos daquele ano (FAU/USP, 1963a).

Nos exemplos da produção de alunos da Sequência de Desenho Industrial, verificamos a proposta de inserir o arquiteto nas soluções de problemas que envolvessem o homem e sua relação com o espaço e os objetos do cotidiano. Sob o intuito de proporcionar a esse profissional uma nova posição na sociedade, o texto esclarece que "para o arquiteto que toma a si a responsabilidade de uma resposta, não basta apenas a solução dos problemas no plano profissional de seu escritório" (FAU/USP, 1963a, p. 1).

A reformulação da FAU/USP buscava uma estrutura coerente com a diversidade de solicitações sociais e os novos meios produtivos esperados para aquele período político, econômico e social brasileiro. Nas condições possíveis do sistema educacional brasileiro e oferecidas pela instituição, o texto introdutório dos trabalhos esclarece que a escola assumiu "a responsabilidade da introdução do DI e da CV"(FAU/USP, 1963a, p. 2) e que o uso do termo "responsabilidade" se deveu ao fato de envolver "na experiência estudantes e professores, com todas as futuras consequências que, na nossa realidade, irão trazer o novo tipo de profissional produzido"(FAU/USP, 1963a, p. 2).

Essa explicação vai ao encontro dos pensamentos daqueles que estavam envolvidos com a criação da nova estrutura curricular dentro da escola e buscavam, com a implantação da proposta de reformulação, obter um resultado didático que traduzisse uma nova sistemática de ensino para o campo da arquitetura. A abrangência na formação do arquiteto proveniente da FAU/USP aproximava suas atividades daquelas do campo do design a partir da implantação das duas Sequências (CV e DI), o que demonstra o papel precursor da escola em aproximar um campo ainda em formação de suas atividades.

Naquela época, o desconhecimento de atuação e as incertezas sobre o futuro do campo do design não foram empecilhos para dar continuidade à implantação das propostas acadêmicas da FAU/USP, das quais fizeram parte o Desenho Industrial e a Comunicação Visual. A relevância dessas áreas dentro do papel pretendido para o arquiteto da instituição é identificada quando ambas são colocadas no mesmo nível de importância, nesse documento, das questões que envolviam problemas de edificações e de planejamento urbano na atividade do profissional de arquitetura.

Não obstante a importância crescente da indústria e as novas demandas sociais, o interesse em estimular atividades de áreas afins, além de proporcionar o desenvolvimento de trabalhos extracurriculares e complementares ao ensino, seria garantido com a criação do Departamento de *Museum*, responsável por coordenar essas atividades.

Para a realização dessas e outras finalidades, "foi possível criar três (3) departamentos (Histórico-Crítico, Composição e *Museum*)"(FAU/USP, 1962a, p. 5), além da oficina de gesso, do gabinete de física, do almoxarifado, de ampliar a biblioteca e equipar melhor os serviços técnicos. A ressalva deve ser feita à limitação dos espaços físicos do prédio da Vila Penteado, onde estava instalada a graduação do curso de Arquitetura na época, o que derivou na implantação parcial das instalações planejadas e na restrição da capacidade didática, mantendo-se em trinta (30) o número de matriculados, devido à falta de espaço físico adequado para tal ampliação. A isso também se deve a instalação parcial das necessidades departamentais detectadas; nesse caso, três (3) em vez de quatro (4), como citado anteriormente.

Era um período de exploração sobre o desenho industrial. Muitos docentes agiam indiretamente nas atividades desse campo e tinham a pretensão de atuar junto à indústria de massa. Assim, eles partiram de uma ação coletiva (apesar de não unânime na FAU/USP) e contribuíram para o desenvolvimento dos campos da arquitetura e do design por meio do ensino dessas áreas, conforme apontado por Siqueira e Braga:

> Isso demonstra que a reestruturação da faculdade a partir de 1962 representou um esforço amplo e integrado para uma efetiva modernização, em direção a uma proposta clara e precisa do que representava o ensino e a arquitetura em si para todos os agentes envolvidos neste processo educacional naquele momento. Isso, certamente, não significa que tal reforma não se tenha efetuado sem conflitos [...] (Siqueira e Braga, 2009, p. 3).

Na busca de uma relação mais próxima entre o ensino das novas áreas inseridas no curso da FAU/USP, o professor Grinover, em entrevista a Juliano Pereira, cita alguns entraves encontrados durante o processo de implantação das disciplinas de Desenho Industrial e Comunicação Visual:

> Nós apanhávamos muito. Não somente porque não estávamos preparados, mas porque [...] não se discutia essa questão de identidade, coisa assim. A não ser de uma maneira extrema-

mente superficial, mas o que atrapalhava muito eram as disciplinas estanques que você tinha dentro da Universidade. Você tem compartimentalizado o ensino dentro da Universidade. Departamento disto, departamento daquilo, e mesmo dentro do departamento há várias disciplinas [...]. Esse foi o grande problema, a meu ver, por isso não deu certo como projeto integrado (Grinover, *apud* Pereira, 2009, p. 290).

De acordo com a declaração de Lúcio Grinover, percebemos que, desde aquela época, procurava-se a integração entre as áreas dentro da academia. Nesse sentido, o professor enfatiza que, principalmente devido aos aspectos culturais, econômicos e sociais brasileiros, as propostas de industrialização da arquitetura e de seus componentes, como o desenho industrial, não foram implantadas do modo como acontecia na Europa naquele período.

Ao longo das décadas de 1950 e de 1960, é notável o nascimento da proposta de estruturação da FAU/USP sob o desejo de inserção do seu corpo docente na colaboração da industrialização brasileira. Esses profissionais já estabeleciam um diálogo direto com a prática do desenho industrial e buscavam expor a importância desse campo nas atividades da escola. Muitos desses professores buscaram referências profissionais e acadêmicas que refletissem as expectativas do campo do desenho industrial brasileiro, participaram de eventos e estabeleceram contatos com profissionais de outras áreas que também desenvolviam atividades dessa área correlata.

Vários acontecimentos marcaram o período e as tentativas de relacionar o campo acadêmico e o campo profissional de design/desenho industrial. Um fato marcante foi a criação da Associação Brasileira de Desenho Industrial (ABDI), em conjunto com professores da ESDI-RJ e alguns industriais brasileiros, em 1963. Nesse sentido ainda podemos citar as diversas atividades desenvolvidas pela ABDI em parceria com a Federação das Indústrias do Estado de São Paulo (Fiesp) e a aproximação com o Serviço Nacional de Aprendizagem Industrial (Senai), que também voltava a sua formação de quadros profissionais para a indústria.

Assim, encontramos no *Relatório das atividades de 1962* a importância que o incentivo à industrialização daquele período trouxe para o desenvolvimento das diversas atividades do campo educacional dentro da FAU/USP, conforme é apresentado em sua Política de Afins:

Por outro lado, a criação do Departamento do *Museum* [...] visa a estimular o interesse pelas artes gráficas, pela cenografia; pela miniatura de projetos, através de modelos em gesso e madeira, pela arte-fotográfica etc., atividades de grande importância, que necessitam, contudo, de ser valorizadas em benefício do profissional e, ainda, em última análise, da indústria (FAU/USP, 1962a, p. 4).

A importância da FAU/USP nas discussões profissionais e acadêmicas pode ser constatada, ainda, no *III Encontro de Diretores, Professores e Estudantes de Arquitetura*, sob o patrocínio dessa escola, em julho de 1962, evento que reuniu os componentes de "todas as Faculdades de Arquitetura do Brasil" e teve "alto significado para o ensino de arquitetura" (FAU/USP, 1962a).

A presença de representantes de "todas as Faculdades de Arquitetura do Brasil" e as discussões geradas em torno do currículo mínimo de arquitetura, posteriormente encaminhadas ao Conselho Federal de Educação, apontam a importância da Instituição nas questões referentes às definições do campo e sua atuação.

Decorrência desses fatos será o programa da diretoria para o ano de 1963, cujo objetivo era consolidar as reformas iniciadas em 1962, como será visto no item 2.8 desta publicação.

2.5.2 Desenho industrial e indústria: arquitetura industrializada

No fim da década de 1950 e princípios de 1960, o governo federal via a industrialização como um meio de vencer o subdesenvolvimento e, assim, a incentivava – ora pelo desenvolvimento de uma indústria nacional, ora por permitir a instalação de indústrias estrangeiras, sendo a segunda opção a mais valorizada. A maioria das indústrias preferia a produção ou a cópia de produtos estrangeiros, reflexo do modelo industrial adotado com a entrada de multinacionais e a falta de incentivo à tecnologia própria.

Contudo, dentro da FAU/USP, a defesa do desenvolvimento de uma indústria com projeto nacional era a mais corrente, apesar de não haver um consenso entre seus professores sobre como desenvolvê-la, como aponta Juliano: "Mais precisamente na FAU/USP, em seu ensino de desenho industrial, a defesa será a realização de uma indústria nacional, para a qual a instituição teria uma contribuição específica, ainda que não fosse unificada a visão entre professores sobre o caminho e as características dessa indústria nacional" (Pereira, 2009, p. 92).

Outro exemplo de pensamentos divergentes foi, no fim de 1966, a tentativa de retorno ao programa anterior a 1962 e a extinção das disciplinas de Desenho Industrial e Comunicação Visual, o que não foi aceito pelos professores do Departamento de Projeto, os quais solicitaram a criação de uma congregação oficial.

Nessa época, o Brasil apresentava um nível de industrialização considerável e tinha como intuito incrementar sua produção de bens de consumo, o que foi alavancado principalmente pelas indústrias automobilísticas que aqui estavam instaladas. Apesar de alguns profissionais de outras áreas, como artes e arquitetura, já atuarem em algumas atividades relativas ao desenho industrial, apenas com o incentivo de parte da indústria começa um processo mais significativo para a constituição de um campo profissional, conforme destacado no trecho a seguir:

> Durante a década de 1960, empresas não pertencentes às áreas tradicionais de contratação do designer de produto abriram alguns espaços: equipamentos urbanos, aparelhos eletrodomésticos, eletroeletrônicos e automóveis são alguns exemplos desta abertura, embora ela tenha ocorrido de forma mais ou menos restrita, conforme o setor, e por vezes em produções semi-industrializadas (Siqueira e Braga, 2009, p. 1).

Assim, quando a ABDI foi criada – composta de profissionais do campo de atuação do desenho industrial, industriais e professores da ESDI e da FAU/USP –, seus integrantes encontravam uma indústria em crescimento no país, o que permitiria, em teoria, grande atividade dos profissionais. Sob essa perspectiva, o design seria uma das áreas de colaboração a viabilizar as novas pretensões nacionais. O campo contribuiria para a busca de racionalização da produção e da expansão da abrangência de seu mercado consumidor, o que é verificado ao longo das décadas de 1960 e de 1970 por certas ações dos precursores do design no campo profissional e acadêmico (principalmente professores e ex-alunos da ESDI e da FAU/USP).

Entre as décadas de 1960 e 1970, o Brasil vivia um processo de forte expansão urbana, o que provocou reflexos dentro do pensamento da FAU/USP. A escola passa a debater a contribuição da arquitetura nacional em defesa de um compromisso social dos arquitetos na constituição da industrialização brasileira e consequente produção de uma arquitetura de qualidade em larga escala.

Para os profissionais da arquitetura, o desenho industrial contribuiria ainda para a industrialização dos componentes da construção civil, o que se reflete em obras de arquitetos da FAU/USP e foi exemplificado por Pereira pelos trabalhos dos arquitetos Vilanova Artigas e Paulo Mendes da Rocha, da seguinte maneira:

> No caso particular dos arquitetos professores do Departamento de Projeto da FAU/USP, para se entender o ideal de colaboração do desenho industrial para a industrialização da arquitetura, é necessário considerar dentro da Escola a possibilidade de desenvolvimento de dois caminhos. Um deles que previa a industrialização dos elementos de construção e, outro, a industrialização da estrutura.
>
> [...] Mas com relação a essas duas possibilidades em que se orientam os arquitetos professores da FAU/USP, é importante entender que industrializar os elementos da construção significa, em outras palavras, se aproximar da industrialização leve da construção civil, e industrializar a estrutura, concretizaria uma aproximação entre a arquitetura e a indústria pesada. Essas duas perspectivas de industrialização pelas quais a FAU/USP se decide, a partir da década de 1960, estarão presentes no trabalho de vários arquitetos da Escola (Pereira, 2009, p. 237).

Nesse contexto brasileiro de incentivo industrial, desenvolvimento econômico e definição do campo do desenho industrial, torna-se relevante apontar a presença dos arquitetos brasileiros. Quando o campo profissional do desenho industrial ainda se encontrava em fase de formação, esses profissionais foram "protagonistas na história da consolidação de um desenho industrial nacional, quando ainda não existia um corpo profissional com formação específica em design" (Siqueira e Braga, 2009, p. 1).

Desde os anos 1920, nos princípios da arquitetura moderna dos trabalhos de profissionais que atuavam em São Paulo, o desenho industrial estava presente como uma atividade intrínseca aos trabalhos dos arquitetos pioneiros do período. Sob a visão de criar mobiliários condizentes com a arquitetura que propunham, com os preceitos de democratização da arquitetura, dos produtos industriais e da construção industrializada, alguns profissionais da arquitetura desenvolvem atividades que os aproximam do design. Empresas de móveis, como a Móveis Pau Brasil, a Mobília Contemporânea e a loja Meia Pataca, são exemplos significativos da atuação de profissionais da arquitetura no desenho industrial.

Analisando esse momento da história e em decorrência dos fatos, a discussão em torno do desenho industrial era evidente entre os profissionais do mercado e da academia. Tal contexto, aliado aos acontecimentos econômicos, políticos e sociais da época, aponta que essa reestruturação curricular da FAU/USP não se tratava de um fato isolado, conforme apontado por Siqueira e Braga:

> Já que até este período o desenvolvimento do design moderno nacional esteve especialmente ligado aos arquitetos modernos, é compreensível que tanto a arquitetura quanto o design estivessem apoiados sobre as mesmas bases ideológicas modernistas.
>
> [...] A FAU, de modo coerente com a história do campo arquitetônico moderno no Brasil e com a formação do arquiteto moderno, que na linha de ensino iniciada pela Bauhaus abrangia também as áreas do design, pretendia ampliar a noção de projeto do arquiteto (Siqueira e Braga, 2009, p. 2).

A partir dessas bases conceituais, a FAU/USP apresenta a proposta de sua primeira reestruturação curricular no ano de 1962. Era a "Universidade de Projeto"[8].

Aquele período histórico era marcado pelo início da institucionalização do campo profissional do design brasileiro, o que aponta o quão importante foi a implantação das instituições de ensino superior para a formação do design brasileiro.

Assim, a FAU/USP apresenta uma estreita relação com a formação do campo profissional e acadêmico do design. Seus personagens, professores e alunos, muitos deles pioneiros das atividades do campo, contribuíram para o desenvolvimento e a promulgação dos trabalhos dessa área em fase de reconhecimento.

8 Termo utilizado pelo prof. Lúcio Grinover para expor a formação generalista pretendida para o profissional de arquitetura (Grinover, 1966).

2.6 As Sequências de Desenho Industrial e Comunicação Visual da FAU/USP

Quando Pereira pergunta a Lúcio Grinover se a FAU/USP estava olhando para algum modelo, enquanto se pensava em universidade de projeto, comparando-a com as referências adotadas pela ESDI, o ex-professor responde que, em sua opinião, "foi mais uma consequência das discussões" de cada uma das novas áreas que aconteceram internamente na escola. Afirma também que "o espírito da cátedra realmente tinha saído da FAU/USP" (Grinover, *apud* Pereira, 2009, p. 268) e destaca o pioneirismo dessa instituição, independentemente das correntes de pensamentos contrários à reestruturação.

Com a contribuição de outros professores, Vilanova Artigas encabeça a Reforma de 1962, na qual há a substituição do Departamento de Composição e suas disciplinas de Pequenas Composições e Grandes Composições pelo Departamento de Projeto, conforme afirma Marlene Picarelli:

> Em 16 de março de 1962, reúnem-se os professores J. B. Vilanova Artigas, Roberto Cerqueira César, Abelardo de Souza e Hélio Q. Duarte como colegiados do Departamento de Composição e embrião do atual Departamento de Projeto, que passou a ser assim denominado a partir de 29/12/1962 com a implantação da Reforma de 1962. [...] As quatro "sequências", assim denominadas na época, passam a compor o quadro de disciplinas do Departamento, como resultado da Reforma de 1962, que respondia com um curso formado nas quatro áreas (Picarelli, 1993, p. 12).

A proposta de curso da FAU/USP seguiu o modelo da prática do ateliê, no qual se preconizava que o profissional da arquitetura fosse apto a desenvolver todas as escalas de projeto, do edifício e do urbanismo até o design gráfico e de produto.

Assim, diante da proposta de que o arquiteto poderia atuar no campo profissional do desenho industrial, a escola organiza suas bases para um novo formato de ensino, no qual encontramos a Sequência de Desenho Industrial da FAU/USP em proximidade conceitual com a "universidade do projeto", assim nomeado por alguns docentes, e caracterizado particularmente por Pereira:

A primeira delas diz respeito a ensinar desenho industrial amparando o estudante na amplitude da formação do profissional arquiteto. Por isso, propôs não um curso de desenho industrial único. E sim, dentro do Departamento de Projeto, uma Sequência de desenho industrial, cujo funcionamento se objetivava solidário às demais Sequências dentro do Departamento de Projeto – Sequência de Arquitetura, Sequência de Urbanismo e Sequência de Programação Visual (Pereira, 2009, p. 272).

Como apontado no texto, as Sequências de Desenho Industrial e Comunicação Visual não foram instaladas para serem formações secundárias dentro da Faculdade de Arquitetura da USP. Esse esclarecimento pode ser verificado quando se analisa a proposta das disciplinas para o 4º ano da Sequência. Nessa etapa, sob a orientação de um professor, o aluno se dedica a um trabalho final com caráter de projeto-tese (Picarelli, 1993, p. 49) com tema de livre escolha, nos mesmos padrões que os exigidos para a conclusão do curso no campo da arquitetura ou do urbanismo dentro da FAU/USP. Além disso, outra característica desse curso é o processo proposto de avaliação dupla dos exercícios – uma pelo professor e outra pela indústria – em todos os anos da Sequência do curso, conforme artigo de Lúcio Grinover para a revista *O dirigente industrial* (Grinover, 1966).

Grinover, como presidente da Associação Brasileira de Desenho Industrial naquele período, relata que buscou aproximar a produção da FAU/USP da indústria brasileira e expressa sua intenção de "constituir um ensino com alcance muito mais amplo que os limites de uma escola restrita de desenho industrial, pois que se desejava uma Universidade do Projeto" (Pereira, 2009, p. 165).

Dessa forma, o ex-professor da FAU/USP enuncia que, para atingir esse objetivo, um dos principais esforços seria a diminuição do poder das cátedras vigentes. Assim, no ano de 1962, há a inclusão das disciplinas autônomas junto às cadeiras contidas na estrutura do curso.

No Departamento de Projeto, entre 1963 e 1968, encontramos a Sequência de Comunicação Visual composta da Cadeira nº 12 de Comunicação Visual I e das disciplinas autônomas Comunicação Visual II e Comunicação Visual III. Por sua vez, o Desenho Industrial contemplava a Cadeira nº 13 de Desenho Industrial III, de que faziam parte as disciplinas autônomas de Desenho Industrial I, Desenho Industrial II e Desenho Industrial IV.

A academia passava por uma série de remodelações. As discussões giravam em torno da organização dos cursos e da formação de seus ingressantes, até que no fim do ano de 1963 é instituída a Portaria GR nº 122, de 25 de novembro de 1963 na Universidade de São Paulo (Anexo 5). Esse documento estabelecia que a matrícula fosse feita em disciplinas, de acordo com a seriação padrão, e condicionada a um critério de precedência, e o ingresso no curso, por meio de classificação. Além disso, seriam instaladas disciplinas autônomas para cada cátedra, ainda que convivessem juntas até o ano da Reforma Universitária, em 1969, em consonância com o modelo proposto na FAU/USP. Apesar de a reitoria oficializar as disciplinas apenas a partir de 1963, via Portaria, essas já existiam na prática no ano de 1962.

Segundo documento do Departamento de Projeto do ano de 1965 (FAU/USP, 1965, p. 32-43) referente à Sequência de Comunicação Visual, verifica-se a intenção de inserir o aluno nos elementos da linguagem visual, "através da redescoberta" da linha, da superfície e do volume, da matéria, da cor, do plano e do espaço.

Para o segundo (2º) ano, a disciplina autônoma Comunicação Visual II abordava o desenvolvimento de trabalhos no campo plástico, ao passo que a Comunicação Visual III, ministrada no terceiro (3º) ano, voltava-se "para a discussão e observação dos fenômenos concretos da comunicação visual no mundo moderno: sua função, seus meios de produção, seu significado e sua expressão" (FAU/USP, 1965, p. 42). Assim também é descrito o objetivo dessa disciplina: "Os dois anos de exercício da linguagem, em conjunto com os demais setores de formação das outras sequências do curso, estabelecem o equipamento mínimo necessário a uma visão crítica e objetiva da realidade [...]" (FAU/USP, 1965, p. 42), apontando para a busca de integração entre as áreas nesse contexto de mudanças e nova configuração curricular.

Enquanto a Sequência de Comunicação Visual era abordada em três anos, a de Desenho Industrial tinha quatro anos de duração, ambas ministradas no mesmo formato de quatro horas semanais.

Tabela 2.1 – Sequência de Desenho Industrial, Departamento de Projeto, FAU/USP (1963-1967) (FAU/USP, 1962a).

	Teórica	Prática	Exercícios
1º ano	Importância do desenho técnico como linguagem para a realização formal. Estudo de objeto de função específica limitada, revelando o aspecto anatômico.	Desenho técnico – modelo (sempre) Individual – trabalho prático Em equipe – análise do problema	Objetos existentes Fazer desenho técnico (relevo) Projeto de objetos existentes (parte ou total) ou pequenos projetos (definido)
2º ano	Os métodos de produção industrial como definidores das formas. Relação entre desenho e materiais (desenho de execução, desenho de máxima).	Em equipes pequenas para estudo de métodos de produção, sempre ligadas ao exercício prático. Resultados das pesquisas são exprimidos por equipes Projetos realizados individualmente	Aperfeiçoamento de objetos existentes (parte ou total) ou pequenos projetos (definido)
3º ano	A forma do ponto de vista estético: textura, cor, forma, etc. A função da forma.	Em equipes pequenas para estudo de métodos de produção Resultados das pesquisas são exprimidos por equipes Em equipe – trabalhos práticos	Projeto de grupo de objetos relacionado a uma só diretriz
4º ano	Síntese	Individualmente – trabalhos práticos	Objetos individuais (acabados)

Assim é apresentado o formato da organização sugerida para a Sequência de Desenho Industrial (Tabela 2.1). De maneira gradativa, a cada ano os exercícios propunham maior complexidade e aprofundamento nos objetos de estudo, e essa organização viria a ser adotada até o ano de 1967.

Contudo, é relevante apontar que, em especial no ano de 1962, a implantação ocorreu de uma só vez, ou seja, os alunos que estavam entre o segundo e o quarto ano do curso não passaram pela preformação dos anos anteriores. Dessa forma, eles não vivenciaram o respectivo ano anterior de Desenho Industrial. Exemplos representativos podem ser verificados nos trabalhos acadêmicos realizados naquele ano, encontrados na publicação intitulada *Desenho Industrial 1962* (FAU/USP, 1963a) da Faculdade de Arquitetura e Urbanismo da USP. Cada ano do curso de Desenho Industrial destinava-se ao objetivo anteriormente apresentado:

- **1º Ano:** análise do objeto e sua representação e o estudo e proposição de um objeto de uso. Ex.: jarra térmica, cabo de furadeira manual, cabo para raquete de pingue-pongue, faca e colher, entre outros.
- **2º Ano:** ênfase aos aspectos de utilização do objeto, isto é, sua funcionalidade, e ainda questões pertinentes aos processos de produção industrial; escolhidos os seguintes temas: apagador de quadro-negro, abridor de garrafas para tampas metálicas e cortador de papel para escritórios.

  Nessa turma, em específico, pelo foco dado à representação e à precisão da prática industrial, foram utilizados exercícios baseados nas propostas do Senai, e é onde encontramos uma relação estreita entre as duas instituições, na proximidade das experiências das práticas que envolviam as atividades ligadas ao parque industrial.
- **3º Ano:** o reestudo de um jogo de xadrez, com seis peças, tabuleiro, estojo, embalagem e apresentação. Como resultados, foram expostos objetos cujas características remetiam aos conceitos da modernidade e em proximidade com o ponto de vista conceitual exercido na Bauhaus, apesar de ser uma das primeiras experiências de produção de objeto industrial dentro do curso.
- **4º Ano:** síntese; projetar o "objeto acabado" que pudesse ser desenvolvido, mesmo sem a preparação dos anos anteriores, com maior ou menor facilidade de execução dos modelos dentro das condições da oficina da época e ainda que tivesse uma ligação com as questões nacionais. Daí surgiu o tema "Propor solução para o preparo do café doméstico brasileiro", que se desenvolveu a partir do levantamento de alguns tipos existentes, análise formal das peças e representação gráfica. Com essa proximidade entre o aluno e o objeto, foi realizada visita a uma fábrica, o que fez os alunos avaliarem seus desenhos e iniciarem os estudos preliminares; depois, o anteprojeto e os modelos em argila e, finalizando o curso, o modelo em gesso.

A seguir são apresentados trabalhos acadêmicos do ano de 1962, desenvolvidos nas disciplinas relacionadas ao desenho industrial, os quais exemplificam tais conteúdos e expressam as respostas obtidas nesse primeiro momento da reforma curricular.

Figura 2.1 – Trabalho acadêmico do 1º ano, 1962. *Furadeira manual* (Fonte: FAU/USP, 1963a).

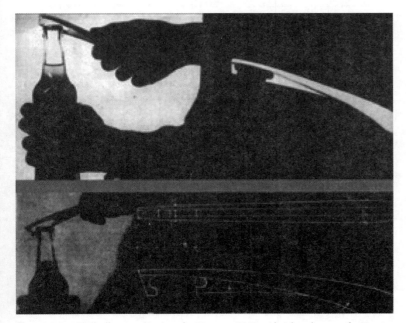

Figura 2.2 – Trabalho acadêmico do 2º ano, 1962. *Abridor de garrafa* (Fonte: FAU/USP, 1963a).

Figura 2.3 – Trabalho acadêmico do 3º ano, 1962. *Jogo de xadrez* (Fonte: FAU/USP, 1963a).

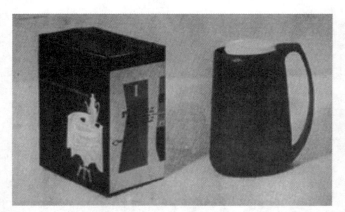

Figura 2.4 – Trabalho acadêmico do 4º ano, 1962. *Cafeteira* (Fonte: FAU/USP, 1963a).

A publicação *Desenho Industrial 1962: Sequência de desenho Industrial da FAU/USP* esclarece a proposta de inserção da Sequência no currículo do curso, cujo propósito era um "ensino com uma estrutura suficientemente flexível para suportar o impacto da variedade e número das novas solicitações" (FAU/USP, 1963b), e que correspondesse a um país em fase de desenvolvimento e a aspectos variados da produção.

Desse modo, os quatro anos dedicados ao Desenho Industrial apresentavam-se como descrito a seguir:

Para o primeiro (1º) ano, a ênfase era dada ao Desenho Técnico e à representação de um objeto com função específica. Para isso, o curso contou com uma primeira fase, denominada "análise do objeto e sua representação", quando os alunos eram apresentados às técnicas de representação gráfica e aos instrumentos de medição e de desenho. A segunda fase, chamada de "estudo e proposição de um objeto de uso", objetivava oferecer ao estudante o contato com metodologias de análise, pesquisa e discussão. Com o propósito de gerar discussões no âmbito da ergonomia, a proposta partia da fabricação de um objeto concreto, cuja abordagem estava focada no "manuseio", originando a produção desse objeto acabado como resultado do exercício. Na Figura 2.1, apresentada anteriormente, encontramos um dos resultados dessa proposta.

Ao segundo (2º) ano do curso de Desenho Industrial foi destinado o entendimento da relação entre desenho e material, além da apresentação dos métodos industriais de produção como definidores da forma. Para atingir esse objetivo, foram levantadas questões relativas aos processos de produção industrial direcionadas à funcionalidade dos objetos e adequadas às limitações da infraestrutura existente na instituição, cujos equipamentos eram os provenientes da época de criação do Laboratório de Modelos, em 1952. Para esse propósito deveriam escolher um dos três temas propostos no ano de 1962: um apagador de quadro-negro para uso em escolas, um abridor de garrafas para tampas metálicas (Figura 2.2) ou um cortador de papel para uso em escritórios.

Já no terceiro (3º) ano, o trabalho envolveria as questões estéticas, como textura, cor e forma, o que seria desenvolvido em duas etapas, um trabalho de elaboração rápida e outro mais minucioso. O primeiro procurava diferenciar invenção mecânica de design a partir da elaboração de um isqueiro, e o segundo era uma releitura de um jogo de xadrez (Figura 2.3). Assim, foi encontrado o princípio de alguns pensamentos que se voltavam às novas questões produtivas, sobre as quais alguns professores escreveram:

Como resultado final, constatou-se uma tendência geral de abandono das reminiscências artesanais de dar às peças formas figurativas correspondentes a seus nomes, completamente ultrapassadas pelos modernos conceitos de xadrez posicional, deixando de considerá-lo como batalha e sim como jogo de relações. As novas peças tomaram outras características, como as de movimentação, apresentando maior coerência com as novas técnicas de produção (FAU/USP, 1963, *apud* Pereira, 2009, p. 151).

No quarto (4º) ano, o aluno seria conduzido a elaborar um projeto-síntese do conhecimento adquirido nos anos anteriores. No entanto, devido à ausência nos anos anteriores da Sequência de Desenho Industrial, para a primeira turma da implantação foi sugerido um exercício de menor complexidade, sem restringir os objetivos do curso quanto à análise dos objetos existentes até a produção de um protótipo e a embalagem. Com esse intuito, a proposta foi uma cafeteira de uso doméstico (Figura 2.4), cujos resultados expressam características funcionalistas e o pensamento sobre a produção industrial daquele período entre os alunos e o professorado da escola.

Na imagem a seguir, aparecem de forma resumida os apontamentos descritos e os responsáveis por cada ano do curso de Desenho Industrial.

Naquela época de um país ao mesmo tempo desenvolvimentista e com limitações do desenho industrial, algumas

Tabela 2.2 – Professores e exercícios de projeto da Sequência de Desenho Industrial da FAU/USP em 1962 (Fonte: Pereira, 2009, p. 122).

Período Escolar	Professores	Exercícios
1º ano	Hélio de Queiroz Duarte Marlene Picarelli Lúcio Grinover	Resolver a *pega* de um dos objetos: ferramentas manuais (cabos de lima, chave de fenda, alicates), cabos de panela, pegadores de gaveta, alças de mala, botões para rádio, botões para painéis de automóveis, maçanetas, torneiras, talheres, etc.
2º ano	Ernest Robert de Carvalho Mange João Baptista Alves Xavier Cândido Malta Campos Filho	Um dos três temas, com livre escolha dos alunos: Um apagador de quadro negro para uso nas escolas em geral; um abridor de garrafas para tampas metálicas ou um cortador de papel para uso em escritórios.
3º ano	José Maria da Silva Neves Abrahão Velvu Sanovics Luiz Gastão de Castro Lima	Um jogo de xadrez (desenho das suas 6 peças, o tabuleiro e a apresentação gráfica) e o projeto de um isqueiro a partir de um mecanismo existente fornecido ao estudante.
4º ano	Roberto Cerqueira César Luiz Roberto Carvalho Franco Dário Imparato	Cafeteira: *Propor uma solução para o preparo do café doméstico brasileiro.*

condições apontavam para um novo papel desse campo, os quais levaram à elaboração dessas tentativas dentro da FAU/USP, conforme indica Marlene Picarelli:

> Esse período inicial se caracterizou por tornar o DI uma atividade específica e consequentemente ligado à necessidade de um processo de ensino mais estruturado e atualizado. Dentro desse contexto estão os primeiros trabalhos curriculares: jogo de xadrez, rádios portáteis, bandejas para alimentação em avião, talheres, louças, eletrodomésticos, brinquedos, relógios etc. (Picarelli, 1993, p. 47).

Diante dessa proposta e no decorrer dos anos seguintes, o curso de Desenho Industrial da FAU/USP é identificado como modelo único de ensino desse campo, pois havia uma equidade e obrigatoriedade das quatro áreas de projeto (arquitetura, urbanismo, desenho industrial e comunicação visual) no curso. Além disso, a instituição distinguiu-se de outras escolas de arquitetura e de desenho industrial, pois não reproduziu nenhum deles. Na obrigatoriedade de cursar as quatro áreas, a FAU/USP também se distinguia da Escola de Ulm.

Nas Sequências de Comunicação Visual e Desenho Industrial, identificam-se também características distintas a partir da prática dentro de suas disciplinas autônomas. Cada qual possuía formato singular, relacionado a quem as lecionava. Exemplos das especificidades das atividades desenvolvidas são observados nos exercícios acadêmicos e ementas de disciplinas.

Assim, professores de disciplinas da Comunicação Visual, como Ernest Mange e Élide Monzeglio e ainda Caetano Fraccaroli (escultor), discursavam sobre a subjetividade, e os trabalhos buscavam uma expressão mais criativa e livre, referenciada, muitas vezes, na Gestalt e na Bauhaus.

Por sua vez, docentes como Lúcio Grinover e Abrahão Sanovicz, que ministravam aulas na Sequência de Desenho Industrial, propunham atividades referenciadas no funcionalismo mais pragmático. Essa parece ter sido também a mesma linha seguida por Ludovico Martino nas aulas da Sequência de Comunicação Visual nos anos de 1960 na FAU/USP, a partir dos documentos extraídos do Departamento de Projeto da Faculdade (Anexo 6).

Os trabalhos acadêmicos desenvolvidos nesse período refletem as intenções e influências que nortearam as atividades acadêmicas dentro da FAU/USP. Conforme os exercícios apresentados anteriormente, encontramos nas propostas didáticas presentes nas disciplinas da Sequência de Desenho Industrial objetos adeptos da geometria simples e racionalista, na qual a forma segue a função, semelhantes aos produzidos na Escola de Ulm. Quanto à Comunicação Visual, o corpo docente sugeriu, principalmente, trabalhos que explorassem a "expressão livre" e a "capacidade criativa" (FAU/USP, 1964, p. 2), como o ensino desenvolvido no curso básico da Bauhaus.

Desse modo, o ensino dentro da FAU/USP, referenciado ora pelas propostas bauhausianas, ora pelas da Escola de Ulm, pode ser considerado uma característica da faculdade a partir da reestruturação curricular implantada em 1962, ao menos das décadas de 1960 e 1970.

2.7 Influências estrangeiras

2.7.1 Influência italiana

Apesar dessas linhas de pensamento (descritas anteriormente), alguns dos agentes envolvidos na Reforma de 1962 e representantes do corpo docente sofreram também influência italiana, direta ou indiretamente. Alguns destes professores eram descendentes daquele país ou participaram do campo italiano de design por meio de atividades profissionais, o que viria a se refletir na visão do design desenvolvida aqui.

Nas décadas de 1950 e 1960, os arquitetos italianos também desenvolviam projetos de desenho industrial voltados para o processo criativo e orientados, em grande parte, pela intenção do Projeto Total. Discurso esse que se tornaria a grande influência da cultura italiana nas atividades profissionais do campo paulistano de design, complementar à linguagem da relação entre forma e função, pregada pelos ulminianos.

Nesse grupo, encontramos exemplos como o do professor Abrahão Sanovicz e o estágio realizado com Gio Ponti, na Itália, onde aprendeu certo método de projeto e o usou como referência nos seus, de acordo com o relato de Lúcio Grinover a Juliano Pereira (Grinover, *apud* Pereira, 2009, p. 306). Também o professor João Carlos Cauduro fez curso na Itália na mesma época. O professor Lúcio Grinover foi outro docente da FAU/USP que esteve naquele país, ocasião em que estabeleceu contato com Umberto Eco, trazendo-o para o Brasil posteriormente. Grinover fez o Curso de Aperfeiçoamento em *Disegno Industrial* no Instituto Statale D'Arte de Veneza, em 1964.

O professor Grinover foi, inclusive, o orientador em 1973 de Eduardo de Almeida em seu trabalho para a obtenção do título de doutor, o qual se tornou, posteriormente, professor da mesma instituição. Eduardo de Almeida foi outro ex-aluno que "bebeu" das fontes italianas. Em 1962, ele recebeu uma bolsa da Fundação Amerigo Rotellini para cursar na Faculdade de Arquitetura e Urbanismo de Florença os cursos de história da arte e de desenho industrial, ministrados por Leonardo Benevolo e Pierluigi Spadolini.

Sua tese sob o título *Habitação: consumo, produto, projeto* foi defendida após viagem à Itália (Hiroyama, 2011) e experiências de trabalhos acadêmicos desenvolvidos dentro da FAU/USP voltados a industrialização da construção civil, racionalização dos meios de produção e contextualização sociocultural, durante o ano de 1972 (Hiroyama, 2011).

Visando sanar certas carências na formação profissional e estabelecer "as condições necessárias para o início dos trabalhos didáticos e pesquisas pertinentes à área" (Picarelli, 1993, p. 47), muitos professores buscaram formação em instituições estrangeiras.

Com o intuito de estabelecer relações internacionais, é importante ainda marcar a participação de professores dessa escola em um dos principais eventos de desenho industrial da época. Abrahão Sanovicz, João Carlos Cauduro, J. Rodolpho Stroeter e Lúcio Grinover formaram a primeira delegação brasileira a participar dos congressos realizados pelo International Council of Societies of Industrial Design (ICSID)[9], em 1963. A intenção desse contato era apresentar a experiência da implantação e os resultados obtidos da Sequência de Desenho Industrial e Comunicação Visual, além de aproximar o corpo docente das questões existentes naquele momento sobre o campo do design internacional. A delegação brasileira, inclusive, conversou com Tomás Maldonado e visitou a Suíça, onde tiveram contato com o DI local e a CV concretista (Grinover *apud* Cara, 2008).

Assim, por intermédio desses e outros fatos, os contatos estabelecidos proporcionaram novas referências ao campo do design paulistano.

[9] O primeiro brasileiro do campo de design a ir a um ICSID foi Lamartine Oberg, em 1961, a fim de levantar informações para o governo do Estado da Guanabara que queria abrir uma escola de desenho industrial. Ver Niemeyer, 2007.

2.7.2 Influência de Ulm

2.7.2.1 Funcionalismo

O reflexo do funcionalismo alemão dentro da Sequência de Desenho Industrial da FAU/USP é encontrado nos trabalhos acadêmicos desde as primeiras turmas, nos quais se observa a tentativa de praticar um rigor funcional e objetivo com o propósito de se sobrepor à subjetividade.

Quando se verificam as propostas da Escola Superior da Forma de Ulm (Hochschule Für Gestaltung – HfG) para os exercícios desenvolvidos, as semelhanças tornam-se claras nos resultados apresentados em ambas as instituições de ensino. De acordo com os exemplos vistos no item anterior e a análise de seus professores, é possível identificar que a linha de pensamento determinante era a funcionalista, com a qual se objetivava chegar a um objeto concreto e acabado, o que gerou grande expectativa do corpo discente, conforme palavras do professor Lúcio Grinover, em entrevista a Marcos Braga sobre as repercussões no meio acadêmico:

> A FAU, queira ou não queira, mudou um pouquinho o conceito [...]. Arquitetura não era mais só e exclusivamente obra de arte. Isso pra mim é fundamental. Isso realmente mudou dentro da FAU. Como também o paisagismo não era só jardinagem. Mudou, mudou muito, mudou todo o conceito, mas era um trabalho que aos poucos tava se desenvolvendo entre desenho industrial e arquitetura, entre arquitetura e planejamento urbano, entre arquitetura e comunicação visual, desenho industrial e comunicação visual [...] Sempre reforçando um aspecto de projeto (Grinover, 2008, *apud* Siqueira e Braga, 2009, p. 7).

Assim, na procura de formar profissionais que atuassem na construção industrializada, o ensino de Ulm baseou-se em disciplinas práticas e teóricas para desenvolver a produção seriada modular. O estudo do módulo como componente repetitivo, a partir de estruturas pré-fabricadas, técnicas de montagem e elementos de conexão, era uma tentativa de inserção no novo processo industrial que surgia. Os representantes da escola, guiados pelo pensamento de menor desperdício, buscavam praticar o uso das técnicas de ponta e baixos custos em benefício das condições de mão de obra, aproximando-se dos preceitos de desenho industrial e arquitetura, o que seria equivalente à produção de objetos. Essas discussões também estavam em pauta, naquela época, na FAU/USP, como visto nas propostas apresentadas pelo corpo docente e nas respectivas respostas discentes.

A experiência do ensino da arquitetura na escola alemã empenhava-se em transportar a arquitetura para um método de projeto cujo intuito era criar para a indústria. Nesses preceitos, encontramos o Curso de Arquitetura do Departamento de Arquitetura da HfG de Ulm, estruturado conforme a Tabela 2.3.

Nessa estrutura, a HfG de Ulm adota a expressão "Edificações Industrializadas" em substituição à "Arquitetura", em valorização das novas técnicas industriais de produção e da concepção de um ensino teórico baseado nos conteúdos da arquitetura moderna alinhada às futuras práticas profissionais. Pressupostos que também se apresentavam no Departamento de Projeto da FAU/USP, incluindo a Sequência de Desenho Industrial.

Tabela 2.3 – Distribuição dos conteúdos nos quatro anos do Curso de Arquitetura do Departamento de Arquitetura da HfG de Ulm (Fonte: Pereira, 2009, p. 65).

Período	Conteúdo
Primeiro ano de estudos	Introdução ao *design* (os exercícios têm a finalidade de informar o aluno com um sistema geométrico, visual e construtivo de duas ou três dimensões); seminário (métodos de produção, materiais de construção); geometria descritiva (polyhedra, plano); técnicas de representação; teoria da topologia estrutural, análise combinatória, teoria da probabilidade, teoria da informação; sociologia, economia, fisiologia, psicologia, história (século XX).
Segundo ano de estudos	*Design* e desenvolvimento: introdução à arquitetura de construções industriais (projetos de baixa complexidade para as necessidades de massa empregadas em métodos de produção em massa). Ênfase em materiais e métodos de construção industrial, novas construções de prédios, instalações modernas, condições ambientais internas e externas, e organização dos tipos de construção. *Design* técnico (engenharia, métodos de produção, materiais); seminário de sociologia; seminário de ciência política, estatística (engenharia mecânica) engenharia física (calor, umidade, acústica); instalações (aquecimento, condição de luz, iluminação); história da arquitetura moderna; análise e crítica sobre arquitetura; seminários especiais (coordenação modular, organização de construção, construção econômica).
Terceiro ano de estudos	*Design* e desenvolvimento. Construções industriais. Os projetos têm por finalidade a definição e solução de problemas complexos em áreas socialmente e economicamente críticas da arquitetura. Especialistas de ciências e indústrias são chamados para colaboração (seminários); seminários especiais (coordenação modular, organização de construção, economia da construção, construção de prédios modernos, planejamento de padronização terrenos, administração industrial).
Quarto ano de estudos	Pesquisa. Os projetos de tese de monografia procuram encontrar soluções básicas na construção industrial e sua arquitetura.

Como sinalizado anteriormente, a FAU/USP buscou orientar seu ensino a partir das possibilidades industriais, enquanto seu estudante estava sendo preparado para desenvolver as tarefas de projetistas de bens de consumo e da industrialização dos elementos da construção civil. Há, no entanto, enorme distinção entre as condições e particularidades de cada escola, principalmente quanto à estrutura curricular adotada, pois enquanto a Escola de Ulm possuía um curso básico e o aluno optava por uma habilitação, na FAU/USP o aluno cursava obrigatoriamente todas as linhas de formação.

Outra diferença é encontrada nos contextos político, econômico e social de ambos os países. O Brasil não possuía uma indústria da construção civil pronta para a industrialização da arquitetura e de seus componentes similar ao processo de desenho industrial defendido pela HfG de Ulm. Esse novo significado para o campo arquitetônico, apesar de almejado dentro da escola brasileira, encontrou limitações por não se encontrar uma indústria capaz de suprir as demandas por componentes industrializados.

Assim, enquanto em Ulm o desenho industrial aparece como resposta às novas condições de organização e evolução tecnológica que a indústria apresentava para a sociedade europeia, no caso da FAU/USP o modelo funcionalista foi usado, principalmente, por professores de projeto da área de desenho industrial e expressava mais uma proposta que se desejava aplicar na indústria local, mas com poucas inserções efetivas.

Nessa tentativa de aproximar a metodologia de ambas as escolas, foram realizadas algumas atividades na escola brasileira, e uma das mais significativas foi o curso ministrado dentro do ensino de Desenho Industrial da FAU/USP, por Andries van Onck, ex-aluno da HfG de Ulm. Sob o tema de Metadesign, caracterizava-se por apresentar uma metodologia de projeto baseada na ciência e na técnica, como será visto a seguir.

2.7.2.2 O curso de Metadesign

Nos primeiros anos da implantação da Sequência de Desenho Industrial, a FAU/USP contou com um curso extra de grande importância para o desenvolvimento do pensamento sobre design da época. O Departamento de Projeto criou um curso de pós-graduação em Projeto naquele período que, na atualidade, seria reconhecido pelo Ministério da Educação (MEC) como mais próximo de um curso de "aperfeiçoamento profissional", o que não pode ser entendido como menor significado, diante de sua aplicação nas metodologias praticadas nesse campo de conhecimento no Brasil, entre as décadas estudadas de 1960 e 1970.

A disciplina inicial dessa pós-graduação foi Metadesign, em um curso de 40 horas. Apoiado pela ABDI, esse curso, lecionado pelo desenhista industrial Andries van Onck (ex-aluno da HfG de Ulm), tinha como proposta uma metodologia de design baseada nos conceitos científicos e técnicos da geometria, simetria, combinatorial, cibernética e teoria da informação, em detrimento do processo subjetivo de criação, como descrito no documento traduzido por Lúcio Grinover (Onck, 1965).

Na tese de Juliano Pereira, o professor Grinover aponta que, ao contrário da ESDI, a Faculdade de Arquitetura e Urbanismo da Universidade de São Paulo não adotou o modelo de estrutura curricular composto do curso básico, no primeiro ano, e da opção por uma linha de formação específica e segmentada de Projeto, como praticado na HfG de Ulm, apesar de considerar que houve determinadas influências. Entre elas encontra-se um alinhamento do pensamento de Andries van Onck e dos primeiros professores da Sequência de Desenho Industrial da FAU/USP, os quais queriam desenvolver elementos modulares para a produção em série.

A importância da presença de Andries van Onck e suas teorias no contexto brasileiro e no ensino da FAU/USP é descrita por Pereira da seguinte maneira:

> [...] a teoria de um método de projeto de desenho industrial definida como Metadesign foi bastante presente dentro do ensino de DI [Desenho Industrial] na FAU/USP, ao longo da década de 1960. No Brasil, este método de projeto teve em Andries van Onck um grande propagador. Em passagem pelo Brasil, van Onck proferiu cursos de Metadesign tanto na Fiesp quanto na FAU/USP, e sua teoria foi publicada também na revista *Produto e linguagem* [1965] da ABDI (Pereira, 2009, p. 103).

No Relatório[10] de 1963 dos professores Roberto Cerqueira César, Luiz Roberto Carvalho Franco e Dário Imparato, a proximidade do pensamento de van Onck é nítida quando revelam

[10] Relatório de Atividades do Quarto Ano. Professores Roberto Cerqueira César, Luiz Roberto Carvalho Franco e Dário Imparato (FAU/USP, 1963a).

que "design não é invenção", o que também se repete nos textos dos demais anos escolares e trabalhos realizados em 1962.

Com a vinda de Van Onck, foram organizados dois cursos de Metadesign para o ano de 1965; um seria oferecido na Federação das Indústrias do Estado de São Paulo (Fiesp) e composto de oito aulas, o outro aconteceria na FAU/USP, com 40 horas de aula e um limite de 40 alunos.

De acordo com a revista *Produto e linguagem* (1965), o curso possuía uma metodologia para o desenho industrial baseada nos conteúdos da matemática.

Na mesma revista, é apresentado o artigo do professor Lúcio Grinover, que traduz o texto de Andries van Onck, publicado também como apostila desse curso da pós-graduação da FAU/USP, em 1965. No ano seguinte, a professora Marlene Picarelli apresenta à graduação a apostila *Apontamentos de aula*, na qual publicou o texto "Anotações do Curso de Metadesign", do professor Van Onck. Em 1971, também publicou *Estudos ambientais 3*, do Laboratório de Artes Gráficas da FAU/USP, com dois textos do professor Grinover: "As bases filosóficas do metadesign e contribuições para a leitura da cidade" (Pereira, 2009, p. 109). Tais referências apontam que o pensamento alemão, por intermédio de seu ex-aluno e as teorias do Metadesign, transitava pela FAU/USP entre os anos de 1965 e 1971, pelo menos é o que pode ser observado ainda pelas ideias correspondentes entre os professores da escola naquele momento, como descrito:

> Andries van Onck, assim como os professores da Sequência de Desenho Industrial da FAU/USP, procuraram[11], como ponto de partida, uma conceituação do desenho industrial que se distanciasse o máximo possível de um caráter predominantemente artístico, seja desassociando-o de um possível grau de parentesco com as artes aplicadas ou com a ideia de invenção em si (Pereira, 2009, p. 156).

Assim, a FAU/USP, pelo menos nos primeiros anos da Sequência de Desenho Industrial, entre 1962 e 1968, buscou um método de produção industrial que se aproximasse de uma racionalização mais adequada ao "desenho da matemática" do que ao "desenho artístico", na tentativa de uma produção seriada e de elementos componíveis.

A importância das teorias apresentadas por Van Onck é notada ao se analisar os exercícios desenvolvidos no curso de

---

11 O texto foi transcrito *ipsis litteris*, mantendo-se a não concordância verbal.

Desenho Industrial da FAU/USP entre os anos de 1965 e 1969, com a realização de práticas ligadas às suas prerrogativas e seguidas por alguns professores dessa instituição. Exemplo disso é o conjunto formado por disciplinas que se aproximavam dos ideais racionalistas na busca de desenvolver projetos de objetos que fossem confeccionados pela indústria, o que é expresso por Picarelli, da seguinte maneira: "Esses cursos, ministrados a partir de 1965, implicaram em profundas aberturas, novos estudos e em substanciais consequências na estruturação e formulação dos problemas de design abordados pelo Departamento de Projeto" (Picarelli, 1993, p. 47).

2.8 O Fórum de 1968 e a Reforma Universitária de 1969

Entre 1962 e 1968, a FAU/USP passa por um "período de amadurecimento" (Pereira, 2009, p. 41) para o entendimento do campo do desenho industrial na teoria e na prática, cujo processo, iniciado com a Reforma de 1962, é marcado por dois fóruns, com o objetivo de discussão do seu ensino. O primeiro é o Fórum de 1963, que referendou as mudanças propostas em 1962; e o segundo, o Fórum de 1968, considerado uma avaliação da trajetória pedagógica adotada desde a reformulação anterior, com o objetivo de revisão das condições apresentadas e a indicação de possíveis correções. Como resultado, a FAU/USP passou por um processo de tentativa de implantar um novo modelo de ensino.

Assim, esse período foi decisivo para o desenvolvimento do curso de arquitetura e a atualização do ensino praticado na escola, o que também pode ser identificado como consequência da contribuição, em grande parte, do corpo docente das Sequências da época e seu empenho em construir um campo particular para o desenho industrial.

Nessa época, as discussões a respeito da estrutura universitária ganham importância com as reações estudantis relacionadas ao problema da incapacidade de serem absorvidos aqueles que não conseguiram ingressar nas universidades por falta de vagas, situação que é definida no ano de 1966, em documento da Universidade de São Paulo, da seguinte forma:

> Na verdade, o caráter arcaico da universidade brasileira e sua incapacidade de atender a uma demanda social explosiva preocupava também os órgãos federais. Já estava patente para

todos a necessidade de expandir o ensino superior e a impossibilidade de organizar esta tarefa sem modernizar a estrutura da universidade (Adusp *apud* Pereira, 2009, p. 229).

As questões sobre o ensino não estavam em evidência apenas dentro dessa instituição, como exposto anteriormente. No decorrer dos anos 1960, as universidades brasileiras debatiam suas proposições educacionais, o que se refletia no campo do desenho industrial, que discutia as questões acadêmicas e profissionais. Um rebatimento desses fatos acontece, em especial, no ano de 1968, na Escola Superior de Desenho Industrial (ESDI) no Rio de Janeiro, com a realização da chamada Assembleia Geral, referenciada como o ano em que "a ESDI parou" (Souza, 1996).

Quando, no fim dessa década, o pensamento sobre as condições das instituições de ensino no país se intensificou, foi instaurada a Reforma Universitária, proveniente das chamadas Reformas de Base, em consequência da situação política do Brasil.

Já durante o regime militar, o "estudante brasileiro em 1968 tinha grande participação política. A UNE, União Nacional dos Estudantes, foi uma grande escola política e, apesar de suas origens liberais, posicionou-se na vanguarda de reivindicações que não se restringiam à educação" (Souza, 1996, p. 145). Era um período de grande agitação política no Brasil, e a escola refletia esse momento, "marcado sempre por uma grande efervescência de ideias e intensa busca de caminhos para o ensino e a arquitetura no país" (Nogueira e Birkholz, 1993, p. 11). Já não era presente o otimismo dos primeiros anos do design brasileiro, e as necessidades e a conjuntura da realidade apresentavam novos desafios ao campo.

"A partir de 1968, o grupo de professores questionava o desenho industrial como atividade dependente de uma industrialização ligada a uma economia de consumo" (Picarelli, 1993, p. 49), e nessa época a FAU/USP coloca em pauta novamente as questões de sua organização curricular. Somado a isso estavam ainda as discussões sobre a ampliação da sua capacidade física, em vésperas de se mudar para a Cidade Universitária, o que possibilitaria a implantação da estrutura desejada e a integração das disciplinas do Departamento com as de História e Tecnologia, que não tinha sido alcançada, todavia.

No ano de 1968, buscava-se rever os métodos de ensino em todos os departamentos e criar uma estrutura coletiva por intermédio do Ateliê Interdepartamental, o AI. Nessa mesma ocasião, são apresentadas disciplinas básicas e alternativas para todos os departamentos, para que fosse possível viabilizar a conversa interdepartamental a partir do desenvolvimento de projetos integrados.

Em meio às discussões dos problemas estruturais do curso, ocorre em 19 de março de 1968 a primeira reunião do Departamento de Projeto (AUP)[12], com o intuito de planejar o Fórum de 1968, que se realizaria no fim do respectivo ano. Foi nesse fórum que o AUP foi aprovado e passou a absorver maior carga didática, tanto na graduação como na pós-graduação.

Assim, a Reforma de 1968 resultaria na consolidação das quatro linhas de ensino no Departamento de Projeto [Projeto de Edificações (PR), Planejamento Urbano (PL), Desenho Industrial (DI) e Comunicação Visual (CV)] oferecidas do 1º ao 4º ano. Acrescido a isso, houve a criação do Trabalho de Graduação Interdisciplinar (TGI), no 5º e último ano, que possibilitava ao aluno desenvolver um trabalho sobre qualquer uma dessas áreas.

O primeiro ano contava com as disciplinas das quatro áreas. O segundo ano possuía disciplinas de PR, DI e CV. Já a partir do terceiro ano, as disciplinas de DI e CV não estavam presentes no currículo de disciplinas básicas, composto de PR e PL nesse ano do curso, e apenas de PL, no quarto ano. No entanto, no que se refere às disciplinas "Alternativas", a partir do segundo ano eram oferecidas em todas as quatro linhas de ensino (FAU/USP, 1968).

Quanto à pós-graduação, o fórum propunha um curso de mestrado voltado ao papel do pesquisador como o entendemos hoje, visando direcionar à formação acadêmica. Assim, o Relatório do Fórum de 1968 apresenta a composição da FAU/USP, suas diretrizes e atividades interdepartamentais, e no qual encontramos os quatro departamentos e as disciplinas que os integram:

- Departamento de Projeto: Comunicação Visual (CV), Desenho Industrial (DI), Projeto de Edificações e Planejamento.
- Departamento de História: Urbanismo, Edifício, DI, CV, Ciências Sociais e Estética.
- Departamento de Construção[13]: Unidades de Ensino Básicas (materiais de construção, resistência dos materiais, concreto armado e fundações), Unidades de Ensino Alternativas e Pesquisa.

12 Sigla do Departamento de Projeto da Faculdade de Arquitetura e Urbanismo (AUP – Arquitetura e Urbanismo, Projeto).

13 Tanto o termo "construção" como "tecnologia" são encontrados referindo-se ao mesmo departamento nos documentos desse período da instituição. Cf. FAU/USP, 1969.

- Departamento de Ciências: Física, Geometria descritiva, Topografia, Cálculo e Mecânica.

Além dessa composição, em resumo, o Relatório do Fórum assim comenta as atividades departamentais:

- a realização de fóruns anuais, a fim de fazer um balanço geral das atividades da faculdade;
- a criação[14] do *Museum*, para coordenar e divulgar as atividades curriculares e extracurriculares, de ensino e pesquisa, na graduação e na pós-graduação;
- a implantação do Ateliê Interdepartamental, responsável pelas pesquisas em arquitetura que tenham caráter de trabalho interdepartamental, com a participação de professores de vários departamentos e de alunos. "A programação do AI será anualmente, pelo Museu, de acordo com as decisões do Fórum. O Museu dirige o AI, e o AI não ensina"(Albuquerque, 2004, p. 117).

Em consequência das diretrizes do evento de 1968, no ano seguinte é realizado o 3º Fórum, a fim de dar continuidade à organização proposta anteriormente, priorizando a autonomia do Museu/*Museum* como órgão coordenador das atividades de ensino e pesquisa na FAU/USP e a importância do Ateliê Interdepartamental (AI) na prática de projetos.

Nesses termos, o Relatório do Fórum de 1969 é indicado como resultado para a contribuição na "formulação de um projeto de desenvolvimento brasileiro". O objetivo era rever os métodos de ensino dentro de todos os Departamentos e propor uma estrutura global de ensino. Para tanto, na graduação, intensificava-se a proposta de diálogo entre os quatro Departamentos e se introduzia o sistema de unidade de ensino, disposto em disciplinas básicas e alternativas de duração variável. Além disso, alguns dos objetivos eram a ampliação dos cursos da pós-graduação e a reabertura do *Museum* com funções ampliadas, além da criação da Portaria GR nº 726, com a finalidade de legalizar a nova estrutura administrativa.

Essa estrutura acabou sendo implantada de acordo com a reforma do ensino superior empreendida pelo Governo Federal em 1969, a qual objetivava aumentar o número de vagas a partir da expansão do ensino universitário brasileiro. Para isso, adota a divisão das faculdades em departamentos, compostos

---

14 Entendamos como "reafirmação do papel", uma vez que já tinha sido criado.

de disciplinas obrigatórias e optativas, sendo estas em regime de crédito. Os alunos seriam matriculados em disciplinas, e para os primeiros anos haveria um curso básico. São instituídos o vestibular por região e o ingresso por classificação, além da divisão da graduação em níveis (IAB/SP, 1993).

É desse período de transformação da FAU/USP a ampliação do número de vagas (de 30 para 150) na graduação, proporção que não se refletiu no quadro docente. Esse fato exigiria o estudo de alternativas para o ensino em massa e individual, assunto amplamente discutido no Fórum de 1968.

Quanto à departamentalização das faculdades, a FAU/USP, na prática, já a havia implantado desde a Reforma de 1962, conforme apresentado anteriormente e apontado pelo professor Lúcio Grinover em entrevista a Juliano Pereira: "A partir de 1962, 1963, quando se fez a Reforma na FAU, a cátedra realmente sumiu. Sumiu inclusive como significado, quero dizer, você tinha professor catedrático, mas o sentido, o espírito da cátedra realmente tinha saído da FAU/USP. [...] A FAU/USP, realmente nesse sentido, foi pioneira" (Pereira, 2009, p. 293). No entanto, é importante indicar que essa divisão em departamentos, nos primeiros anos da década de 1960 dentro da FAU/USP, conviveu com o sistema de cátedras até a referida Reforma Universitária do Governo Federal em 1969.

Quando a FAU/USP implantou as Sequências de Desenho Industrial e Comunicação Visual em seu curso, o propósito era diminuir o poder das cátedras e permitir a modernização do seu ensino, na busca de outra dinâmica para o funcionamento do curso, o que a diferia do objetivo da Reforma do Governo Federal.

Apesar de ambas buscarem a atualização do ensino, as divergências aparecem quando observamos as maneiras como foram implantadas e os respectivos momentos da história brasileira. Enquanto a primeira acontece no Período Democrático (1962), possibilitando a implantação de um processo com caráter experimental, a outra é imposta pela política autoritária do regime militar (1969), que teve seu auge no Ato Institucional nº 5, o AI-5, quando o Congresso Nacional é fechado e a repressão se instala no país. Isso gera rebatimentos também no cotidiano das universidades brasileiras e, diretamente, na FAU/USP, que teve os seguintes professores aposentados compulsoriamente: Vilanova Artigas, em 1968; e Jon

Maitrejean e Paulo Mendes da Rocha, em 1969. Na tese de Pereira, as colocações sobre o assunto:

> A primeira destas diferenças é que, no caso de 1962, trata-se de uma proposta que surgiu de dentro da própria universidade, enquanto a segunda trata-se de uma comissão técnica que a elabora e a impõe à universidade – A Reforma de 1969 foi elaborada pelo Grupo de Trabalho do Ministério da Educação e Cultura, do Governo Federal, por meio de um Convênio MEC-USID (United States Agency for International Development). [...] A Reforma de 1962, [...] da FAU/USP [...]Desenvolveu-se como um processo coletivo, desde a sua primeira Comissão de Reestruturação de 1957 até o Fórum de 1968, tendo significado este último, sob a liderança de Artigas às vésperas de 1969, um processo de avaliação ampla do que havia sido implantado em 1962 (Pereira, 2009, p. 155-156).

2.9 Década de 1970

Em vista dos acontecimentos da década de 1960, grande parte das discussões apresentadas pela Faculdade de Arquitetura e Urbanismo da USP, e expostas até aqui, partiu de um processo de avaliação interna, o que não quer dizer que isso correspondesse a um consenso. A cada nova proposta, constantes revisões eram sugeridas, e após os Fóruns de 1968 e 1969, ocorridos na escola, as questões em torno da estrutura continuavam em pauta, o que pode ser verificado analisando-se a sucessão de mudanças na grade curricular nos primeiros anos da década seguinte.

Um exemplo disso pode ser verificado nas nomenclaturas adotadas para as disciplinas de Comunicação Visual (CV). No ano de 1971, elas adotam o nome de "Linguagem Visual". Já no ano de 1975, o grupo de CV, além dessas disciplinas, abrangia outras denominadas, por exemplo: Comunicação Visual, Projeto Gráfico, Programação Visual, sendo esta última adotada posteriormente como nome do grupo dessa área (PV) em substituição à Comunicação Visual, dentro do Departamento de Projeto.

Nessa nova ordem, o primeiro ano passaria a abordar as Sequências de Projeto de Edificações, Planejamento, Desenho Industrial e Programação Visual. Do segundo ao quarto ano, a distribuição entre essas quatro linhas seria a mesma dentro do ciclo básico obrigatório e do optativo, com uma disciplina de cada Sequência.

No tocante às terminologias, é significativa a referência, principalmente com as disciplinas de classificação AUP 600, quanto à adoção da palavra "Sistemas", a partir desse momento. Nesse período está em voga a implantação do curso de mestrado da FAU/USP denominado Estruturas Ambientais, cujas disciplinas pertenciam à área de Arquitetura e Urbanismo. As referências adotadas nas nomenclaturas podem ser verificadas quando o corpo docente as integra tanto à graduação como à pós-graduação e nos títulos de suas respectivas disciplinas.

Já no ano de 1971, o curso seria dividido em semestres, de acordo com o documento de "Seriação Padrão Semestral" (FAU/USP, 1971); a organização do curso da FAU/USP estava distribuída em três departamentos (História, Projeto e Tecnologia), nos quais há disciplinas referentes ao campo do Desenho Industrial e da Comunicação Visual. Nessa mudança, verifica-se no Departamento de História a existência da AUH 301 (Arte e Indústria no Mundo Contemporâneo) e da AUH 302 (A Programação Visual e a Arquitetura no Século XX), ao passo que o Departamento de Tecnologia dispunha das disciplinas AUT 101 e AUT 102 (Geometria Aplicada ao Desenho Industrial I e II). E o quadro de disciplinas obrigatórias do Departamento de Projeto oferecia matérias referentes a linguagem visual, comunicação visual, desenho industrial e sistemas de produção industrial.

Em meio às discussões do período, no ano de 1972 o grupo de disciplinas é organizado da seguinte maneira:

Desenho Industrial

Disciplinas obrigatórias:

- AUP 400 – Meios de Expressão e Representação: Desenho Industrial – 6 créditos
- AUP 402 – Programação do Projeto de Produto: Introdução à Análise de Mercado – 3 créditos
- AUP 404 – Teoria da Fabricação: do Planejamento ao Consumo – 3 créditos
- AUP 406 – Sistemas Simples de Objetos – 6 créditos
- AUP 600 – Projetos de Sistemas Ambientais de Desenhista Industrial e Programação Visual – 6 créditos

- AUP 602 – Projeto de Sistemas Ambientais Urbanos de Desenhista Industrial e Programação Visual – 6 créditos

Disciplinas optativas:

- AUP 401 – O Desenho Industrial e suas Implicações na Edificação – 6 créditos
- AUP 403 – Projeto para Atividades Infantis – 6 créditos
- AUP 405 – Industrialização do Espaço Habitável – 6 créditos
- AUP 407 – Prática de Pesquisa Aplicada ao Objeto Industrial – 3 créditos
- AUP 409 – Estudo do Objeto Produzido Industrialmente e de suas Formas de Produção e Consumo – 6 créditos
- AUP 411 – O Ambiente Natural e o Ambiente Modificado pelo Homem – 3 créditos (inserida posteriormente)
- AUP 413 – A Relação Homem-Ambiente – 6 créditos
- AUP 415 – Semiótica e Leitura do Ambiente Urbano – 6 créditos
- AUP 417 – Desenho Industrial no Subdesenvolvimento – 6 créditos
- AUP 419 – Programação Ambiental – 6 créditos
- AUP 421 – A Leitura do Ambiente Urbano: Aspectos Socioeconômicos (inserida posteriormente)
- AUP 601 – Integração da Comunicação Visual e do Desenho Industrial no Sistema de Comunicação Urbana – 6 créditos
- AUP 603 – Metodologia Científica, Prática de Pesquisa e Estatística Aplicada – 3 créditos

Programação Visual

Disciplinas obrigatórias:

- AUP 300 – Meios de Expressão e Representação – 6 créditos
- AUP 302 – Estrutura da Linguagem Visual – 6 créditos
- AUP 304 – Projetos de Sistemas de Produtos de Programação Visual – 6 créditos

Disciplinas optativas:

- AUP 301 – Elementos Básicos para Imagens Corporativas (de Empresa) – 6 créditos
- AUP 303 – Estudos de Linguagem na Arquitetura – 6 créditos
- AUP 305 – A Síntese Aditiva da Cor no Processo Fotográfico – 6 créditos
- AUP 307 – Exercícios de Linguagem Visual – 6 créditos
- AUP 309 – Espaço e Comportamento – 3 créditos
- AUP 311 – Programação Ambiental – 3 créditos
- AUP 313 – Projeto Gráfico I – 6 créditos
- AUP 315 – Projeto Gráfico II – 6 créditos
- AUP 317 – Programação Visual na Empresa – 6 créditos
- AUP 319 – Projeto do Produto Gráfico – 6 créditos
- AUP 321 – Estudos de Linguagem Visual Relativos ao Espaço Urbano – 3 créditos
- AUP 323 – Comunicação Visual no Sistema Urbano – 3 créditos
- AUP 325 – Apropriação do Espaço – 3 créditos
- AUP 327 – Meios Técnicos de Expressão de Linguagem – 6 créditos
- AUP 329 – Integração da Comunicação Visual e do Desenho Industrial no Sistema de Comunicação Urbana – 6 créditos (inserida em 1976)

Ocorrências como as apresentadas até aqui mostram que a FAU/USP demarcou a área do design (desenho industrial e comunicação visual) a partir da organização de seu curso. No entanto, a importância da escola perante o campo e seu desenvolvimento ao longo dos anos não se restringiu apenas à presença de algumas disciplinas da grade curricular.

No ano de 1972, a competência profissional era posta em debate juntamente com as relações do campo do desenho industrial em um país (em fase de desenvolvimento para alguns) como o Brasil. Nessa época, "as propostas de Bonsiepe[15] no Chile de Allende, para um DI comprometido com as necessidades locais e regionais e sua vinda ao Brasil, à FAU/USP, colocam em discussão novas perspectivas para o ensino do DI", nas palavras de Picarelli (1993, p. 51).

Em continuidade ao processo de reavaliação do seu ensino, após dez anos de implantação das disciplinas de Desenho

15 Designer alemão formado na Escola da Forma de Ulm, em que também foi professor. Em 1968, decide mudar-se para a América Latina e, na década de 1980, fixa residência no Brasil, onde criou o Laboratório Brasileiro de Design (LBD), em Florianópolis, instituto que se tornou referência para o aprimoramento dos professores de design no Brasil. Lecionou em importantes faculdades do mundo e é autor de muitos títulos sobre o campo.

Industrial no currículo e sob o contexto que se acreditava eminente da regulamentação da profissão do desenhista industrial, no fim de 1972 a FAU/USP, levando em conta o Currículo Mínimo de 1969, organiza uma Comissão de Desenho Industrial. Com tal estratégia, a diretoria dessa faculdade buscava se antecipar ao processo de regulamentação desse campo profissional, uma vez que contava com importantes representantes do meio entre seus professores e ex-alunos, conforme destaca Marlene Picarelli:

> [...] não só por tradição, mas também por ter a mais completa infraestrutura e o melhor corpo docente, forma a FAU os mais atuantes profissionais do Desenhista Industrial e Comunicação Visual. No entanto, tendo em vista o Currículo Mínimo proposto de regulamentação profissional, os arquitetos formados pela FAU não poderão exercer aquelas atividades, pois duas disciplinas incluídas no Currículo Mínimo ainda não são lecionadas. São elas "Opinião Pública" e "Teoria de Fabricação" [...] Após o debate de uma série de opções tentando evitar o mencionado conflito [...], a comissão recomenda a opção [de] (inclusão de disciplinas do Currículo Mínimo de DI [Desenho Industrial] e CV [Comunicação Visual] no currículo da Faculdade de Arquitetura e Urbanismo), por possibilitar a todos os formandos da FAU a atuação nestes campos (Picarelli, 1993, p. 49).

Aqui se evidenciam a busca da Faculdade de Arquitetura e Urbanismo para adequar-se ao Currículo Mínimo de Desenho Industrial e a visão generalista que acompanhou sua formação.

Na tentativa de manter essa prerrogativa, alguns estudos ainda foram posteriormente elaborados, "porém para adequar seu *curriculum* ao mínimo de desenho industrial, seriam necessárias várias disciplinas e adaptações" (Picarelli, 1993, p. 51), o que desencadearia um currículo ainda mais volumoso e extenso. Não sendo possível essa adaptação total, o CREA retira dos arquitetos formados pela FAU/USP as anotações na carteira profissional das funções de Desenhista Industrial e Programador Visual, que vigoravam até aquele momento[16]. Enquanto isso, o Conselho Federal de Educação (CFE) discutia o Currículo Mínimo de Desenho Industrial e estendia tal discussão às escolas de desenho industrial.

---

16 É importante salientar que essa anotação não era automática, devendo ser solicitada pelo formando.

Independentemente das questões sobre a regulamentação da profissão e a legislação que passa a vigorar na década de 1970, a FAU/USP mantém sua importância na evolução do design nacional e referência no ensino, como registrado em uma das primeiras publicações sobre o levantamento da academia desse campo. O livro organizado por Geraldina Witter, em 1985, insere a Faculdade de Arquitetura e Urbanismo como uma das primeiras representantes da academia de desenho industrial (Witter, 1985).

A relevância ímpar da FAU/USP está presente em vários textos sobre o ensino de desenho industrial. Outro exemplo disso é o texto de Sydney Freitas, cujas palavras vão ao encontro da proposta desta pesquisa, ou seja, a inserção da Faculdade de Arquitetura e Urbanismo da USP como uma representante da academia paulistana de design:

> Deve-se considerar, ainda, que a FAU/USP foi a escola que mais influiu no índice de capacitação do corpo docente. Basta dizer que esta instituição informou contar com 46 mestres, 30 doutores, 8 livre-docentes e 6 titulares. A análise não considerou como fator relevante o curso da FAU/USP não ser um curso específico de Design, mas uma sequência no curso da Faculdade de Arquitetura e Urbanismo, sem um departamento próprio (Freitas, 2000b, p. 72).

No decorrer da década de 1970, o ensino da FAU/USP foi marcado por alguns acontecimentos que inseriram a escola no contexto do design, desde a organização da sua grade curricular, na contínua tentativa da formação generalista, até o Fórum de 1978, como o marco de uma nova experiência.

Esse evento resulta em discussões específicas sobre o desenvolvimento das disciplinas de desenho industrial ao longo dos anos nessa instituição, derivando importantes conclusões práticas. Em linhas gerais, buscava-se maior unidade entre as disciplinas, recuperar o exercício do projeto e escolher temas voltados às posturas políticas e ideológicas. E, como resposta a esses pensamentos, foi enfatizado o uso do Laboratório de Modelos e Ensaios, com pelo menos uma experiência obrigatória durante a graduação. No entanto, essa prática não seria instituída para exercícios exclusivos do design, mas para auxiliar na formação generalista do arquiteto, como colocado por Picarelli: "[...] o objeto do DI não deve ganhar autonomia como um curso autônomo, mas referir-se necessariamente à arquitetura e ao urbanismo" (Picarelli, 1993, p. 53).

Alguns dos episódios ocorridos na FAU/USP no período apresentado, dentre eles, a mudança para a Cidade Universitária e o aumento do número de alunos, desequilibraram a didática da faculdade e seu desempenho no âmbito do ensino, o que ocasionou novos desafios de conciliação aos métodos adotados. Contudo, a escola não deixou de ser referência para outras instituições, como observado pela ex-professora Marlene Picarelli: "[...] a divulgação dos processos de avaliação, realizados pela FAU, influíram claramente na organização de outros cursos de graduação e pós-graduação no Brasil e na América Latina" (Picarelli, 1993, p. 22).

Independentemente de a abordagem desta pesquisa ser anterior ao Fórum de 1978, em linhas gerais, é interessante verificar que desde o início da década de 1960 a FAU/USP discute e mostra o interesse em manter seu ensino multidisciplinar.

2.10 Personagens

Este trecho do trabalho pretende apresentar alguns dos pioneiros do design que passaram pela FAU/USP e contribuíram de alguma maneira para a construção do DI e CV nessa instituição. Mais do que identificar todos os participantes do período estudado, pois tamanha tarefa não seria comprimida ao mérito da importância que eles exerceram, adotou-se por pontuar alguns personagens de diferentes origens e atuações, mas com pontos convergentes relacionados à atuação profissional e/ou acadêmica. Cabe ainda lembrar dos primeiros docentes (Tabela 2.2) dignos de estudos exclusivos.

Lourival Gomes Machado
(Ribeirão Preto, Brasil, 1917 – Milão, Itália, 1967)

Historiador da arte, professor, cientista político, jornalista, Lourival Gomes Machado foi um importante crítico das artes nacionais. Estudou Ciências Sociais e Direito na Universidade de São Paulo durante a década de 1930 e, no fim dessa década, torna-se assistente da cadeira de Sociologia da FFLCH/USP.

Em 1941, fundou a revista *Clima* dedicada à crítica das artes brasileiras. Em 1942, defende sua tese de doutorado sob o título de *Alguns aspectos atuais do problema do método, objeto e divisões da ciência política*, e passa a colaborar como crítico de arte na *Folha da manhã* e como redator de política internacional do jornal *O Estado de S. Paulo*, em 1946. No ano seguinte, publica seu primeiro livro: o ensaio *Retrato da arte moderna no Brasil*.

Entre 1949 e 1951, é diretor do Museu de Arte Moderna de São Paulo (MAM/SP). Em 1951, assume a função de diretor artístico da Primeira Bienal Internacional de São Paulo, realizada no MASP.

A partir de 1954, integra o quadro docente da Faculdade de Arquitetura e Urbanismo da Universidade de São Paulo (FAU/USP), onde leciona aulas de história da arte e estética, elegendo-se diretor entre 1961 e 1962, quando deixa a faculdade para assumir o cargo de delegado da Organização das Nações Unidas para a Educação, Ciência e Cultura (Unesco), na campanha de preservação dos monumentos e obras de arte de Veneza e Florença, na Itália.

A contribuição de Lourival Gomes Machado, como crítico e promulgador das artes nacionais, encontra-se refletida em suas diversas passagens pelos estabelecimentos e eventos desse campo. Desde a década de 1950, o crítico é autor de várias publicações e parcerias literárias. Entre 1956 e 1962, é responsável pelo "Suplemento Literário" de *O Estado de S. Paulo*. Foi diretor artístico da Bienal Internacional de São Paulo e, em 1958, representa o Brasil na 29ª Bienal de Veneza.

Sua colaboração para o campo artístico ultrapassa os escritos ao se colocar como divulgador das artes. No ano de 1961, organizou a exposição *Barroco no Brasil*, que marcou a inauguração para o público do Museu de Arte Brasileira da Fundação Armando Álvares Penteado (MAB/FAAP). Outro exemplo é a interlocução que exerceu para a transferência do acervo do MAM/SP para a USP.

Sua presença como diretor da FAU/USP durante a época de inserção das Sequências de DI e CV é considerada, pelo professor Lúcio Grinover (*apud* Pereira, 2009), primordial para que a implantação da nova organização curricular fosse possível devido ao entendimento que esse profissional tinha das artes e por ser de uma área correlata à arquitetura.

Flávio Império (São Paulo/SP, 1935-1985)

Seus trabalhos, baseados no discurso modernista, percorreram grande parte das atividades artísticas. Foi cenógrafo, artista plástico, figurista, diretor e professor.

Em 1956, ingressou no Curso de Desenho da Escola de Artesanato do Museu de Arte Moderna de São Paulo (MAM/SP), no mesmo ano em que entrou na Faculdade de Arquitetura e Urbanismo da USP, na qual se formou em 1961.

Em paralelo ao curso de Arquitetura, desenvolvia trabalhos junto ao teatro, tornando-se figura representativa do campo. No ano de 1958, integrou o Teatro Arena e, no ano seguinte, formou parceria com Augusto Boal a partir da cenografia elaborada para o grupo "Gente como a Gente". Em 1960, produziu cenários e figurinos de *Morte e vida severina*, no Teatro Experimental Cacilda Becker e, a partir de 1962, ingressou na equipe de José Celso Martinez Corrêa (Zé Celso) no Teatro Oficina, em que desenvolveu trabalhos para uma série de peças ao longo da década de 1960, em paralelo ao grupo do Arena. Em 1962, inicia sua atividade como professor da Escola da Arte Dramática da USP (EAD/USP).

Desde o início de sua carreira, Flávio Império baseia-se na pesquisa da cultura brasileira e a adota como referência nas suas produções. Em 1968, em parceria com Zé Celso, mas fora do Oficina, assina o cenário de *Roda viva*, de Chico Buarque de Holanda, e é responsável também por seu figurino referenciado na cultura *pop* e no tropicalismo.

Os trabalhos profissionais que Império desenvolveu na década de 1970 lhe garantiram prestígio dentro das artes cênicas, tornando-o um dos grandes nomes desse campo.

Ao lado desses projetos, o artista dedicava-se também à academia. Entre 1962 e 1966, foi professor da Escola de Arte Dramática da Universidade de São Paulo (EAD/USP). Na FAU/USP, foi docente do grupo de disciplinas de Comunicação Visual, entre 1962 e 1977, e para lá retornou em 1985. Entre 1964 e 1967, ministrou aulas na Fundação Armando Álvares Penteado (FAAP) e, de 1981 a 1985, dedicou-se às aulas da Faculdade de Belas Artes de São Paulo.

A partir do fim da década de 1970, Flávio Império retoma os trabalhos das artes plásticas e cria uma nova forma de expressão dentro das artes cênicas por intermédio de uma linguagem própria. Sua cenografia "ajuda a contar uma história" (Itaú Cultural,

s. d.) e desenvolve-se junto da criação do espetáculo teatral. As estruturas e a construção não ficam mais camufladas, e o uso de praticáveis ganha importância, principalmente com o espaço do Teatro Arena, onde o público cercava o palco, e os atores eram vistos por todos os lados. Repensar os espaços e os objetos cênicos é característica das obras de Império, que passa a trabalhar com a escassez de materiais e o colorido simbólico da cultura popular brasileira, como encontrado na peça teatral *Roda viva*.

> Em *Roda viva* também aparece outra característica marcante do trabalho de Flávio na década de 1970: a *assemblage* (colagem ou ajuntamento de figuras, objetos e elementos visuais, criando efeitos através do acúmulo – como num "amontoado" – ou da simples disposição espacial, como nas instalações das artes plásticas) (Itaú Cultural, s. d.).

A exploração do espaço com o uso de tecidos e cores revelou uma nova expressão dentro e fora dos palcos, assinalada de grande "teatralidade e plasticidade" (Itaú Cultural, s. d.). No conjunto de seus trabalhos é notório o grande número de participações como colaborador e responsável em espetáculos e *shows*, ora como autor, coordenador, diretor, organizador, produtor, roteirista, ora como cenógrafo, figurinista, coreógrafo, dramaturgo.

Ernest Robert de Carvalho Mange (São Paulo/SP, 1922-2005)

Pintor, arquiteto e urbanista, Ernest Mange formou-se engenheiro civil na Escola Politécnica da Universidade de São Paulo (USP), em 1945. Estagiou no escritório de arquitetura de Rino Levi, em 1943 e, de 1943 a 1946, exerceu o magistério na Escola Técnica Getúlio Vargas, lecionando Desenho Arquitetônico, Mecânica Aplicada e Complementos de Matemática. De 1945 a 1950, divide escritório com Hélio Martins de Oliveira e Carlos Engel: a firma Martins, Engel e Mange.

> Com bolsa do governo francês, faz estágio no ateliê do arquiteto Le Corbusier (1887-1965), entre 1947 e 1948. Em 1951, estagia no ateliê de escultura de Caetano Fraccaroli (1911-1987), em São Paulo. Em 1953, vai para Lisboa como representante da Faculdade de Arquitetura e Urbanismo da Universidade de São Paulo (FAU/USP) e do Instituto dos Arquitetos do Brasil no 3º Congresso da União Internacional de Arquitetos[17].

17 Disponível em: <http://www.itaucultural.org.br/aplicExternas/enciclopedia_IC>. Acesso em: 4 jun. 2013.

Em 1950, inicia parceria com Hélio de Queiroz Duarte, professor da FAU/USP, de vários projetos de escolas, centros de pesquisa, indústrias e hospitais. No mesmo ano é contratado como assistente da Disciplina nº 17 "Composições de Arquitetura – Grandes Composições", na FAU/USP. Em fevereiro de 1956, é nomeado Professor Catedrático Interino da Cadeira nº 21 "Desenho Artístico", que em 1963 passa a ser a Cátedra nº 12 "Comunicação Visual I" após a reforma curricular de 1962.

Até 1969, o professor fica responsável pela disciplina "Comunicação Visual I" oferecida aos alunos do 1º ano da FAU/USP. Nesse período também é catedrático na Escola Politécnica da USP e ainda na Escola Técnica Getúlio Vargas.

De 1966 a 1969, atua como presidente do Conselho Estadual de Obras Públicas do Estado de São Paulo. De 1975 a 1979, Mange foi diretor presidente da Empresa Municipal de Urbanização (Emurb) e presidente do Conselho Técnico Administrativo da Companhia Metropolitana de Habitação de São Paulo (Cohab). E de 1987 a 1997, é diretor superintendente do Instituto Cultural Itaú. Morreu aos 82 anos, na cidade de São Paulo.

Renina Katz (Rio de Janeiro/RJ, 1925)

Pintora, desenhista, ilustradora e professora, Renina Katz estudou xilogravura, na Fundação Getulio Vargas (FGV), e pintura, na Escola Nacional de Belas Artes do Rio de Janeiro (ENBA/RJ), no fim da década de 1940. Em 1950, licencia-se em Desenho pela Faculdade de Filosofia da Universidade do Brasil, atual Universidade Federal do Rio de Janeiro (UFRJ).

A partir de 1952, em São Paulo, inicia sua carreira docente na disciplina de Desenho e Gravura do MASP, onde permanece até 1955. Entre 1953 e 1963, Renina Katz ministra Composição no curso de Formação de Professores de Desenho da FAAP. Enquanto na FAU/USP, entre 1956 e 1988, a artista exerce o cargo de professora em disciplinas do campo artístico, que posteriormente compuseram a Sequência de Comunicação Visual.

No Rio de Janeiro, Katz dedicou-se à disciplina de Meios e Métodos de Representação na Escola Superior de Desenho Industrial (ESDI), entre 1968 e 1972. Já no MAM/RJ, ela foi professora de exercícios de duas dimensões no curso de Cultura Visual Contemporânea, entre 1970 e 1972.

Renina ingressa como professora no curso de Arquitetura e Urbanismo da Faculdade de Belas Artes em 1980.

Sua participação nas instituições de ensino por onde passou é marcada por grande admiração daqueles que puderam compartilhar de seus conhecimentos e da maneira rigorosa que transmitia os ensinamentos das artes.

Renina Katz participou de diversas exposições. Sua obra faz parte de acervos como o do MAC, MAM e Pinacoteca. Renina também fez parte de diversas bienais, expôs na França, Itália, entre outros países[18].

Suas atividades no campo das artes lhe garantiram importante reconhecimento como o Prêmio Lei Sarney à Cultura Brasileira/Pintura, em 1989, e um livro a ela dedicado pela Editora da USP como componente da coleção Artistas da USP.

Eduardo de Almeida (São Paulo/SP, 1933)

Eduardo Luiz Paulo Riesencampf de Almeida formou-se arquiteto na FAU/USP em 1960. Após sua graduação, no ano de 1962, viaja para a Itália e realiza cursos de história da arte e de desenho industrial pela Faculdade de Arquitetura e Urbanismo de Florença, e teve aula com Leonardo Benevolo. Em 1973, o arquiteto faz doutorado com orientação de Lúcio Grinover. Em 1978, quando integrava o grupo que ministrava o TGI da FAU, estabelece um contato maior com o professor Artigas, cuja convivência maior durou 5 anos.

De 1958 a 1962, o arquiteto forma escritório com Arthur Fajardo Netto, Dácio Ottoni, Henrique Pait e Ludovico Martino. A sala do escritório ficava na Rua 7 de Abril, em zona próxima da FAU/USP, do Mackenzie e do IAB. Ao longo de sua vida profissional, desenvolveu importantes projetos que foram premiados, dos quais dedica grande parte da referência a Carlos Millan. Eduardo de Almeida é citado por pesquisadores do campo como um dos primeiros arquitetos a usar estrutura metálica.

Em 1971, Eduardo de Almeida recebe o título de doutor na FAU/USP, onde se dedicou à carreira acadêmica desde 1967, primeiramente dedicou-se às disciplinas de Desenho Industrial e, a partir da década de 1970, àquelas voltadas ao Projeto de Edificações.

18 Disponível em: <http://gravura.art.br/reninakatz.asp>. Acesso em: 20 set. 2011.

João Carlos Cauduro (São Paulo/SP, 1935)

Arquiteto formado pela FAU/USP em 1960. No mesmo ano ganha uma bolsa para estudar desenho industrial, em Florença, Itália, onde esteve por quase dois anos e estudou design e arquitetura.

Em 1964, abre o escritório Cauduro & Martino Arquitetos Associados com uma parceria que durou décadas. Nessa mesma época, Cauduro é chamado para dar aulas de desenho industrial na FAU/USP, quando deixa a docência na FAAP, após menos de três anos em exercício.

O arquiteto, juntamente de Ludovico Martino, é responsável pela elaboração de um conjunto representativo de projetos de comunicação visual e sinalização para grandes empresas, das quais podemos destacar: Camargo Corrêa, Vale, Villares, EMURB etc.

Hélio de Queiroz Duarte
(Rio de Janeiro/RJ, 1906 – São Paulo/SP, 1989)[19]

Arquiteto, urbanista, professor. No ano de 1930, forma-se arquiteto pela Escola Nacional de Belas Artes (ENBA), no Rio de Janeiro.

Durante os anos 1930, Hélio Duarte participa de importantes projetos na região Nordeste do Brasil e, no fim dessa década, torna-se professor da Escola de Belas Artes de Salvador. Em 1944, transfere-se para São Paulo, onde estabelece diversas parcerias e sociedades até 1969, quando encerra suas atividades profissionais privadas.

Hélio Duarte integrou importantes grupos do campo da arquitetura com sua participação na organização do *Primeiro Congresso Brasileiro de Arquitetos* em São Paulo, em 1945, sendo o primeiro secretário do evento em três anos consecutivos. Nesse mesmo ano, é membro dos Congressos Internacionais de Arquitetura Moderna (CIAM).

Entre os anos de 1945 e 1947, o artista é sócio de Zenon Lotufo e, em 1949, ingressa na FAU/USP, onde é um dos primeiros titulares com livre-docência defendida pela Faculdade Nacional de Arquitetura (FNA) do Rio de Janeiro, em 1957, com a tese *Espaços flexíveis: uma tendência em arquitetura*.

19 Disponível em: <http://www.itaucultural.org.br/aplicexternas/enciclopedia_ic>. Acesso em: 20 set. 2011.

Hélio assumiu ainda a chefia do Escritório de Engenharia e Arquitetura da Comissão da Cidade Universitária de São Paulo, entre 1955 e 1959. Dois anos depois, ele firma sociedade com Roberto José Goulart Tibau (1924-2003), Lúcio Grinover (1936) e Marlene Picarelli (1935).

Durante a década de 1960, o professor dedica-se ao campo profissional e acadêmico, e no fim desse período, no ano de 1969, volta a lecionar na FAU/USP e organiza, no ano seguinte, o primeiro programa de pós-graduação em arquitetura do Brasil e cria o Trabalho de Graduação Interdisciplinar (TGI) nessa instituição.

Ludovico Martino (Tietê/SP, 1933 – São Paulo/SP, 2011)

Ludovico Martino iniciou sua carreira com seu primo, o arquiteto Plínio Croce, em seu escritório, em 1951. No mesmo ano inicia o curso de Desenho Industrial pelo IAC no MASP, mas não o conclui.

Em 1956, entra na FAU/USP e forma-se arquiteto em 1962. Durante esses anos, conhece o seu futuro sócio João Carlos Cauduro, com o qual, em 1964, abre o escritório Cauduro & Martino Arquitetos Associados, no qual desenvolveram uma série de importantes projetos para o design paulistano e nacional, principalmente voltados à programação visual e à sinalização. São de suas autorias os projetos de sinalização da Av. Paulista e do Metrô, por exemplo. Como profissional atuante, Ludovico Martino também fez parte da diretoria do IAB, no biênio de 1972/1973. A ele é dedicada a autoria do símbolo da FAU/USP: o "sol" estampado na empena de concreto da fachada.

Marlene Picarelli (São Paulo/SP, 1935)

Marlene Picarelli possui pós-doutorado na Universidade de São Paulo, onde graduou-se em Arquitetura no ano de 1958. A arquiteta também graduou-se com o título de "O Ensino do Desenho Industrial" na Itália, em 1964[20].

O trabalho desenvolvido por Picarelli no campo da arquitetura esteve sempre vinculado a Desenho Industrial, Habitação e Tecnologia, sobre os quais construiu sua significativa produção bibliográfica para o campo da arquitetura e do design.

20 Disponível em: <http://lattes.cnpq.br/0872170049864518>. Acesso em: 12 jun. 2011.

Entre 1961 e 1966, ela formou sociedade com Lúcio Grinover, Roberto José Goulart Tibau e Hélio Duarte. Deste último, veio a ser assistente nas disciplinas da Sequência de Desenho Industrial na FAU/USP, na década de 1960, com Lúcio Grinover, antes de assumir o cargo de docente no Departamento de Projeto dessa escola.

Lúcio Grinover (Monfalcone, Itália 1936)

Lúcio Grinover graduou-se em Arquitetura e Urbanismo em 1957 pela USP e chegou a professor titular. O arquiteto iniciou sua carreira na FAU/USP como professor-assistente de Hélio Duarte, em 1958, nas disciplinas que derivariam a Sequência de Desenho Industrial, em parceria com Marlene Picarelli. Durante sua passagem nesse cargo, ministrou disciplinas de Comunicação Visual, Desenho Industrial, Arquitetura e Desenho Urbano[21], e ainda participou ativamente da implantação da Sequência de Desenho Industrial e Comunicação Visual da FAU/USP, durante a década de 1960. Nessa mesma instituição, ele tornou-se diretor e vice-diretor por mais de um mandato em meados da década de 1970 e início da de 1980. Grinover também foi membro de comissões e associações, como no caso da ABDI, ao assumir a primeira presidência, em 1963, e nela permaneceu até 1968, por dois mandatos seguidos.

Sua presença esteve relacionada às discussões sobre a profissão e o ensino tanto do campo da arquitetura como do desenho industrial, na fase da institucionalização deste último campo. Como exemplos de suas ações, encontramos sua participação: na Comissão Brasileira do Programa MaB (Man and the Biosphere), da Unesco[22]; nos Congressos do International Council of Societies of Industrial Design (ICSID) em 1963, ao integrar a primeira delegação brasileira nesse evento; e no Programa Integrado de Melhoria do Ensino de Arquitetura para o Ministério da Educação (MEC), como representante da FAU/USP, entre 1976 e 1986.

A extensa produção acadêmica de Lúcio Grinover possibilitou-lhe a autoria de várias publicações do meio da arquitetura e participações em outras instituições de ensino, dentre elas as universidades de Hokkaido, no Japão, La Sapienza, em Roma, e Novo México, nos EUA, ao longo da década de 1980, como professor visitante.

---

21 Disponível em: <http://lattes.cnpq.br/8623017725002616>. Acesso em: 21 dez. 2011.

22 Disponível em: <http://www.editoraaleph.com.br/site/autores/lucio-grinover>. Acesso em: 1º fev. 2012.

Élide Monzeglio (São Paulo/SP, 1927-2006)

Graduada em Professorado de Pintura e Professorado de Desenho pela Faculdade de Belas Artes de São Paulo (1953), cursou a especialização em Metadesign na FAU/USP em 1965. No ano seguinte (1966), na mesma instituição, especializou-se em Introdução à Teoria da Comunicação. Concluiu doutorado em Arquitetura também pela FAU/USP em 1973 e pós-doutorado pelo Politecnico di Torino – Facoltà di Architettura – (1985) e pós-doutorado pela Università degli Studi di Roma La Sapienza – Facoltà di Psicologia (1991).

Com experiência na área de arquitetura e urbanismo, Élide atuou, principalmente, nos seguintes temas: As linguagens do espaço, da cor, da comunicação; Unidades Espaço/Cor/Comunicação; Imagem Espaço/Cor/Comunicação; Programação de Espaço/Cor: comunicação gráfica; Programação de Espaço/Cor: comunicação ambiental[23].

Dentre os diversos cargos administrativos exercidos pela professora, destacamos as três gestões como presidente da Comissão de Pós-Graduação da FAU/USP e as duas vezes vice-diretora da mesma escola. Dedicou-se à academia e coordenou diversos trabalhos/pesquisas, que a fizeram ser admirada por seus alunos e colegas[24].

Abrahão Velvu Sanovicz (Santos/SP, 1933 – São Paulo/SP, 1999)

Arquiteto, urbanista, designer, professor, Sanovicz desde a adolescência se dedica a estudar e trabalhar com desenho e projetos. Cursa o técnico de edificações pela Escola Técnica Federal de São Paulo, entre 1951 e 1953. Em 1952, torna-se bolsista na Escola de Artesanato do MAM/SP e, em 1954, ingressa no curso da Faculdade de Arquitetura e Urbanismo da USP, onde pôde se envolver com entidades representativas como o GFAU (Grêmio da FAU/USP).

Em 1959, recém-formado, o arquiteto ganha uma bolsa na Itália, onde faz estágio no escritório do artista plástico, arquiteto e designer italiano Marcello Nizzoli (1887-1969), e permanece seis meses em Milão.

Abrahão Sanovicz é um dos primeiros integrantes das novas Sequências da reforma do ensino proposta na FAU/USP em 1962, ano em que é contratado como professor da Sequência de Desenho Industrial, recém-criada pela reforma

---

23 Disponível em: <http://lattes.cnpq.br/3189816194758934>. Acesso em: 3 jun. 2013.

24 Disponível em: <http://www.usp.br/jorusp/arquivo/2006/jusp765/pag03b.htm>. Acesso em: 4 jun. 2013.

de ensino. Em 1970, é transferido para a Sequência de Projeto de Edificações, na qual permanece até 1999.

Sanovicz também contribuiu, nos anos 1970, para a estruturação da Faculdade de Arquitetura e Urbanismo de Santos (FAUS) como responsável pelo curso de desenho industrial e titular da cadeira de mensagem. Experiência que o leva a colaborar ainda com a conceituação dos cursos de Desenho Industrial e Comunicação Visual do Instituto de Arquitetura da Universidade de Brasília (UnB), com o professor Júlio Roberto Katinsky no ano de 1976.

Em 1997, por iniciativa do GFAU, é realizada a exposição *Abrahão Sanovicz: projetos, desenhos, gravuras*, primeiro evento comemorativo do cinquentenário da FAU/USP[25].

25 Disponível em: <http://www.itaucultural.org.br>. Acesso em: 4 jun. 2013.

2.11 Grades curriculares

Tabela 2.4 – Grade curricular da FAU/USP, 1958.

CÁTEDRAS 1ª Série
Cálculo Diferencial e Integral. Geometria Analítica. Nomografia
Geometria Descritiva e Aplicações
Topografia. Elementos de Astronomia de Posição
Arquitetura Analítica
Composição de Arquitetura, Pequenas Composições I
Desenho Artístico
Desenho Arquitetônico
CÁTEDRAS 2ª Série
Cálculo Diferencial e Integral. Geometria Analítica. Nomografia
Mecânica
Física Geral e Aplicada
Teoria da Arquitetura
Composição de Arquitetura, Pequenas Composições I
Desenho Artístico
Plástica I

(continua)

Tabela 2.4 – Grade curricular da FAU/USP, 1958 (*continuação*).

CÁTEDRAS 3ª Série
Materiais de Construção
Resistência dos Materiais, Estabilidade das Construções
Técnicas das Construções, Organização dos Trabalhos e Prática Profissional
Higiene dos Edifícios
Composição de Arquitetura, Pequenas Composições II
Composição Decorativa
Noções de Mecânica dos Solos, Fundações
Plástica II
CÁTEDRAS 4ª Série
Estruturas Correntes de Madeira, Metálicas e de Concreto Simples e Armado
Técnicas das Construções, Organizações dos Trabalhos e Prática Profissional
Higiene dos Edifícios, Noções de Mecânica dos Solos, Fundações
Hidráulica, Hidráulica Urbana e Saneamento
Noções de Economia Política, Estatística Aplicada, Organização Administrativa
Legislação e Contabilidade Específica
Composição de Arquitetura, Grandes Composições I
Composição Decorativa
Plástica III
CÁTEDRAS 5ª Série
Grandes Estruturas
História da Arte, Estética
Composição de Arquitetura, Grandes Composições II
Arquitetura no Brasil
Urbanismo
Arquitetura Paisagística

Tabela 2.5 – Grade curricular da FAU/USP, 1962 (ano da reformulação da grade).

CÁTEDRAS 1ª Série
Cálculo Diferencial e Integral. Geometria Analítica
Geometria Descritiva e Aplicações
Topografia. Elementos de Astronomia de Posição
Física Geral e Aplicada (1ª parte)
Comunicação Visual I
Projeto I (1ª parte)
História da Arte. Estética
Desenho Industrial I (disciplina autônoma)
CÁTEDRAS 2ª Série
Mecânica
Física Geral e Aplicada (2ª parte)
Construção I
Projeto I (2ª parte)
História da Arquitetura I
Estudos Sociais e Econômicos
Desenho Industrial II (disciplina autônoma)
Comunicação Visual II (disciplina autônoma)

(*continua*)

Tabela 2.5 – Grade curricular da FAU/USP, 1962 (ano da reformulação da grade) (*continuação*).

CÁTEDRAS 3ª Série
Resistência dos Materiais, Estabilidade das Construções
Hidráulica e Saneamento
Construção II
Desenho Industrial III
Projeto II
Planejamento I
História da Arquitetura II
Comunicação Visual III (disciplina autônoma)
Fundações (disciplina autônoma)
CÁTEDRAS 4ª Série
Estruturas Correntes de Madeira, Metálicas e de Concreto Simples e Armado
Grandes Estruturas
Projeto III
Planejamento II (1ª parte)
História da Arquitetura III
Desenho Industrial IV (disciplina autônoma)
CÁTEDRAS 5ª Série
Projeto IV
Planejamento II (2ª parte)
História da Arquitetura IV

Tabela 2.6 – Grade curricular da FAU/USP, 1966 (ano em que a grade da ESDI é adotada como referência para o Currículo Mínimo de DI).

CÁTEDRAS 1ª Série
Cálculo Diferencial e Integral. Geometria Analítica
Geometria Descritiva e Aplicações
Topografia. Elementos de Astronomia de Posição
Física Geral e Aplicada (1ª parte)
Comunicação Visual I
Projeto I (1ª parte)
História da Arte. Estética
Desenho Industrial I (disciplina autônoma)
CÁTEDRAS 2ª Série
Mecânica
Física Geral e Aplicada (2ª parte)
Construção I
Projeto I (2ª parte)
História da Arquitetura I
Estudos Sociais e Econômicos
Desenho Industrial II (disciplina autônoma)
Comunicação Visual II (disciplina autônoma)
Mecânica dos Solos. Fundações

(*continua*)

Tabela 2.6 – Grade curricular FAU/USP, 1966 (ano em que a grade da ESDI é adotada como referência para o Currículo Mínimo de DI) (*continuação*).

CÁTEDRAS 3ª Série
Resistência dos Materiais, Estabilidade das Construções
Hidráulica e Saneamento
Construção II
Desenho Industrial III
Projeto II
Planejamento I
História da Arquitetura II
Comunicação Visual III (disciplina autônoma)
CÁTEDRAS 4ª Série
Estruturas Correntes de Madeira, Metálicas e de Concreto Armado
Mecânica dos Solos. Fundações
Grandes Estruturas
Projeto III
Planejamento II (1ª parte)
História da Arquitetura III
Comunicação Visual IV
CÁTEDRAS 5ª Série
Projeto IV
Planejamento II (2ª parte)
História da Arquitetura IV
Educação Moral e Cívica

Tabela 2.7 – Grade curricular da FAU/USP, 1967 (ano de abertura dos cursos de DI e CV da FAAP).

DISCIPLINAS 1ª Série
Cálculo Diferencial e Integral. Geometria Analítica
Geometria Descritiva e Aplicações
Topografia. Elementos de Astronomia de Posição
Física Geral e Aplicada (1ª parte)
Comunicação Visual I
Projeto I (1ª parte)
História da Arte. Estética
Desenho Industrial I (disciplina autônoma)
DISCIPLINAS 2ª Série
Mecânica
Física Geral e Aplicada (2ª parte)
Construção I
Projeto I (2ª parte)
História da Arquitetura I
Estudos Sociais e Econômicos
Desenho Industrial II (disciplina autônoma)
Comunicação Visual II (disciplina autônoma)
Mecânica dos Solos. Fundações I

(*continua*)

Tabela 2.7 – Grade curricular da FAU/USP, 1967 (ano de abertura dos cursos de DI e CV da FAAP) (*continuação*).

DISCIPLINAS 3ª Série
Resistência dos Materiais, Estabilidade das Construções
Hidráulica e Saneamento
Construção II
Desenho Industrial III
Projeto II
Planejamento
Arquitetura e Produção
Comunicação Visual III (disciplina autônoma)
DISCIPLINAS 4ª Série (7º semestre)
Estruturas de Concreto Armado
Sistemas Estruturais
Planejamento
Desenho Industrial IV
Mecânica dos Solos. Fundações II
DISCIPLINAS 4ª Série (8º semestre)
Estruturas Metálicas e de Madeira
Planejamento
Desenho Industrial V
Urbanização Contemporânea
DISCIPLINAS 5ª Série (9º semestre)
Estética de Projeto I
Estudo de Problemas Brasileiros
Trabalho de Graduação Interdisciplinar
DISCIPLINAS 5ª Série (10º semestre)
Estética de Projeto II
Trabalho de Graduação Interdisciplinar
Estudo de Problemas Brasileiros

Tabela 2.8 – Grade curricular da FAU/USP, 1971 (ano de abertura dos cursos de DI e CV do Mackenzie).

1º Semestre		
AUH –	501	Fundamentos Sociais da Arquitetura e do Urbanismo I
AUH –	101	Introdução à Arquitetura I
AUH –	201	Introdução aos Estudos da Urbanização I
AUH –	301	Arte Indústria no Mundo Contemporâneo
AUP –	101	Introdução ao Projeto (Nível de Expressão)
AUP –	301	Introdução ao Urbanismo
AUP –	501	Linguagem Visual – Estrutura e Organização (Análise da Mensagem Visual)
AUP –	701	Introdução ao Desenho Industrial (Elementos Introdutórios de Análise de Produtos)
AUT –	101	Geometria Aplicada ao Desenho Industrial I
2º Semestre		
AUH –	502	Fundamentos Sociais da Arquitetura e do Urbanismo II
AUH –	102	Introdução à Arquitetura II
AUH –	202	Introdução aos Estudos da Urbanização II
AUP –	102	Introdução ao Projeto (Nível de Apresentação)
AUP –	301	Planejamento Setorial I
AUP –	501	Linguagem Visual – Estrutura e Organização (Análise da Mensagem Visual)
AUP –	701	Introdução ao Desenho Industrial (Elementos Introdutórios de Análise de Produtos)
AUT –	102	Geometria Aplicada ao Desenho Industrial II

(continua)

Tabela 2.8 – Grade curricular da FAU/USP, 1971 (ano de abertura dos cursos de DI e CV do Mackenzie) (*continuação*).

3º Semestre		
AUH –	103	Introdução à Arquitetura do Século XX
AUP –	102	Sistemas Disjuntos (Percepção-Expressão-Representação)
AUP –	302	Planejamento Setorial II
AUP –	502	Linguagem Visual – Aspecto da Comunicação Visual (Sistema Simples)
AUP –	702	Sistemas Simples de Produção Industrial (Nível de Programa)
MAT –	101	Cálculo I e Noções de Estatísticas
4º Semestre		
AUH –	302	A Programação Visual e a Arquitetura no Século XX
AUP –	102	Sistemas Disjuntos (Fatores e Elementos de Linguagem de Edificação)
AUP –	302	Introdução ao Estudo da Paisagem
AUP –	502	Linguagem Visual – Aspecto da Comunicação Visual (Sistema Complexo)
AUP –	701	Sistemas Simples de Produção Industrial (Projeto)
AUT –	201	Física Aplicada I
AUT –		Construção II (Introdução à Tecnologia das Construções – 1ª Parte)
PHD –		Hidráulica
PEF –		Mecânica dos Solos e Fundações II
MAT –	121	Cálculo II

(*continua*)

Tabela 2.8 – Grade curricular da FAU/USP, 1971 (ano de abertura dos cursos de DI e CV do Mackenzie) (*continuação*).

5º Semestre		
AUH –	104	Arquitetura no Brasil
AUP –	103	Sistemas – Conjuntos Simples (Fatores e Elementos de Linguagem de Edificação)
AUP –	301	Estudo da Paisagem
AUP –	503	Elementos Básicos da Comunicação Visual Integrantes de Sistemas Complexos I
AUP –	703	Sistemas Complexos de Produção Industrial (Nível de Programa)
AUT –	202	Física Aplicada II
AUT –		Construção II (Introdução à Tecnologia das Construções – 2ª Parte)
PHD –		Saneamento
PEF –		Resistência dos Materiais e Estabilidade das Construções I
AUT –		Física Geral
6º Semestre		
AUH –	401	História da Técnica na Arquitetura e no Urbanismo
AUH –	103	Sistemas – Conjuntos Simples (Análise Prospectiva)
AUP –	304	O Projeto Urbano
AUP –	503	Projetos Vinculados ao Ambiente de Sistemas Complexos II
AUP –	703	Sistemas Complexos de Produção Industrial (Projeto)
AUT –	303	Construção I (Metodologia de Estudo e Emprego de Materiais)
PEF –	602	Sistemas Estruturais I
PEF –	601	Resistência dos Materiais e Estabilidade das Construções I
PTR –	361	Topografia

(*continua*)

Tabela 2.8 – Grade curricular da FAU/USP, 1971 (ano de abertura dos cursos de DI e CV do Mackenzie) (*continuação*).

7º Semestre		
AUP –	104	Sistemas – Conjuntos Simples (Análise Prospectiva)
AUP –	305	Introdução ao Estudo das Formações Urbanas Regionais
AUP –	504	Elementos Básicos da Comunicação Visual integrantes de Sistemas Complexos II
AUP –	704	Sistemas Complexos Ambientais (Análise e Programação)
AUT –	304	Construção I (Metodologia de Estudo e Emprego de Materiais)
PEF –	604	Sistemas Estruturais II
PEF –	605	Estruturas de Concreto Armado
PCC –	201	Geometria Descritiva
8º Semestre		
AUH –		A Urbanização Contemporânea
AUH –	104	Sistemas – Conjuntos Complexos (Análise Prospectiva)
AUP –	305	Análise e Projeto das Estruturas Urbanas
AUP –	504	Elementos Básicos da Comunicação Visual Integrantes de Sistemas Complexos IV
AUP –	704	Sistemas Complexos Ambientais (Projetos)
PEF –	506	Mecânica dos Solos e Fundações II
PEF –	605	Estruturas Metálicas e de Madeiras

(*continua*)

Tabela 2.8 – Grade curricular da FAU/USP, 1971 (ano de abertura dos cursos de DI e CV do Mackenzie) (*continuação*).

9º Semestre	
AUH – 601	Estética do Projeto I
10º Semestre	
AUH – 602	Estética do Projeto II
	Trabalho de Graduação Interdisciplinar
	Em Nível de Pesquisa
	Em Nível de Profissionalismo

3

FAAP – Fundação Armando Álvares Penteado

3.1 Histórico

3.1.1 Fundação Armando Álvares Penteado

Armando Álvares Penteado nasceu em Santa Cruz das Palmeiras, SP, em 31 de outubro de 1884, e faleceu em São Paulo, capital, em 27 de janeiro de 1947. Foi um grande empresário cafeicultor e casou-se com Annie Alwis, natural de Nice, França, e eles não tiveram filhos.

Esse mecenas brasileiro era um grande admirador das artes, colecionador de considerável número de representativas obras de autores nacionais. Essa admiração pelas artes e o desejo de dedicar parte de sua fortuna à expansão desse campo na cidade de São Paulo foram expressos em seu testamento, no ano de 1938, bem como a criação de um museu.

De acordo com o testamento[1] de Armando Álvares Penteado, "parte dos bens deveria ser vendida para que o prédio da Fundação fosse erguido" (Mattar, 2010, p. 3), o que foi colocado em prática por Annie. Sob essas orientações, a viúva organizou a construção, no terreno ao lado de sua residência, da sede da escola de artes e do museu desejados por seu marido.

Assim, em 1947 era criada a Fundação que levaria seu nome, a Fundação Armando Álvares Penteado, conhecida como FAAP nos dias atuais. Era o início da concretização de um dos núcleos de arte mais significativos na cidade. Esse período após a Segunda Guerra Mundial é marcado pelo surgimento de diversos estabelecimentos dedicados à arte em São Paulo e no Rio de Janeiro. É nessa época de novas expectativas econômicas e atualização cultural das elites que ocorre a criação do Museu de Arte Moderna do Rio de Janeiro (MAM/RJ), do

---

1 O testamento de Armando Álvares Penteado foi assinado em 23 de abril de 1938 e aberto em 4 de fevereiro de 1947, de acordo com publicação dedicada aos 50 Anos da FAAP (*apud* Mattar, 2010, p. 1).

Museu de Arte Moderna de São Paulo (MAM/SP), do Museu de Arte de São Paulo Assis Chateaubriand (MASP) e da Fundação Bienal de São Paulo.

> Em São Paulo, sobretudo, a existência de um mecenato é papel decisivo na criação de diversas instituições culturais na época. Ciccillo Matarazzo e Assis Chateaubriand estão à frente de diversas iniciativas no campo das artes e da cultura e sinalizam, cada qual a seu modo, tentativas de aproximação às linguagens artísticas modernas, que têm lugar na Europa e nos Estados Unidos após a Segunda Guerra Mundial (1939-1945) (Lourenço, 1999).

O envolvimento com especialistas e intelectuais da época permitiu a Annie Penteado fazer consultas e solicitar-lhes que traçassem o perfil do novo estabelecimento cultural e organizassem a exposição inaugural do museu da FAAP, encarregando o casal Lúcia e Roberto Pinto de Souza da direção e coordenação, respectivamente.

Após treze anos da abertura da Fundação, em 1960 acontece uma sessão solene que dá início às atividades do museu. Nessa época, além de seus dirigentes, o conselho do Museu de Arte Brasileira (MAB) era composto de célebres nomes do panorama artístico e intelectual nacional, como Rodrigo Mello Franco de Andrade, Sérgio Buarque de Holanda, Ségio Milliet, Yan de Almeida Prado, entre outros.

No dia 10 de agosto de 1961, o MAB abriu suas portas para o público com a exposição *Barroco no Brasil*. O evento, além do objetivo de analisar aspectos da arte barroca, contou com atividades paralelas como cursos, mesas-redondas, concertos e ciclo de cinema, e foi reconhecido como um acontecimento nacional comemorativo da cultura brasileira, no qual esteve presente Jânio Quadros, então Presidente da República.

> A mostra reuniu cerca de 300 peças entre manifestações de pintura, escultura, ourivesaria, mobiliário, numismática e documentos. Ainda hoje continuam presentes no prédio principal, na figura dos moldes em gesso de esculturas do Aleijadinho e de elementos da arquitetura mineira e baiana, feitos especialmente para a ocasião pelo Instituto de Patrimônio Histórico e Artístico Nacional[2].

2 Disponível em: <www.faap.br/museu/historico/historico.htm>. Acesso em: 20 out. 2010.

Além dos profetas de Aleijadinho feitos para o jardim do Santuário de Bom Jesus de Matosinhos – em Congonhas do Campo, Minas Gerais –, apresentou alguns portais de construções (casas e igrejas) do Barroco mineiro e baiano.

Outro elemento que caracteriza o saguão principal é o painel formado por vitrais de projetos de 56 artistas brasileiros. Assim, configurando uma parede e o teto, encontramos expoentes como Cândido Portinari, Bruno Giorgi, Tarsila do Amaral e Lasar Segall.

Os primeiros anos do museu são marcados por exposições de artistas envolvidos com o movimento moderno da arte brasileira, como Di Cavalcanti, Flávio de Carvalho, Victor Brecheret, Oswaldo Goeldi, Bonadei, mas há uma abertura cada vez maior de propostas contemporâneas. A partir do novo perfil universitário decorrente da abertura do curso livre de artes plásticas, a participação de propostas de jovens artistas, em meados da década de 1960, é cada vez mais frequente. É desse período, mais precisamente o ano de 1965, que se origina o Anual de Artes, que passa a fazer parte da programação fixa do museu, acontecendo no mês de dezembro até os dias de hoje, com a participação dos alunos da instituição.

Com o intuito de preservar um acervo de obras de artistas brasileiros ou aqui radicados, o museu contou, em seu início, com a coleção de Dona Annie e posteriores doações e compras. Atualmente, possui cerca de 2.600 obras de arte, de acordo com dados da instituição[3]. Assim, destacam-se na coleção do MAB obras dos renomados artistas modernistas, como Tarsila do Amaral, Anita Malfatti, Víctor Brecheret, Cândido Portinari, Di Cavalcanti, Lasar Segall, Ernesto De Fiori, Guignard, Cícero Dias e Alfredo Volpi. Encontramos também artistas de períodos posteriores, como Tomie Ohtake, Evandro Carlos Jardim, Arcangelo Ianelli, Franz Weissmann, Amilcar de Castro, Nicolas Vlavianos e jovens artistas atuantes na arte brasileira hoje, como Sandra Cinto, Albano Afonso, Cláudio Mubarac, Fábio Miguez, Marco Paulo Rolla e Paulo Whitaker.

O Museu de Arte Brasileira é hoje uma das instituições mais representativas da divulgação da arte, não apenas dedicada à produção artística brasileira, mas também como divulgadora da arte internacional. Grandes exposições históricas ali encontram lugar, como as verificadas com *Napoleão, China: a arte imperial, A arte do cotidiano, A arte contemporânea, Traço, humor & cia., Arquitetura*

3 Disponível em: <www.faap.br/museu/historico/historico.htm>. Acesso em: 2 set. 2011.

contemporânea brasileira, Herança dos czares: obras do museu do Kremlin de Moscou e *Obras Primas da Calábria*.

Hoje, a Fundação Armando Álvares Penteado possui instalações em três cidades: em São Paulo, no bairro de Higienópolis; em Ribeirão Preto, no bairro Jardim Califórnia; e em São José dos Campos, no bairro Jardim Esplanada.

Além do Museu de Arte Brasileira, a instituição investe na área cultural por meio do Teatro FAAP, Colégio FAAP, biblioteca (criada em 1959) e sete faculdades: Administração, Artes Plásticas, Comunicação e Marketing, Engenharia, Computação e Informática, Direito e Economia. O corpo discente conta com 8 mil alunos no nível de graduação e 4,5 mil no nível de pós-graduação e MBA (Master in Business Administration).

A Faculdade de Artes Plásticas conta atualmente com cinco cursos: Arquitetura e Urbanismo, Artes Visuais, Design (Gráfico e Produto), Moda e Produção Cultural, sendo este último um curso sequencial[4].

A Fundação Armando Álvares Penteado é conhecida nacionalmente como uma das que possuem recursos em grande quantidade e como precursora do ensino com tecnologia, uso de equipamentos de última geração e em constante renovação, além de manter convênios com instituições internacionais, que ocasionam o trânsito de aproximadamente 350 alunos por ano entre elas.

3.1.2 Os antecedentes da Faculdade de Artes Plásticas

3.1.2.1 Instituto de Arte Contemporânea (IAC)

Após a Segunda Guerra, o mundo viveu um período de tensão chamado Guerra Fria, que o dividiu em socialistas, representados pela União das Repúblicas Socialistas Soviéticas (URSS), e capitalistas, com os Estados Unidos da América à frente. A economia mundial estava abalada em decorrência dos conflitos, e a sociedade, em fase de recuperação, tentava se reerguer na busca de novos valores. Os países europeus encontravam-se arrasados econômica, militar e politicamente.

No fim da década de 1940 e na de 1950, o modo de vida americano, iniciado nos anos 1920 e baseado na sociedade de consumo, difundiu-se pelos países capitalistas. A tecnologia presente no cotidiano das pessoas (como os bens de consumo de massa: televisão, latas de refrigerante, embalagens de

---

[4] Disponível em: <www.faap.br/faculdades/artes_plasticas>. Acesso em: 12 maio 2013.

alimentos, histórias em quadrinhos, panfletos de propaganda etc.) apontava um campo fértil para o desenvolvimento industrial brasileiro.

A Europa, arrasada pelo pós-guerra, e o Brasil, em crescimento econômico e com seu parque industrial em ampliação, contribuíram para criar a situação adequada também ao desenvolvimento do campo artístico.

Nesse contexto, mais precisamente em 1947, o Museu de Arte de São Paulo (MASP) é inaugurado, contando com o acervo de Assis Chateaubriand, que passou a adquirir um número considerável de obras de arte. Ocupando o prédio dos Diários Associados, na Rua Sete de Abril, no centro da cidade de São Paulo, o museu oferecia uma série de atividades voltadas à cultura, como cursos, palestras, biblioteca, laboratórios, as quais necessitavam de espaços mais amplos.

Para comportar a diversidade das atividades didáticas, o MASP inaugura cursos divididos em Escola Superior de Propaganda, Curso de Formação de Professores de Desenho e Instituto de Arte Contemporânea (IAC). Gravura, desenho, pintura e escultura foram alguns dos primeiros cursos ministrados dentro do museu por artistas renomados como Poty Lazzarotto, Renina Katz, Roberto Sambonet, Gastone Novelli, Waldemar da Costa e August Zamoyski.

Assim, em 1951, é criado o IAC, destinado a oferecer aulas dirigidas ao ensino técnico e artístico, e montado "o primeiro curso de desenho industrial da América Latina", nas palavras de Álvares (2004, p. 17). Além de Pietro Bardi e Lina Bo Bardi, o curso contou com importantes nomes do campo no seu quadro docente, como Salvador Candia, Flávio Motta, Jacob Ruchti, Wolfgang Pfeiffer, Leopoldo Haar e Zoltan Hegedus, referenciados nas matrizes da escola de Moholy-Nagy, The New Bauhaus, do Instituto de Arte de Chicago. Posteriormente, a escola chamada de Illinois Institute of Technology (IIT) foi o modelo em que o IAC se inspirou para a montagem de seu curso de acordo com pesquisa elaborada por Leon (2006).

3.1.2.2 Curso de Formação de Professores

Durante a década de 1950, o MASP formou uma coleção suficiente para ser convidado a expor em museus europeus e norte-americanos, devido aos contatos estabelecidos por Pietro Bardi e Assis Chateaubriand. Com a visibilidade adquirida em Paris, onde as obras foram expostas primeiramente, outros museus europeus divulgaram as obras do MASP, até que elas foram apresentadas no Metropolitan Museum de Nova York, antes de retornar ao Brasil para finalizar a turnê no Museu de Belas Artes do Rio de Janeiro, em 1957.

Esse foi o período de maior número de aquisições do museu e também de maior desequilíbrio financeiro[5]. Chateaubriand recorreu a empresas estrangeiras e ao governo federal brasileiro para quitar as dívidas e evitar o penhor das obras de arte.

Dona Annie Penteado, fundadora da FAAP, entrou em contato com Chateaubriand em um momento oportuno para discutir as condições em que se encontrava o MASP. Colocando em prática o inventário de seu marido Armando Álvares Penteado, que exigia a criação de uma escola de artes e a preservação da coleção, ela propõe um acordo entre o respectivo museu e a fundação. A proposta contemplava a transferência dos cursos e do acervo do museu para a FAAP.

Outra situação pela qual o MASP passava era a limitação do espaço físico. O prédio da Rua Sete de Abril tornava-se insuficiente para as atividades desenvolvidas, o que viria a contribuir para a crise institucional, como colocado por Luiz Hossaka[6] (1928-2009), que interpretou o fato como uma das causas para o convênio com a FAAP, da seguinte maneira:

> Além de abrigar o jornal, o prédio dos Diários Associados era comercial e ainda estava lá a cinemateca brasileira. Por causa dos filmes, já haviam ocorrido três incêndios no prédio. Esse foi um dos motivos que levou Chateaubriand a fazer o acordo com a FAAP. As obras do prédio da FAAP estavam paradas por falta de dinheiro, e a proposta da Fundação era de ter um museu e também escolas de artes. Por isso, o acordo foi feito. Chatô foi para a FAAP para abrigar melhor a sua coleção, desafogar o prédio dos Diários e ajudar a terminar a construção do prédio (Mattar, 2010, p. 37).

Quanto ao museu da FAAP, em 1957 é fechada uma parceria com Assis Chateaubriand[7], segundo a qual o Instituto de Arte Contemporânea (IAC), responsável pela exposição da coleção do Museu de Arte de São Paulo (MASP), passava a funcionar nas salas inacabadas do museu da fundação.

A nova sede do museu da FAAP ainda estava em construção, mas o acordo entre as instituições foi fechado. Assim,

---

[5] De acordo com algumas fontes encontradas, como Morais (1994) e Lima (2001).

[6] Aluno da primeira turma do IAC. Foi o colaborador mais antigo do MASP. Sua jornada no museu inicia-se ainda quando dividia o prédio com os Diários Associados. Continuou envolvido com as atividades do MASP e seus dirigentes. Responsável por muitas atividades importantes do museu, foi secretário de Pietro Maria Bardi, chegando à curadoria dessa instituição.

[7] Francisco de Assis Chateaubriand Bandeira de Melo (Umbuzeiro/PB, 1892 – São Paulo/SP, 1968). Quarto ocupante da Cadeira 37, na sucessão de Getúlio Vargas, na Academia Brasileira de Letras. Dedicou-se ao jornalismo desde a juventude. Quando se mudou para o Rio de Janeiro, continuou escrevendo e colaborando com periódicos até assumir a direção de O Jornal – o denominado "órgão líder dos Diários Associados", entidade que iria abranger no futuro um conjunto de jornais, estações de rádio, revistas e agência telegráfica. Organizou o Museu de Arte de São Paulo. Foi eleito senador pelo Estado do Maranhão, em 1957, mas renunciou para se dedicar ao cargo de Embaixador do Brasil na Inglaterra. Disponível em: <http://www.academia.org.br>. Acesso em: 1º out. 2010.

obras de arte, cursos, equipamentos e todo o contingente humano, professores, alunos e funcionários do IAC transferiram-se para a Fundação Armando Álvares Penteado. A mudança das atividades do MASP para as instalações da FAAP, diante de sua importância frente ao ensino das artes em São Paulo[8], dá início ao circuito artístico imaginado por seu idealizador, Armando Álvares Penteado.

Independentemente de o IAC, com sede na Rua Sete de Abril, já ter passado por abertura e fechamento de suas atividades acadêmicas (1951 e 1953), as transformações decorrentes das pretensões da fundação foram significativas para o ensino das artes e, consequentemente, para o design na cidade de São Paulo, como também citado por Marcos Braga: "A experiência de um curso de Design no MASP tinha sido fruto de uma visão sobre expressões da modernidade, por parte de um museu de arte moderna em uma metrópole" (Braga, 2005, p. 104).

Assim, em 1953, o IAC encerra suas atividades, e o MASP abre uma escola de formação de professores que se chamou "Curso para a Formação de Desenhistas Profissionais", conforme informações colhidas por Leon, que faz as seguintes considerações sobre a montagem do curso:

> O curso também se baseava no Vorkurs da Bauhaus e visava preparar educadores no campo da educação visual. Essa foi a escola que substituiu o curso de desenho industrial.
>
> [...] O projeto inicial anunciava uma série de cursos que comporiam o Instituto de Arte Contemporânea, entre os quais um curso completo de artes gráficas (litografia, xilogravura); um curso de pintura a fresco; um curso de desenho industrial em suas diversas aplicações (publicidade, móveis etc.), curso de História da Arte e Estética; de fotografia, decoração, teatro, cenografia, escultura e tecelagem. Esses cursos não se realizaram e o convênio entre o MASP e a Fundação Armando Álvares Penteado não prosperou muito [...] (Leon, 2005, p. 177).

Além dos dirigentes das instituições, outro personagem responsável pela ida dos cursos para a FAAP foi Flávio Motta. O professor, que começou como monitor, era o coordenador dos cursos do MASP e esteve presente em discussões e decisões, como nos mostram as cartas trocadas entre os dirigentes das instituições.

---

8   Ao longo de sua história, o museu foi ponto de partida de outras instituições, como a Escola Superior de Propaganda e Marketing (ESPM), cujas atividades foram iniciadas no museu, a escola de artes da FAAP e a Mostra Internacional de Cinema, cuja ideia também nasceu no MASP. Os filmes da mostra eram exibidos com exclusividade no museu em seus primeiros anos. Disponível em: <http://www.masp.art.br/masp2010/sobre_masp_historico.php>. Acesso em: 1º out. 2011.

Carta de Flávio Motta para P. M. Bardi

Professor,

[...] com a Fundação as coisas estão no ponto certo para definir posições e firmar acordos. [...] Pensando bem, ainda sou da opinião que, trabalhando o assunto, poderemos acertar com a Fundação. Medindo o tempo, colocando a situação em claro, as atribuições e responsabilidades definidas, não há razão para recuar.

[...] É perfeitamente inútil qualquer renúncia de nossa parte perante a Fundação, desde que se firme um contrato de bases profissionais.

30/4/1956

Carta de Assis Chateaubriand para P. M. Bardi sobre o convênio

Caro professor Bardi:

Estamos conversando com Lili, mas sem tomarmos compromissos, pois suas atribuições devem ser discriminadas para evitar, no futuro, hipotéticos desentendimentos entre o Museu e a Fundação...

28/5/1956

Carta de Flávio Motta a Assis Chateaubriand

[...]

Agora desejo pedir ao senhor para transferir, definitivamente, os cursos para a Fundação Penteado.

15/12/1956 (Mattar, 2010, p. 34-35)

Como documentado nos registros, ao longo de 1956, Motta participa diretamente das fases de avaliação e decisão da transferência para a fundação. Envolvido nessas questões, nesse mesmo ano ele elabora um relatório para esclarecer a importância do Curso de Formação de Professor de Desenho, bem como o que foi desenvolvido nos anos anteriores.

Para entender as características dos cursos que seriam implantados na FAAP, antes de as atividades serem iniciadas, em 1958 o professor apresenta suas convicções, como descreve Costa: "Este relatório foi feito justamente para informar a FAAP dos detalhes daquele curso que a Fundação estava acolhendo naquele momento" (Costa, 2010, p. 50). Tal documento pode ser considerado o principal para o entendimento da finalidade do curso quando o professor Motta expressa:

> Dia a dia o desenho comparece a nossa percepção, seja entre as determinantes das formas industrializadas, seja no caráter da arquitetura, seja em manifestações espontâneas do espírito criador do povo, seja como linguagem, meio de expressão, tudo enfim faz parte daquilo que se chamou a "civilização da imagem", ao que se apontarem as rápidas transformações da fisionomia urbana em todos os aspectos (Motta *apud* Costa, 2010, p. 50).

Além do acervo do museu, o Curso de Formação de Professores de Desenho, juntamente com os cursos livres existentes no MASP, deu novo impulso à FAAP. Nos seus espaços eram ministradas aulas de modelagem e cartonagem infantil; desenho para adolescentes; desenho para principiantes; técnica de pintura; gravura; arranjo de flores; balé infantil; orquestra sinfônica juvenil; e curso preparatório de assistente técnico para a indústria cinematográfica. A vocação artística da Fundação e a origem da qualidade de sua infraestrutura já são perceptíveis nessa época, quando analisados os espaços e os equipamentos instalados para a realização das aulas, como relatado no catálogo da instituição:

> Além das salas de aula, havia uma marcenaria onde se faziam as molduras e caixas do museu e uma oficina de gravura foi montada com as prensas de Flávio Motta, que era o diretor dos cursos do Instituto de Arte Contemporânea. Em um período áureo, os alunos do IAC tinham o privilégio de assistir aulas de história da arte junto aos quadros originais de grandes mestres da pintura do Museu de Arte (Mattar, 2010, p. 41).

Instalados no fim de 1958 e início de 1959, os cursos passaram a receber muitos frequentadores beneficiados pela presença de professores que foram importantes profissionais das artes brasileiras e das obras do acervo, como apresentado em publicação: "Flávio Motta lembra que deu aulas de história da arte tendo os quadros originais da coleção como apoio" (Mattar, 2010, p. 74). Assim, esse curso supria a deficiência das faculdades da época de não terem uma preparação específica no campo das artes para professores de desenho do ensino secundário.

No entanto, o acordo entre as instituições não durou muito tempo. Com a negociação entre a Prefeitura paulistana e o proprietário dos Diários Associados, o museu ganharia uma nova construção, resultado do projeto da arquiteta italiana Lina Bo Bardi[9].

Em 1959, as obras retornaram ao prédio sito na Rua Sete de Abril; contudo, o Curso de Formação de Professores de Desenho manteve-se na fundação, garantindo a permanência de Flávio Motta na instituição.

Flávio Motta foi responsável por reorganizar as diretrizes, juntamente do restante do quadro docente, que era formado por outros importantes profissionais do campo artístico. Esse grupo foi o responsável por dar continuidade e prestígio ao curso, conforme destacado pelo professor Caciporé Torres: "Ele (Flávio Motta) contava com os talentos que estavam lá. Tinha arquitetos importantes lá. Nós nos reuníamos e analisávamos o que estava ou não faltando [...]"[10].

No fim dos anos 1950, o curso começa a ganhar o formato que caracterizaria seu início na fundação, conforme consta em dados históricos:

> [...] o curso de formação de professores de desenho, criado por Flávio Motta, tinha a duração de quatro anos e incluía matérias como Composição, Desenho Geométrico, Desenho Livre e Geometria do Espaço, História da Arte, Psicologia, Sociologia, Desenho Técnico, Geometria Descritiva, Desenho Pedagógico e Desenho Técnico (Mattar, 2010, p. 45).

Apesar da busca de reconhecimento oficial do curso desde 1953 por Flávio Motta, esse reconhecimento veio apenas dez anos mais tarde (1963) e, com ele, a Faculdade de Artes Plásticas (Mattar, 2010, p. 82), em anos posteriores.

3.1.2.3 Escola de Arte

A Fundação Armando Álvares Penteado sempre foi sinônimo de entidade dedicada ao ensino das artes, título que pode ser considerado originário da época em que se resolveu manter os cursos

---

9 Situado na Avenida Paulista, o novo museu tornou-se um ícone da arquitetura na cidade de São Paulo. Implantando-o em um espigão e para preservar a vista para o centro, conforme solicitação da Prefeitura, Lina extraiu as características do concreto e criou um prédio suspenso em quatro colunas laterais.

10 Entrevista concedida à autora em 19 out. 2011.

provenientes do MASP em suas instalações e que passaram, naquele momento, a compartilhar os períodos de aula com outros dedicados à formação artística e profissionalizante dos alunos.

A instituição também oferecia os cursos de formação de professores de desenho que proporcionavam a atuação em áreas voltadas "ao artesanato, à indústria, ao comércio ou às organizações culturais"(Mattar, 2010, p. 81). Eram ministradas, ainda, aulas de artes plásticas, musicais e cênicas nos Cursos de Divulgação, de Iniciação para Crianças, de Desenho para Adolescentes e de Desenho e Pintura.

Após a volta do acervo de obras de arte para o Museu, os cursos são avaliados, e seus conteúdos, revistos, o que origina a Escola de Arte. De acordo com publicação da instituição (Mattar, 2010), os cursos, além de destinados à formação artística dos alunos, buscavam a profissionalização. Havia o curso de Formação de Professores de Desenho e Cursos Profissionalizantes (que incluíam Artes Plásticas, Artes Gráficas e Cerâmica), além daqueles voltados para crianças e adolescentes referentes a música, pintura e desenho. Assim, já em 1960, os cursos de artes e desenho do antigo IAC passam a ser chamados de Escola de Arte da Fundação Armando Álvares Penteado, onde era encontrado um público eclético, de várias faixas etárias e voltado a diferentes formações artísticas, como escrito no catálogo da fundação:

> Os cursos de Artes Plásticas programados inicialmente estavam divididos em 5 grupos: Cursos de Divulgação – cursos de caráter informativo destinados a iniciantes. Cursos de Iniciação – cursos de caráter de produção de arte. Cursos Profissionalizantes – formados pelo Curso Livre de Artes Plásticas, Curso de Artes Gráficas e Curso de Cerâmica, Curso de Formação de Professores de Desenho, criado em 1952 pelo Museu de Arte de São Paulo e transferido para a Fundação em 1957, Cursos do Colégio Musical, com sede na Rua Itatiara, 226, formados pelos cursos de iniciação, profissionais e extracurriculares (Mattar, 2010, p. 82).

A repercussão de suas atividades pode ser notada em publicações periódicas como o jornal carioca *Correio da manhã*, em 4 de julho de 1961: "O que se vê por toda parte são salas amplas, material abundante e excelente – enfim, nada do subdesenvolvimento econômico e cultural a que já nos vamos, infelizmente, acostumando" (*apud* Mattar, 2010, p. 79); e o paulista *O Estado de S. Paulo*, no Itinerário de Artes Plásticas em 14 fevereiro de 1960, ao anunciar a abertura da escola, informa: "Incorpora-se, neste princípio de ano, afinal, a rotina estudantil paulista, a Escola de Arte da Fundação Armando Álvares Penteado" (*apud* Mattar, 2010, p. 82).

Em meio à ampla formação artística proporcionada pela instituição e às exemplares instalações, o curso de Licenciatura em Desenho e Artes Plásticas recebeu reconhecimento do Conselho Federal de Educação (CFE) no ano de 1963.

Durante esses três primeiros anos, as aulas da Escola também se beneficiaram de outra instalação da Fundação, o Museu de Arte Brasileira, criado em 1960, cuja primeira exposição acontece no ano seguinte, como citado anteriormente. O conjunto desse ambiente artístico contribuía para uma formação ampla diante das condições das escolas da época. A integração era constante, os alunos expunham seus trabalhos no museu e, no fim de 1961, a escola já contava com 670 alunos. Em 1962, a Fundação foi declarada de utilidade pública pelo Governo do Estado de São Paulo, e o destaque dado ao caráter profissionalizante, voltado para a formação de professores e também para a indústria, pode ser observado pela variedade de cadeiras que compunham os cursos:

> Introdução de Artes Plásticas, Composição, Modelagem e Escultura, Artes Gráficas, Cerâmica, Estilística, Decoração, Livre Expressão, Construção, Ciências Técnicas, Desenho Técnico, História da Arte, Matemática, Gravura, Desenho Publicitário, Morfologia, História, História da Arte Decorativa, Português, Didática, Práticas Educacionais, Revestimentos e Materiais, Desenho de Móveis, Mecânica Técnica, Elementos de Máquina, Sociologia, Sociologia da Arte, Psicologia, Eletrotécnica, Composição de Projetos e Elementos de Administração Escolar (Matar, 2010, p. 104).

Outra contribuição do clima formado dentro da escola foi o lançamento do *1º Anuário de Artes Plásticas*, em 1964, no qual os alunos expunham seus trabalhos e a partir do qual apareceram artistas paulistanos, fato que se repete até a atualidade.

Já nos primeiros anos, a escola adquiriu reconhecimento do público e da crítica e ganhou a contribuição de novos agentes, como a vinda de Marcelo Grassmann para assistir ao professor Darel Valença Lins no curso de Gravura. Dessa forma, um respeitável grupo de professores compôs a escola, como Eduardo Sued (curso infantil), Mário Gruber, Caciporé Torres (modelagem e escultura), Gamarra, Renina Katz, Benedito de Lima Sobrinho (história da arte e arquitetura), Joaquim Guedes, Joaquim da Rocha Ferreira, João Rossi (cerâmica), Flávio Império (composição), Flávio Motta (história da arte). A este último coube a seleção de muitos dos nomes citados; esses fato e sua importância para a constituição desse curso são documentados pelo professor Caciporé Torres:

> Flávio Motta era a alma da FAAP. Em vez de contratar grandes profes-sores, solenes e importantes, ele colocou grandes artistas. Gravura é um exemplo, tinha dez gravadores. Marcelo Grassmann, Gruber, Darel, Sued, Renina Katz e outros. Trindade Leal vinha do Sul para dar aula. Às vezes em uma aula tinha cinco gravadores e três alunos (*apud* Mattar, 2010, p. 127).

O clima proporcionado pela instituição, naquele período, contribuiu para a prosperidade dos cursos, o que pode ser observado nas palavras das pessoas que vivenciaram esse período no local e em reportagens, como do jornal *Diário da noite*, de 22 de abril de 1963: "Daí ter sido possível formar nos ateliês da Escola de Arte um clima artesanal, em que professores e alunos tornaram-se como que mestres e aprendizes das antigas corporações de ofícios" (*apud* Mattar, 2010, p. 104).

Como relata o professor Donato Ferrari: "A FAAP teve, no campo da arte, certa primazia para a parte musical e para as artes nesse aspecto dos seus cursos livres"[11]. A infraestrutura preparada para os cursos a diferenciava das demais instituições, como no caso do museu, que, apesar de ainda não possuir seu prédio definitivamente exclusivo, já funcionava e desenvolvia atividades que aproximavam os alunos da cultura artística. Os alunos dividiam o ambiente do museu entre uma exposição e outra, bem como os espaços do prédio central que já existiam e não eram oficinas, mas ateliês, nos quais às vezes funcionavam os cursos (de professores e livres).

A variedade de oferta, no entanto, apontava para a miscelânea nas abordagens dos cursos e, em 1965, quando falece sua fundadora Annie Penteado, e com seu pré-consentimento, é colocado em prática o objetivo de unificá-los em um centro universitário.

11 Entrevista concedida à autora em 7 jul. 2011.

Responsável por esse grande passo e diante de uma crise financeira, sua sucessora, Lúcia Comenale Pinto de Souza, assumiu a presidência e a construção da Faculdade de Artes Plásticas e Comunicações, com seu marido Roberto Pinto de Souza, preparando a fundação para um novo período de ensino.

3.1.3 Criação do curso de Desenho Industrial

3.1.3.1 Passagem para o curso superior

No Brasil, o ano de 1964 foi marcado por grande mudança na política nacional, quando os militares assumiram o poder. Em meio às transformações desse período, a FAAP buscou consolidar sua faculdade e contribuiu para divulgar e ampliar as discussões em torno das artes. Exemplo disso foi o evento Propostas 65[12]: uma exposição que reuniu no MAB obras de trinta importantes artistas de vanguarda e acompanhou o momento de efervescência da cultura nacional com a Bossa Nova, o Cinema Novo, o teatro novo e a arquitetura nova[13].

Nos anos seguintes, as atividades da fundação expandiram-se com a colaboração da mídia por meio da divulgação de suas iniciativas. A abertura do Curso de Restauro, a intenção de montar o Museu do Traje, a exposição de Pablo Picasso e o anúncio do curso de Licenciatura da Escola de Arte foram alguns dos acontecimentos em destaque no ano de 1966.

Quanto à importância dada à abertura deste último, encontramos matérias de periódicos da cidade relatando o fato, como no jornal *O Estado de S. Paulo*, importante meio de comunicação, que anunciava: "[...] para o próximo ano [1967] a transformação da Escola de Arte em Faculdade de Artes e Comunicações da Fundação Álvares Penteado e a extinção[14] do Curso de Formação de Professores de Desenho" (*apud* Mattar, 2010, p. 128). Em outra publicação, o anúncio aparece da seguinte maneira:

> [...] no próximo ano [1967], a Escola de Arte vai iniciar cursos de licenciamento de cerâmica artística e técnica. Cursos esses que se incluem entre aqueles eminentemente técnicos, sendo os únicos existentes no Brasil, de formação realmente artística (Mattar, 2010, p. 124).

Sob o contexto de grandes agitações e mudanças no cenário nacional e mundial, em 1967 é criada a Faculdade de Artes

---

12 Sob a proposta de colocar em pauta a discussão das artes, outra exposição, antecedente a essa, ocorre no Museu de Arte Moderna do Rio de Janeiro. Chamado *Opinião 65*, o evento buscava analisar a produção de jovens artistas brasileiros e estrangeiros, conforme relatado pela prof. Daisy V. M. Peccinini em publicação do MAC/SP: "a coletiva *Opinião 65* inspirava-se no entusiasmo geral que o *show* organizado pelo Teatro Arena do Rio de Janeiro despertara: justamente por ser a primeira manifestação cultural organizada após e contra o golpe militar de 1964". Disponível em: <http://www.mac.usp.br/mac/templates/projetos/seculoxx/modulo4/opiniao/opiniao.html>. Acesso em: 2 out. 2011.

13 "Um incidente com a censura marcou a mostra. Nelson Leirner, Geraldo de Barros e Wesley Duke Lee retiraram suas obras em protesto." (*apud* Mattar, 2010, p. 120).

14 Não foi possível precisar a data de fechamento dos cursos de Formação de Professores e se isso ocorreu de fato. O professor Donato Ferrari acredita que esteve fechado entre o período de 1963 e 1967, durante a concepção da Escola de Arte. (Entrevista concedida à autora em 21 jul. 2011.)

Plásticas e Comunicações da Fundação Armando Álvares Penteado. Foram instalados os cursos de Licenciatura em Desenho e Plástica, Desenho Industrial e Comunicação Visual, nas Artes Plásticas; e Relações Públicas, Publicidade e Propaganda e Jornalismo, nas Comunicações; e ainda um curso que englobava cinema, rádio e televisão. Segundo publicação da instituição: "A propaganda sobre a faculdade era boca a boca, e o quadro de professores renomados atraía estudantes de todas as partes do Brasil" (Mattar, 2010, p. 131).

Roberto Pinto de Souza, diretor da faculdade, discursou na solenidade de abertura, na qual estava presente o governador do Estado de São Paulo, Roberto de Abreu Sodré. Souza acreditava que, além do crescimento do campo artístico, um novo sistema de comunicação nasceria; e, nesse sentido, pensou em juntar as duas coisas.

O primeiro estatuto que registrava os cursos individualmente (curso de história da arte, curso de comunicação etc.) sofre alteração para modificar sua categoria. Com isso, os cursos de arte como desenho e pintura, escultura, desenho técnico e mecânico, cerâmica, artística e técnica foram lançados à parte mais acadêmica do termo como Escola de Belas Artes com pretensão técnica de formação.

Originária do antigo curso de Formação de Professores de Desenho para o Ensino Médio (reconhecido pelo Governo Federal, por intermédio do Decreto nº 52.899, de 22 de novembro de 1963), a Faculdade de Artes Plásticas é aberta em 1967 e reconhecida pelo CFE em 1972.

Os cursos da Faculdade de Artes Plásticas tinham um ciclo básico que durava dois anos, e depois se optava pela especialidade. No curso básico, o aluno fazia desenho, modelagem, pintura, gravura, cerâmica e composição, entre outros, "[...] e depois tinha história da arte, psicologia da arte, sociologia da arte, filosofia da arte [...], uma série de disciplinas relacionadas à arte, que foi dada somente aqui", como narra Donato Ferrari[15] e é verificado nas grades expostas mais adiante. Conforme declarado pelo professor, o objetivo não era fazer um curso artístico e técnico como os baseados na Bauhaus ou na ESDI que já funcionavam naquele momento. O intuito era fazer um curso reduzido e que passasse a se chamar curso superior de arte a partir daqueles já existentes na fundação.

Segundo Donato Ferrari[16], "[...] o curso (de desenho industrial) veio na tentativa de aproximação com a indústria

15 Entrevista concedida à autora em 7 jul. 2011.
16 *Idem.*

que tanto se falava", e relata que "[...] foram feitos vários trabalhos dentro da faculdade, com grupos pequenos de professores e alunos". O professor descreve que antes da implantação da faculdade, João Rossi era o responsável por dirigir os cursos livres de artes e depois assumiu a coordenação do ensino superior das Artes Plásticas, quando este passou a ser curso regular.

De acordo com depoimentos de alguns professores que ministravam aulas na instituição naquela época, a passagem para a faculdade foi uma continuidade das aulas que já aconteciam, pois não houve uma mudança na estrutura pedagógica praticada. No entanto, para outros, o fato de agrupar os cursos livres de artes (Pintura, Gravura, Escultura etc.) em ensino superior ganhou notoriedade ao permitir condições mais adequadas para o seu desenvolvimento a partir de objetivos mais claros e específicos do que os praticados de maneira independente.

O grupo de professores, nos primeiros cinco anos da Faculdade de Artes Plásticas, foi constituído por importantes profissionais do campo das artes, além de Donato Ferrari, como os apontados pela fundação: "Ubirajara Ribeiro, João Rossi, Antonio Carelli, José Moraes, Enrico Schaeffer, Osvaldo D'Amore, Luigi Zanotto, Teresa Nazar, Evaristo Valladares Costa, Nicolas Vlavianos" (Mattar, 2010, p. 132).

Dentro dessas condições, a fundação teve o mérito de abrir esses cursos quando a situação do ensino brasileiro passava por uma crise, em pleno período militar – o ano de 1968, colocado por algumas publicações[17] como o ano em que o ensino universitário brasileiro entrou em crise, ocasionada pelos chamados "excedentes"[18].

Em determinado aspecto, se de um lado a crise atingiu a instituição com a paralisação das aulas naquele ano, de outro, beneficiou seu desenvolvimento, como relatado no catálogo da entidade:

> Eram nada menos que 125 mil excedentes, sem acesso à formação universitária. Não suportando a demanda, as universidades públicas deram espaço para as faculdades privadas. E o que representava um momento de crise nas universidades públicas foi uma oportunidade de crescimento para a FAAP (Mattar, 2010, p. 131).

Contudo, as alterações implantadas na instituição acompanharam uma mudança de ordem maior. Naquele ano, o Brasil promulgou a Reforma Universitária[19], que teve como

17 Dentre essas, a própria publicação da FAAP. Cf. Mattar, 2010, p. 97.
18 Estudantes que saíam do ensino médio, mas, apesar de habilitados para estudar no ensino superior, não havia vagas para absorver esse contingente.
19 Aprovada em 28 de novembro de 1968, representada pela Lei nº 5.540/68.

principais características a extinção da cátedra e a substituição por sistema colegiado de departamentos, a prioridade da estrutura da universidade como organizadora do ensino superior, ao contrário das escolas avulsas.

Apesar da ampliação da recém-criada faculdade e da continuidade das exposições no museu, os acontecimentos do ano de 1968 se refletiram dentro da instituição. Alguns exemplos de como era a situação naquele período foram a greve realizada pelos alunos e as manifestações para melhorias do curso, acompanhando as reivindicações dos estudantes de todo o mundo. Assim como aconteceu na ESDI nesse mesmo ano, quando o curso foi paralisado para a reestruturação[20].

Nesse momento, é montada a Comissão Paritária, reuniões compostas de um professor e um aluno de cada área para tomadas de decisões quanto à estrutura futura do curso. No fim desse período conturbado, após uma lista tríplice e participação direta dos alunos, Donato Ferrari foi escolhido para dar continuidade ao curso.

No ano de 1969, as Faculdades de Artes Plásticas e Comunicações foram separadas, principalmente devido ao aumento da demanda e do corpo discente, segundo publicação sobre a fundação (Mattar, 2010, p. 161). Naquela ocasião, é apresentada uma nova configuração, que passa a oferecer cinco opções de cursos: Artes Plásticas, Programação Visual, Desenho Industrial, Teoria e Crítica de Arte, e a volta do curso de Formação de Professores de Desenho. A aprovação dessa separação aconteceu oficialmente em 1973 (Parecer nº 232/73) pelo CFE, um ano depois do reconhecimento do curso.

Assim, em 1972, o curso de Desenho Industrial foi reconhecido pelo MEC, mesmo ano em que Donato fora oficialmente intitulado diretor, quando moldou sua grade curricular inspirado no modelo implantado na ESDI (que era o modelo brasileiro adotado como padrão desse ensino) após o primeiro Currículo Mínimo para os cursos de Desenho Industrial ter sido aprovado pelo CFE em 1969.

3.1.3.2 Convocação de Donato Ferrari

> Mas existia um porta-voz que era o Donato Ferrari. Existia uma preocupação fina sobre os conceitos, sobre os procedimentos. O que eu posso dizer é assim, não que os professores hoje não sejam tão preocupados, mas não é na mesma intensidade (Sparapan)[21].

20 "Finalmente, por proposta dos alunos do 3º ano de Comunicação Visual, foi constituída uma comissão paritária de três alunos e três professores para a redação de um novo projeto de regulamentação. O processo decisório da Assembleia Geral era curioso. Formavam-se pequenos grupos de cada série e de cada curso, com seus respectivos representantes e porta-vozes, normalmente pessoas de confiança do DAESDI, que conduziam as proposições, quase sempre aprovadas sem maior discussão pela maioria dos alunos, uma vez que não foi estabelecida proporcionalidade de representação. A fórmula encontrada através da criação de comissões paritárias garantiria um precário equilíbrio, já que pelo menos as propostas básicas seriam estabelecidas em igualdade de representação. Foram criadas outras comissões, entre elas, uma responsável por programas e currículos, formada por quatro alunos e quatro professores que deveriam apresentar suas conclusões em uma nova reunião marcada para o dia 17 de junho" (Souza, 1996, p. 158).

21 Entrevista de Antônio Celso Sparapan concedida à autora em 30 mar. 2008.

O artista italiano Donato Ferrari, em visita a sua irmã, instala-se no Brasil em 1960 e começa a desenvolver duas obras na cidade de São Paulo. Convive com Ana Maria Fiocca, proprietária da Galeria São Luis, onde realizou seus primeiros trabalhos, e a quem pediu sugestão de um nome influente nas artes plásticas. Ana Maria cita Lourival Gomes Machado, importante crítico de arte do período. A fim de realizar sua primeira exposição, Donato apresenta suas obras a Lourival, o qual contribui para a realização do evento que lançaria o artista no circuito das artes paulistanas. Ferrari, por frequentar os lugares em que se discutia arte, conheceu também artistas concretistas, como Mário Pedrosa.

Após realizar sua primeira exposição, em 1961, e aproximadamente nos dois anos seguintes, seus trabalhos tornam-se conhecidos pela sociedade e classe artística e, estabelecidos os contatos, começa a ministrar aulas um ano depois.

Assim, Flávio Motta o convidou para lecionar a disciplina de Composição; como já era professor de matéria correlata (Técnica de Composição Industrial I e Iniciação nas Artes Industriais) na Escola Santa Marcelina, juntou-se ao corpo docente da FAAP. A pedido de Motta, o artista italiano promove o ateliê experimental, construído para conhecer os materiais e por onde passaram muitos alunos de outras instituições de ensino, como a Faculdade de Arquitetura e Urbanismo da Universidade de São Paulo e o Instituto Presbiteriano Mackenzie, assim relatado pelo professor[22]. Esse era praticamente um curso de extensão ligado ao Curso de Formação de Professores de Flávio Motta. Atividade que lhe proporcionou conhecer artistas e professores da FAU/USP, como Sérgio Ferro, Flávio Império e Renina Katz, e usufruir do setor de gravura como extensão de seu ateliê.

Em 1963, Walter Zanini[23] (1925-2013) volta da Europa, onde havia feito curso com Lionel Ventura, o qual Ferrari também tinha feito; logo se tornam amigos e ambos participam do Museu de Arte Brasileira.

Como responsável pelo museu, em 1963 Zanini organiza a *I Exposição* na FAAP. Como museólogo consciente, ele foi buscar, mesmo em condições adversas, profissionais importantes. É nesse período que Donato é apresentado a Alexandre Wollner, que ganha o concurso para o cartaz da exposição. As demais peças gráficas foram desenvolvidas por Donato Ferrari, que relata esse período ao lado do amigo da seguinte forma:

22 Entrevista concedida à autora em 7 jul. 2011.
23 Graduado pela Université de Paris VIII em 1956, onde também concluiu o doutorado, em 1961. Historiador, crítico de arte e curador, esteve à frente do Museu de Arte Contemporânea da USP como diretor, entre 1963 e 1978. Foi curador da 16ª e 17ª edições da Bienal Internacional de Arte de São Paulo, ocorridas em 1981 e 1983, respectivamente. Lecionou em importantes instituições voltadas às artes e atualmente é professor titular aposentado da Universidade de São Paulo.

"E para a amizade do (Walter) Zanini eu fiquei". E completa: "Eu, além de fazer a capa, fazia os catálogos, os cartazes do museu. Eu fazia um misto de coisas. Zanini era extremamente estimado. Importante para a arte e cultura brasileira"[24]. E, dando sequência aos fatos, o professor descreve que viu nos meses seguintes "a fundação desmoronar". Ferrari se referia ao período em que os cursos de Formação de Professores foram fechados, permanecendo apenas os cursos livres durante a concepção da Escola de Arte. Para o professor, a escola era uma composição de cursos diversos e desconexos, e ele retrata o momento da seguinte forma:

> Um dia chamaram as pessoas que trabalhavam e disseram que iriam abrir um curso oficial, um curso básico e de onde sairia depois um curso de especialização. Seria retomada a parte de arte e conservada a parte de desenho, além de retomar a parte técnica. [...] Não entendia da questão técnica, pois minha referência era o Senai que oferecia muito bem esta parte [...][25].

Donato Ferrari foi, então, envolvido, e o curso livre que dava se transformou em uma disciplina de um curso regular das Artes Plásticas, ainda em fase de descoberta pelos próprios docentes. Era a fase em que a Escola de Arte procurava consolidar-se como curso superior.

Naquela época, as atividades continuavam a ser desenvolvidas como cursos livres, não havia relações entre elas, e os alunos praticavam as mesmas atividades dos períodos anteriores, como modelagem, cerâmica, desenho livre, sociologia e história da arte. Fatos que, alinhados à situação política do país e às manifestações internacionais, fazem com que em 1968 os alunos paralisem os cursos da Faculdade de Artes Plásticas e Comunicações. Origina-se, então, a Comissão Paritária, que elege Donato como diretor, fato descrito pelo professor como inesperado e resultante da ausência do envolvimento de outros docentes; e pelos antigos alunos, pela afinidade e representatividade que ele possuía junto ao corpo discente.

Ainda que experiente na parte artística, Ferrari desconhecia o trabalho técnico e as tarefas administrativas. Então, buscou unir suas referências das artes e do design[26] e estabelecer contato com pessoas próximas e especialistas desse campo.

Ferrari comentou em entrevista que já conhecia os cursos livres da fundação antes mesmo de estar lá e que, após sua

24 Entrevista concedida à autora em 7 jul. 2011.
25 Idem.
26 Apesar de não ser proveniente de uma educação bauhausiana, exclusivamente, é impossivel deixar de considerar a influência da escola alemã e destaca Itten, Albers, Kandinsky, dizendo que: "Não é a escola física em si, mas as experiências desses artistas e o grau de aprofundamento que tiveram. [...] Conhecia muito o material da Bauhaus, principalmente do curso básico, não são apenas os laboratórios, mas na parte do estudo da forma e da cor. Então tinha todo aquele pessoal que eu acredito que em termo pedagógico não tenha outra turma que tenha dado uma contribuição tão grande" (Entrevista concedida à autora em 7 jul. 2011).

entrada, a transição para professor da graduação foi repentina. Estava como docente de um curso livre e, em seguida, o curso estava inserido na grade regular de uma faculdade. Sob esse pensamento, relata que, ainda naquele momento, aquilo não era um curso no sentido de um grupo de matérias com um objetivo comum, mas "uma disciplina", pois o que se desenvolvia praticamente "eram cursos artísticos"[27].

Talvez por estar há pouco tempo dentro da instituição, para o professor a mudança pareceu quase que repentina, e essa percepção também se transportou para alguns dos demais envolvidos no processo. Em contrapartida, a ideia dos dirigentes da fundação era expandir a abrangência de seu ensino, acompanhar o crescimento da sociedade e atender às novas demandas da época. Assim, como já lecionava a disciplina de Composição, o professor foi convocado pelos dirigentes da FAAP a ministrá-la também no curso superior, mas sem um aprofundamento mais claro da atividade profissional, pois não se falava ainda em funcionalidade.

Com a paralisação de 1968, o corpo docente, composto, entre outros, de José da Costa Chaves, Maurício Nogueira Lima e Ubirajara Ribeiro, começou a organizar a reestruturação em meio às pretensões do novo curso de Desenho Industrial e Comunicação Visual e aos anseios dos alunos. No entanto, outra difícil tarefa era a conciliação dentro da própria comissão organizadora, a qual abrigava opiniões divergentes no entendimento dos conceitos que deveriam ser aplicados na prática. Segundo Ferrari[28], "[...] diziam que tudo que se fazia era projeto", e ele, por ter feito ainda o curso de desenho arquitetônico, tinha uma noção de representação, cujo fundamento também poderia ser aplicado para representar um objeto (cortes, materiais etc.).

Em meio a esse ambiente de disparidades, dá-se o início da montagem do corpo docente dos cursos da Faculdade de Artes Plásticas da FAAP. A deficiência de profissionais do campo do design ou mesmo que conheciam essa área de atuação fez com que se convidassem professores de áreas correlatas. Em sua maioria, eram profissionais atuantes no mercado que tinham o objetivo de aplicar os conhecimentos de suas profissões nas atividades do design, como um engenheiro (cujo nome não fora lembrado pelo professor) que foi chamado para dar aulas de Matemática, como citado por Donato Ferrari.

27 Entrevista concedida à autora em 7 jul. 2011.
28 *Idem.*

3.1.3.3 Constituição da grade curricular e do corpo docente

A identidade dos cursos de Artes Plásticas e Comunicações, inaugurados em 1965 como Escola de Arte, era vaga, inclusive para os que neles lecionavam. Derivado de cursos livres e de professorado de Desenho, o curso superior não adquiriu formato homogêneo com os conteúdos didáticos, o que veio a se configurar apenas com a paralisação de 1968.

O professor Ferrari, eleito em 1968 responsável pela nova disposição dos cursos de DI e CV, "organizou uma comissão com, aproximadamente, mais cinco professores"[29] para discuti-la. Nesse período, foram realizados seminários com a presença de professores da FAU/USP e da ESDI, na intenção de convencer a FAAP de que as mudanças que aconteceriam não seriam restrições aos cursos existentes (como a diminuição da carga horária de algumas disciplinas ministradas), mas a adequação aos novos padrões educacionais promulgados em legislação.

No decorrer dos anos 1960, a FAAP buscou consolidar seu ensino e procurou manter os cursos do MASP em suas instalações, transformando-os em Escola de Arte e, posteriormente, em faculdade. Contou com profissionais do campo das artes provenientes dos contatos daqueles que faziam parte do corpo docente para ampliar o quadro de professores, em sua maioria, artistas plásticos e arquitetos que já lecionavam na instituição.

De acordo com registros históricos e relatos dos personagens da instituição, a grade curricular constituída nos primeiros anos da Faculdade de Artes Plásticas (que abrangia Comunicação Visual e Desenho Industrial) originou-se dos cursos do IAC existentes na fundação. As matérias dedicadas ao ensino das artes e suas técnicas foram mantidas e formavam o maior grupo dentro da estrutura curricular.

Para essa constituição, as disciplinas voltadas às questões da linguagem, como Composição, Gravura, Escultura, Cerâmica, Modelagem, Estilística, Pintura, Maquete e Modelo, sofreram adaptação de suas nomenclaturas, como no caso da inserção do termo "Oficina" no lugar de Modelagem, Gravura, Maquete e Modelo e Utilização dos Materiais Expressivos. Essas disciplinas dos cursos livres e as de professorado, existentes anteriormente, somaram-se a outras do campo da representação, das humanidades e teóricas (exemplificadas por Desenho Geométrico, Psicologia e Teoria da Fabricação, respectivamente) e formaram o teor da primeira grade curricular.

---

29 Segundo palavras de Donato Ferrari, que dentre os nomes citou Maurício Nogueira Lima e Ubirajara Ribeiro (Entrevista concedida à autora em 7 jul. 2011).

Em decorrência da transformação dos cursos citados em ensino superior, a aplicação do conteúdo proposto também se beneficiou das instalações dos cursos predecessores e do conhecimento de importantes nomes, principalmente do campo das artes que integravam a escola para compor seu corpo docente.

As diretrizes eram incertas, e, devido à ausência de especialistas desses campos, muitos profissionais que compuseram o grupo docente foram trazidos de áreas correlatas, como artes plásticas e arquitetura. Professores sob a influência de informações trazidas de outros países e da recém-inaugurada ESDI, como exemplo nacional que orientava grande parte das instituições do ensino na época, permitiram que o curso fosse composto sob essas várias influências.

Nesse contexto, Ferrari declara[30] que seu conhecimento quanto aos cursos de artes já existentes na fundação era limitado, mas sabia que o Curso de Formação de Professores de Desenho possuía uma boa parte técnica derivada de um respeitado corpo docente. "Nessa época não se fala de design. Se falava em dar uma boa formação", confessa Ferrari, quando descreve que na seleção dos professores para a Faculdade de Artes se optou por profissionais atuantes no mercado, mesmo que não possuíssem diploma, e pontua alguns daqueles que colaboraram no início dessa formação. Dentre eles, o professor cita os nomes de: Raphael Buongermino Netto[31], Maurício Nogueira Lima e Nicolaewsky, que trabalhava na Gráfica do Estado, e que não se sabia se tinha ou não diploma. Naquela época, segundo palavras do professor, "via se a pessoa sabia trabalhar". Assim, na época em que a profissão e suas atividades eram desconhecidas, o corpo docente foi composto, nos seus primeiros anos, com a experiência acadêmica daqueles que já estavam na fundação, principalmente no campo artístico, e a técnica de profissionais de fora da academia, independentemente da qualidade didática e de formação.

A dificuldade de compor o quadro docente não derivava apenas de detectar profissionais capazes, mas também de conseguir aprovação dos órgãos competentes, como o MEC, para autorizar que esses profissionais pudessem dar aulas, uma vez que não possuíam curso superior.

Donato Ferrari pontua que, para essa composição, "[...] a maneira mais importante foi chamar gente que tinha experiência naquela (em determinada) área de trabalho. Um trabalho

30 Entrevista concedida à autora em 7 jul. 2011.
31 Artista brasileiro que residia na Europa, naquele momento, e veio para dar aulas no Brasil a convite de Donato Ferrari.

mais exaustivo na parte profissional que na pedagógica. Pois lá também tinha professores da parte de arte". Devido à existência anterior de cursos de artes para professorado, um dos principais desafios foi conciliar um grupo heterogêneo, principalmente manter os professores do curso de Formação de Professores e dar sequência à faculdade, implantada dois anos antes (1967).

O curso de Professorado, que já havia passado pela abertura da Escola de Arte, encontrou nova concorrência dentro da instituição em consequência da inauguração da faculdade. Apesar de podermos afirmar o quanto foi decisiva a montagem dos novos cursos para o fechamento do curso de Formação de Professores de Desenho, os professores Donato Ferrari e Auresnede Pires Stephan (Prof. Eddy) relatam também seu enfraquecimento, o que pode ser identificado ainda em matéria publicada no jornal *Folha de S. Paulo*, no ano de nascimento da Faculdade de Artes e Comunicação (Anexo 7).

O professor relata que, com o grupo responsável pelo novo formato dos cursos da Faculdade de Artes e Comunicação, foi feito um primeiro modelo que partiu, basicamente, do desmembramento do curso de Professorado de Desenho em outros: de atividades artísticas, teórico, gráfico e de desenho de produto. No entanto, a dificuldade era distribuir as aulas de modo coerente com o ensino pretendido, uma vez que a maioria dos professores existentes na fundação era do campo da arte. Assim, nas palavras de Ferrari: "O curso básico já saiu estruturado. No curso profissional desligado da parte artística, coloquei todos professores diferentes. Nenhum das artes". Essa formação caracterizaria, desde os primeiros anos do curso, o predomínio dos conteúdos voltados à arte em relação às aulas teóricas e técnicas.

Como vimos, o que existia antes da abertura da faculdade eram cursos de arte com expressivo contingente de profissionais do campo artístico; no entanto, faltavam aqueles que preenchessem os requisitos do ensino técnico. Assim, elaborar um curso de design (comunicação visual e desenho industrial) para aquela época foi o grande desafio, agravado ainda pela "obrigação de aproveitar as pessoas ligadas à fundação e ampliar a formação técnica do curso". Nesse aspecto, o Currículo Mínimo (1969) foi um facilitador para que Ferrari e os demais responsáveis pela organização dos cursos convencessem a FAAP a trazer profissionais atuantes no mercado. Para tanto, Ferrari contou com indicações e apresentações de amigos.

Para a elaboração do curso, Ferrari consultou os materiais dos cursos anteriormente ministrados na instituição, como anotações de Flávio Motta e documentos dos cursos livres de artes que, somados aos requisitos do Currículo Mínimo, pretendia-se que fossem levados ao reconhecimento.

O primeiro Currículo Mínimo, publicado em 1969 e baseado na estrutura da Escola Superior de Desenho Industrial (ESDI), favoreceu a implantação da nova estrutura da Faculdade de Artes Plásticas. Ferrari recorda que "isso caiu como uma luva"[32] e contribuiu para o intercâmbio de professores da escola carioca, e de outras, para ministrar aulas e palestras como contribuição nos primeiros anos do curso, como Alexandre Wollner[33] e Aloísio Magalhães[34] (1927-1982), ambos professores da ESDI, e Alessandro Ventura[35], professor da FAU/USP a partir de 1970.

Nos três anos iniciais, o curso originou-se de um projeto de transição: foi remodelado, implantado e colocado em prática, para conseguir seu reconhecimento em 1972. Desse processo surgiu o curso de Desenho Industrial e Comunicação Visual, com um ano básico. Diferentemente da proposta de já começarem separados, ambos os cursos contaram com disciplinas comuns no primeiro ano para que se optasse por uma das habilitações no ano seguinte.

Se considerarmos que era uma área ainda em fase de formação, a Fundação Armando Álvares Penteado contribuiu para as primeiras discussões sobre o ensino do campo do desenho industrial e comunicação visual. A heterogeneidade do corpo docente da fundação, somada aos nomes indicados por seus dirigentes, e a consulta a profissionais de outras instituições de ensino (Karl Heinz Bergmiller e Alexandre Wollner da ESDI, por exemplo) contribuíram para as discussões da montagem e a composição final do curso.

Outro desafio nessa fase dos cursos superiores (Artes Plásticas e Comunicações) foi ajustar com a nova estrutura a grade da turma que os havia iniciado dois anos antes (1967), de modo a não perder os quatro semestres anteriores. Assim, por meio de compatibilidade de nomenclatura, algumas disciplinas existentes originalmente foram mantidas para que os alunos usufruíssem da parte básica e, abrangendo o mínimo exigido pelo Currículo, não se distanciassem dos princípios gerais de desenho, o que é esperado por uma escola cujas

---

32 Entrevista concedida à autora em 7 jul. 2011.

33 Designer gráfico, estudou no IAC no início da década de 1950 quando foi convidado a estudar na Escola da Forma de Ulm, retornando ao Brasil em 1958. Foi um dos primeiros professores da ESDI. Também foi presidente da ADBI e professor da Faculdade Presbiteriana Mackenzie.

34 Advogado pernambucano, dedicou-se ao campo do design em que contribuiu, entre outros trabalhos, para o desenho das cédulas da moeda brasileira (Cruzeiro Novo). Foi secretário do MEC e presidente do IPHAN.

35 Arquiteto formado pela Faculdade de Arquitetura e Urbanismo da USP em 1962, estudou no Pratt Institute (EUA) de 1966 a 1968. Desenvolve trabalhos de desenho industrial, no campo acadêmico e profissional.

origens descendem das artes. Sobre esse aspecto, Ferrari esclarece que na organização proposta para a grade abrangiam-se as disciplinas de humanidades (sociologia da arte, psicologia, Gestalt, história da arte geral) e depois as do campo de design[36] (nas quais eram apresentados temas como Revolução Industrial, materiais etc.).

Para permitir a formação de um curso condizente com seus anseios, a fundação deixou que o professor buscasse informações externas e entrasse em contato com centros de ensino estrangeiros. Assim, em 1971, Ferrari fez uma viagem para a Europa e os Estados Unidos, onde constatou e se surpreendeu com a infraestrutura e os métodos de ensino. Como exemplo, o professor cita a admiração que teve ao chegar a um College[37], na Inglaterra, e ver dentro de um laboratório baias individuais em que os alunos desenvolviam um *mock-up* em escala reduzida de carro fornecido pela Ford[38]. Já nos Estados Unidos, entre outros, o professor teve contato com o Illinois Institute of Technology (IIT) em Chicago, onde teve a oportunidade de assistir a aulas e verificar a didática aplicada, como a integração entre as disciplinas técnicas e as artísticas.

Sob essas influências, organizaram-se outras oficinas além das já existentes de cerâmica e barro. Fotografia, gráfica, serigrafia, tipografia, madeira foram incluídas nos espaços para uso coletivo da escola, assim como todos os cursos, desde o básico. Quanto aos equipamentos, aos poucos a FAAP formou seus laboratórios; no entanto, havia as instalações dos cursos de artes antecedentes a eles, e, no princípio, elas se beneficiaram da vinda dos cursos do IAC do MASP, com seus materiais e equipamentos, fato narrado por alguns de seus personagens, como nas palavras do professor e ex-aluno Auresnede Pires Stephan[39]: "As réguas T eram levadas pelos alunos, que as usavam nas pranchetas provenientes do ex-IAC".

Contudo, não bastasse a dificuldade em instalar esses ambientes, era necessário encontrar pessoas que dominassem a técnica e a produção, o que dificultou também a implantação.

Mediante observações, contribuições de terceiros e pesquisas, o artista italiano organiza o curso de Comunicação Visual e Desenho Industrial, restabelece o de Artes, existente anteriormente, enquanto o de Teoria logo desaparece por falta de tema e conteúdo. Uma importante colaboração para a montagem dos cursos da Faculdade de Artes, segundo Ferrari, foi a recuperação

36 Naquele período, esse termo não era usado. Aqui, a colocação do professor é adotada para estabelecer a relação com as atividades hoje desenvolvidas no campo exposto, objeto deste estudo.

37 O nome da instituição não foi lembrado pelo professor Donato Ferrari.

38 Ford Motor Company – produtora de automóveis com origem nos Estados Unidos da América, fundada em 1903 por Henry Ford, responsável pela popularização do automóvel (*apud* Giucci, 2004, p. 172-173).

39 Entrevista concedida à autora em 5 fev. 2008.

dos programas do curso de Formação de Professores deixados por Flávio Motta. Como não havia registro dessa documentação, os dados tinham de ser levantados quando algum ex-aluno solicitava o diploma, fato assim narrado por Ferrari:

> Relia os programas. Se melhorou, melhorou graças ao curso anterior. [...] Foi uma luta terrível [...], tive que contratar gente de vários lugares. [...] Era raro encontrar as pessoas com certa preparação profissional[40].

Esses relatos esclarecem, pelo menos de maneira abrangente, as dificuldades enfrentadas na fase inicial, de instrumentação e definição das características do curso, expressas nas palavras desse artista italiano da seguinte forma: "Os cursos de Comunicação Visual, Desenho Industrial e Professorado não nasceram como projeto, mas foram uma derivação da consequência do curso anterior (de Artes)"[41]. O desejo da fundação e dos envolvidos no processo era elaborar um curso eficiente, que contou ainda com a valiosa contribuição daqueles que se formaram na instituição e, posteriormente, se tornaram docentes.

De acordo com Ferrari, devido ao raro contato entre as instituições, não houve influência direta institucional de outras escolas, inclusive a tentativa de aproximação; e o contato feito com Carmem Portinho, diretora da ESDI na época, não gerou os frutos desejados, cabendo a alguns professores e suas indicações a contribuição mais efetiva na montagem do curso.

Outras escolas de design também não dispunham de professores para disciplinas das áreas afins a esse campo, e para Economia e Administração, por exemplo, "matérias mais ligadas à indústria"[42], foi necessário procurar profissionais do mercado dispostos a dar aulas. Ferrari exemplifica esse grupo da seguinte forma: "Pessoas que fizeram GV (Fundação Getulio Vargas), alguém que estava em Chicago, um engenheiro interessado em Administração, que tinha conhecido um artista plástico". No início, eram convidados a palestrar, o que ajudava a observar seu relacionamento com os demais; com isso, o grupo constituiu seu formato, principalmente por indicação do meio. Outra condição facilitadora, que também lhe permitiu maior colaboração dos profissionais das artes, foi a amizade com Walter Zanini[43] (1925-2013), historiador e crítico de arte, responsável pelo Museu de Arte Brasileira.

40 Entrevista concedida à autora em 7 jul. 2011.
41 Idem.
42 Nas palavras de Donato Ferrari. Entrevista concedida à autora em 7 jul. 2011.
43 Artista e curador de artes dos mais importantes na cena nacional.

Outra situação que mostra as diferentes formas de contratação pode ser identificada na vinda de Raphael Buongermino, presente no discurso do professor Ferrari[44]: "Alguém que eu conhecia me disse que havia um brasileiro que estava na França e gostava de arte. E queria voltar. Tinha feito aula com Francastelli". Nessas condições, o artista foi chamado a participar do curso. E, assim, por indicação das pessoas próximas à fundação, o grupo ganhou sua configuração, como também nos casos de Eurico Lopes, indicado por Laonte Klawa, e Lívio Levi (indicado pela FAAP), que, por sua vez, trouxe Daniel Lafer, posteriormente.

Nas palavras do professor Ferrari[45], "[...] buscavam-se os melhores profissionais do campo e atuantes no mercado", o que não correspondia a um consenso dos envolvidos na organização do curso. Não eram apenas questões relacionadas à formação artística e técnica dos estudantes, mas a escola deveria adequar toda a sua gênese (disciplinas voltadas a humanidades, administração do curso, documentação). Para essa seleção, alguns nomes que fizeram parte do grupo também são provenientes de outras áreas, apontados por Ferrari, e desconhecidos dos registros oficiais documentados até aqui.

Nesse grupo são citados nomes como Valdemar Pinho de Melo, "engenheiro que trabalhava com computador"[46], o qual contribuiu no início com a administração, economia e processamento de dados. Esse, por sua vez, trouxe um amigo que lecionou Economia, vindo do Massachusetts Institute of Technology (MIT), de Chicago, e que foi diretor da Fiesp anos mais tarde. A fotografia começou com Derli Barroso[47], e depois veio Jorge Bodanzky[48]. Ferrari[49] declara que para ele "não adiantava também colocar toda a parte de projeto se não se conhecia a parte técnica da gráfica". Assim, os profissionais técnicos eram convocados a dar aulas e desenvolver modelagem. Essa variedade de profissionais é, em certa parte, derivada da falta de outros com experiência didática e conhecimento técnico formalizado e regulamentado.

Quanto ao Currículo Mínimo, aprovado no mesmo ano (1969) em que a estrutura da escola sofreu alteração, Donato declara que: "O Currículo serviu para que as bases do curso não fossem discutidas conforme a pretensão de cada um"[50]. O professor aponta que isso foi colocado como "lei", o que sinaliza a maneira como o documento foi apresentado para coibir

---

44 Entrevista concedida à autora em 7 jul. 2011.
45 *Idem.*
46 Segundo palavras de Donato Ferrari. Entrevista concedida à autora em 7 jul. 2011.
47 Fotógrafo, Derli Barroso é natural de Avanhandava, interior paulista, mas viveu até os 20 anos em Piracicaba.
48 Jorge Bodanzky é cineasta e fotógrafo.
49 Entrevista concedida à autora em 7 jul. 2011.
50 Termo adotado como sinônimo de obrigação para convencimento dos demais professores.

as pretensões de alguns dos envolvidos e para que eles aprovassem essa mudança.

Nessa fase de consolidação da estrutura curricular dos cursos da Faculdade de Artes, é apresentado o Currículo Mínimo dotado de um ano de ensino básico, como declarado por Ferrari:

> Quando surgiu o CM, que o curso já funcionava, com um ano experimental, não é que influenciou, mas foi da máxima ajuda para mim, se foi em termo de influência, mas em termo de estrutura, pois sendo um papel legal, que poderia ser muito reconhecido lá dentro, uma vez que já tinha um curso lá dentro, ele serviu ou para ampliação ou para restrição, serviu para acertar o trilho[51].

Com esse documento, a grade foi revisada e garantiu, no início dos anos 1970, o reconhecimento dos cursos de Desenho Industrial e Comunicação Visual, que continham maior quantidade de disciplinas que o exigido. Plástica, desenho, ciências da comunicação, história da arte, estética já eram oferecidos antes, o que facilitou a montagem do ciclo básico. Quanto aos objetivos, as disciplinas eram correspondentes entre o Currículo Mínimo e a grade da FAAP. Já no que se referia à nomenclatura, foram feitas adaptações nos títulos de algumas delas para o atendimento à legislação, como Fotografia e outras matérias realizadas em laboratório que passaram a compor o grupo de Expressão.

Independentemente de o Currículo Mínimo ser intitulado racionalista e fundamentado no ensino da ESDI, que por sua vez se baseou na Escola de Ulm, o reconhecimento do curso já no ano de 1972 sugere certo alinhamento das propostas educacionais com as tendências da escola carioca. O funcionalismo aliado às referências de Donato, com origem na Escola de Artes italiana e certa influência da Bauhaus, combina ciência (Ulm) e arte (Bauhaus).

3.2 Personagens

Donato Ferrari
(Guardiagrele, Itália, 1933)

Pintor, designer, *performer*, gravador, escultor, ilustrador, crítico de arte e professor. Entre 1953 e 1957, estuda na Academia de

---

[51] Entrevista concedida à autora em 7 jul. 2011.

Belas Artes de Roma, Itália. Lá, recebe prêmios em diferentes exposições entre 1954 e 1958.

Transfere-se em 1960 para o Brasil, onde realiza exposição individual pela primeira vez na Galeria Piccola, na cidade do Rio de Janeiro, e recebe o prêmio de artista revelação de 1960. Expõe também na Galeria São Luís, em 1960 e 1962, em São Paulo, um dos locais ícones das artes na década de 1950 e 1960.

Em contato com artistas brasileiros, principalmente os concretistas, começa a participar do cenário artístico paulistano e torna-se professor do Estúdio Gravura, no início da década de 1960.

Entre 1961 e 1964, participa do *Salão Paulista de Arte Moderna*, recebendo prêmio em 1962, e apresenta trabalhos em várias edições da *Bienal Internacional de São Paulo*, entre 1963 e 1981.

Por volta de 1965, começa a realizar trabalhos tridimensionais: móbiles, relevos, armações e *ready-mades* à base de materiais rudes, como 0panos grosseiros e arames retorcidos[52].

Torna-se diretor da Faculdade de Artes Plásticas da FAAP em 1968. Essa instituição lhe proporciona o encontro com Walter Zanini, com quem se filia ainda no âmbito acadêmico para organizar o Departamento de Artes Plásticas da Escola de Comunicações e Artes da Universidade de São Paulo (ECA/USP), na qual leciona até os dias atuais.

Ao longo dos anos 1960 e 1970, participa de salões, bienais e exposições relacionadas à arte moderna e contemporânea, como a *7ª Bienal Internacional de São Paulo*, em 1963.

Nos anos 1970, faz experiências com vídeo e participa do *1º Encontro Internacional de Vídeo Arte de São Paulo*, no Museu da Imagem e do Som (MIS/SP), em 1978.

Na década de 1970, suas criações assumem um sentido abstrato, época em que Ferrari utiliza o Super 8[53] como mais um suporte do seu trabalho nas artes plásticas, o qual caracteriza o conjunto de sua obra nos últimos anos.

Seus filmes são ou registros de construção de uma obra ou uma obra abstrata nela mesma, pela composição dos elementos e texturas no quadro. Além de filmes acabados, o artista trabalhou constantemente com suporte em película como parte do processo do trabalho artístico[54].

52 Disponível em: <http://www.itaucultural.org.br/aplicexternas/enciclopedia/cinema>. Acesso em: 10 out. 2011.

53 Refere-se a um termo utilizado, principalmente, nos campos do cinema e televisão. Trata-se de um filme de 8 mm carregado por cartucho. A palavra "super" foi acrescida de acordo com a explicação seguinte: "A perfuração (furos tipo roda dentada) foi reduzida em tamanho, permitindo uma área mais ampla para a impressão do filme que era mais ou menos 50% maior que o padrão do filme de 8 mm. Foi justamente essa mudança na medida da perfuração, do fotograma e na introdução do cartucho que tornou o formato 8 mm em super-8". Disponível em: <http://www.mnemocine.com.br/cinema/super8hist.htm>. Acesso em: 3 dez. 2011.

54 *Idem.*

Flávio Motta
(São Paulo/SP, 1923)

Flávio Lúcio Lichtenfelds Motta é historiador da arte, pintor, desenhista. De acordo com registros encontrados, inicia sua carreira acadêmica como professor de história da arte dos cursos ministrados no Museu de Arte de São Paulo (MASP), na década de 1950, chegando a ser nomeado diretor do IAC.

Nesse período é fechado um acordo entre a Fundação Armando Álvares Penteado e o MASP, e Motta organiza os cursos livres de artes destinados à orientação de crianças e adolescentes, amadores e professores.

Além de integrar o quadro inicial dos docentes dessa instituição, Flávio Motta foi o responsável por formar um corpo docente de renomados profissionais das artes, como Renina Katz, Eduardo Sued, Marcelo Grassmann, Nelson Nóbrega.

Sua importância na academia do design não se limita a essa instituição. Flávio Motta foi professor da Faculdade de Arquitetura e Urbanismo da Universidade de São Paulo e é lembrado como ícone pelos alunos entrevistados da década de 1960 de ambas as instituições.

João Rossi
(São Paulo/SP, 1923-2000)

Paulistano, João Rossi nasceu na Rua Augusta e faleceu em seu ateliê/casa, na Vila Sônia, em São Paulo, em julho de 2000.

Profissional autodidata, foi pintor, gravador, ceramista e escultor, e realizou inúmeras exposições no Brasil e em outros países, como Paraguai, Uruguai, Argentina, Colômbia, Venezuela, Holanda, Itália, Cuba, Japão, China, Canadá, México e EUA.

Na academia, teve importante participação em diversas escolas e faculdades de comunicação e artes, das quais foi diretor, professor e mentor, destacando-se as seguintes funções: diretor da Associação Cristã de Moços do Paraguai e Uruguai, em 1950; diretor do Centro Cultural Brasil-Paraguai, no ano de 1957; diretor da Escola de Arte da FAAP, em 1959; diretor e mentor da Faculdade de Artes Plásticas e Comunicações da FAAP, em 1962; e, ainda, coordenador da área de Comunicação e Artes da Universidade Mackenzie, Projeto Rondon, no ano de 1973.

Suas obras estão em diversos museus nacionais e internacionais, das quais se destacam as esculturas.

Manlio Rizzente
(Monte Giberto, Itália, 1931 – São Paulo, Brasil, 2010)

Formou-se na Faculdade de Arquitetura em Roma, na década de 1950, e cursou Desenho Industrial em Milão durante três anos, em curso não oficializado. Atraído pela obra de Brasília e pelo incentivo da construção da nova capital, em 1958 veio para o Brasil, onde trabalhou no escritório de Giancarlo Palanti com projetos de interiores para grandes empresas, como a Olivetti. Já no início dos anos 1960 conhece Arnaldo Ruschioni, designer de móveis que havia trabalhado com Joaquim Tenreiro. Em dupla com Ruschioni, desenvolve vários projetos e ganha o certificado de boa forma do Prêmio Roberto Simonsen de Desenho Industrial, em 1964, mesma premiação que Rizzente havia ganhado individualmente no ano anterior, 1963, como relatado por Marcos Braga em nota pelo falecimento do professor (Braga, 2011).

Sua vida acadêmica esteve, principalmente, vinculada à FAAP, passando a constituir em 1969 o corpo docente do curso de Desenho Industrial dessa instituição. Dedicou-se às aulas de projeto por muitos anos, contribuiu para a formação dos primeiros designers na cidade de São Paulo e foi referência para muitos artistas daquela geração, como citado por Kimi Nii, artista plástica e ceramista:

> Fiz desenho industrial na FAAP, sempre trabalhei na área da criação. Na faculdade tive bons professores, no ciclo básico de dois anos era tudo junto, Artes Plásticas, Comunicação Visual e Desenho Industrial. Não tinha oficina cerâmica naquele tempo, agora tem marcenaria e tudo. Sabe que dou aulas lá, né? Um professor chamado Manlio Rizzente me passou o conceito de desenho industrial. Outros professores importantes foram Eurico Prado Lopes e, de Artes Plásticas, Donato Ferrari[55].

Caciporé Torres
(Araçatuba/SP, 1935)

Caciporé de Sá Coutinho de Lamare Torres é escultor, desenhista e professor. Os registros de suas exposições individuais têm início no ano de 1955, no MASP, e continuam até o século XXI. Em mostras coletivas, participa da *1ª Bienal Internacional de São Paulo*, em 1951, quando ganha o prêmio de

---

55 Depoimento à jornalista Patrícia Patrício. Disponível em: <http://www.japao100.com.br/perfil/426/historia/590>. Acesso em: 12 jun. 2011.

uma viagem à Europa e tem a oportunidade de frequentar os ateliês de escultura de Marino Marini (1901-1980) e Alexander Calder (1898-1976).

Retorna ao Brasil em 1953, participa de exposições e, posteriormente, regressa à Europa. Em 1954, estuda história da arte na Sorbonne, Paris, e trabalha em ateliê durante quatro anos, período em que desenvolve obra de caráter abstracionista. Passa a construir formas maciças orgânicas e geométricas, utilizando peças metálicas de aparência industrial, como aço, bronze e ferro.

Após retornar em definitivo do continente europeu, onde aprendera a arte por meio da prática e em contato com grandes nomes do campo, o escultor decide integrar a arte à arquitetura. Muitas de suas esculturas são feitas em grandes dimensões e integram museus e espaços públicos de diversas cidades, como as obras na Praça da Sé e no metrô Santa Cecília, em São Paulo, e o painel escultórico em Miami, Estados Unidos (Itaú Cultural, s.d.).

De volta ao Brasil, a convite de Flávio Motta, colabora na abertura do curso de Escultura na FAAP, onde leciona entre 1960 e 1970 e, a partir de 1971, integra o corpo docente da Faculdade de Arquitetura e Urbanismo da Universidade Presbiteriana Mackenzie. Suas aulas refletiam os princípios vanguardistas de sua obra e a metodologia de seu trabalho, como conta o próprio artista[56]:

> Em vez daquela aula de copiar pé, copiar cabeça grega, ensinei a cortar chapa, soldar e lixar. Criei artistas lá dentro. Montei meu ateliê dentro da fundação, então, ficava 14 horas, às vezes 24 horas dentro da FAAP, trabalhando e dando aula. A fundação foi pioneira, absolutamente pioneira na criatividade.

Em 1970, é eleito presidente da Associação Internacional de Artes Plásticas/Unesco e, em 1980 e 1982, melhor escultor brasileiro pela Associação Paulista de Críticos de Artes (APCA). É agraciado com a Comenda Mário de Andrade pelo Governo do Estado de São Paulo, na gestão de Paulo Egydio Martins[57].

Prêmios resultados da importância de suas obras percorrem locais de exposições mundiais, principalmente Europa,

---

56 Entrevista concedida à autora em 19 out. 2011.
57 Idem.

além do Brasil. Suas obras compõem o acervo de importantes museus, bibliotecas, galerias e espaços públicos[58].

Gontran Guanaes Netto
(Vera Cruz/SP, 1933)

Em 1959, fez o retrato de Fidel Castro por solicitação dos alunos da Politécnica/USP para festejar a Revolução Cubana. O retrato de Fidel Castro foi levado ao palanque montado na Praça da Sé (região central da cidade de São Paulo) por estudantes simpatizantes e, logo em seguida, queimado pela polícia; segundo Gontran, "foi queimado pelo DOPS" – criado em 1924 e que marcou e perdurou na ditadura militar no Brasil (1964-1984) (Miranda, 2010).

Nessa época, Gontran, com seus 27 anos, era um pintor de questionamentos humanistas, e o fato descrito sugere uma das explicações possíveis para ele assumir o pseudônimo de André quando assina as ilustrações das publicações chamadas "proibidas" pelo regime militar, instituído a partir de 1964 no Brasil.

Intitula-se alguém que "assimilou e percebeu o conhecimento de forma enviesada" (Miranda, 2010); foi um ativista contra a repressão política.

Colaborou, ainda, na segunda fase de fundação da FAAP, em 1967, na abertura das Faculdades de Artes Plásticas e Comunicação e de Engenharia/SP. No entanto, apesar de seu pseudônimo e após cinco anos de resistência à pressão da ditadura militar, escolheu exilar-se na França, em 1969.

Nas décadas seguintes, de 1970 e 1980, fez importantes contatos nas artes, foi um dos fundadores do Espaço Cultural Latino Americano em Paris, em dezembro de 1980, e tornou-se amigo de Jílio Le Parc (pintor argentino da arte cinética). Com outros artistas, fez uma série de exposições na França e em outros países europeus, e teve uma obra exposta em Nova York na exposição coletiva em comemoração aos 20 anos de Revolução Cubana, no fim de 1979.

O trabalho de Gontran na década de 1980 é marcado pelo engajamento contra o racismo, o que se torna um dos emblemas de sua obra enquanto esteve na França, em seu comprometimento com as questões sociais sérias.

Com a política de abertura aos exilados, retornou ao Brasil em 1983/1984, com o propósito de manter o foco de suas intervenções artísticas para causas maiores e que envolvessem

---

58 Disponível em: <http://www.art-bonobo.com/caciporetorres/cacipore04.htm>. Acesso em: 20 ago. 2011.

as classes menos privilegiadas, como os boias-frias e o Movimento Sem Terra.

Já em São Paulo, para comemorar os 200 anos da Revolução Francesa, Gontran produz painéis nas estações de metrô Marechal Deodoro e Itaquera, de 1989 a 1991, quando transforma esses espaços em seu ateliê aberto durante meses.

O engajamento social percorre seu trabalho nos anos seguintes. Exemplos foram a exposição pela Paz, 50 anos da Fundação das Nações Unidas e 50 anos de dor por Hiroshima e Nagasaki, em 1994; o coletivo em protesto contra a chacina da Candelária no Rio de Janeiro, em 1995; e, nos primeiros anos do século XXI, com exposições como a *Sala escura da tortura*.

Em 2011, aos 78 anos, Gontran Guanaes Netto ainda proclama com o mesmo vigor de outrora sobre a problemática da exclusão e com eco próprio: pela "consciência que sobrevive a qualquer circunstância"[59]. Assim, esse artista mantém seu conjunto de obras voltado às minorias e aos problemas de ordem social (preconceitos, guerra, fome, doenças).

Maurício Nogueira Lima
(Recife/PE, 1930 – Campinas/SP, 1999)

Pintor, artista visual, artista gráfico, arquiteto, desenhista e professor. Veio para São Paulo com 2 anos e aos 17 foi para Porto Alegre (Rio Grande do Sul), onde estudou Artes Plásticas no Instituto de Belas Artes da Universidade Federal do Rio Grande do Sul, entre 1947 e 1950.

Após a graduação, voltou para São Paulo e ingressou no Instituto de Arte Contemporânea do MASP (IAC/MASP), onde cursou Comunicação Visual e Desenho Industrial. Nesse ambiente de início dos anos 1950 e com as novas possibilidades de atuação, conheceu Alexandre Wollner, Antônio Maluf e o professor Leopoldo Haar, e realizou trabalhos que fazem parte do pioneirismo do design brasileiro. Nogueira Lima também estudou propaganda na Escola Superior de Propaganda do MASP.

No campo das artes aplicadas, foi um dos responsáveis pela renovação da Arte-Cartaz Paulista[60], em 1951, com o uso da Gestalt visual e da arte concreta. Assim, dois anos depois integrou o Grupo Ruptura (a convite de Waldemar Cordeiro) e com ele participou de diversas mostras de arte construtivista no Brasil e em alguns países da Europa.

---

59 Disponível em: <http://tecituras.wordpress.com/2010/01/10/dados-biograficos-sobre-gontran-guanaes-netto>. Acesso em: 12 set. 2011.

60 Disponível em: <http://www.pinturabrasileira.com/artistas_bio.asp?cod=135&in=1>. Acesso em: 12 set. 2011.

De 1953 a 1957, cursou Arquitetura e Urbanismo na Universidade Presbiteriana Mackenzie, em São Paulo. E, ao longo da década de 1950, participou de vários projetos com o Grupo Ruptura e em parceria com Waldemar Cordeiro, tendo participado de várias edições do *Salão Paulista de Arte Moderna* em diversos países. Exemplos de sua atuação não faltam, e a importância de sua obra está vinculada a acontecimentos relevantes do campo, como o *Salão de Outono*, em Paris, as *Bienais* de 1955 a 1967, a *Exposição Nacional de Arte Concreta*, a mostra *Panorama da Arte Atual Brasileira* e a mostra *Tendências Construtivas*, todas em São Paulo.

Seus trabalhos estiveram no Ministério de Educação e Cultura (Rio de Janeiro), e ele ainda projetou logotipos e estandes para as primeiras grandes feiras e exposições, como a Feira Internacional da Indústria Têxtil (FENIT), em 1958, e o Salão do Automóvel, em 1960.

Ao longo da década de 1960, sua produção alinha arquitetura, comunicação visual e arte concreta e, sob a ditadura após 1964, trabalha a figuração em suas obras, com a utilização de ícones da cultura de massa[61]. Nogueira Lima atuou ainda como docente em importantes instituições dedicadas às artes, iniciando o magistério em 1974 na Faculdade de Arquitetura e Urbanismo da Universidade de São Paulo, na qual concluiu seu mestrado e doutorado.

Foi coordenador do Departamento de Desenho e Plástica da Faculdade de Filosofia, Ciências e Letras de Tatuí e diretor do curso de Desenho e Plástica da FAAP, entre 1969 e 1972, onde também lecionou. Integrou ainda o corpo de professores da Universidade Mackenzie e das Faculdades de Arquitetura e Urbanismo de diversas universidades, como Brás Cubas, Santos e USP, sendo docente desta última a partir de 1974.

Ubirajara Motta Lima Ribeiro
(São Paulo/SP, 1930-2002)

Pintor, aquarelista, gravador, professor e arquiteto. Lima Ribeiro conviveu com expoentes do campo das artes das décadas de 1940 e 1950, como Vicente Mecozzi (1909-1964), com quem fez curso de arte em 1948 e, entre 1952 e 1954, estudou com Pedro Corona, João Rossi (1923-2000) e Waldemar da Costa (1904-1982)[62].

61 Disponível em: <http://www.mac.usp.br/mac/templates/projetos/seculoxx/modulo3/ruptura/lima/bio.html>. Acesso em: 10 out. 2011.

62 Disponível em: <http://arterix.com/pt/ubirajara-ribeiro/>. Acesso em: 21 set. 2011.

No ano de 1954, forma-se arquiteto pela Universidade Mackenzie. Em 1956 vai para Salvador, onde participa do curso livre de gravura com Mário Cravo Júnior, na Escola de Belas Artes da Universidade da Bahia. Em 1960, devido à obtenção de uma bolsa de estudos, vai para a França, onde faz estágio no escritório dos arquitetos Guillaume Gillet (1912-1987) e Paul Chemetov, em Paris.

Na década de 1960, Ubirajara foi um dos integrantes do grupo vanguardista dos cinco arquitetos-pintores, com Maurício Nogueira Lima (1930-1999), Flávio Império (1935-1985), Sérgio Ferro e Samuel Szpigel. Ainda nessa época, inicia sua carreira como docente na Faculdade de Arquitetura da Universidade Mackenzie e na FAAP, período de sua intensa produção arquitetônica, que durou até meados da década de 1970, quando decide voltar-se às artes plásticas.

Nessa área de atuação, desenvolve com Walter Maffei o projeto de montagem da *11ª Bienal Internacional de São Paulo*, em 1971, e seu trabalho é reconhecido pela Associação Paulista de Críticos de Arte em 1977 e 1980, com prêmios de gravura e pesquisa, respectivamente. Em 1991, recebe o prêmio de melhor evento do ano por participação em homenagem à Avenida Paulista, na Galeria SESC Paulista.

Teresa Nazar
(Mendoza, Argentina, 1933 – São Paulo, Brasil, 2001)

Pintora, desenhista e artista multimídia, Teresa Nazar aproveitava materiais sucateados para extrair deles as características dos seus trabalhos. Nessa linha, encontramos em suas obras chapas de ferro e alumínio, gesso, telas de arame, sisal, poliéster, parafusos, plásticos, tecidos, os quais contribuíram para o que resultou na *7ª Bienal*, em 1965, conforme relata Schenberg:

> Teresa causou uma surpresa, pelo progresso rapidíssimo que realizara em pouco tempo, verdadeiro salto. Sua pintura ganhara um arrojo e uma liberdade imprevisíveis, graças à sua audácia no emprego de novos materiais e a virada para novas formas de realismo (Schenberg, 1966).

Ao mudar-se para São Paulo em 1961, essa cidadã argentina passa a fazer parte de uma geração de artistas vanguardistas da década, a chamada Nova Figuração, com Antônio Dias, Cláudio Tozzi, Ubirajara Ribeiro, Rubens Gerchman, Tomoshige Kusuno e Carlos Vergara[63].

Em pouco tempo que residia no Brasil, a artista recebeu muitos elogios pela crítica como profissional do campo das artes plásticas. Na FAAP, iniciou como professora dos cursos livres de modelo vivo em meados da década de 1960 e, apesar de ter interrompido sua produção gráfica cedo, em 1976, seguiu na docência da Faculdade de Artes Plásticas dessa mesma instituição, até o ano de 1980. Posteriormente, dirigiu a Galeria Múltipla, em São Paulo, até seu falecimento.

Teresa Nazar apresentou suas obras em exposições individuais, em São Paulo e no Rio de Janeiro, na década de 1960, e participou de mostras coletivas ao longo da década de 1970 nos principais museus, principalmente da cidade de São Paulo.

Nicolas Vlavianos
(Atenas, Grécia, 1929)

Artista grego radicado no Brasil, Nicolas Vlavianos é um dos mais importantes escultores modernos e criou grande parte de sua obra aqui.

Após abandonar o curso de Direito, começa sua vida de artista como pintor. Muda-se para Paris, onde vive cinco anos, passando por renomados ateliês de escultura, o que lhe permite expor em vários países até chegar ao Brasil.

Em 1961, faz sua primeira exposição individual em Atenas. Nesse mesmo ano, vem para a *1ª Bienal de São Paulo*, representando seu país de origem e, em 1962, abre seu primeiro ateliê no Brasil, onde reside desde então. Casa-se em 1965 com Teresa Nazar, pintora argentina. Em 1969, a convite de Donato Ferrari, então diretor do curso de Artes Plásticas, passa a ministrar aulas na FAAP.

Nicolas Vlavianos trabalha com materiais brutos provenientes de resíduos industriais, principalmente o aço, de onde aproveita elementos como dobras, soldas, rebites, recortes, parafusos e metais variados. Trabalho rigoroso que lhe rendeu sua primeira exposição individual no Brasil, com apresentação de Aracy Amaral.

Vlavianos é um artista diversificado. Para a empresa Rhodia, criou estampas e roupas; deu aulas de expressão tridimensional

---

63 Disponível em: <http://brasilartesenciclopedias.com.br/nacional/nazar_teresa.htm>. Acesso em: 12 set. 2011.

na FAAP. Em 1971, realiza uma retrospectiva na própria Fundação com a série *Astronautas*. É de sua autoria a criação do troféu do Prêmio Villa-Lobos para a Associação Paulista de Críticos de Arte. Expõe com certa regularidade na Kouros Gallery, de Nova York[64].

Assim, é expressiva a contribuição de Vlavianos na arte brasileira, com suas exposições, seus ensinamentos e projetos de obras para espaços públicos, destacando-se em São Paulo: *Árvore*, de 1976, situada na FAAP; *Nuvem sobre a cidade*, de 1978, situada na Praça da Sé; e *Progresso*, de 1993, instalada no Largo do Arouche.

> Eu era amigo do Donato Ferrari que, na época, era diretor do curso de Artes Plásticas, e minha esposa, Teresa Nazar, também dava aulas na FAAP. Eles me convidaram para dar aulas de escultura em 1969, apenas dois anos depois da criação da Faculdade de Artes Plásticas. Até então, havia apenas cursos livres: escultura, pintura, gravura, fotografia, cinema. Uma das mudanças que começamos a promover foi a criação dos ateliês. Eu dava orientação individual para cada aluno, desenvolvia projetos, resolvia problemas técnicos, até a conclusão da obra. O ateliê permite tudo isso, não ficar só na teoria. Eu tinha cerca de 15 alunos. Mas a FAAP tinha muitos alunos, que vinham de outras faculdades e até de outros Estados, somente para aprender, porque aqui tinha professores fora do comum, como Walter Zanini (Mattar, 2010, p. 143).

José da Costa Chaves
(Porto Alegre/RS, 1930 – São Paulo/SP, 1991)

Professor do curso técnico de Desenho de Comunicação, disciplina Desenho de Expressão no Instituto de Arte e Decoração (Iadê)[65].

Lívio Edmondo Levi
(Trieste, Itália, 1933 – Rio de Janeiro, Brasil, 1973)

Estudou o ginásio e o colegial no Instituto Mackenzie, onde cursou a Faculdade de Arquitetura, em 1956. Nessa instituição, também realizou o curso complementar de Urbanismo e Planejamento[66].

---

64 Disponível em: <http://www.nicolasvlavianos.com.br>. Acesso em: 2 dez. 2011.

65 Disponível em: <http://www.iadedesign.com.br/>. Acesso em: 2 dez. 2011.

66 A maioria dos dados sobre Lívio Edmondo Levi foi extraída de seu currículo (Acervo de Marília Levi).

Logo após a graduação, iniciou suas atividades profissionais como integrante da equipe dos arquitetos Henrique Mindlin e Giancarlo Palanti, o que lhe permitiu desenvolver uma série de projetos arquitetônicos de edifícios residenciais e comerciais, públicos e privados, até meados da década de 1960.

Levi dedicou-se também às questões profissionais e acadêmicas do design, área que lhe fez ganhar projeção nacional, principalmente com seus objetos voltados à iluminação e aos metais sanitários. Para ampliar seu conhecimento nesse campo, o professor buscou referências nacionais e internacionais, o que se reflete na importância de sua participação nas atividades relacionadas ao desenho industrial nesse período. Dentre os cursos de design que realizou, estão as Disciplinas I e II da pós-graduação da FAU/USP: Metadesign, em 1965, e Introdução à Teoria da Comunicação, em 1966, respectivamente.

Lívio Levi foi representante de entidades brasileiras, tanto de arquitetura como de desenho industrial, principalmente durante a década de 1960. No Instituto de Arquitetos do Brasil (IAB), Levi foi um dos representantes (2º Secretário do Conselho Diretor), de 1963 a 1965, quando compôs o *Seminário O homem na paisagem paulistana*, em 1964, e ainda convocou e participou do *Seminário Subsídio ao encaminhamento do Plano Diretor de São Paulo*.

Na Associação Brasileira de Desenho Industrial (ABDI), Lívio Levi exerceu o cargo de diretor de Planejamento nos anos de 1966 e 1967, e diretor de Divulgação no biênio 1968/1969. Essa mesma entidade havia chamado-o, em 1964, para ser relator do *Seminário de ensino de desenho industrial*. A partir de 1965, integrou a comissão que representou o Brasil nos Congressos do International Council of Societies of Industrial Design (ICSID) nos três encontros posteriores (1965, 1967 e 1969). Encontros que o permitiram visitar outras escolas da Europa[67] e América do Norte, além dos locais desses eventos, e possibilitaram o contato com os representantes da academia desses países e a coleta de dados.

Os júris de concursos voltados ao design nacional também tiveram a presença de Lívio Levi com o Prêmio Lúcio Meira[68], em 1964/1966, e o Prêmio Roberto Simonsen de Desenho Industrial[69], nos anos de 1965, 1966, 1967 e 1969, que lhe coroou com o Certificado da Boa Forma em 1963, 1964 e 1968.

67 Em 1964, Lívio Levi visitou o Illinois Institute of Technology (IIT) e o Massachusetts Institute of Technology (MIT). Em 1965, ele visitou grande parte da Europa, como Áustria, Alemanha, Dinamarca, Inglaterra etc. Em 1967, o professor esteve, além de Toronto, sede do Congresso, nas cidades de São Francisco, Los Angeles e Nova York.

68 Prêmio instituído pela firma Alcântara Machado Comércio e Empreendimentos, para projetos de carroçarias para veículos automotores. Era "conferido de dois em dois anos, por ocasião do Salão do Automóvel, e tinha como objetivo incentivar a prática do desenho industrial, nesse setor altamente especializado, incentivando a pesquisa de soluções técnicas próprias [...]" (Prêmio Lúcio Meira, 1964).

69 Realizado dentro da Feira de Utilidades Domésticas (UD).

Além desse, Levi recebeu reconhecimento com diversas premiações, destacando-se o Prêmio Especial do Júri (II Bienal de Artes Aplicadas, em Punta del Este, 1967), o Prêmio IAB/SP "Desenho Industrial Aplicado à Arquitetura", em 1967, e ainda o Prêmio Especial do Júri "Hors Concours" no Salão Eletrobrás do Museu de Arte Moderna do Rio de Janeiro, em 1971.

Lívio Levi foi também um dos primeiros arquitetos a atuar no campo artístico de desenho de joias dos anos 1960, conforme aponta Nadur (*apud* Braga e Moreira, 2012). Ele ainda participou como convidado da Bienal Internacional do Rio de Janeiro (Desenho Industrial), no Museu de Arte Moderna, em 1968, 1970 e 1972.

Como docente, Levi foi regente da Cadeira de Desenho III – Desenho Industrial do 3º ano da Faculdade de Arquitetura Mackenzie –, entre os anos de 1964 e 1970. Na FAAP, foi professor titular da disciplina de Projeto do Curso de Desenho Industrial entre 1970 e 1973.

Sua obra é uma coleção exemplar de projetos arquitetônicos e de desenho industrial. Esse segundo campo pode ser representado por maçanetas para as Ferragens Acquila, objetos de vidro para a indústria San Marco, metais sanitários, poltronas e cadeiras de escritório para a indústria Escriba e objetos voltados à iluminação.

Dentre os produtos de sua autoria, as luminárias são peças que se diferenciam pela forma inovadora e tecnologia dos materiais explorados no período, das quais se destacam as instaladas no Ministério das Relações Exteriores, em Brasília (1966), e no Jockey Club do Rio de Janeiro (1973).

Assim, a participação de Lívio Levi no desenho industrial brasileiro vai além da elaboração de projetos de produtos. O arquiteto foi atuante junto às primeiras associações dedicadas à profissão e à academia. Apesar de permanecer pouco tempo (aproximadamente três anos) como docente da FAAP, está aqui relacionado por ser considerado um profissional que esteve presente nos primeiros anos dos cursos de Desenho Industrial e Comunicação Visual e por seu envolvimento no campo do design.

Daniel Lafer
(São Paulo/SP, 1934-2007)

Formado em Arquitetura e Urbanismo pela Universidade de São Paulo em 1958.

Assim que se graduou, abriu escritório próprio, desenvolveu projetos de edifícios residenciais e comerciais, móveis para hotéis e escolas, "[...] no entanto, dedicou-se em especial ao desenho e à fabricação de luminárias e joias" (Leon, 2005, p. 51).

Com suas atividades projetuais, dedicou-se também à academia. Foi professor-assistente de Lívio Levi na Universidade Presbiteriana Mackenzie durante dez anos e professor titular do curso de Desenho Industrial na Fundação Armando Álvares Penteado, em São Paulo, durante quinze anos.

Os traços modernistas de sua formação aparecem representados nos mais de setenta modelos de peças de iluminação, dos quais podemos destacar a linha Lumilafer, criada por ele: "As luminárias Lumilafer foram premiadas diversas vezes em concursos nacionais e expostas em eventos internacionais, como o 'Brasil Faz Design', evento paralelo ao Salão do Móvel em Milão, em abril de 2000[70].

Seu trabalho foi dedicado à pesquisa de novos materiais, principalmente aqueles que permitem o uso da cor branca leitosa e da translucidez, em formas que compõem com a arquitetura e as artes plásticas. Participou de vários eventos dedicados ao design, como as mostras *5 anos de design no Brasil* e *Cem designers brasileiros*, ambas em 2000.

Daniel Lafer tirou o 1º lugar no XV Prêmio Design do Museu da Casa Brasileira – categoria iluminação, Prêmio Roberto Aflalo, em 2001 – e foi o único designer premiado na *5ª Bienal Internacional de Arquitetura e Design*, em 2003, com o painel expositivo "Linha de Luminárias Contemporâneas"[71].

Paulo Jorge Pedreira
(Salvador/BA, 1945-1995)

Trabalhou no escritório Forminform de Ruben Martins, onde desenvolveu diversos produtos. Depois formou-se em Desenho Industrial pela ESDI em 1969 e abriu com colegas a Desenhvolv, logo após a graduação. Elaborou projetos com os mais variados materiais e tecnologias para múltiplos segmentos

---

70 Disponível em: <http://www.lumilafer.com.br/prelease.pdf>. Acesso em: 20 out. 2011.

71 *Idem*.

de mercado, desde utilidades domésticas até embarcações, de mobiliário a computadores. Trabalhou para a Forsa, Facton Design, Deca, Rima Impressoras, Semco, Odebrecht, entre outras. Foi professor da FAAP de 1972 a 1982[72].

José Machado de Moraes
(Rio de Janeiro/RJ, 1921 – São Paulo/SP, 2003)[73]

O professor José Machado de Moraes foi pintor, escultor, gravador e ilustrador. Formou-se em pintura pela Escola Nacional de Belas Artes (ENBA), no Rio de Janeiro, em 1941. Ao terminar a graduação, em 1942, torna-se assistente de Cândido Portinari, em Brodowski, São Paulo, com o qual em 1945 trabalha na execução do painel da capela de São Francisco de Assis, do arquiteto Oscar Niemeyer, em Belo Horizonte. No mesmo ano, apresenta sua primeira exposição individual, no Instituto dos Arquitetos do Brasil (IAB), no Rio de Janeiro.

Ao longo da década de 1940, o artista é premiado em quatro edições do *Salão Nacional de Belas Artes*, o que lhe proporciona, no fim desse período (1949), uma viagem para a Itália para estudar mural, onde ele permanece de 1950 a 1951. De volta ao Brasil, Moraes vive no Rio de Janeiro, dedicando-se à produção de mosaicos e afrescos até 1958, quando se muda para São Paulo.

Jorge Aristides de Sousa Carvajal
(Panamá, 1936 – Brasil, 2011)

Arquiteto formado pela Universidade Presbiteriana Mackenzie em 1963, com mestrado em Artes pela mesma universidade (1986) e doutorado em Artes pela Universidade de São Paulo (1996). Foi professor dessa instituição entre os anos de 1972 e 2002, na Escola de Comunicações e Artes e na Faculdade de Arquitetura e Urbanismo.

Com experiência na área de Artes, com ênfase em Artes Plásticas, Carvajal ministrou aulas ainda na Faculdade de Belas Artes de São Paulo (1984-1996), na Faculdade Santa Marcelina (1990), na Universidade de Mogi das Cruzes (1983), na Pontifícia Universidade Católica de Campinas (1982-1983) e no Colégio Técnico Iadê (1968-1974)[74].

---

72 Disponível em: <http://sites.unifra.br>. Acesso em: 12 dez. 2011.
73 Itaú Cultural, s.d.
74 Dados extraídos do Curriculo Lattes. Disponível em: <http://lattes.cnpq.br/1452313293268597>. Acesso em: 7 abr. 2011.

Ari Antonio da Rocha
(São Paulo/SP, 1941)

Ari Rocha é arquiteto e designer. Formou-se em Arquitetura e Urbanismo pela Universidade de São Paulo (USP) em 1964, e logo após a graduação foi pesquisador na Itália junto à Carrozzeria Fissore e ao grupo La Rinascente. Teve seu mestrado convalidado em Arquitetura da USP na área de concentração Desenho Industrial e concluiu doutorado também pela FAU/USP na área de Desenho Industrial (1972). Realizou pós-doutorado no Brasil (USP) e no exterior (Universitat Politècnica de Catalunya). É também avaliador do Instituto Nacional de Estudos e Pesquisas Educacionais (INEP), desde 2003, e membro efetivo da Academia de Ciências do Rio Grande do Norte, dentre outros títulos[75].

O professor Ari Rocha tem grande experiência em design, com ênfase na área de Design Automotivo. Publicou seis livros/capítulos e proferiu mais de duzentas palestras e conferências em instituições brasileiras e internacionais, tendo apresentado cerca de trezentos trabalhos em congressos e eventos científicos no Brasil e no exterior. Com o projeto de seu minicarro Aruanda, Ari foi vencedor do Prêmio Lúcio Meira de Design Automobilístico, em 1964, e de projeto mais inovador do Prêmio do Salão do Automóvel de Turim, na Itália, no ano seguinte, onde teve seu único exemplar confeccionado pelo estúdio italiano Fissore. Recebeu uma das vinte placas de contribuição ao Design Automobilístico mundial, como homenagem da Carrozzeria Bertone, também de Turim.

Autor de um expressivo número de projetos, dentre os quais se destaca a coordenação do Estudo Básico do trem do Metrô de São Paulo (Linha Leste-Oeste), Ari Rocha possui uma bagagem de mais de quarenta anos de atividade como profissional do design.

A carreira acadêmica de Ari Rocha iniciou-se na FAAP no segundo semestre de 1969 quando assumiu a direção e administração do curso de Desenho Industrial, no qual lecionou disciplinas de Projeto de Objeto e Metodologia do Projeto. A partir desse ano até 1972, manteve vínculo de professor no Colégio Técnico de Desenho e Comunicação (Iadê). Participou ainda do corpo docente da Universidade Brás Cubas de Mogi das Cruzes (1972-1976), onde estruturou a área de Desenho do

---

75 Dados extraídos do Curíiculo Lattes. Disponível em: <http://lattes.cnpq.br/4621896924336999>. Acesso em: 17 fev. 2008.

Objeto com o professor dr. Eduardo Corona. Entre 1976 e 1978, ministrou aulas de Desenho do Objeto na Pontifícia Universidade Católica de Campinas (PUC/Campinas). No período de 1975 a 2000, lecionou na Universidade de São Paulo, nos níveis de graduação e pós-graduação. Grande parte de sua contribuição docente foi dedicada ao ensino da arquitetura e do design na Universidade Federal do Rio Grande do Norte (UFRN), onde ajudou no desenvolvimento científico de linhas de pesquisas voltadas às novas tecnologias educacionais e engenharia da mobilidade. Fato que lhe permitiu retornar à FAAP em 2005 para ser consultor do curso de Design da Mobilidade[76].

3.3 Grades curriculares e análise específica

Tabela 3.1 – Grade curricular da FAAP, 1967.

1ª Série
Desenho Artístico
Desenho Geométrico
Análise dos Mat. Expr. (Composição)
História da Arte
Plásticas
Elementos de Comunicação
Estudo dos Problemas Brasileiros
Sociologia
Oficina (Modelagem)
Teoria da Comunicação
Início Artes Industriais (Cerâmica)
História das Ideias Estilística

(continua)

---

76 Disponível em: <http://www.simoesdeassis.com.br>. Acesso em: 10 maio 2011.

Tabela 3.1 – Grade curricular da FAAP, 1967 (*continuação*).

2ª Série
Expressão Bidirecional (Pintura)
Geometria Descritiva e Perspectiva
Teoria dos Materiais (Tecnologia)
Desenvolvimento do Projeto (Composição)
História das Artes e das Técnicas
Estética (História das Ideias Estilísticas)
Análise Gráfica (Meios de Rep. Graf.)
Psicologia
Desenho Técnico
Oficinas (Gravuras)
Estatística
Estilísticas – Morfologia
Sociologia da Arte
3ª Série
Tecnologia (Mecânica)
Teoria da Fabricação
Desenvolvimento de Projetos
Expressão Tridimensional (Escultura)
Teoria da Informação e Opinião Pública
Estatística
Oficinas (Maquete e Modelo)
Pesquisa Operacional
Economia
História da Arte
Desenho Técnico
Projeto (Tecnologia)

(*continua*)

Tabela 3.1 – Grade curricular da FAAP, 1967 (*continuação*).

4ª Série
Mecânica (Análise dos Materiais)
Desenvolvimento de Projeto
Pesquisa Operacional
Economia
Expressão Cinética (Foto)
Oficinas
Ética
Estágios

Tabela 3.2 – Grade curricular da FAAP, 1970.

1ª Série
Desenho Artístico
Desenho Geométrico
Análise dos Mat. Expr. (Composição)
História da Arte
Plásticas
Elementos de Comunicação
Estudo dos Problemas Brasileiros
Sociologia
Oficina (Modelagem)
Teoria da Comunicação
Antropologia
Geometria Descritiva e Perspectiva

(*continua*)

Tabela 3.2 – Grade curricular da FAAP, 1970 (*continuação*).

2ª Série
Expressão Bidirecional (Serigrafia)
Geometria Descritiva e Perspectiva
Teoria dos Materiais (Tecnologia)
Desenvolvimento do Projeto (Composição)
História das Artes e das Técnicas
Estética (História das Ideias Estilísticas)
Análise Gráfica (Meios de Rep. Graf.)
Psicologia
Desenho Técnico
Oficinas (Gravuras)
Estatística
Expressão Bidirecional (Foto)
Geometria Descritiva e Perspectiva
3ª Série
Mecânica (Análise dos Materiais)
Teoria da Fabricação
Desenvolvimento de Projetos
Expressão Tridimensional (Escultura)
Teoria da Informação e Opinião Pública
Estatística
Pesquisa Operacional
Economia
Oficinas (Mecânica)
Oficinas (Foto)
Oficina Gráfica

(*continua*)

Tabela 3.2 – Grade curricular da FAAP, 1970 (*continuação*).

4ª Série
Desenvolvimento de Projeto
Pesquisa Operacional
Economia
Expressão Cinética (Foto)
Oficina (Mecânica)
Ética
Projeto
Tecnologia Mecânica
Oficina (Foto)
Oficina (Gráfica)

Tabela 3.3 – Grade curricular da FAAP, 1972.

1ª Semestre
Desenho
Desenho Geométrico
Análise dos Mat. Expr. (Composição)
História da Arte
Plásticas
Elementos de Comunicação
Estudo dos Problemas Brasileiros
Sociologia
Oficina (Modelagem)

(*continua*)

Tabela 3.3 – Grade curricular da FAAP, 1972 (*continuação*).

2ª Semestre
Desenho
Desenho Geométrico
Análise dos Mat. Expr. (Composição)
História da Arte
Plásticas
Elementos de Comunicação
Estudo dos Problemas Brasileiros
Sociologia
Oficina (modelagem)
3ª Semestre
Análise Gráfica
Desenho Técnico
Desenvolvimento de Projetos
Estatística
Estética
Expressão Bidimensional (Serigrafia)
Geometria Descritiva e Perspectiva
História das Artes e da Técnica
Oficina (Projeto)
Psicologia
Teoria dos Materiais

(*continua*)

Tabela 3.3 – Grade curricular da FAAP, 1972 (*continuação*).

4ª Semestre
Desenvolvimento de Projeto
Análise Gráfica (Foto)
Desenho Técnico
Estatística
Oficina (Projeto)
Estética
Expressão Bidimensional (Lito Metais)
Geometria Descritiva e Perspectiva
Psicologia
Teoria dos Materiais
5ª Semestre
Expressão Tridimensional
Desenvolvimento de Projeto
Estatística
Oficina (Foto)
Tecnologia Mecânica
Teoria da Fabricação
Teoria da Informação e Opinião Pública
6ª Semestre
Economia
Expressão Tridimensional
Teoria da Fabricação
Pesquisa Operacional
Desenvolvimento de Projeto
Tecnologia Mecânica
Oficina (Gráfica)

(*continua*)

Tabela 3.3 – Grade curricular da FAAP, 1972 (*continuação*).

7ª Semestre
Pesquisa Operacional I
Desenvolvimento de Projeto
Tecnologia Mecânica
Oficina (Mecânica)
Expressão Cinética
Economia
8ª Semestre
Oficina (Mecânica)
Desenvolvimento de Projeto
Oficina (Foto)
Oficina (Gráfica)
Economia
Ética

Nos limites da cronologia adotada para a análise das grades curriculares do curso de Desenho Industrial da FAAP (1967 a 1979), foram escolhidas três representantes: 1967, primeira grade curricular do curso; 1970, um ano após a convocação de Donato Ferrari como diretor; e 1972, ano em que o curso é reconhecido.

Quando analisadas essas grades, verificamos que as configurações quanto à nomenclatura e à relação entre as disciplinas permanecem quase invariáveis.

Nos casos expostos, observamos que algumas disciplinas aparecem com nomes colocados entre parênteses (ver grades anteriores), constantes principalmente na grade de 1967. Esses títulos eram os nomes das disciplinas adotados pela instituição antes do Currículo Mínimo do Conselho Federal de Educação (CFE) de 1969.

Quando o curso foi montado, muito em consequência da derivação de outros cursos já existentes na instituição, os termos utilizados eram, por exemplo: Matemática Aplicada, Composição, Estilística, Modelagem, Cerâmica, Pintura, Tecnologia e assim por diante. No entanto, supõe-se que quando houve a necessidade da obtenção de diploma reconhecido para seus alunos, o currículo sofreu as mudanças decorrentes do Currículo Mínimo para os cursos de Bacharelado de Desenho Industrial, em que, respectivamente, as disciplinas foram denominadas: Desenho, Desenho Geométrico, Análise dos Materiais Expressivos, Plástica, Oficinas, Iniciação das Artes Industriais, Expressão Bidimensional, Teoria dos Materiais, títulos que permaneceram na grade curricular nos anos seguintes.

A proposta aprovada pelo CFE para o Currículo Mínimo de 1969 dividiu-o em matérias básicas e profissionais para os cursos de Desenho Industrial, no qual cada uma derivaria disciplinas para compor um curso mínimo de 2.700 horas entre três e seis anos. Assim, encontramos no documento aprovado o seguinte conteúdo:

No primeiro grupo estavam:
- Estética
- Ciências da Comunicação
- Plástica
- Desenho

Faziam parte do segundo grupo:
- Materiais Expressivos e Técnicas de Utilização
- Expressão
- Estudos Sociais e Econômicos
- Teoria da Fabricação
- Projeto e Seu Desenvolvimento

(Brasil, 1969)

Dessa relação, encontramos nas grades do curso de Desenho Industrial da FAAP disciplinas correspondentes a cada um desses grupos, e outras que foram adotadas pelo curso, mas não eram exigidas pelo Currículo Mínimo.

Proveniente dos cursos existentes anteriormente na FAAP, a composição proposta pela fundação contava com Sociologia da Arte, Psicologia, Estilística, Antropologia Cultural, Ética. Essas disciplinas do campo das humanidades e de conhecimento geral não tinham correspondentes diretos no Currículo

Mínimo (CM), em termos de nomenclatura das matérias, sendo Estudos Sociais a que mais se aproximava, nessa ordem.

Esse é um dos exemplos de quanto o CM permitiu a composição de cursos distintos a partir de uma mesma referência, pois cada escola adotava disciplinas que obedecessem às mínimas exigências e compunha o restante do currículo de acordo com as diretrizes internas. Nesse caso, a grande liberdade permitiu a criação de currículos plenos diversos.

Também não era possível fazer um controle da distribuição das disciplinas e o que e quanto estava sendo aplicado, de fato, nas aulas. Embora o ensino aconteça realmente dentro da sala de aula, sendo quase impossível um controle mais regular, algumas instituições de ensino foram adaptando seus cursos para que o mínimo exigido fosse atendido. Quanto a esse aspecto, as grades curriculares apresentadas não sofreram mudanças significativas entre si a ponto de alterar o andamento do curso inicialmente proposto. As nomenclaturas adaptadas foram apenas uma maneira de identificar o que era ensinado segundo os códigos estabelecidos por lei, as quais constaram nos anos seguintes do curso.

A sequência estabelecida para as disciplinas, dentro do curso da FAAP, iniciava-se com abordagens mais gerais, como aquelas voltadas para os meios de representação, e depois se dedicavam a questões mais específicas do campo, como o grupo composto de Tecnologias. Outro ponto interessante a ser visualizado é o estágio inserido na primeira grade, o que não era imposto oficialmente pela legislação federal, mas que foi adotado posteriormente, no início da década de 1970.

Nas três grades expostas, observam-se grupos de disciplinas compostos que podem ser enquadrados nas duas divisões existentes no Currículo Mínimo (Matérias Básicas e Matérias Profissionais). Nos primeiros anos do curso, as matérias básicas acontecem ao longo de todo o curso, como no caso de Desenho e suas derivações (Técnico, Geométrico), inclusive as Oficinas. Já a partir de 1970, a concentração maior do grupo de disciplinas do ciclo básico estava no primeiro e no segundo ano, o que permitiu, no fim do curso, maior oferta de disciplinas técnicas e práticas, como pode ser visto na proporção que as Oficinas assumem perante outras. Essa relação entre as disciplinas e sua distribuição na grade pode significar, além do atendimento à exigência legal, a intenção de o curso voltar-se à cultura da prática projetual como foco do aprendizado do meio para o fim.

Com relação à frequência de algumas matérias, verifica-se que Projeto e Seu Desenvolvimento está presente em todo o curso, mesmo que nessa escola a maior quantidade fosse de disciplinas provenientes do campo artístico. Observa-se com isso que, independentemente das origens, esse aspecto configura os primeiros cursos de design, como já documentado por Niemeyer (2007) no estudo sobre a ESDI, que teve no projeto sua espinha dorsal e a influência racionalista da Escola da Forma de Ulm, de acordo com seus apontamentos.

3.4 Análise das características da dinâmica cotidiana do curso

Os cursos de Desenho Industrial e Comunicação Visual da Faculdade de Artes Plásticas da Fundação Armando Álvares Penteado surgiram na sequência dos cursos livres de artes e de professorado de desenho que lá existiam, com a contribuição de agentes provenientes do campo das artes e do Instituto de Arte Contemporânea do MASP.

De acordo com depoimentos, quando a ideia do curso foi lançada, não se sabia ao certo qual atividade ou função aqueles profissionais exerceriam e em qual campo atuariam. Essa dúvida se refletiu na estrutura curricular preparada para o ano de 1967, com atividades artísticas prevalecendo sobre as demais e com a desconexão entre as disciplinas, como identificado por Donato Ferrari: "Abriram a Escola de Arte que incluía uma alusão a um curso de design"[77].

Pelas grades apresentadas, nos primeiros anos havia poucas disciplinas diretamente relacionadas ao que atualmente chamamos de Design (no 1º período tinha Cerâmica e, no 2º, Análise Gráfica e Desenvolvimento de Projeto). Prevaleciam aulas artísticas com pouca influência das bases concretistas adotadas pela ESDI. Assim, disciplinas como Ergonomia e História do Design, conforme conhecemos na atualidade, não existiam. As disciplinas artísticas compreendiam, em sua maioria, oficinas de modelagem, escultura e o uso do papel e da madeira. Praticavam-se também aulas de gravuras, principalmente em metal – a maioria – e xilogravura, diferente da litogravura conhecida hoje.

Quanto à relação com a escola carioca, tanto relatos de alunos como de professores do período sinalizam que era de conhecimento a existência de uma "Escola no Rio de Janeiro",

---

77 Entrevista concedida à autora em 7 jul. 2011.

mas as relações não eram diretamente institucionais e os contatos estabelecidos não permitiram maior integração entre os cursos, o que limitava as relações pessoais de alguns profissionais de ambas as escolas. Esses indícios podem ser observados na história registrada de ambos os cursos, a qual aponta para modos diferentes de nascimento. A ESDI, com referências mais racionalistas, e a FAAP, proveniente de um curso de artes voltando-se mais para a subjetividade do processo, ditaram padrões no campo acadêmico do design.

Referente à infraestrutura, segundo Auresnede Pires Stephan (Eddy)[78], aluno da primeira turma (1967), "os alunos traziam as próprias ferramentas", pois havia laboratórios, mas ainda não havia equipamentos, e "as aulas de oficina aconteciam em uma sala onde havia apenas duas serras tico-ticos", enquanto os alunos se utilizavam de instrumentos próprios e cedidos pela instituição.

Naquele momento, o ambiente construído com a proximidade entre o corpo docente e o discente foi uma característica positiva das mais relembradas por aqueles que vivenciaram o período, independentemente das condições das instalações e desconhecimento do campo, como conta Caciporé Torres: "Era uma troca. Não tinha aluno nem professor, tinha artista e futuros artistas. Foi uma fase muito gostosa, realmente criativa e importante para a história da arte, o ensino de arte no Brasil" (Mattar, 2010, p. 127).

Desde a década de 1960, aconteciam os Anuários de Artes, nos quais os alunos expunham seus trabalhos, e a presença do museu nos arredores da escola contribuía para fornecer importantes referências para as aulas e suas atividades, como apresentado pela instituição a respeito de 1969:

> O ensino das artes plásticas na FAAP ia muito além da classe. Alunos eram incentivados a participar de concursos, expunham anualmente seus trabalhos e usufruíam das vantagens de dispor de obras de arte ali ao lado, no museu. Como apoio às aulas e inspiração. Nessa época, a faculdade havia sido instalada definitivamente no prédio principal e a infraestrutura, melhorada com a criação de novos ateliês, salas de projeção e ampliação do acervo da biblioteca (Mattar, 2010, p. 161).

Alguns exemplos da dinâmica do curso mostram-nos ainda que as atividades não eram muito diferentes das praticadas hoje na maioria das escolas de design, como aulas

78 Entrevista concedida à autora em 28 set. 2010.

teóricas em salas de aula, matérias práticas no espaço do ateliê (em fase de construção naquele momento) e, ainda, visitas a empresas de projeto de produto e com atividades que se utilizavam de técnicas industriais de produção, principalmente ligadas ao design de objetos.

Nos primeiros anos do curso, dentre as empresas destacaram-se a Indústria de Vidros Nadir Figueiredo e a Indústria Automobilística Ford, que, segundo as próprias palavras do professor Eddy, provocava uma reação de fascínio nos alunos. Outras importantes visitas realizadas foram: Empresa de Luminárias de Lívio Levi, uma indústria gráfica na Rua Augusta (nome não encontrado), Sales Propaganda – empresa de Mauro Sales que criou a campanha do Corcel (carro em lançamento na época) –, Editora Abril e uma empresa de corte de chapas metálicas em Jacareí, interior de São Paulo.

Naquele momento de indefinições quanto à atuação no mercado, inclusive quando a primeira turma se formou, a escola foi favorecida pela passagem de alguns dos mais importantes nomes das artes e da arquitetura, o que se reflete nas palavras do ex-aluno Auresnede Pires Stephan[79], o qual declara que "acreditava que a FAAP seria a maior Escola de Design da América Latina, muito em função da contribuição dos que passaram pela instituição" como docentes. Nesse grupo, o professor Eddy destaca alguns nomes que despontaram como grandes profissionais e pioneiros do campo do design nas décadas seguintes, como Maurício Nogueira Lima, "promovedor da Gestalt e estudioso da cor" (autor do painel da fachada do Mosteiro de São Bento), e Gontran Guanaes Netto, "que dava aulas de pintura".

O período dispunha de poucas informações sobre a profissão de designer, as notícias sobre o campo de atuação vinham por intermédio de publicações da época, da ABDI (criada em 1963) e de cartazes, que ajudavam na divulgação. Os próprios docentes se abasteciam de informações provenientes de outros países como consequência de viagens e troca de contatos.

A heterogeneidade do grupo formado pelos primeiros colaboradores e suas profissões assinalam um formato de curso de conteúdo diverso e de difícil conciliação entre seus membros e posterior reconhecimento, o que origina, naquele período, algumas cogitações para facilitar os processos, como conta Auresnede[80]. De acordo com o professor, um dos objetivos iniciais cogitados para os cursos filiados à Faculdade de

---

79 Entrevista concedida à autora em 28 set. 2010.
80 Idem.

Artes Plásticas (Desenho e Plástica, Desenho Industrial e Comunicação Visual) era que a FAAP "fundasse o Instituto Superior de Design e formasse Arquitetos Paisagistas, Arquitetos Comunicadores Visuais etc."[81] a partir de uma profissão já consolidada (Arquitetura), facilitando assim o reconhecimento de seus profissionais.

A variedade desse contingente contava com muitos artistas e arquitetos, que também atuavam com design. De acordo com os relatos, não existia um método único de ensino. Eram professores de desenho geométrico, de geometria descritiva, de ilustração, mas nenhum deles, efetivamente, formado em design, o que só viria a acontecer com a formação das primeiras turmas, na década de 1970. Assim, a prática pedagógica foi sendo construída com a troca de conhecimento e influências das experiências de seus agentes. Diferentemente do que acontece hoje, as aulas de conhecimento genérico, como a sociologia, apesar de existirem, ainda estavam em processo de adaptação para o campo do design. Não se falava em sociologia que abordasse o design, o que viria a acontecer após algumas experiências do campo, nas décadas seguintes.

Os exercícios propostos nas disciplinas buscavam o entendimento dos conceitos artísticos e artesanais básicos da forma, como citado pelo professor Eddy[82] ao lembrar o exemplo de Estrutura de Papel. Nesse exercício, pegava-se uma folha de papel e constatava-se que adquiria uma resistência totalmente diferente quando era dobrada ou cortada. O professor conclui que: "[...] é algo que fiz na década de 1970 e se eu fizer hoje está totalmente no contexto".

3.5 Considerações finais sobre o curso da FAAP

Os cursos de Artes Plásticas da FAAP originaram-se no período de um campo ainda em formação, a partir de um grupo heterogêneo de personagens que contribuíram com alguns dos primeiros passos da academia paulistana de design e colaboraram para divulgar as artes em São Paulo e no Brasil. O complexo idealizado por Armando Álvares Penteado integrou profissionais e atividades que contribuíram para o crescimento e a definição da área, com influência maior na cidade de São Paulo.

Como visto, a importância da fundação deve-se, principalmente, ao contexto em que a escola foi pensada. Contemporânea dos principais fatos da origem do campo profissional e da academia do design, a instituição foi uma das precursoras ao

81 *Idem.*
82 *Idem.*

difundir as artes e suas áreas correlatas. O nascimento de seus cursos percorreu o período de otimismo brasileiro dos anos 1950 e o desenvolvimentista do início da década de 1960, enquanto a consolidação do ensino se dava nos anos de regime ditatorial.

Assim, a mudança no formato de seus cursos (de Escola de Arte para Faculdade de Artes e Comunicação) conviveu com as consequências do Golpe Militar e a crise no ensino superior. Nesse caso, torna-se importante ressaltar que o primeiro, ocorrido em 1964, acontece quando a Escola de Arte já estava em funcionamento e um ano antes da abertura da Faculdade de Artes e Comunicação; o segundo, em 1968, reflete a crise pela qual passava a educação superior no país e as paralisações ocorridas em importantes centros de ensino.

Diferentemente do que aponta o registro da instituição (Mattar, 2010, p. 97), durante o ano de 1968, especificamente, podemos dizer que a greve ocorrida, além de acompanhar um movimento mundial, foi uma reação contrária das universidades perante o poder estabelecido pelo governo, assim identificado por Rita Couto: "A reforma universitária deu-se basicamente a partir de estudos sobre a eficiência, modernização e flexibilidade administrativa das universidades" (Couto, 2008, p. 16).

De acordo com a colocação de Couto, entendemos assim que a condição de "excedentes", indicada na publicação dedicada à história da FAAP[83], não se deu porque as instituições públicas seriam incapazes de absorvê-los em seu quadro mediante uma política específica para elas. Havia a necessidade, tanto das escolas particulares como das públicas, de adequação ao novo contexto da educação brasileira e de expansão igual ao ocorrido no ensino médio.

Com isso, a Lei nº 5.540/68 trazia normas para a organização e o funcionamento do ensino superior e crescimento compatível com a escola média. Como principais mudanças dessa lei destacam-se a extinção da cátedra e a estrutura da universidade que "[...] passava a ser prioritária como forma de organização do ensino superior, onde o ensino, a pesquisa e a extensão assumiam natureza privada" (Couto, 2008, p. 16). O governo federal priorizou verbas para as áreas de tecnologia e econômica e não investiu nas universidades públicas para que absorvessem o excedente. Assim, transferiu a responsabilidade de expansão do ensino superior para a iniciativa privada.

Desse modo, as condições e dúvidas apresentadas por um campo novo e em boa parte desconhecido (o do design)

---

83 "Eram nada menos que 125 mil excedentes, sem acesso à formação universitária. Não suportando a demanda, as universidades públicas deram espaço para as faculdades privadas" (Mattar, 2010, p. 131).

marcaram a montagem dos cursos na abertura da faculdade, e esse campo, aos poucos, ganhou uma identidade. Naquele período, procurava-se uma orientação para os cursos e buscava-se uma didática para o campo. Exemplos disso são retirados das narrações dos professores Auresnede Pires Stephan e Donato Ferrari. Auresnede diz que quando a primeira turma se formou não sabia onde atuariam, e Ferrari relata a importância de trazer professores que soubessem desenvolver a atividade profissional, não necessariamente possuindo uma boa didática ou tendo experiência em áreas correlatas.

Naquele momento, o crescimento da produção industrial e a constituição de uma classe média ávida por adquirir produtos industrializados caracterizaram o período chamado de Milagre Econômico Brasileiro. Entre o fim da década de 1960 e início da década de 1970, o aumento no consumo de bens duráveis refletia as novas demandas da sociedade da época, o que contribuiu para acelerar a fabricação nessas indústrias.

Carros, móveis e eletrodomésticos eram os principais produtos desejados por aquela classe média, e havia a necessidade de funcionários qualificados na indústria. As empresas que começavam a investir em projetos próprios possuíam em seus quadros profissionais que atuavam pioneiramente no campo do design, mas com graduação em áreas próximas ou sem formação acadêmica, uma vez que as instituições com cursos específicos estavam ainda surgindo no início dos anos 1970.

Nesse contexto de busca de profissionais que suprissem um novo campo em desenvolvimento e com seus cursos de artes prestigiados pela sociedade, a FAAP transforma seus cursos em disciplinas de nível superior, assim anunciado pelo jornal *O Estado de S. Paulo*, em agosto de 1966: "Para o próximo ano (1967) a transformação da Escola de Arte em Faculdade de Artes e Comunicações da Fundação Álvares Penteado e a extinção do Curso de Formação de Professores de Desenho".

De acordo com publicação em homenagem aos 50 anos da instituição, coube ao casal Lúcia e Roberto Pinto de Souza essa transformação, assim exposta por este último:

> Havia uma mudança no ar. Era a época de se criar uma Universidade. Todos achavam que eu era maluco. A diretoria, e em especial Eudoro, me disse: "Não contem comigo financeiramente". No fim, ficaram quatro diretores ao meu lado. Havia o Curso de Artes Plásticas, mas eu pensava: está para nascer

um sistema de comunicação que não existe, e pensei em juntar as duas coisas, e fazer uma Faculdade de Artes Plásticas e Comunicações (Mattar, 2010, p. 132).

Os dados extraídos das conversas com os professores da época confirmam que Roberto de Souza foi o responsável pela mudança e evidenciam também que, para alguns docentes, foi uma transformação de cima para baixo, ou seja, ocorrida nos bastidores da instituição.

A intenção de Souza e sua esposa em criar cursos de ensino superior foi posta em prática a partir do aproveitamento de suas instalações voltadas às artes plásticas e do talento de profissionais que já faziam parte do corpo docente.

A FAAP possuía certo prestígio na sociedade, e a visão do casal diante das condições de incentivo à indústria possibilitou a criação da primeira faculdade da fundação, a Faculdade de Artes Plásticas e Comunicações, cuja finalidade e importância estão assim descritas:

> Com a criação da Faculdade de Artes Plásticas e Comunicações, a direção da fundação pretendia formar uma cultura artística não só em ateliês e na criação de obras, mas também teórica. As aulas começaram em fevereiro de 1967 e eram dadas no mesmo prédio do museu. Sinal de prestígio, a aula inaugural foi dada pelo então governador do Estado de São Paulo, Roberto de Abreu Sodré [...] (Mattar, 2010, p. 132).

Nessas condições, as bases dos futuros cursos de design da instituição foram lançadas. No entanto, analisando-se os depoimentos obtidos, essa mudança foi mais no âmbito dos nomes das disciplinas do que na prática pedagógica. Alguns dos professores entrevistados declararam que davam cursos livres de artes que, em dado momento, viraram um curso de ensino superior.

Pintura, Gravura, Desenho, Escultura, entre outros, dão um panorama dos cursos que eram lecionados antes de 1967 e que continuaram depois da abertura da faculdade. Com os dois primeiros anos básicos, as aulas, como essas citadas, e outras como Estilística e Composição formavam os cursos de Desenho e Plásticas, Comunicação Visual e Desenho Industrial. Com grande conteúdo de disciplinas voltadas às artes, destoavam, em certa medida, das necessidades desses cursos, nos quais as questões relativas à indústria e suas técnicas seriam abordadas.

Nessas circunstâncias, é importante salientar que as disciplinas do ciclo profissional e técnico em projeto e oficinas, provavelmente, demandaram mais contribuições externas à FAAP, sendo a principal fonte encontrada os arquitetos que atuavam no campo disponível do design (por exemplo, móveis, impressos gráficos e interiores), como os professores Manlio Rizzente, Lívio Levi, Eurico Prado Lopes, Laonte Klawa, Maurício Nogueira Lima e Ari Rocha (este último, durante curto tempo)[84].

O momento econômico e político do país daquela época apontava a necessidade de ampliar o campo industrial e incentivar as atividades produtoras para desenvolver técnicas de fabricação. Surgiam vozes que defendiam a criação de produtos genuinamente brasileiros em sua concepção, ao contrário das cópias que aqui eram produzidas.

No caso da capital de São Paulo, objeto de estudo, não podemos ignorar o trânsito das ideias nessa época se considerarmos o contato e o conhecimento compartilhado entre os personagens que conviviam nas poucas escolas desse campo e áreas correlatas. Um exemplo disso é a vinda de Flávio Motta do IAC, quando ele já era professor de História da Arte na Faculdade de Arquitetura e Urbanismo da USP desde 1954. Em substituição a Lourival Gomes Machado na FAU/USP, teve maior contato com a arquitetura e seus profissionais, chegando a participar do concurso para o plano diretor de Brasília a convite de Vilanova Artigas, como foi escrito por Juliana Costa, segundo depoimento de Motta: "A equipe apresentou um dos mais extensos relatórios do concurso e 19 pranchas. Flávio Motta redigiu o memorial descritivo. A equipe desenvolveu o projeto para o concurso no edifício em obras da FAAP, que já vinha sendo preparado para receber as escolas e o acervo do museu" (Costa, 2010, p. 66).

O que se entendia como desenho industrial naquela época e o que se considera hoje apresentam certa diferença, o que demonstra que a construção do campo é um processo contínuo. Naquela época, sabia-se que havia uma indústria com potencial para receber esses profissionais, mas não se sabia o que seria aplicado na prática e qual empresa ou ramo da indústria os receberia.

---

84 Alguns desses profissionais foram identificados pela ceramista e ex--aluna Kimi Nii nas seguintes disciplinas: Manlio Rizzente e/ou Eurico Prado Lopes (Desenvolvimento de Projeto), Laonte Klawa (Teoria da Comunicação). Entrevista concedida à autora em 11 jan. 2012.

Instituto Presbiteriano Mackenzie

4.1 Histórico

4.1.1 O Instituto Presbiteriano Mackenzie

O Instituto Presbiteriano Mackenzie teve início no fim do século XIX, na cidade de São Paulo, mais precisamente no ano de 1870. Nesse período de desenvolvimento provindo da cafeicultura, o casal Chamberlain – missionários presbiterianos americanos – resolveu implantar uma escola que se diferenciasse dos padrões da época e "[...] apresentasse uma proposta pedagógica inovadora, como classes mistas, incentivo ao esporte e aceitação de qualquer aluno", de acordo com informações da instituição[1].

A escola, nos meses seguintes, passou a se chamar Escola Americana e começou a oferecer ensino desde o Jardim de Infância, passando pela Escola Normal e Filosofia. Em 1878, contava já com mais de duzentos alunos e transferiu-se para o terreno no bairro de Higienópolis, onde hoje está sua sede. A denominada Mackenzie College recebeu a pedra fundamental da Escola de Engenharia em 1894, a primeira faculdade privada de engenharia do país, derivando os cursos de Engenheiro Químico, Engenheiro Arquiteto, Engenheiro Eletricista, Engenheiro Mecânico-Eletricista e Aplicações Militares.

O crescimento dos primeiros anos também pode ser observado quanto à infraestrutura do *campus*, com a inauguração da biblioteca, em 1926, do ginásio de esportes, em 1927, e a criação de novos cursos (1930). Assim, foram abertos, entre as décadas de 1930 e 1950, o pré-primário e as faculdades de Filosofia e Letras, Arquitetura e Ciências Econômicas, o que permitiu a constituição da Universidade Mackenzie no ano de 1952, um ano antes da abertura do seu curso de Direito.

---

[1] Disponível em: <http://www.mackenzie.br/portal/imprensa>. Acesso em: 14 out. 2011.

Dentre suas atividades pioneiras, a instituição destaca o Grupo de Radioastronomia, datado do início dos anos 1960, e o Centro de Radioastronomia e Astrofísica Mackenzie (Craam), integrado à Escola de Engenharia no ano de 1967, além de suas parcerias com outros centros e fundações, como Conselho Nacional de Desenvolvimento Científico e Tecnológico (CNPq), Fundação de Amparo à Pesquisa do Estado de São Paulo (Fapesp), Escritório Norte-Americano de Ciência para a América Latina, Banco Nacional de Desenvolvimento Econômico e Social e o Fundo Tecnológico (BNDE Funtec), Financiadora de Estudos e Projetos (Finep), e agências estrangeiras, como National Aeronautics and Space Administration (NASA), National Oceanic and Atmospheric Administration (NOAA) e Consejo Nacional de Investigaciones Científicas y Técnicas (Conicet) (Argentina)[2].

O crescimento da instituição foi constante nos anos que se seguiram, como pode ser observado com a abertura de novas faculdades e cursos em todos os níveis de ensino. Desse modo, na década de 1970, foram abertas a Faculdade de Tecnologia (1970), hoje intitulada Faculdade de Computação e Informática, e a Faculdade de Comunicação e Artes (1976), derivada da Faculdade de Arquitetura e onde se originaram os cursos de Desenho Industrial e Programação Visual, objeto deste estudo.

Em 1977, a entidade adquiriu um terreno na região de Barueri (região metropolitana da Grande São Paulo), onde instalou o Colégio Presbiteriano Mackenzie Tamboré.

Em continuação ao crescimento da instituição, a década de 1990 foi marcada pela ampliação do ensino e abertura de novos cursos como a pós-graduação *lato sensu* e *stricto sensu*, os cursos, de Jornalismo, Ciência da Computação e a Escola Superior de Teologia. Nessa mesma década, é iniciada a construção de uma sede do Colégio Presbiteriano Mackenzie na cidade de Brasília. Em 2008, abrem-se as primeiras turmas de Administração de Empresas e Direito em Campinas (SP).

A partir desse complexo de ensino é criado o Instituto Presbiteriano Mackenzie (formado pelos colégios e pela universidade), assim intitulado desde 1998 e o qual conta com mais de 40 mil alunos, em todas as suas unidades: São Paulo, Tamboré, Brasília, Recife e, mais recentemente, também em Campinas e no Rio de Janeiro, por meio da Faculdade Moraes Júnior/Mackenzie Rio.

2   *Idem.*

Ao todo, a Universidade Presbiteriana Mackenzie oferece os seguintes cursos de graduação: Administração de Empresas, Administração de Empresas/Comércio Exterior, Arquitetura e Urbanismo, Ciência da Computação, Ciências Biológicas, Ciências Contábeis, Ciências Econômicas, Desenho Industrial, Direito, Educação Física, Engenharia Civil, Engenharia de Materiais, Engenharia de Produção, Engenharia Elétrica, Engenharia Mecânica/Mecatrônica, Farmácia, Fisioterapia, Filosofia, Jornalismo, Letras (Habilitação Português/Inglês ou Português/Espanhol), Matemática/Física, Nutrição, Pedagogia, Propaganda, Publicidade e Criação, Psicologia, Química, Sistemas de Informação, Tecnologia Elétrica e Teologia[3].

Na atualidade, são oferecidos sete programas de doutorado, dez cursos de mestrado e mais de quarenta cursos *lato sensu* (especialização), além de programas de educação continuada.

4.1.2 O curso de Desenho Industrial e Comunicação Visual

4.1.2.1 Antecedentes: as Faculdades de Engenharia e Arquitetura

A Faculdade de Engenharia da Universidade Mackenzie, como primeira dentro de uma instituição privada no país, teve significativa importância por proporcionar ao mercado profissionais das diferentes engenharias, dentre eles os engenheiros-arquitetos. Pioneirismo que se refletiu na criação da Escola de Arquitetura, com o início de suas atividades em 1947, a primeira na capital paulista.

Já no ano de 1952, ocorre a consolidação da instituição, quando é criada a Universidade Mackenzie, mesmo ano em que se implanta a Faculdade de Arquitetura e Urbanismo, o que permitiu a expansão de seus espaços e instalações. Assim, contemporânea à Faculdade de Arquitetura da Universidade de São Paulo, criada em 1948, ambas, FAU/USP e FAU/Mackenzie, eram as referências no ensino desse campo como únicas representantes de escolas independentes de arquitetura daquela época situadas na cidade de São Paulo.

O curso de Arquitetura da Universidade Mackenzie foi organizado com ênfase nos aspectos técnicos e traz em sua história alunos que se tornaram ícones da arquitetura brasileira, como Miguel Forte, Francisco Lúcio Petracco, Oswaldo

[3] *Idem.*

Bratke, Paulo Mendes da Rocha, Pedro Paulo de Mello Saraiva, Carlos Bratke, Paulo Bastos, Roberto Loeb, Fernando Brandão, Isay Weinfeld, Marcio Kogan, dentre muitos outros. Seus graduandos são frequentemente apontados como alguns dos nomes mais representativos dentre os arquitetos do cenário nacional.

Derivada da Faculdade de Engenharia, a Faculdade de Arquitetura do Mackenzie tem as referências do curso de origem refletidas diretamente nas práticas acadêmicas, o que pode ser observado na montagem do seu corpo docente, representado por alguns engenheiros que lecionavam em ambos os cursos.

Nesse grupo, encontramos o professor Roberto Zuccolo[4], que era professor do curso de Engenharia e que, a partir de 1964, é convidado a assumir a cadeira de Sistemas Estruturais da Faculdade de Arquitetura da mesma instituição. Zuccolo ministrou aulas para alguns dos nomes citados anteriormente e que vieram a compor, informalmente, um grupo cuja "[...] linguagem arquitetônica foi criada basicamente a partir da estrutura" (Serapião, 2009).

Naquele ano, também o arquiteto Miguel Forte ingressa como docente da Faculdade de Arquitetura do Mackenzie, convidado pelo então diretor Salvador Candia, para a disciplina de Projeto. Ex-aluno desse mesmo curso, Miguel estagiou com Rino Levi, quando pôde firmar "[...] suas convicções modernas aprendendo o método de projeto e o rigor do detalhe" (Camargo, 2002). que trazia para suas aulas. Miguel Forte era um grande afeiçoado de Frank Lloyd Wright, o que o levou a passar seis meses nos Estados Unidos com o amigo Jacob Ruchti. Naquela ocasião tiveram contato com a diversidade de atuação do campo arquitetônico, como citado no artigo de Mônica Junqueira:

> Aproximando-os da arquitetura de interiores e estimulando-os a entrar em contato com vários representantes das indústrias de mobiliários, equipamentos e utilitários. Aproveitaram a ocasião para adquirir eletrodomésticos e objetos que integravam a exposição, uma mesa de Isamu Noguchi, cadeiras de Charles Eames e Eero Saarinen, que Miguel as manteve em sua casa como objetos de arte (*apud* Camargo, 2002).

Das consequências dessa viagem, além dos frutos gerados por seus contatos nos museus norte-americanos, como a participação em projetos de instalações para o MASP e do

---

4 Roberto Rossi Zuccolo (1924-1967), engenheiro formado pelo Instituto Presbiteriano Mackenzie. Foi um dos nomes mais expressivos da engenharia paulistana nas décadas de 1940 e 1950.

edifício onde foi realizada a *1ª Bienal de Artes*, em 1951, é impossível não destacar a criação da loja Branco & Preto. Esse estabelecimento de venda de móveis e tecidos para decoração, criado em 1952 por um grupo de arquitetos formados pelo Mackenzie[5] foi "[...] um empreendimento pioneiro na área de arquitetura de interiores" (Camargo, 2002), de acordo com Mônica Junqueira.

A partir do exemplo desses dois professores – um originário da engenharia e outro alinhado aos ideais da arquitetura moderna –, identificamos como se compunha o curso de Arquitetura do Mackenzie no período que antecedeu a abertura dos cursos de Desenho Industrial e Comunicação Visual.

4.1.2.2 Os cursos de Desenho Industrial e Comunicação Visual e as faculdades

Os cursos de Desenho Industrial e Comunicação Visual da Universidade Presbiteriana Mackenzie têm suas raízes na Faculdade de Arquitetura e Urbanismo, iniciando seu percurso com o curso de Desenho e Plástica, originário dessa mesma faculdade.

No dia 23 de setembro de 1970, o instituto aprovou a abertura dos cursos Desenho Industrial, Comunicação Visual ou Desenho e Plástica, cujas primeiras turmas iniciaram em 1971.

O professor Jun Okamoto era o diretor da Faculdade de Arquitetura na época e continuou como responsável pela direção dos cursos de Desenho Industrial e Comunicação Visual, cargo em que se manteve até 1977.

No ano de 1976, em 29 de novembro, os cursos de Desenho Industrial, Comunicação Visual e Desenho e Plástica são reconhecidos, e apenas dois anos depois eles desmembraram-se da Faculdade de Arquitetura e Urbanismo e passaram a compor a Faculdade de Comunicação e Artes (com projeto desde 1976).

Dentro desse novo núcleo, a separação não ocorre apenas com relação à arquitetura, mas afeta também as habilitações entre si, como comenta a professora Ana Maria Di Sessa[6]:

> Depois se fundou a Faculdade de Comunicação e Artes que tinha o curso de Desenho Industrial, Comunicação Visual e Artes Plásticas. Então, ao se separar, cada setor da universidade

[5] Carlos Millan, Plínio Croce, Roberto Aflalo, Jacob Ruchti, Miguel Forte e Chen Y. Hawa. Com exceção deste último, os demais se formaram no curso de Arquitetura pelo Instituto Presbiteriano Mackenzie.

[6] Entrevista concedida à profa. dra. Andréa de Souza Almeida em 23 maio 2011.

foi extinto, cada unidade funcionava separadamente, embora no mesmo prédio, mas era tudo diferente, vestibular, tudo mais.

Assim, a partir de 1988 passam a ser adotados os termos: Programação Visual (PV para Comunicação Visual) e Projeto de Produto (PP para Desenho Industrial). Ambos com quatro anos de duração e estrutura que permaneceu até os primeiros anos do século XXI.

Nessa época em que estiveram vinculados à Faculdade de Comunicação e Artes, novos cursos foram agregados na composição dessa unidade; no entanto, isso não fez os cursos de Projeto de Produto e Programação Visual ganharem influências significativas desses novos cursos, o que pode ser visto com relação às suas estruturas curriculares, que se mantiveram praticamente inalteradas. No período compreendido entre a mudança para a nova faculdade até o fim da década de 1980, foram feitas apenas algumas adaptações em sintonia com a procura de maior aprofundamento no conhecimento das duas áreas (Projeto de Produto e Programação Visual), conforme relata Heitor P. Siqueira:

> Entre 1979, com a elaboração da proposta no 1º ENDI (Encontro Nacional de Desenho Industrial), e 1987, com a aprovação do currículo mínimo dos cursos de desenho industrial, o Mackenzie aparentemente buscou fazer as adequações necessárias para estar em sintonia com as discussões nacionais sobre as necessidades deste profissional em formação (Siqueira, 2009, p. 3).

Segundo a colocação de Siqueira, ao levantar as grades curriculares da década de 1980, são observadas algumas adaptações de nomenclaturas das disciplinas que se adequaram às exigências do campo naquele período.

A saída dos cursos da Faculdade de Comunicação e Artes tem início com as discussões provenientes do *Seminário 99: Repensando caminhos*, no ano de 1999, com o intuito de reestruturação. Baseado em entrevistas com professores da época, os quais confirmam que não havia interferência dos demais cursos no perfil do egresso do curso de DI e CV, o autor aponta que existiam certas divergências entre os objetivos pedagógicos. Essa discussão era mais acentuada com aqueles que se voltavam à área de propaganda e se direcionavam ao mercado, o que conduziu a pequenos ajustes das grades nos primeiros anos do século XXI.

Na busca de atender às expectativas do mercado e do ensino, o curso desvincula-se da Faculdade de Comunicação e Artes para voltar à Faculdade de Arquitetura e Urbanismo, compartilhando da mesma edificação e visando, com isso, a uma evolução dos cursos e à implantação de uma pós-graduação em Design[7]. E, a partir de 2006, os cursos de Programação Visual (PV) e Projeto de Produto (PP) dividem o espaço físico e as instalações com o de Arquitetura e contam com equipamentos de uso exclusivo e de boa qualidade.

A adaptação inicial ocasionou uma reestruturação dos representantes docentes, novas contratações e aumento na dedicação acadêmica, além da criação de novos programas e bolsas de pesquisa, e parcerias com organizações não governamentais (ONG), principalmente no Projeto de Produto.

A importância das perspectivas profissionais, aliando academia e mercado, é refletida na nomenclatura empregada: "Design" em vez de "Desenho Industrial". A mudança na terminologia oficial, aprovada no ano de 2009 e implantada em outubro de 2010, no entanto, não alterou os nomes de suas formações específicas: PV e PP.

Quanto à Faculdade de Comunicação e Artes, sua extinção levou à criação do Centro de Comunicação e Letras (CCL)[8], no qual permaneceram os cursos de Propaganda, Publicidade e Criação e suas habilitações em Marketing e Criação, Jornalismo e Letras.

4.1.3 Arquitetos no campo do design nos anos 1960

4.1.3.1 ABDI, premiações e eventos

O campo da arquitetura se encontrava em grande desenvolvimento no Brasil durante os anos 1960. Tendo como um dos acontecimentos mais representativos do período a construção de Brasília na década anterior, o planejamento urbano e o incentivo à industrialização permitiram que áreas correlatas a esse campo apresentassem perspectivas de desenvolvimento, como foi o caso das atividades que envolviam o desenho industrial. Nesse contexto, muitos profissionais do campo, principalmente aqueles dedicados à arquitetura moderna, passam a elaborar projetos de outra natureza, com o

---

7 Disponível em: <http://www.mackenzie.br>. Acesso em: 20 dez. 2009.

8 O Centro de Comunicação e Letras, criado em agosto de 2006, resultou da união da Faculdade de Comunicação e Artes e da Faculdade de Letras.

objetivo de criar elementos que complementassem os espaços construídos.

Durante esse período, em meados da década de 1950, muitos arquitetos dedicaram-se tanto a projetos gráficos como aos de produtos, como os que se tornaram professores da Faculdade de Arquitetura da USP: João Carlos Cauduro, Ludovico Martino, Abrahão Sanovicz, Carlos Millan. Nessa época, na qual o campo do desenho industrial se encontrava em fase de formação e exploração das possibilidades de atuação, começaram a aparecer importantes eventos a ele relacionados.

A presença de arquitetos, nas décadas de 1950 e 1960, nas atividades relacionadas ao desenho industrial e à comunicação visual reforça a importância dos profissionais da arquitetura na construção do campo do design, no qual podemos destacar a busca da conscientização da indústria nacional, como aponta Braga:

> A partir da década de 1950, novas áreas de atuação se configuram para o design moderno, incentivado, dentre outros fatos, pelo debate entre arte e indústria do movimento concretista brasileiro, pelas influências diretas do arquiteto e artista concretista suíço Max Bill (formado na Bauhaus), nos caminhos que levam à institucionalização do ensino no país, e pelo crescimento industrial e das comunicações que possibilitam o projeto de outros produtos e, deste modo, ampliam o perfil do mercado e a institucionalização classista (Braga, 2005).

Em meados da década de 1960, os arquitetos estavam envolvidos nas questões referentes ao desenho industrial, e, naquele contexto, publicações relacionadas a esse campo eram raras; no entanto, muitos documentos foram produzidos, principalmente no meio profissional de arquitetura.

Um exemplo disso foi o relato da viagem a Paris, escrito por Lúcio Grinover em 1963, como decorrência da participação no *III Congresso Internacional de Desenho Industrial* promovido pelo ICSID. Com o nome de "Quatro arquitetos brasileiros em Paris", o texto apresentava os resultados extraídos dessa experiência do grupo formado por professores da FAU/USP.

Aqui se encontram visões incipientes para o campo do desenho industrial, como o texto do arquiteto Eduardo Corona, "O desenho industrial, o arquiteto e iniciativas erradas", publicado na revista *Acrópole*, em março de 1963, no qual o professor levanta duas questões:

> A primeira delas enfatiza a importância da inserção do arquiteto como profissional mais adequado a enfrentar a atividade do desenho industrial, e a segunda se dedica à crítica das posturas adotadas pela maioria das indústrias no Brasil (Cara, 2008, p. 101).

No ano seguinte, Corona escreve outro artigo intitulado "Desenho Industrial", também para a *Acrópole* e com temática semelhante.

Assim, uma quantidade expressiva de textos foi produzida contextualizando a relação da arquitetura com o desenho industrial, como se pode verificar na série de reportagens publicadas na revista *Arquitetura*[9] e intitulada "A arquitetura e o desenho industrial"[10] de autoria de Flávio Marinho Rego[11]. Este pernambucano formado em arquitetura na Faculdade Nacional de Arquitetura da Universidade do Brasil (RJ), ao defender a participação dos arquitetos, devido ao seu conhecimento diverso, nas atividades e pesquisas de desenho industrial, compartilha as mesmas opiniões com Eduardo Corona.

Outros textos, cujo assunto era o campo do desenho industrial, eram escritos por importantes arquitetos e docentes da arquitetura, por exemplo, "Desenho industrial" de Lúcio Grinover (1964), "A profissão de desenhista industrial" (Pignatari, 1964a) e "O desenhista industrial" (Pignatari, 1964b) de Décio Pignatari, todos de 1964, publicados nas revistas *Habitat* e *Arquitetura*.

A proximidade das atividades de arquitetura e desenho industrial, principalmente no exercício da profissão, fez com que profissionais de ambas as áreas compartilhassem objetivos comuns, em especial na década de 1960, época de descobrimento e definição do campo do desenho industrial no país.

Um exemplo disso foi a criação da primeira instituição de representação profissional do campo, a Associação Brasileira de Desenho Industrial (ABDI), cujas atividades eram exercidas por profissionais do desenho industrial e, principalmente, arquitetos. Em seus primeiros anos, contou com agentes de diferentes formações e provenientes, em sua maioria, das escolas carioca e paulista, ESDI e FAU/USP, respectivamente.

Fundada em 1963, a associação, fruto da união de docentes e outros profissionais do campo, buscou dar relevância às

9 Revista que assumiu importante papel para a arquitetura moderna no Rio de Janeiro no início da década de 1960. Órgão oficial do IAB-GB criado na gestão de Maurício Roberto, que acabou por se constituir num importante canal de veiculação das ideias que deram molde à ESDI. Publicou o decreto de criação da escola, o calendário inicial e a estrutura curricular, dentre suas primeiras matérias (Nobre, 2011, p. 13).

10 Revista *Arquitetura* nº 16 (outubro de 1963); nº 21 (março de 1964); e nº 22 (abril de 1964) (Nobre, 2011, p. 13).

11 Flávio Marinho Rego formou-se arquiteto em 1950 e fez parte de uma época influenciada pelos princípios modernistas pregados por Le Corbusier. Como estudante, integrou a equipe do arquiteto Oscar Niemeyer, e depois de formado trabalhou com os arquitetos Jorge Machado Moreira e Affonso Eduardo Reidy no Departamento de Urbanismo da Prefeitura do Distrito Federal do Rio de Janeiro, participando do projeto do aterro do Flamengo e do projeto "Monumento aos Mortos da Segunda Guerra – 1956", no Rio de Janeiro. Viajou pela Europa, onde estudou Artes Plásticas. Ao retornar ao Brasil, elabora uma série de projetos arquitetônicos, dentre os quais se destaca a Universidade do Estado do Rio de Janeiro (UERJ), em parceria com o arquiteto Luiz Paulo Conde. Compôs ainda o corpo docente da Faculdade Nacional de Arquitetura da atual UFRJ, entre 1963 e 1973. Foi fundador e professor titular do curso de Arquitetura da Universidade de Santa Úrsula entre 1969 e 1974. Tem trabalhos publicados em diversas revistas. Foi membro do Conselho Superior do IAB em vários biênios.

atividades de desenho industrial em âmbito nacional. Por meio de contatos com instituições estrangeiras, realização de palestras, concursos, envolvimento de profissionais que exerciam atividades relacionadas ao campo e à promoção de eventos, divulgava-se a produção daquele período.

A presença de arquitetos na fase inaugural da ABDI foi importante para o desenvolvimento do campo profissional do desenho industrial. A arquitetura era uma atividade mais sólida no exercício e reconhecimento da profissão, e seus agentes – detentores de contatos – contribuíram para facilitar a realização das primeiras atividades do campo do design, como premiações e eventos, principalmente em São Paulo.

Assim, destacam-se entre os primeiros associados os arquitetos Lúcio Grinover e João Carlos Cauduro, como representantes docentes da Faculdade de Arquitetura e Urbanismo da USP, e ainda Leo Seincman, como empresário da indústria de móveis. A relação de proximidade entre indústria, arquitetos e ABDI pode ainda ser identificada nas palestras proferidas por convidados da associação, como os arquitetos Sérgio Rodrigues, da indústria de móveis OCA, e Michel Arnoult, da Mobília Contemporânea. Observa-se que, dentre os filiados da ABDI, a maioria tinha sua atividade profissional em São Paulo.

O primeiro grande evento de divulgação do campo do desenho industrial (Braga, 2007) corresponde ao ciclo de palestras realizado no Fórum Roberto Simonsen, da Federação das Indústrias do Estado de São Paulo (Fiesp), em 1964.

A relação entre o empresariado e a associação pode ser diretamente observada nas premiações promovidas pela empresa Alcântara Machado e organizadas pela ABDI. Nesse contexto, destacam-se os Prêmios Lúcio Meira, do Salão do Automóvel, e Roberto Simonsen, de projetos de utilidades domésticas, dentre os principais eventos do campo do desenho industrial durante a década de 1960, os quais contaram com arquitetos como membros do júri dessas premiações e também como concorrentes. Exemplo disso é o Certificado da Boa Forma (Anexo 8) concedido ao arquiteto Lívio Levi em 1964.

Iniciado em 1963 e realizado na Feira Nacional de Utilidades Domésticas (UD), na ocasião, o Prêmio Roberto Simonsen passou em 1964 a contar com um representante de cada instituição – ABDI, IAB, ESDI, FAU/USP e FAU/Mackenzie – na composição de seu júri. E dentre seus representantes

É autor de grandes projetos urbanísticos e arquitetônicos, como o da remodelação da Praça XV no centro do Rio de Janeiro, do Campus Maracanã, da UERJ, entre outros. Na década de 1980, retoma sua atividade como artista plástico. Disponível em: <http://flaviomarinhorego.org> e <http://www.catalogodasartes.com.br>. Acesso em: 20 dez. 2011.

encontramos, no ano de 1965, Michel Arnoult (ABDI), Abrahão Sanovicz (IAB), Karl Heinz Bergmiller (ESDI), Luiz Roberto Carvalho Franco (FAU/USP) e Lívio Levi (FAU/Mackenzie).

Dentre as atividades proporcionadas pela ABDI, outro evento significativo para o desenvolvimento do campo profissional do desenho industrial nacional foi a participação de representantes brasileiros no International Council of Societies of Industrial Design, o ICSID, a partir de 1965, conforme apontado por Braga:

> Em janeiro de 1965, a Diretoria do ICSID comunicou à ABDI o aceite de sua filiação que seria válida a partir de 10 de março de 1965. E é nesta condição que a ABDI compareceu, oficialmente, pela primeira vez a um Congresso do ICSID, o IV, realizado em setembro de 1965, em Viena, Áustria. A representação brasileira foi composta de Décio Pignatari e do arquiteto Lívio Edmondo Levi (Braga, 2007, p. 5).

Esse episódio é o primeiro de uma série de encontros que permitiram a interlocução entre os pioneiros do ensino brasileiro do design e a comunidade do campo internacional. A participação de docentes do curso de arquitetura da Universidade de São Paulo e da Universidade Presbiteriana Mackenzie, representada pelo professor Lívio Levi, além de apontar o papel da academia na formação do campo do desenho industrial, indica a importância da participação direta dessa área correlata, a arquitetura.

As escassas referências que os profissionais do desenho industrial brasileiro possuíam do campo no exterior são ampliadas a cada encontro, originando novos contatos e o acesso ao que se discutia internacionalmente sobre os temas que abrangiam a profissão e o ensino.

Os eventos proporcionados pela ABDI ao longo da década de 1960 fizeram Lívio Levi, que já desenvolvia trabalhos profissionais nesse campo, conhecer melhor o ensino de desenho industrial. Na procura de informações, participou, inclusive, dos encontros seguintes do ICSID, com representantes de outras instituições em que pôde coletar dados significativos para se orientar nos pensamentos sobre o design. Dentre os docentes de outras escolas que compartilharam esses eventos com o professor Levi estavam os da Faculdade de Arquitetura e Urbanismo da USP. Esses acontecimentos formaram um conjunto de experiências que lhe permitiu tomar conhecimento de propostas para o ensino de desenho industrial.

Outra colaboração do professor Levi nas discussões do campo foi sua participação no *Primeiro Seminário de Ensino de Desenho Industrial* ocorrido na FAU/USP (de 9 a 13 de novembro) em 1964, assim registrado pelo primeiro número da revista *Produto e Linguagem* (1965):

> O arquiteto Lívio E. Levi abriu o Seminário, expondo a situação do ensino do Desenho Industrial nos Estados Unidos, de onde regressara há pouco. Sua exposição cingiu-se praticamente a um dos mais prestigiosos estabelecimentos norte-americanos do gênero: o MIT (Massachusetts Institute of Technology).

Como professor da Faculdade de Arquitetura da Universidade Presbiteriana Mackenzie, Lívio exerce papel relevante, pois, ao longo dos anos 1960, em sua contínua investigação sobre o campo do desenho industrial[12], promove o ensino do design nessa instituição.

Sobre esses aspectos e a existência da única disciplina de desenho industrial no curso de Arquitetura da Universidade Mackenzie, oferecida no 3º ano, foi dedicado o próximo item.

4.1.3.2 A disciplina de Lívio Levi

Arquiteto formado em 1956 pela Universidade Presbiteriana Mackenzie, Lívio Edmondo Levi foi docente dessa mesma instituição de 1964 a 1970.

A importância de Levi vai além de sua atuação como professor. Como visto anteriormente, proveniente do campo da arquitetura, ele foi um dos enviados ao ICSID, no qual teve contato com personagens do design internacional, entre eles Tomás Maldonado, Jay Doblin e Misha Black. Ele também visitou uma série de escolas de design na Europa, nos Estados Unidos e no Canadá[13], o que lhe possibilitou organizar sua disciplina, dentro da Faculdade de Arquitetura, em coerência com as questões do desenho industrial, de que tomou conhecimento.

Assim, em 1964 o professor Levi é nomeado regente da Cadeira de Desenho do 3º ano do curso de Arquitetura da Universidade Mackenzie, a única que passa a ser dedicada ao

---

12 Verificação constatada por meio de documentação extraída do Acervo de Marília Levi. Há uma série de anotações de Lívio a respeito de suas visitas, presentes nas cartas encaminhadas à diretora do Mackenzie, quanto ao desejo de melhorias do curso de Arquitetura e de implantação de um curso independente de desenho industrial.

13 Esses locais podem ser identificados em anotações feitas pelo próprio Lívio Levi em documentação encontrada no Acervo de Marília Levi.

desenho industrial dentro de todo o curso por decisão do professor. Nesse mesmo ano, viaja pelo IAB aos EUA (ver Anexo 11)[14], para pesquisar sobre desenho industrial no Illinois Institute of Technology (IIT)[15], no qual recolhe uma série de informações sobre o ensino daquela escola, considerada referência inclusive pela academia brasileira do design.

Nos meses seguintes, participa de uma série de eventos dedicados ao desenho industrial; dentre eles se destacam: o *Primeiro Seminário do Ensino de Desenho Industrial* da América Latina, em 1964; o curso de Metadesign na FAU/USP, em 1965; além das idas ao ICSIDs, a partir desse ano.

Esses fatos, associados a suas experiências profissionais e acadêmicas, lhe respaldaram para solicitar ao Mackenzie a criação de um curso de desenho industrial. Esse pedido é identificado desde 1966, de acordo com documentação encontrada. E Levi chegou, no ano seguinte, a fazer um relato de seu desacordo com o "atual andamento da escola"[16], no qual ele apresenta uma série de recomendações sobre o novo curso, inclusive uma minuta preliminar a respeito.

Nessa investigação sobre o campo e aperfeiçoamento didático, Levi, que tinha como assistente Daniel Lafer, intencionava, conforme Esther Stiller[17]: "[...] transmitir a necessidade de desenhar bem qualquer produto dentro da metodologia da arquitetura, porém com uma visão de processos completamente diferente da arquitetura"[18].

Segundo palavras da arquiteta e herdeira do escritório de Levi, o objetivo dos trabalhos propostos era condizente com os procedimentos típicos da produção de objetos em escala menor que os da arquitetura, como madeira e encaixes, metais, soldas e dobras etc., assim descrito por ela:

> Uma noção clara de como são os procedimentos industriais *versus* a maneira artesanal que era construído o edifício, como por exemplo, os caixilhos, louças sanitárias, divisórias produzidos de uma concepção industrial diferentemente de como era produzida a arquitetura, como tijolo em cima de tijolo[19].

As palavras da ex-aluna apontam para um grau de detalhe a que Levi se dedicava e a importância da representação em suas aulas, características do seu trabalho ao longo do tempo, como pode ser visto nos objetos que projetou.

---

14 Documento emitido pelo IAB que atesta a ida de Lívio aos EUA para a pesquisa sobre o campo do design.
15 O IIT, chamado de New Bauhaus, foi fundado em 1937 por Moholy-Nagy, ex-diretor da escola alemã.
16 Carta de Lívio Levi a Salvador Candia, diretor da FAU/Mackenzie, em 8/5/1967. Acervo de Marília Levi (Anexo 11).
17 Sua aluna, chamada para trabalhar com ele quando cursava o 2º ano da Faculdade de Arquitetura.
18 Entrevista de Esther Stiller concedida à autora em 28 ago. 2011.
19 *Idem.*

Lívio Levi, arquiteto e designer, destacou-se no campo profissional com projetos de joias, produtos para residências, como maçanetas, metais sanitários, travessas e luminárias. Todos eram campos de atuação novos e alguns foram temas de aulas do professor.

Naquela época, o desenho industrial ainda era algo desconhecido, no que se refere às funções possíveis dos objetos projetados, o que é colocado por Esther Stiller[20], quando afirma sobre si mesma que "[...] na faculdade não conhecia o que era o desenho industrial e sempre gostei de desenhar, muito meticulosamente, e discutir questões mais específicas", e conclui que "[...] talvez isso tenha feito com que Lívio Levi me chamasse para trabalhar com ele".

Quanto à prática em sala de aula, a ex-aluna informa que eram propostos trabalhos de desenvolvimento rápido, a cada dois meses. O professor aplicava "[...] uma metodologia simples no sentido de buscar a tecnologia da produção"[21]. Durante as aulas, os alunos elaboravam desenhos e perspectivas, e algumas visitas – uma ou duas – também eram realizadas[22].

Nas anotações de Levi, encontramos a proposta transcrita a seguir para sua disciplina em que, apesar de não se oferecer identificação sobre como e o que foi aplicado em suas aulas, devido à ausência de data, se percebe uma coerência com o relato de sua aluna quanto ao conteúdo apresentado em sala de aula.

> 2. Introdução; 3. Interiores: artesanato e indústria; 4. Interiores como Comunicação; 5. Metodologia: coleta de informações, análise dos dados obtidos, determinação de um "set" de soluções possíveis, *evaluação* e otimização para escolha da solução, desenvolvimento da solução adotada, controle; 6. Tipologias (áreas burocráticas e administrativas, comerciais – lojas, clubes e recreação coletiva, residência, arquitetura promocional; detalhes diversos); 7. Iluminação; 8. Trabalhos Práticos[23].

Na cronologia dos escritos do professor, essa sequência no caderno de anotações pessoal situa-se após os apontamentos da viagem aos EUA, o que, se considerarmos que elas começaram no período inicial de sua carreira como docente no Mackenzie, provavelmente houve certa influência internacional na montagem do curso independente de desenho industrial que estava propondo à escola. Considerações sobre os

---

20 Idem.
21 Idem.
22 "8ª aula (junho/1967): visita à Mobília Contemporânea" – Caderno de Nota (Acervo de Marília Levi).
23 Caderno de Notas (Acervo de Marília Levi).

conteúdos e formatos desejados são encontradas em cartas destinadas à diretora da Faculdade de Arquitetura, nas quais cita, em grande parte, a organização do curso do IIT como exemplo a ser seguido.

Nessa época, anotações sobre semiótica, psicologia e teoria da informação são encontradas frequentemente em seu caderno de notas, e um exemplo de que houve a tentativa de implantação desse conteúdo pode ser identificado no trecho a seguir, extraído desse documento.

1. Não entenderam aula de semiótica. Diferença de signo, sinal e símbolo (dar nova aula, dar exemplos).
2. Reclamaram "simples cópias" trabalhos.
    Estantes (levando 2 meses) sem explicações sobre conceitos que presidiram à projetação (R. – [...] fará relação e discussão).
    Recl. já devia ter sido feito
    Idem para visita à fábrica

Assim, por intermédio das anotações no caderno e de outros documentos, verificamos a aspiração de Levi pela abertura de um curso pleno de graduação de desenho industrial. Ele cita a urgência dessa implantação, devido ao desenvolvimento do campo industrial paulistano, em carta aos dirigentes do curso, a qual foi uma das ações empreendidas durante a fase em que ele esteve como professor no Mackenzie marcada por esse anseio.

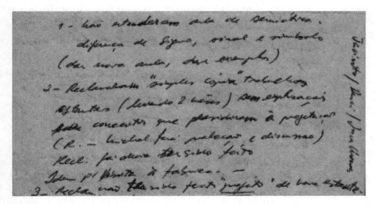

Figura 4.1 – Anotações de Lívio Levi sobre sua impressão de uma possível aula com abordagem em Semiótica (Fonte: Caderno de Notas. Acervo de Marília Levi).

A partir das idas do professor ao exterior, fortaleceu-se sua crença na necessidade de criar em São Paulo, no âmbito universitário, instituições apropriadas para o ensino de design em seus vários campos de atuação, como o desenho industrial e a comunicação visual. Isso pode ser verificado na carta emitida para a diretoria da Faculdade de Arquitetura e Urbanismo da Universidade Mackenzie, na qual ele aponta que, naquela época, nos EUA a profissão de designer já tinha quarenta anos e contava com quarenta escolas que formavam quinhentos profissionais por ano.

Nos documentos encontrados, Levi cita também a carioca ESDI como referência de única escola brasileira de ensino superior em design e que "lutava bravamente" para sobreviver. O professor ainda relata a inserção da sequência de quatro anos de Desenho Industrial e Comunicação Visual na FAU/USP como um prenúncio de um futuro desdobramento dos cursos das faculdades de arquitetura, às quais estavam vinculados.

Para o caso do Mackenzie, o professor relata em uma de suas cartas que já estaria anunciada uma implantação de "departamentos" na faculdade, e que isso permitiria maiores possibilidades de criação de cursos e que aquela era uma ocasião adequada para se pensar na implantação do curso de desenho industrial.

Assim, nesse período (por volta de 1966), Lívio Levi apresenta um esquema que situa a "Escola de Industrial Design" no contexto de uma universidade. Nesses apontamentos, dentre os principais tópicos encontra-se uma informação: a organização das aulas deveria abranger a definição sobre design e a relação de igualdade e diferença com o desenho, acesso aos campos de conhecimento, os processos de informação, formação e comunicação; conhecer o conceito de várias ciências e interligações; semiótica, cibernética, matemática e teoria da informação.

Em meio a suas observações feitas à instituição, identificadas em seu caderno de anotações, é clara a alusão ao conteúdo da teoria da comunicação. A partir do início do ano de 1966, há referência a nomes como Max Bense, Umberto Eco e Décio Pignatari, e a proposta de inserção da psicologia da percepção e da comunicação no conteúdo programático para o curso sugerido. E, com essa proximidade dos aspectos semânticos do design, o professor expõe a crença de que "o objeto também é portador da mensagem"[24].

24 Caderno de Notas (Acervo de Marília Levi).

A influência da área da semiologia no design é observada nas notas de Levi, que também se dedica, em grande parte delas, a apresentar alusões a escolas, professores e métodos internacionais e nacionais, como verificado nos trechos seguintes, extraídos do caderno de anotações do professor.

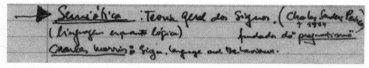

Figura 4.2 – Definição de Semiótica (Fonte: Caderno de Notas. Acervo de Marília Levi).

Figura 4.3 – Relação dos elementos da Semiótica (Fonte: Caderno de Notas. Acervo de Marília Levi).

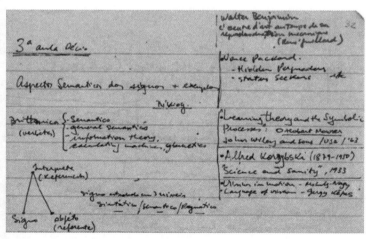

Figura 4.4 – 3ª aula – Décio. Notas sobre aspectos semânticos dos signos e referências internacionais (Fonte: Caderno de Notas. Acervo de Marília Levi).

Nas figuras encontramos importantes nomes do campo teórico do design nacional, como Décio Pignatari, e internacional, como Vance Packard, justapostos a elementos da semiótica (signo, intérprete, objeto), o que se repete ao longo de grande parte das páginas do caderno de notas[25] de Lívio Levi e aponta a importância desse campo nos estudos do professor.

Na procura de referências de cursos de design, Levi estabeleceu contatos com uma série de profissionais, o que também pode ser verificado na sequência desses registros com um roteiro de aproximadamente três meses de visitas a escolas em diversos países europeus (de junho a setembro, provavelmente do ano de 1966).

Em seu caderno, encontram-se também anotações de tópicos (citados a seguir) para um curso de Projeto de Produto, mas não é possível identificar se são referentes às aulas que assistiu no exterior ou a um programa montado por ele para as aulas no Brasil. No entanto, essas notas são indícios de uma organização baseada nos moldes das escolas americanas visitadas:

1. Análise elementar e desenho de produto simples.
2. Desenho de produto simples.
3. Projeto de equipamento para o uso em direta relação com o corpo humano.
4. Projeto de objetos complexos para o uso humano + oficina.
5. Desenvolvimento de projeto completo desde análise escrita até modelo final.

25 Tomando como referência o que foi encontrado no Acervo de Marília Levi. Não podemos afirmar que se trata do caderno completo, devido a seu formato, um fichário com folhas avulsas, nem mesmo que seja o único diante de vários anos de dedicação ao campo do design.

Figura 4.5 – Cronograma de viagem e respectivos locais de estadia durante pesquisa sobre o ensino do design (Fonte: Caderno de Notas. Acervo de Marília Levi).

6. Solução de um projeto de objetos que estendam ou melhorem operações + oficina (protótipos).

A viagem aos EUA[26] proporcionou a Levi observar a importância dada aos exercícios práticos dentro do curso de Desenho de Produto, o que fez com que ele trouxesse essa experiência para o Brasil e declarasse suas intenções segundo essa linha de pensamento para um futuro curso na Universidade Mackenzie.

Assim, destaca a Oficina como espinha dorsal do IIT, declara a importância conferida à abordagem conceitual mais que à tecnologia e à estética, e relata a significativa participação dessa escola na sociedade americana, com seus alunos já saindo com emprego nas indústrias americanas. Também acrescenta: "[...] partindo da livre experimentação da tradição bauhausiana, o DI hoje (fim da década de 1960) está no caminho de sua definição básica dos aspectos pedagógicos do ensino do design"[27].

Nesse contexto de busca de referências no campo acadêmico e profissional do desenho industrial, ressalta-se a ação do professor Lívio como um personagem que trouxe importantes considerações desse campo ao Brasil, pois ele viajou também representando a ABDI em várias ocasiões e provavelmente apresentou relatos e descobertas aos demais associados, muitos deles docentes. Exemplo disso é encontrado em suas considerações finais (provavelmente colocadas para o Mackenzie como resultado das visitas realizadas às escolas norte-americanas), nas quais ele destaca a importância do *Industrial Design*, com os seguintes apontamentos:

- nas outras universidades, o DI é como um apêndice para cursos de engenharia, arquitetura e artes;
- a necessidade da criação de um departamento de DI;
- o emprego dos formandos pelo mercado de trabalho;
- os contatos estabelecidos com os profs. Montagne, Jay Doblin e Hubbard Yonkers;
- a existência de oficinas para a execução de modelos e estudos nos vários materiais (fotografia, marcenaria, escultura, gráfica – xilo, lito etc.).

Esses itens mostram provavelmente um resumo dos pensamentos de Levi e sugerem as ideias que ele expunha à instituição em meados da década de 1960. Os conteúdos de cartas

26 Outros dados sobre a ida de Levi aos EUA, os contatos estabelecidos e os decorrentes apontamentos estão apresentados nos Anexos desta publicação.
27 Caderno de notas (Acervo de Marília Levi).

e a quantidade de anotações encontrados em seu caderno de notas mostram que era constante a troca de mensagens entre o professor e os dirigentes da Faculdade de Arquitetura do Mackenzie sobre a abertura de um curso exclusivo de desenho industrial. No entanto, apesar de seus esforços, a sequência dos fatos mostra que a implantação não aconteceu no período em que ele estava presente nessa instituição.

Entre os diálogos, verifica-se, de um lado, uma permissão restrita[28] concedida pelo Mackenzie para que Levi buscasse informações do novo curso, como na carta do diretor da FAU/Mackenzie, prof. Gustavo Ricardo Caron, destinada a ele, em 5 de dezembro de 1966 (Anexo 10). E, de outro, constata-se um desconforto do docente quanto às instalações e condições encontradas na escola para receber o curso pretendido, conforme conteúdo da carta destinada ao diretor da Faculdade, Salvador Candia, escrita por Lívio Levi em 8 de maio de 1967 (Anexo 11).

Nos tópicos levantados por Levi são observadas as duras críticas feitas por ele às condições de infraestrutura da Faculdade de Arquitetura e as sugestões indiretamente pontuadas para a implantação de um curso regular específico de Desenho Industrial e Comunicação Visual, fazendo-se necessária a aproximação dessas duas cadeiras. No fim da década de 1960, dentro do curso de Arquitetura, a disciplina de DI era ministrada apenas no 3º ano, ao passo que o 1º e o 2º anos possuíam disciplinas de Comunicação Visual.

Cada vez mais presente nas questões relacionadas ao design, o professor Levi continuou a participar de congressos, exposições e concursos, nacionais e internacionais; contudo, seus apontamentos indicam que não havia uma correspondência de suas ideias com as dos responsáveis pelos cursos do Mackenzie quanto à importância que era dada a essa área de atuação. Indícios da posição assumida pela instituição em adiar a implantação do curso de DI são encontrados em alguns documentos e notas do acervo familiar do professor Levi.

Assim, durante o ano de 1969, encontram-se pedidos de afastamento do curso feitos pelo professor, para que pudesse cumprir compromissos em outras atividades relacionadas ao design[29]. Pedidos esses que, por vezes, lhe foram negados. Não obstante essas condições, sua saída do Mackenzie não tardou a acontecer.

Do início de 1970, há uma carta de Levi em que ele pede para se retirar, e a confirmação de seu afastamento definitivo

---

28 Ofício nº 1.016/66 enviado ao diretor substituto Gustavo Ricardo Caron a Lívio Levi no ano de 1966 (Acervo de Marília Levi).

29 Caderno de Notas (Acervo de Marília Levi).

ocorre no mês de março desse mesmo ano, conforme carta do Instituto Mackenzie ao professor, em 19 de março de 1970 (conforme documentos do acervo de Marília Levi).

Diante dessas atitudes, uma suposição seria pensar que, inspirado nos exemplos de outras escolas, nos trabalhos profissionais de arquitetura e de projeto de produto e em suas pesquisas sobre o design, Lívio Levi poderia estar buscando, fora da academia, uma maneira de valorizar o campo. No entanto, os registros documentais sugerem que também havia uma questão de incompatibilidade entre seu interesse e a relevância conferida ao DI e não pela academia em si pelo Mackenzie. Tanto que no ano de 1970 é confirmada, por meio de documentação (por meio de documentação do acervo de Marília Levi), sua presença em outra instituição em que se ministrava design, a FAAP, cujos cursos de Desenho Industrial e Comunicação Visual foram abertos em 1967, conforme declara sua ex-aluna Esther Stiller:

> Provavelmente (Lívio Levi) teria buscado a FAAP como um caminho que poderia mudar o curso e melhorar a atividade industrial. [...] Foi convidado a dar aula logo em seguida quando saiu do Mackenzie [...], em 1971 já tinha estagiários da FAAP no escritório[30].

Após a revisão dos cursos da Faculdade de Artes Plásticas devido à paralisação de 1968, Lívio Levi foi chamado pelos dirigentes da FAAP a integrar seu corpo docente. Esse período coincide com as tentativas frustradas do professor de implantar um curso de desenho industrial no Mackenzie, enquanto a FAAP já o havia feito e buscava adequar seu ensino aos anseios da comunidade acadêmica e à legislação. Vale assinalar que em 1969 é apresentado o Currículo Mínimo para os cursos de Desenho Industrial, e a FAAP buscava adaptar-se às exigências. A contratação de Lívio Levi contribuía para suprir profissionais para as disciplinas de projeto, ao passo que o Mackenzie, cuja Faculdade de Comunicação e Artes era proveniente da Arquitetura, contava com arquitetos e engenheiros para lecionar suas disciplinas.

Por não estar explícito nas informações encontradas como teria se dado o desfecho da relação entre o professor e o Instituto Presbiteriano Mackenzie, torna-se inviável afirmar quais as consequências exatas de sua contribuição ao curso de Desenho

30 Entrevista de Esther Stiller concedida à autora em 28 ago. 2011.

Industrial implantado em seguida. Contudo, sua presença em vários acontecimentos do campo e o contato com outros profissionais da área produziram ideias que foram apresentadas ao Mackenzie e, provavelmente, discutidas posteriormente pelos demais docentes que permaneceram na instituição.

Levi não vivenciou diretamente o momento de implantação dos cursos de Comunicação Visual e Desenho Industrial, em 1971, pois não fazia mais parte da escola. No entanto, quando se comparam seus registros com a grade inaugural do curso, pode-se estabelecer uma influência parcial no grupo de desenho industrial, principalmente devido à correlação entre terminologias, conceitos, ordenações e estruturas curriculares, pelos quais podemos supor que Levi foi um importante precursor dos cursos no Mackenzie.

4.1.4 Constituição da grade/corpo docente

Apesar da saída de Lívio Levi e da diversidade de área de atuação dos profissionais da escola, continuou-se com a intenção de montagem de um curso exclusivo de desenho industrial. Ao considerar as datas encontradas nos registros do professor Levi e da instituição, a abertura do curso ocorre logo após sua saída, o que evidencia que, mesmo com a ausência desse profissional importante, a ideia do curso não havia sido paralisada pelo instituto.

A esse respeito, não foi encontrada documentação que indicasse os acontecimentos ocorridos no período entre a saída de Levi e a abertura do curso. Contudo, o então recém-criado curso da FAAP, para onde Levi foi atraído, pode ter influenciado ou mesmo acelerado a abertura do curso do Mackenzie.

No início dos anos 1970, ainda era desconhecido o campo profissional de desenho industrial e comunicação visual, tanto pela indústria como pelos profissionais que exerciam suas atividades como derivação da arquitetura ou das artes, em sua maioria. Assim, fundado dentro de uma Escola de Arquitetura já consolidada, o curso de Desenho Industrial do Mackenzie contou com a presença dos professores das escolas, além de alguns novos contratados para completar a formação do grupo[31].

Nos primeiros anos, faziam parte da coordenação do curso de Desenho Industrial os professores: Roberto Frade Monte (até 1971), engenheiro; Sônia Maria Paula e Silva de Lima (até 1971); e Laszlo Zinner (até 1973), escultor e modelador.

---

31 Nomes de professores que faziam parte do corpo docente no início da década de 1970 podem ser vistos no Anexo 12.

Na ocasião, o diretor da Faculdade de Arquitetura e Urbanismo, na qual se instalou o curso de Artes, era o professor e arquiteto Jun Okamoto[32]; contudo, ficou a cargo de outros professores a escolha da montagem do grupo docente.

Ana Maria Di Sessa[33] esclarece que o curso era dirigido por um coordenador no primeiro ciclo e, a partir do segundo, era comandado pelo diretor da Faculdade de Arquitetura. A professora, que está na instituição desde 1972, aponta como primeiro diretor da Faculdade de Comunicação e Artes, após 1978, o professor Luiz Teixeira Torres e declara que "[...] acreditava que ele, com outros professores, seria responsável pela organização do curso de Desenho Industrial em 1971". Suas palavras entram em consonância com os demais ex-alunos entrevistados quando classifica ainda Laszlo Zinner[34] como um dos principais coordenadores que estiveram envolvidos na implantação do curso e o coloca também como responsável pela organização dele.

Assim, Laszlo Zinner, com outros professores da instituição, principalmente arquitetos e artistas plásticos, buscou profissionais com formação ou atuação em áreas correlatas, como Artes Plásticas, Arquitetura e Engenharia.

O grupo de professores contou com importantes profissionais que já atuavam no campo do design, destacando-se o designer Alexandre Wollner, que era professor do curso de Arquitetura e Urbanismo, desde o final da década de 1960, e lecionava as disciplinas de Desenho e Plástica (dentro da Comunicação Visual) para o 1º ano. Esse profissional foi chamado por Salvador Candia, diretor da Faculdade de Arquitetura, devido à sua vivência na Escola da Forma de Ulm, na Alemanha, e experiência na organização e docência da ESDI, sendo a ele solicitada a colaboração, junto a outros docentes, na montagem dos cursos da Faculdade de Comunicação e Artes do Mackenzie. A relevância da participação de Wollner aparece na declaração do professor Carlos Perrone[35]:

> Nós desenvolvemos projetos com o Wollner como professor. Ele usava algumas expressões em inglês naquela época, talvez em decorrência de seu tempo fora, aprendi a expressão "pattern" que ficou definitivamente gravada. Que é mais que uma expressão, é toda uma noção que transcende uma noção de padrão, essencial para desenho industrial, para reprodução, para modulação e coisas do gênero.

32 De acordo com depoimentos, e ele próprio confessa, não se envolveu na montagem do curso (Entrevista de Jun Okamoto concedida à autora em 01 abr. 2008).

33 Entrevista concedida à professora Andréa de S. Almeida em 23 maio 2011.

34 Laszlo Zinner (1908-1977), coordenador do curso de Desenho e Plástica e um dos iniciadores dos cursos de Artes Plásticas da Universidade Mackenzie (1970). Informações mais completas estão inseridas no item seguinte deste capítulo, dedicado exclusivamente a alguns personagens dessa história.

35 Entrevista concedida à professora Andréa de S. Almeida em 21 maio 2011.

O ex-aluno, mais do que um termo, relata o aprendizado adquirido sobre a prática do desenho industrial ao descrever o exercício desenvolvido em parceria com a disciplina de Plástica sob a responsabilidade do professor Laszlo Zinner. Perrone, formado em 1972 em Arquitetura, retorna como docente em 1977 para disciplinas ligadas ao desenho tanto na Arquitetura como na Comunicação Visual. Ele destaca que "[...] eram disciplinas que tratavam desenho como um pressuposto ao design"[36] ao se referenciar às que lecionou intituladas, provavelmente, de Representação Gráfica[37].

Outro professor citado foi Carlo Antonio Porta, que ministrava a disciplina de Materiais, encaminhando os alunos a visitas às fábricas e permitindo-lhes a proximidade do cotidiano da profissão.

Até o fim da década de 1960, os únicos formados em Desenho Industrial eram os ex-alunos da ESDI no Rio de Janeiro, e Wollner era uma das exceções dentro do Mackenzie. A variedade de formação dos professores caracterizou o início do curso e refletiu a diversidade de atuação do campo do design, como identificado por Sônia de Carvalho[38]:

> O de Teoria dos Materiais [Carlo Porta] era engenheiro, o de Perspectiva era arquiteto e depois se tornou diretor da Escola. [...] A professora de História da Arte era artista plástica e de grande conhecimento.

No entanto, a maioria não era formada no campo e não atuava diretamente na área. De acordo com Ana Maria Di Sessa, as aulas eram com dois professores, um titular e um assistente, e o curso era vespertino e noturno.

No início, o curso contava com o 1º ano básico, mas no vestibular já se optava, por ordem de preferência, por três habilitações: Desenho Industrial, Comunicação Visual ou Desenho e Plástica.

Essa separação também permanecia durante o andamento dos cursos, pois, de acordo com depoimentos, não havia uma relação de proximidade entre seus alunos, como colocado por Sônia de Carvalho[39]:

> Apenas algumas disciplinas eram comuns e algumas palestras em que as turmas participavam juntas. [...] Dentre as disciplinas, algumas tinham o mesmo título, mas o enfoque

---

36 *Idem.*
37 O entrevistado não soube precisar o nome da disciplina.
38 Sônia Valentim de Carvalho, ex-aluna do curso de Comunicação Visual (Entrevista concedida à autora em 18 dez. 2009).
39 Entrevista concedida à autora em 23 out. 2009.

era diferente, por exemplo, Ergonomia para DI era uma coisa e para CV era outra.

Devido ao período de construção do campo em que o curso foi aberto, havia certa dificuldade de entendimento dos alunos quanto às propostas acadêmicas. Ex-alunos entrevistados apontam que, desde aquela época, as diferentes disciplinas não possuíam uma relação direta entre si e muitas delas não tinham a abordagem dada na atualidade. Um exemplo é o caso da Tipografia, exercitada nos moldes da época, quando as divulgações impressas eram montadas e alinhadas artesanalmente, letra por letra, e, na maioria, desenvolvidas no laboratório de xilogravura.

Nessas condições, o desconhecimento não permitia uma crítica mais assídua dos alunos ao grupo de disciplinas, mas, por intermédio das informações dadas por certos professores e das propostas apresentadas, percebe-se que as críticas individuais às disciplinas aconteciam na época e que surtiam eventos significativos para o curso.

Os laboratórios eram ambientes provenientes do curso de Arquitetura e divididos com seus alunos. Além disso, devido à época inicial do curso, alguns desses espaços estavam ainda inacabados e funcionavam de maneira precária, como o de serigrafia e o de xilogravura. Contudo, isso não impossibilitava a disciplina de propor exercícios interessantes, segundo opiniões de seus ex-alunos, os quais se identificavam com esses espaços devido ao exercício da prática e ao contato com as técnicas.

Na maioria das vezes, os materiais das "[...] aulas de perspectivas, como folhas, grafites, lapiseiras, tintas guaches, eram levados pelos alunos", outros eram levados pelos professores, e alguns, fornecidos pela escola, como exemplifica Sônia de Carvalho[40], ao lembrar que na aula de modelagem do prof. Zinner o gesso era dado pelo Mackenzie.

Os depoimentos de alguns personagens que vivenciaram o início do ensino de DI e CV nessa instituição ajudaram na identificação de certos nomes e suas especificidades das práticas acadêmicas e contribuíram com suas opiniões na caracterização pretendida nesta publicação para os cursos.

A pesquisa documental somada a esses depoimentos revela nomes que merecem apresentação individual devido à contribuição que ofereceram nos primeiros anos do curso, e alguns desses estão expostos no item seguinte.

40 *Idem.*

4.2 Alguns personagens do início do curso

Lívio Edmondo Levi
(Trieste, Itália, 1933 – Rio de Janeiro, Brasil, 1973)

Por integrar o corpo docente de duas das três escolas estudadas neste trabalho, seu nome foi inserido no capítulo anterior desta publicação (capítulo 3) devido a sua participação efetiva no curso de Desenho Industrial da FAAP e à cronologia de abertura dos cursos (FAAP em 1967 e Mackenzie em 1971).

No entanto, a tentativa de inserir um curso de Desenho Industrial no Mackenzie, a busca de aprimoramento dos conhecimentos dessa área e o envolvimento com as questões do desenho industrial tornam Lívio Levi um dos principais agentes de aplicação das ideias de design dentro dessa instituição. Esses fatos fizeram com que nesta pesquisa fosse considerado o precursor dos empreendimentos para se abrir um curso de DI no Mackenzie.

Roberto Frade Monte
(Belo Horizonte/MG, 1923-?)

Engenheiro civil formado em 1946 pela Escola de Engenharia da Universidade Mackenzie e administrador de empresas pela Escola de Administração de Empresas de São Paulo da Fundação Getulio Vargas, em 1955.

Foi professor na Universidade Mackenzie desde 1947 e diretor da Faculdade de Arquitetura dessa mesma instituição nos anos de 1962, 1963 e 1970. Épocas em que se iniciavam as discussões sobre a atividade de desenho industrial e comunicação visual dentro da escola e que precederam a implantação dos cursos.

Apesar de não estar diretamente ligado à montagem dos cursos de Desenho Industrial e Comunicação Visual, estava presente na época de abertura deles na Universidade Mackenzie e, ainda, foi o responsável pelo incentivo e pela criação de vários cursos superiores, dentre os quais se destaca o curso de Engenharia de Barretos, do qual é considerado fundador.

Alexandre Wollner
(São Paulo/SP, 1928)

Foi aluno da primeira turma do curso do Instituto de Arte Contemporânea (IAC) do MASP em 1951, quando, por intermédio de Pietro Bardi, conheceu Max Bill. Em visita a São Paulo, o professor da Escola da Forma de Ulm pede indicação ao responsável pelo MASP, e este recomenda Alexandre Wollner. O estudante brasileiro passa a compor o grupo discente dos anos iniciais da escola alemã.

Wollner retorna ao Brasil em 1958, motivado pelos planos de incentivo à industrialização do governo brasileiro, e colabora na montagem dos cursos do Instituto de Desenho Industrial do MAM do Rio de Janeiro e da ESDI. Em companhia de grandes nomes do design nacional – Geraldo de Barros, Ruben Martins e Walter Macedo –, funda o primeiro escritório de design do país, o Forminform.

É considerado um dos ícones do design brasileiro por sua representatividade na produção de projetos de identidade corporativa do Brasil, destacando-se Banco Itaú, Hering, Philco, Eucatex, Metal Leve e Indústrias Klabin.

As características atribuídas a seus trabalhos são descritas por linhas racionalistas e geométricas, mas, conforme coloca Stolarski, "[...] é preciso levar em conta que a geometria utilizada pelo designer faz parte de uma família bastante específica, vinculada aos sistemas de modulação proporcional" (Stolarski, 2005, p. 11).

Em São Paulo, foi convidado a dar aulas na Faculdade de Arquitetura no fim dos anos 1960 e, em 1970, a colaborar na montagem do curso de Desenho Industrial do Instituto Presbiteriano Mackenzie, do qual foi docente nos primeiros anos do curso de Comunicação Visual.

Laszlo Zinner
(Dömös, Hungria, 1908 – São Paulo, Brasil, 1977)

Escultor e modelador húngaro, naturalizado brasileiro, formado na Escola Técnica de Budapeste e no Atelier I. Görög

(1924–1928). Cursou a Escola Profissional de Escultura, Modelagem e Desenho de Bruxelas na Bélgica (1928–1932) e a Academia Livre Ronsen de Paris (1937–1940). Estudou os cursos de Cultura Espanhola em Madri e Marrocos, em 1943, e ensinou modelagem em Tanger, Marrocos, no serviço de Belas Artes e Artesania Indígena da Delegação de Cultura, entre os anos de 1940 e 1945.

Entre 1954 e 1977, dedicou-se à docência de modelagem e plástica na Faculdade de Arquitetura do Mackenzie na qual foi coordenador do curso de Desenho e Plástica e um dos iniciadores dos cursos de Artes Plásticas (1970).

Zinner é criador do troféu Juca Pato, anualmente conferido ao Intelectual do Ano pela União Brasileira dos Escritores e Jornal Folha (o troféu foi baseado em caricaturas de Belmonte). Também é de sua autoria a escultura *John F. Kennedy*, que foi entregue na Casa Branca, Washington (EUA), a Kennedy, na presença do embaixador brasileiro (1963), em nome do governo paulista e da revista *Edição Extra*. A emissora Voz da América transmitiu o ato.

Dentre as obras de Laszlo Zinner destacam-se esculturas, retratos e monumentos de personalidades do mundo social, político e militar, como o busto de Sua Alteza Imperial Muley Ben El Mehdi – califa no extinto Marrocos Espanhol. Em São Paulo, desde 1949 participou do Salão Paulista de Belas Artes e dos salões da Associação Paulista de Belas Artes.

O conjunto de sua obra lhe permitiu participar de exposições e salões oficiais nacionais e internacionais, e pelo qual recebeu uma série considerável de medalhas de ouro, prata e bronze.

José Teixeira Coelho Netto
(Bauru/SP, 1944)

Possui graduação em Direito pela Universidade Guarulhos (1971), mestrado em Ciências da Comunicação pela Universidade de São Paulo (1976), doutorado em Letras (Teoria Literária e Literatura Comparada) pela Universidade de São Paulo (1981) e pós-doutorado pela University of Maryland, EUA (2002).

Atualmente, é professor titular da Universidade de São Paulo, aposentado. É curador-coordenador do Museu de Arte de São Paulo.

Foi professor de Teoria da Informação e Percepção Estética e de História da Arte no curso de Desenho Industrial da Faculdade de Arquitetura da Universidade Mackenzie. É especialista em Política Cultural e colaborador da Cátedra Unesco de Política Cultural da Universidade de Girona, Espanha. É consultor do Observatório de Política Cultural do Instituto Itaú Cultural, São Paulo. Foi curador de diversas exposições realizadas no MAC/USP e no MASP. É autor de diversos livros sobre cultura e arte, e ficcionista (Prêmio Portugal Telecom 2007 pelo livro *História natural da ditadura*, publicado em 2006 pela Ed. Iluminuras)[41].

Itajahy Feitosa Martins
(Botucatu/SP, 1927 – São Paulo/SP, 1991)

O professor Itajahy foi titular da disciplina de Expressão no Plano e chegou a ser diretor da Escola de Comunicações e Artes da Universidade Mackenzie. Atuou também como docente em outras faculdades, como nas Faculdades Metropolitanas Unidas e Universidade Anhembi Morumbi.

Do conjunto de sua obra destacam-se as gravuras, que integraram várias exposições e mostras nacionais e internacionais. A importância de sua produção nesse campo pode ser verificada quando se observa que, "[...] entre 1950 e 1977, ele foi premiado sete vezes por trabalhos realizados com gravura, inclusive com primeiros prêmios, entre os quais um da Federação do Comércio do Estado de São Paulo, em 1964"[42].

Seus trabalhos lhe possibilitaram o reconhecimento por instituições, permitindo-lhe participar como membro de importantes júris de concursos nas áreas de arte e educação. Pela sua obra, é reconhecido como um dos nomes mais significativos nas artes brasileiras, equiparando-se a José Geraldo Vieira, Pietro Maria Bardi, Francisco Martins, dentre outros[43].

Para homenagear essa personalidade, o livro *Desenho, arte e técnica* foi publicado em 1992 pela Fundação Nestlé de Cultura e escrito por Aldemir Martins (1992); e, ainda, seu nome é atribuído ao Museu de Arte Contemporânea de Botucatu, no interior de São Paulo, cidade natal do artista, devido a sua dedicação na inauguração e na aquisição das obras para o acervo inicial.

---

41 Texto informado pelo autor em seu Currículo Lattes. Disponível em: <https://sistemas.usp.br/tycho/CurriculoLattesMostrar?codpub=C7A0AD329DDC>. Acesso em: 10 set. 2011.

42 Disponível em: <http://camaramunicipalsp.qaplaweb.com.br>. Acesso em: 24 nov. 2011.

43 *Idem.*

4.3 Grades curriculares e análises específicas

4.3.1 Comunicação Visual

Tabela 4.1 – Grade curricular de 1971 do curso de Comunicação Visual do Instituto Presbiteriano Mackenzie (Fonte: Acervo pessoal).

Comunicação Visual – 1971	
Disciplinas	**C.H.**
1º Ciclo – Básico	**870**
Matemática	60
Física	60
Economia	60
Antropologia	60
Expressão no Espaço (Marcen., Model. e Cer.)	180
Expressão no Plano (Desenho)	120
Plástica (Teoria da Informação e Percepção)	90
Composição	60
Geometria Descritiva e Desenho Geométrico	180
2º Ciclo – Comunicação Visual	**1020**
Estética. História da Arte e Técnica	60
Perspectiva	90
Estudos Econômicos	60
Plástica (Teoria da Informação e Percepção)	60
Ciência da Comunicação	60
Planejamento	150
Desenho Técnico	60
Expressão em Movimento (Foto)	60
Expressão no Plano (Gravura)	90
Expressão no Plano (Desenho e Serigrafia)	180
Análise Gráfica	150

(*continua*)

Tabela 4.1 – Grade curricular de 1971 do curso de Comunicação Visual do Instituto Presbiteriano Mackenzie (Fonte: Acervo pessoal) (*continuação*).

3º Ciclo – Comunicação Visual	870
Expressão em Movimento (Desenho Animado)	60
Expressão em Movimento (Cine)	90
Expressão em Movimento (TV)	90
Expressão no Plano (Est. Quad.)	60
Estética. História da Arte e Técnica	60
Análise Gráfica	180
Teoria Técnica e Materiais	90
Ciência da Comunicação	60
Planejamento	120
Estudo dos Problemas Brasileiros	60

Tabela 4.2 – Grade curricular de 1972 do curso de Comunicação Visual do Instituto Presbiteriano Mackenzie (Fonte: Acervo pessoal).

Comunicação Visual – 1972	
Disciplinas	C.H.
1o Ciclo – Básico	960
Antropologia	60
Expressão no Espaço (Marcen., Model. e Cer.)	240
Expressão no Plano (Desenho e Gravura)	180
Plástica (Teoria da Informação e Percepção)	60
Composição	90
Desenho Geométrico	90
Geometria Descritiva	120
Est. História, Artes e Técnicas	60
Estudo dos Problemas Brasileiros	60

(*continua*)

Tabela 4.2 – Grade curricular de 1972 do curso de Comunicação Visual do Instituto Presbiteriano Mackenzie (Fonte: Acervo pessoal) (*continuação*).

2º Ciclo – Comunicação Visual	1050
Estética. História da Arte e Técnica	60
Perspectiva	90
Estudos Sociais e Econômicos	60
Plástica (Teoria da Informação e Percepção)	60
Ciência da Comunicação	60
Planejamento	120
Desenho Técnico	60
Expressão em Movimento (Foto)	60
Expressão no Plano (Gravura)	90
Expressão no Plano (Desenho e Serigrafia)	180
Análise Gráfica	150
Expressão no Espaço (Maquete)	60
3º Ciclo – Comunicação Visual	870
Expressão em Movimento (Desenho Animado)	60
Expressão em Movimento (Cine)	90
Expressão em Movimento (TV)	90
Expressão no Plano (Est. Quad.)	60
Estética. História da Arte e Técnica	60
Análise Gráfica	180
Teoria Técnica e Materiais	90
Ciência da Comunicação	60
Planejamento	120
Estudo dos Problemas Brasileiros	60

4.3.2 Desenho Industrial

Tabela 4.3 – Grade curricular de 1973 do curso de Desenho Industrial do Instituto Presbiteriano Mackenzie (Fonte: Acervo pessoal).

Desenho Industrial – 1973	
Disciplinas	**C.H.**
1º Ciclo – Básico	**1020**
História da Arte e Estética	60
Estudo dos Problemas Brasileiros	60
Introdução a Ciências Humanas e Sociais	90
Expressão no Espaço (Marcen., Model. e Cer.)	180
Expressão no Plano (Desenho)	90
Expressão no Plano (Gravura)	90
Teoria da Informação e Percepção	60
Composição	90
Geometria Descritiva	90
Desenho Geométrico	90
Desenho Técnico	60
Expressão em Movimento (Foto)	60
Educação Física	
2º Ciclo – Desenho Industrial	**900**
Perspectiva	60
Teoria da Informação e Percepção	60
Ciência da Comunicação	60
Planejamento	120
Expressão no Espaço (Maquete)	60
Expressão no Espaço (Escultura)	60
Expressão no Plano (Desenho e Serigrafia)	180

(continua)

Tabela 4.3 – Grade curricular de 1973 do curso de Desenho Industrial do Instituto Presbiteriano Mackenzie (Fonte: Acervo pessoal) (*continuação*).

Análise dos Materiais Expressivos	60
Ergonomia	120
Matemática	60
Física	60
Educação Física	
3º Ciclo – Desenho Industrial	**840**
Teoria da Informação e Percepção	60
Prática do Desenho Industrial	120
Industrialização	90
Ergonomia – Teórica-Prática	120
Análise dos Materiais Expressivos	120
Teoria da Fabricação	90
Ciência da Comunicação	60
Planejamento	120
Estudos Socioeconômicos	60
Educação Física	

Tabela 4.4 – Grade curricular de 1975 do curso de Desenho Industrial do Instituto Presbiteriano Mackenzie (Fonte: Acervo pessoal).

Desenho Industrial – 1975	
Disciplinas	**C.H.**
1º Ciclo – Básico	**1020**
História da Arte e Estética	60
Estudo dos Problemas Brasileiros	60
Introdução às Ciências Humanas e Sociais	90

(*continua*)

Tabela 4.4 – Grade curricular de 1975 do curso de Desenho Industrial do Instituto Presbiteriano Mackenzie (Fonte: Acervo pessoal) (*continuação*).

Expressão no Espaço (Marcen., Model. e Cer.)	180
Expressão no Plano (Desenho)	90
Expressão no Plano (Gravura)	90
Teoria da Informação e Percepção	60
Composição	90
Geometria Descritiva	90
Desenho Geométrico	90
Desenho Técnico	60
Expressão em Movimento (Foto)	60
Educação Física	60
2º Ciclo – Desenho Industrial	**900**
Perspectiva	60
Teoria da Informação e Percepção	60
Ciência da Comunicação	60
Planejamento	120
Expressão no Espaço (Maquete)	60
Expressão no Espaço (Escultura)	60
Expressão no Plano (Desenho)	90
Expressão no Plano (Serigrafia)	90
Análise dos Materiais Expressivos	60
Ergonomia	120
Matemática	60
Física	60
Educação Física	60

(*continua*)

Tabela 4.4 – Grade curricular de 1975 do curso de Desenho Industrial do Instituto Presbiteriano Mackenzie (Fonte: Acervo pessoal) (*continuação*).

3º Ciclo – Desenho Industrial	840
Teoria da Informação e Percepção	60
Prática do Desenho Industrial	120
Industrialização	90
Ergonomia – Teórica-Prática	120
Análise dos Materiais Expressivos	120
Teoria da Fabricação	90
Ciência da Comunicação	60
Planejamento	120
Estudos Socioeconômicos	60
Educação Física	60

4.3.3 Análise das grades específicas

As grades curriculares referem-se aos anos de 1971 e 1972, de Comunicação Visual (CV), e de 1973 e 1975, de Desenho Industrial (DI), que foram as obtidas durante a pesquisa.

A partir de uma análise comparativa, são apresentadas suas terminologias e cargas horárias, a partir de 1971 até 1978.

Seguindo o critério estipulado para a análise, as disciplinas foram divididas em três grupos para auxiliar na identificação das características da grade curricular proposta nos primeiros anos desses cursos. Assim, a partir dos títulos das matérias, foram encontradas as representantes de cada grupo:

- Disciplinas de conhecimentos gerais: Matemática, Física, Economia, Antropologia, Estudos Econômicos, Estudos Sociais Econômicos, Estudos de Problemas Brasileiros, Introdução a Ciências Humanas e Sociais.
- Disciplinas que formam referenciais comuns da grande área do design (desenho industrial e comunicação visual): Expressão no Plano, Expressão no Espaço, Expressão em Movimento, Plástica, Geometria Descritiva, Desenho Geométrico, Desenho Técnico, Perspectiva,

Composição e, ainda, História da Arte e Estética, Teoria da Informação e Percepção, Ciência da Comunicação.
- Disciplinas específicas para cada habilitação. Integram esse grupo para a Comunicação Visual: Análise Gráfica e Teoria Técnica e Materiais. Em Desenho Industrial, aparecem: Análise dos Materiais Expressivos, Ergonomia, Teoria da Fabricação, Industrialização e Prática do Desenho Industrial. Além da disciplina de Planejamento, com exercícios próximos aos identificados nas disciplinas de Projeto da atualidade, comum a ambos, mas com abordagens específicas para cada um dos cursos.

No caso do Instituto Presbiteriano Mackenzie, primeiramente foram analisadas as grades de mesma habilitação e, em um segundo momento, a comparação é feita entre o curso de Desenho Industrial e o de Comunicação Visual, como representantes que compõem a grande área do design. A intenção de apresentar grades consecutivas e iniciais é verificar as primeiras mudanças implantadas e tentar identificar alguns dos objetivos que nortearam o curso.

As primeiras grades apresentadas referem-se aos dois primeiros anos da habilitação Comunicação Visual (1971 e 1972).

As disciplinas eram ministradas em módulos múltiplos de 30 horas cada (60, 90, 180 etc.), como observado nas cargas horárias, e organizadas partindo dos temas mais abrangentes para os mais específicos, referentes ao campo do design.

Conforme as grades apresentadas, não houve alterações significativas nos dois primeiros anos do curso. No 1º Ciclo do ano de 1972, comparado ao de 1971, há a retirada das disciplinas de Matemática, Física e Economia para a inserção de Estudos de Problemas Brasileiros e, ainda, a disciplina de Estética, História, Artes e Técnicas, que já existia nos ciclos subsequentes.

Em 1972, as disciplinas Geometria Descritiva e Desenho Geométrico, que eram ministradas juntas em 1971, se separam. Uma vez que a carga horária atribuída passa de 180 para 210 horas, sugere a necessidade de dedicação maior e aprofundamento do conteúdo das questões voltadas à representação gráfica no início do curso, em detrimento das matérias de conhecimento geral, como Economia e Física, que saíram do currículo de 1972, mas ainda eram obrigatórias no Currículo Mínimo (CM) de 1969. A disciplina Matemática, por sua vez, que muitos cursos interpretaram como Geometria, foi inserida no CM.

O fato de priorizar as matérias voltadas à representação ainda pode ser observado pela distribuição da carga horária, na qual as 60 horas dedicadas a cada uma das duas disciplinas removidas foram acrescidas nas disciplinas Expressão no Espaço e Expressão no Plano.

No 2º Ciclo, encontra-se o título Estudos Econômicos substituído por Estudos Sociais Econômicos. Com o levantamento feito, não foi possível esclarecer se o conteúdo aplicado era o mesmo; contudo, a simples inserção do termo "Sociais" e a permanência apenas da disciplina de Antropologia, do grupo de Conhecimentos Gerais[44], entre outras três (Matemática, Física e Economia) que foram retiradas, assinalam a importância que as ciências sociais adquiriram no conteúdo programático.

Nesse período do curso, além das matérias de Expressão no Plano e no Movimento, que constam em todos os anos do curso, ocorre o acréscimo da disciplina Expressão no Espaço no 2º Ciclo de 1972, que acontecia apenas no 1º Ciclo do curso em 1971. Enquanto neste ciclo essa disciplina abrangia marcenaria, modelagem e cerâmica, o seu título, no 2º Ciclo, dedicava-se à elaboração de maquete.

Já o 3º ano mostrou-se sem alteração quanto a terminologias e, ainda, à carga horária. Aliás, nesse quesito, outra verificação que pode ser levantada nos dados apresentados é a preservação do tempo dedicado às disciplinas, com pequenas alterações, das quais as mais representativas foram citadas anteriormente.

Quanto aos primeiros anos do curso de Comunicação Visual e os títulos específicos a essa área, a diferença entre a primeira grade do curso e o segundo ano foi o acréscimo das disciplinas de Análise Gráfica, no 2º Ciclo, e de Teoria Técnica e Materiais, no 3º Ciclo.

Devido à legislação federal da época, as matérias de Estudos Sociais/Econômicos e Estudos de Problemas Brasileiros, de conhecimento geral, percorriam pelo menos dois dos três anos dos cursos.

Nas grades curriculares dos anos de 1971 e 1972 do curso de Comunicação Visual, há relevância conferida ao uso de uma nomenclatura especial: Expressão. Esse termo esteve presente do 1º ao 3º Ciclo do curso, sempre associado ao desenvolvimento das habilidades artísticas e técnicas, e sua presença é ainda mais significativa se observada a alteração de dedicação de 930 horas para um total de 2.760, em 1971, e de 1.110 horas para um total de 2.790, em 1972, ou seja, 33,6% e 39,7%, respectivamente.

---

44 Classificação feita pela autora.

As disciplinas de Expressão eram divididas, então, em três tipos: Plano, Espaço e Movimento. Em Expressão no Plano, estudavam-se: desenho, gravura, serigrafia e história em quadrinhos. Expressão no Espaço dedicava-se a: marcenaria, metal, cerâmica e maquete. A Expressão em Movimento, por sua vez, tratava de: fotografia, cinema, desenho animado e TV. Citado indiretamente (entre parênteses) nas grades estudadas, o termo Expressão aponta para a forma encontrada de inserir disciplinas relacionadas às artes nesse curso. Isso é constatado pelo fato de que essas disciplinas não são encontradas na grade curricular do curso de Arquitetura daquele período.

Referente às grades de Desenho Industrial, não houve alteração entre a de 1973 e a de 1975, no que diz respeito aos títulos das disciplinas. Quanto à carga horária, nota-se apenas a separação da disciplina de Expressão no Plano em duas. Nesse caso, provavelmente se tratou apenas de uma configuração diferente quando a grade foi redigida ou destinada a professores, espaços ou períodos diferentes, uma vez que tanto os temas abordados como a carga horária disponível eram os mesmos.

Com o objetivo de contribuir para a análise da origem do ensino paulistano do design, objeto desta publicação, partiu-se de um diagnóstico comparativo também entre as grades das duas habilitações que abrangem o design no Mackenzie da época.

Desse modo, nas grades apresentadas, verifica-se a distribuição comum das disciplinas de conhecimento geral nos três anos do curso. Entretanto, houve a concentração, no 1º ano, de assuntos voltados às questões sociais e brasileiras, como Estudos dos Problemas Brasileiros e Introdução às Ciências Humanas e Sociais, ao passo que Matemática e Física eram integrantes do 2º ano e Estudos Socioeconômicos, no último ano, tomando-se como base as grades de Desenho Industrial da 3ª e 5ª turmas do curso.

Como observado, essas disciplinas, correspondentes aos conteúdos de conhecimentos gerais, somavam 27,5% da carga horária da grade curricular do 1º Ciclo, ao passo que as demais disciplinas, formadas por aquelas que se voltavam ao conhecimento mais específico do campo de Comunicação Visual e Desenho Industrial, formavam a maioria das horas nos 2º e 3º Ciclos.

Outra matéria que percorre as primeiras grades curriculares dos cursos de DI e CV é Teoria da Informação e Percepção, que nos primeiros anos de Comunicação Visual (1971 e 1972) foi chamada de Plástica, termo originário, provavelmente, da herança das terminologias empregadas no curso de Arquitetura.

Por sua vez, nas grades de Desenho Industrial de 1973 e 1975, assume-se o título de Teoria da Informação e Percepção, no 1º e 2º Ciclos do curso, mesma fase do curso de CV para a disciplina de Plástica. No 3º Ciclo, encontramos a matéria Teoria, Técnica e Materiais, em CV, e Teoria da Fabricação, em DI.

As grades curriculares apresentadas do curso de Desenho Industrial mostram que a carga horária foi distribuída, em relação aos anos: 1.020 horas (1º ano), 900 horas (2º ano) e 840 horas (3º ano). Diferentemente do que foi expresso nas primeiras grades do curso de Comunicação Visual, que concentrou a maior quantidade de horas no 2º ano (1.020 horas), e o 1º e 3º anos ficaram igualmente com 870 horas.

A partir da nossa organização em três grupos, sugerida para a análise, a decrescente quantidade de horas é inversamente proporcional à oferta de matérias específicas de cada habilitação. Assim, com base na grade de 1975 de DI, encontramos a seguinte distribuição de disciplinas, excluindo Educação Física:

Tabela 4.5 – Distribuição dos grupos propostos de disciplinas e quantidade de horas dedicadas a eles na grade curricular de 1975 do curso de Desenho Industrial do Mackenzie.

Setorização proposta das disciplinas	Quantidade					
	Horas	Disciplinas	Horas	Disciplinas	Horas	Disciplinas
Conhecimentos gerais (□)	150	2	120	2	60	1
Conhecimento da área de design (comum a ambas as habilitações) (●)	870	10	480	7	120	2
Conhecimento específico de cada habilitação (★)	0	0	300	3	660	6
Total de horas	1.020		900		840	
Ciclo	1º		2º		3º	

A tabela expõe a representatividade das disciplinas referenciais comuns da área de design diante das de conhecimentos gerais no ciclo básico (1º ano) e o decréscimo desses dois grupos comparados ao de conhecimentos específicos de DI e CV no último ano do curso.

Do grupo de conhecimentos gerais, observa-se que Estudos de Problemas Brasileiros[45] estava presente desde as primeiras

45 Depois do golpe militar de 1964, o ensino de Filosofia e Sociologia foi substituído pelas disciplinas Educação Moral e Cívica (ensino fundamental), Organização Social e Política Brasileira (ensino médio) e Estudos dos Problemas Brasileiros (ensino superior). A implantação e

grades. Em 1971, quando os cursos são implantados, essa disciplina integrava o 3º Ciclo de Comunicação Visual, e em 1972, era dada no 1º e 3º Ciclos. O 2º Ciclo tinha Estudos Econômicos e Estudos Sociais e Econômicos, em 1971 e 1972, respectivamente. Já nas grades de 1973 e 1975 de Desenho Industrial, notamos a presença de Estudos de Problemas Brasileiros no 1º Ciclo e Estudos Socioeconômicos no 3º Ciclo. Esse formato foi assumido para os anos seguintes da década de 1970 em ambos os cursos (DI e CV).

Tabela 4.6 – Distribuição da disciplina de Estudos de Problemas Brasileiros nas grades de 1971 e 1972 do curso de Comunicação Visual, e nas de 1973 e 1975 do curso de Desenho Industrial do Instituto Presbiteriano Mackenzie.

Ciclo	Comunicação Visual		Desenho Industrial	
	1971	1972	1973	1975
1º	–	Estudos de Problemas Brasileiros	Estudos de Problemas Brasileiros	Estudos de Problemas Brasileiros
2º	Estudos Econômicos	Estudos Socioeconômicos	–	–
3º	Estudos de Problemas Brasileiros	Estudos de Problemas Brasileiros	Estudos Socioeconômicos	Estudos Socioeconômicos

No 2º Ciclo da grade de 1973 de DI, do grupo de conhecimentos gerais saem Estudos de Problemas Brasileiros e Introdução a Ciências Humanas e Sociais e entram Matemática e Física. Nesse ano aparecem a disciplina de Planejamento e, ainda, as primeiras disciplinas específicas ao campo do Desenho Industrial: Ergonomia e Análise dos Materiais Expressivos.

A maior parte do conteúdo do 3º Ciclo é dedicada às matérias de conhecimento específico ao campo do Desenho Industrial, formando um total de cinco contra duas de conhecimentos comuns aos campos de DI e CV e uma de conhecimentos gerais, além da disciplina de Planejamento. Com exclusão desta última, a carga horária dos assuntos exclusivos a Desenho Industrial correspondia a 75% do total.

obrigatoriedade dessas disciplinas foram estabelecidas por meio do Decreto-lei nº 869, de 12 de setembro de 1969, permanecendo no currículo oficial como disciplina escolar e prática educativa em todos os níveis de ensino por 24 anos, até 1993, quando foi revogada pela Lei nº 8.663.

Partindo das grades do período inicial dos cursos e adotando a comparação entre os períodos (1971 a 1975) e os títulos das disciplinas oferecidas como método de análise, extraem-se algumas características que se referem ao conteúdo, apresentado oficialmente, da formação de Desenho Industrial e Comunicação Visual da Universidade Presbiteriana Mackenzie.

A princípio o 1º ano era básico em ambos, foi adotado nas quatro grades como pertencente às duas habilitações. Sob esse arranjo, foi oferecida à primeira turma (ingressantes em 1971) uma concentração de disciplinas de conhecimento geral (Matemática, Física, Economia e Antropologia).

Na turma de CV que iniciou o curso em 1972 há uma redução significativa dessas matérias, restando apenas Antropologia no 1º ano, que, a partir de 1973, é substituída por Introdução a Ciências Humanas e Sociais (com base na grade de DI).

Economia e Estudos Econômicos, presentes no 1º e 2º Ciclos de CV, respectivamente, podem ter encontrado uma descendência no 3º Ciclo, pois reaparecem como uma única disciplina de nome correlato, Estudos Socioeconômicos[46] nesse curso em 1972 e no curso de DI no 3º Ciclo de 1973 e 1975. Nessas grades de DI também se observa que as disciplinas de Matemática e Física foram reposicionadas, do 1º para o 2º ano, provavelmente nas duas habilitações, para uma abordagem mais direcionada dos conteúdos específicos, após o aluno já ter tido contato maior com uma quantidade relevante de matérias acadêmicas referentes a sua área de estudo.

As grades de 1972 e 1973 mostram o aumento da carga horária nesse 1º Ciclo (de 870 horas para 1.020 horas), derivado da maior quantidade de disciplinas dedicadas a Representação e Linguagem, como as do grupo de Expressão (no Plano, no Espaço e no Movimento) e Desenho (Geométrico, Técnico e Geometria Descritiva). Pela primeira vez, é na grade de 1973 de DI do Mackenzie que, no lugar da matéria de Plástica – nome existente no Currículo Mínimo –, aparece o termo Teoria da Informação e Percepção, que perdura ao longo do curso.

A mudança de títulos e a correlação de nomes que compuseram as grades curriculares dos primeiros anos dos cursos de DI e CV do Mackenzie demonstram certas necessidades de adequação (de ordenação e representatividade) das disciplinas citadas diante da evolução dos cursos. Contudo, esse fato é amenizado quando comparamos esses ajustes à sequência do grupo nomeado de Expressão.

---

46 Essa disciplina foi comum na época para vários cursos em diferentes instituições de ensino. É provavelmente uma mudança externa ao curso e comum dentro do Mackenzie.

Apresentados entre parênteses, Desenho, Gravura, Fotografia, Marcenaria, entre outros, foram mantidos no curso sob o título de Expressão, provavelmente em conformidade com o Currículo Mínimo (Brasil, 1969), apresentado no ano de 1969. Tanto nas grades de 1971 e 1972 de CV como nas de 1973 e 1975 de DI, os títulos das disciplinas permaneceram inalterados dentro de cada habilitação, no que diz respeito aos títulos e aos ciclos em que eram lecionadas, contribuindo para uma das características dessas grades. Como exemplo, citamos: Expressão em Movimento (TV) no 3º Ciclo de CV, em 1971 e 1972; e Expressão no Plano (Gravura) no 1º Ciclo de DI, em 1973 e 1975.

A importância dessas disciplinas básicas de representação de desenho, apesar da redução da carga horária, é verificada por sua permanência em toda a grade curricular, e elas são instituídas, principalmente, no começo do curso, o que pode ser diagnosticado pelo depoimento da professora Ana Maria Di Sessa (2011) ao ressaltar que no 1º Ciclo (básico) "[...] a questão era colocar o aluno dentro de um universo de representação, [...] a representar com vários desenhos o seu objeto de trabalho e entender essa representação".

Quanto à influência dos cursos de artes e arquitetura no conteúdo programático do Desenho Industrial e da Comunicação Visual, Ana Maria Di Sessa – professora das disciplinas de Geometria Descritiva e Perspectiva – em suas considerações aponta que não havia uma relação mais intrínseca entre o objetivo dos exercícios propostos em sala e a prática profissional de um designer como o conhecemos na atualidade, talvez por ser um campo de atuação incipiente. O que nos conduz à proposição de que não eram disciplinas de representação específicas para design como a maioria é hoje, e ela reforça o caráter incipiente do curso quando completa:

> Ele tinha que saber representar. O que fosse. Uma casa, uma escada, um objeto. Não era específico para isso ou aquilo. O desenho se desenvolvia em função do aprender mesmo. A representar pra execução, representar artisticamente, mas nada em cima de uma discussão objeto, escala maior ou menor[47].

No entanto, quando se observa em qual etapa do curso algumas matérias eram lecionadas, esse grupo (de matérias de conhecimentos comuns para ambos, CV e DI) foi o que mais sofreu alteração na ordem imposta a suas disciplinas, apesar de

[47] Entrevista concedida à profa. dra. Andréa de Souza Almeida em 23 maio 2011.

se manter sempre presente. Exemplo disso é o deslocamento dessas disciplinas distribuídas ao longo dos três ciclos dos cursos para uma concentração maior no 1º Ciclo, o que possibilita, no 3º Ciclo, a inserção de disciplinas específicas e voltadas à prática e ao conhecimento técnico de cada campo.

Enquanto no 1º Ciclo do curso as turmas de Comunicação Visual e Desenho Industrial participavam juntas das aulas que constituíam o ciclo básico, a partir do 2º, os alunos seguiam para um dos cursos propriamente ditos, cuja escolha havia sido feita no vestibular. Com isso, na grade inicial (1971), a partir do 2º Ciclo, as disciplinas são mais direcionadas às especificidades das habilitações, fato observado pela quantidade crescente dos símbolos ● (círculo) no 2º Ciclo e ★ (estrela) no 3º Ciclo.

Tabela 4.7 – Classificação e relação entre as grades do curso de Comunicação Visual do Mackenzie dos anos de 1971 e 1972 de acordo com critérios adotados pela autora para a análise desejada.

Comunicação Visual – 1971	
Disciplinas	C.H.
1º Ciclo – Básico	870
❏ Matemática	60
❏ Física	60
❏ Economia	60
❏ Antropologia	60
● Expressão no Espaço (Marcen., Model. e Cer.)	180
● Expressão no Plano (Desenho)	120
● Plástica (Teoria da Informação e Percepção)	90
● Composição	60
● Geometria Descritiva e Desenho Geométrico	180

(*continua*)

Tabela 4.7 – Classificação e relação entre as grades do curso de Comunicação Visual do Mackenzie dos anos de 1971 e 1972 de acordo com critérios adotados pela autora para a análise desejada (*continuação*).

2º Ciclo – Comunicação Visual	1.020
● Estética. História da Arte e Técnica	60
● Perspectiva	90
❏ Estudos Econômicos	60
● Plástica (Teoria da Informação e Percepção)	60
● Ciência da Comunicação	60
♦ Planejamento	150
● Desenho Técnico	60
● Expressão em Movimento (Foto)	60
● Expressão no Plano (Gravura)	90
● Expressão no Plano (Desenho e Serigrafia)	180
★ Análise Gráfica	150
3º Ciclo – Comunicação Visual	**870**
● Expressão em Movimento (Desenho Animado)	60
● Expressão em Movimento (Cine)	90
● Expressão em Movimento (TV)	90
● Expressão no Plano (Est. Quad.)	60
● Estética. História da Arte e Técnica	60
★ Análise Gráfica	180
★ Teoria Técnica e Materiais	90
● Ciência da Comunicação	60
♦ Planejamento	120
❏ Estudo dos Problemas Brasileiros	60

(*continua*)

Tabela 4.7 – Classificação e relação entre as grades do curso de Comunicação Visual do Mackenzie dos anos de 1971 e 1972 de acordo com critérios adotados pela autora para a análise desejada (*continuação*).

Comunicação Visual – 1972	
Disciplinas	**C.H.**
1º Ciclo – Básico	**960**
❏ Antropologia	60
● Expressão no Espaço (Marcen., Model. e Cer.)	240
● Expressão no Plano (Desenho e Gravura)	180
● Plástica (Teoria da Informação e Percepção)	60
● Composição	90
● Desenho Geométrico	90
● Geometria Descritiva	120
● Est. História, Artes e Técnicas	60
❏ Estudo dos Problemas Brasileiros	60
2º Ciclo – Comunicação Visual	**1050**
● Estética. História da Arte e Técnica	60
● Perspectiva	90
❏ Estudos Sociais e Econômicos	60
● Plástica (Teoria da Informação e Percepção)	60
● Ciência da Comunicação	60
♦ Planejamento	120
● Desenho Técnico	60
● Expressão em Movimento (Foto)	60
● Expressão no Plano (Gravura)	90
● Expressão no Plano (Desenho e Serigrafia)	180
★ Análise Gráfica	150
● Expressão no Espaço (Maquete)	60

(*continua*)

Tabela 4.7 – Classificação e relação entre as grades do curso de Comunicação Visual do Mackenzie dos anos de 1971 e 1972 de acordo com critérios adotados pela autora para a análise desejada (*continuação*).

3º Ciclo – Comunicação Visual	870
● Expressão em Movimento (Desenho animado)	60
● Expressão em Movimento (Cine)	90
● Expressão em Movimento (TV)	90
● Expressão no Plano (Est. Quad.)	60
● Estética. História da Arte e Técnica	60
★ Análise Gráfica	180
★ Teoria Técnica e Materiais	90
● Ciência da Comunicação	60
♦ Planejamento	120
❑ Estudo dos Problemas Brasileiros	60

Legenda*

❑ Conhecimentos Gerais
● Conhecimentos Básicos – Comuns à área do design (CV e DI)
★ Conhecimento Específico de cada habilitação (CV ou DI)
♦ Disciplina de Projeto – Planejamento

* Classificação feita pela autora.

Tabela 4.8 – Classificação e relação entre as grades do curso de Desenho Industrial do Mackenzie dos anos de 1973 e 1975 de acordo com critérios adotados pela autora para a análise desejada, onde a única diferença encontrada foi a separação da disciplina Expressão no Plano em Desenho e Serigrafia*.

Desenho Industrial – 1973	
Disciplinas	C.H.
1º Ciclo – Básico	1020
● História da Arte e Estética	60
❑ Estudo dos Problemas Brasileiros	60
● Introdução à Ciências Humanas e Sociais	90
● Expressão no Espaço (Marcen., Model. e Cer.)	180
● Expressão no Plano (Desenho)	90
● Expressão no Plano (Gravura)	90
● Teoria da Informação e Percepção	60
● Composição	90

(*continua*)

Tabela 4.8 – Classificação e relação entre as grades do curso de Desenho Industrial do Mackenzie dos anos de 1973 e 1975 de acordo com critérios adotados pela autora para a análise desejada, onde a única diferença encontrada foi a separação da disciplina Expressão no Plano em Desenho e Serigrafia*. (*continuação*).

● Geometria Descritiva	90
● Desenho Geométrico	90
● Desenho Técnico	60
● Expressão em Movimento (Foto)	60
2º Ciclo – Desenho Industrial	**900**
● Perspectiva	60
● Teoria da Informação e Percepção	60
● Ciência da Comunicação	60
♦ Planejamento	120
● Expressão no Espaço (Maquete)	60
● Expressão no Espaço (Escultura)	60
● Expressão no Plano (Desenho e Serigrafia)**	180
★ Análise dos Materiais Expressivos	60
★ Ergonomia	120
❑ Matemática	60
❑ Física	60
3º Ciclo – Desenho Industrial	**840**
● Teoria da Informação e Percepção	60
★ Prática do Desenho Industrial	120
★ Industrialização	90
★ Ergonomia – Teórica-Prática	120
★ Análise dos Materiais Expressivos	120
★ Teoria da Fabricação	90
● Ciência da Comunicação	60
♦ Planejamento	120
❑ Estudos Socioeconômicos	60

Legenda*

❑ Conhecimentos Gerais
● Conhecimentos Básicos – Comuns à área do design (CV e DI)
★ Conhecimento Específico de cada habilitação (CV ou DI)
♦ Disciplina de Projeto – Planejamento

* Classificação feita pela autora.
** A única diferença encontrada quanto à organização e terminologias das grades de 1973 e 1975 foi a separação em duas (2) da disciplina Expressão Plano (uma, Desenho, e outra, Serigrafia).

Contudo, a reformulação ocorrida três anos mais tarde aponta para um novo caminho, não tão destoante das propostas do curso original, mas ordenado diferentemente, por meio do agrupamento dos temas voltados à área de Comunicação (Desenho Industrial ou Comunicação Visual) já no 1º Ciclo. Dessa maneira, a carga horária do 1º Ciclo passa de 870 para 1.020 horas, abrangendo uma quantidade maior de disciplinas técnicas voltadas para ambas as habilitações. Ao longo dos anos, esse grupo de disciplinas cresce, e chega no 3º Ciclo a contar praticamente com todas as matérias de ensino técnico ou específico do campo do design, incluindo algumas inexistentes nos anos anteriores, como Industrialização, Ergonomia e Prática do Desenho Industrial, no curso de DI.

A disciplina Ciência da Comunicação estava em ambas as habilitações, com abordagens semelhantes nos dois cursos, o que ocorria também com Expressão no Plano, que continha a maior quantidade de horas, e sua distribuição era praticamente igual em ambos (DI e CV), assim permanecendo, inclusive, após a reestruturação.

Outras disciplinas com carga horária significativa são Análise Gráfica (Comunicação Visual), com 150 horas, e Análise de Materiais Expressivos (Desenho Industrial), com 60 + 120 horas, as únicas desse grupo no 2º Ciclo da primeira grade curricular. Porém, após a alteração, mantiveram-se no 2º Ciclo, com carga horária menor (60 horas) e acompanhadas de outras que formavam o conjunto das matérias específicas: Expressão no Espaço (Maquete) e Expressão no Espaço (Escultura), com 60 horas cada. Por sua vez, no 3º Ciclo, retornam como as que consumiam maior quantidade de horas: Análise Gráfica (CV), com 180 horas, e Análise de Materiais Expressivos (DI), com 120 horas.

Nas primeiras turmas, tanto em Comunicação Visual como em Desenho Industrial, encontramos o grupo das disciplinas dedicadas aos assuntos específicos de cada habilitação concentrado no fim do curso e em pouca quantidade comparada com as de conhecimentos comuns, conforme indicado pela atribuição do símbolo ★ (estrela).

O que acontece após os primeiros anos do curso é a mudança na distribuição das disciplinas entre os ciclos. Com o passar do tempo, o entendimento do que eram as práticas necessárias para a profissão na crença dos articuladores do curso fez com que as disciplinas de conhecimentos gerais sofressem redução em prol do aumento das técnicas, já no 1º ano do curso. À medida que a carga horária de conhecimentos gerais se reduzia, a proporção das matérias específicas aumentava, o que se observa no 3º Ciclo do curso de DI de 1973, no qual elas somavam mais de 60%. Os 28% restantes eram compostos de conhecimentos técnicos e de apenas uma de conhecimento geral – Estudos Socioeconômicos –, lecionada anteriormente no 2º Ciclo.

Apesar de não representar uma grande alteração nos termos adotados, a transferência de disciplinas refletia a tentativa de configurar um curso que ainda era indefinido quanto a objetivos mais claros, mas na intenção de atender às demandas daquele período brasileiro, no qual a sociedade ansiava por novos produtos na indústria e ofertava profissionais ao setor produtivo.

Assim, alguns professores provavelmente almejavam que seus alunos construíssem as bases de um pensamento em consonância com a crescente produção industrial, e o reflexo disso no Mackenzie pode ser identificado com a redução das disciplinas de conhecimentos gerais e o aumento das disciplinas técnicas e práticas do campo, no fim do curso.

A disciplina de Planejamento (Projeto), termo possivelmente vindo da Arquitetura, ocupava considerável carga horária no conjunto, significativamente maior que as demais. Para entender o fato, associamos essa disciplina à de Projeto e Desenvolvimento que constava no CM de 1969, devido aos relatos dos ex-alunos sobre o conteúdo que era oferecido. Essas aulas abordavam as questões relacionadas à prática de projeto, mas não o fazer do projeto na qualidade de desenho de representação, e sim em um "[...] programa centrado em questões de natureza metodológica"[48]. Isso nos levou a considerar que o desconhecimento da área e da atividade profissional fez o desenvolvimento de Projeto ser apresentado em termos teóricos, na disciplina de Planejamento, como extensão das práticas profissionais no mercado de trabalho de seus professores.

Ainda não havia uma didática dentro da faculdade dirigida a esse campo, os professores eram profissionais que atuavam, em sua maioria, em seus escritórios e iniciavam sua carreira acadêmica naquele contexto de tentativas. Um exemplo da dinâmica aplicada para uma das aulas de projeto é descrito por um de seus ex-alunos, Eugênio Weishaupt Ruiz, da seguinte maneira: "Eu nunca imaginei fazer projeto por escrito e ser avaliado por um texto"[49]. As palavras do professor Ruiz remetem-nos à possibilidade de um tipo de entendimento do

---

48 Mensagem pessoal de G. Giorgi Jr. recebida por <anacoelho@usp.br>, em 10 jan. 2012.
49 Entrevista concedida à autora em 8 dez. 2009.

currículo aplicado distante do exercício profissional, baseado em aulas teóricas para conduzir a prática.

Contudo, a disciplina de Planejamento é lembrada pelos ex-alunos entrevistados como uma experiência muito boa, do conteúdo programático à didática adotada, dedicando-se o mérito ao docente responsável (professor Waldyr Hungria).

Quanto às disciplinas práticas, os ex-alunos entrevistados comentaram que, apesar do espaço físico restrito e da infraestrutura sem sua totalidade, os laboratórios foram importantes espaços de convivência entre alunos e professores e de aplicação dos aprendizados. Situação que é exemplificada por uma de suas ex-alunas quando expõe que, mesmo não sendo exclusivo do curso de Desenho Industrial, o laboratório de Fotografia ganhou destaque entre os alunos do período, principalmente para os de Comunicação Visual.

Assim, o período inicial das experiências de ensino desse campo mostra que, apesar da incerteza da aplicação prática de certos conteúdos, a grade curricular da escola já começava a ser montada em conformidade com outras propostas curriculares realizadas em território nacional naquela época. A criação do curso em período posterior à aprovação do Currículo Mínimo para o curso de DI, este baseado na proposta da ESDI; a proximidade física da FAAP e do seu contingente profissional/docente; e a abertura da Faculdade de Artes anos antes apontam uma parcela da decorrência dos fatos relacionados ao nascimento dos cursos de DI.

4.4 Considerações dos entrevistados sobre a grade na prática/dinâmica das aulas

No intuito de identificar algumas características curriculares implícitas nos títulos adotados para as disciplinas dos primeiros anos dos cursos pesquisados, foram realizadas algumas entrevistas com personagens que vivenciaram esse período na instituição. Esses relatos associados às grades auxiliam no entendimento de como o curso era organizado e ministrado, o que pode ser exemplificado com uma parcela significativa dos discursos dos entrevistados quanto aos títulos das disciplinas que não são suficientes para qualificar os primeiros anos dos cursos.

Uma parcela considerável dos personagens presentes neste trabalho comentou que via o nome empregado para as disciplinas como uma forma de organizar a grade, pois a característica de cada uma era conferida pela proposta de cada docente. Alguns professores adequaram seus métodos de trabalho à sala de aula e permitiram que os alunos elegessem suas preferências de acordo com afinidades das áreas que se identificavam profissionalmente.

Não havia críticas diretamente relacionadas aos blocos das disciplinas, por parte dos alunos, mas, às disciplinas em si. Os alunos se identificavam com certos conteúdos e professores e seguiam suas linhas de atuação, como no caso das disciplinas de Ciências da Comunicação e Teoria da Informação, cujos conteúdos interessavam a ambas as habilitações.

Os professores dessas matérias portavam amplo conteúdo teórico para embasar as atividades desenvolvidas nas demais disciplinas. Como declarado por Sônia Valentim de Carvalho[50], "[...] essas disciplinas eram muito interessantes [...], os professores eram da USP". E ela destaca um deles, o professor Teixeira Coelho, que hoje atua no Museu de Arte Moderna de São Paulo, cuja presença foi marcada pelo modo de ensinar a partir de questionamentos aos alunos, o que lhes permitia maior envolvimento durante as aulas.

O período era de firmação da academia e da profissão do designer, ainda nomeado como desenhista industrial. Disciplinas como Antropologia não tinham a abordagem hoje conferida[51], e o conceito, nesse caso, era o homem e suas relações. Outro exemplo do conhecimento limitado dos ingressantes do curso é dado por Sônia de Carvalho, referente a seu período como aluna de Comunicação Visual. Ela diz que sabiam o que era "tipografia", pois "[...] conhecíamos o que era uma (fonte) Helvetica, Univers [...]", mas o conhecimento era aprofundado quando iam aos laboratórios, mesmo que precários, o que não impedia o desenvolvimento de interessantes exercícios.

A ex-aluna ainda compara o momento vivenciado no início do curso com a prática, na atualidade, do uso indiscriminado de ferramentas computacionais: "Na minha época de graduação, era muito manual. Colocávamos a mão na massa, éramos muito artesanais, e com isso entendia-se melhor o processo, não se saía fazendo o trabalho final direto no InDesign[52]".

Sem a intenção de entrar no mérito da evolução natural do campo, suas técnicas e desdobramentos ao longo do tempo, verifica-se que o aprendizado aparece na aplicação das técnicas e na execução dos exercícios propostos, apesar da diferença de interesses dos alunos conforme a filiação a uma das duas

---

50 Entrevista concedida à autora em 8 dez. 2009.

51 Devido a um conhecimento maior do campo do design hoje, é possível, além de fornecer ao corpo discente uma introdução à Antropologia como uma ciência de entendimento do homem e da sociedade, relacioná-la à área de formação e ao cotidiano do aluno do design.

52 *Software* utilizado para a diagramação. Componente do grupo de programas da Adobe System.

habilitações. Assim, aulas como as de Fotografia atraíam os alunos, principalmente os de CV. Para os de DI, por sua vez, aquilo "soava como uma carga horária excessiva". E os entrevistados[53] para esta publicação observam ainda, em sua maioria, que, apesar de o laboratório dispor de espaço físico restrito, os trabalhos propostos estimulavam a criatividade e a liberdade de aplicação.

Em contrapartida, disciplinas como Modelagem/Cerâmica eram preferidas pelo grupo discente de DI, como explicitado pelo professor Ruiz[54] ao confessar sua preferência pela aula de Modelagem à de Desenho de Observação.

Outra disciplina de preferência dos alunos era Planejamento, que, na prática, era de desenvolvimento de projeto, ministrada pelo professor Waldyr Hungria. Era a aula dedicada ao "projetar" e teve referência na Arquitetura, mas tinha o perfil de uma disciplina de metodologia de projeto, pois se baseava em aulas teóricas, sem atividades projetuais.

Segundo os depoimentos, as disciplinas eram bem variadas, o que contribuía para a abrangência do conhecimento necessário na área de design. Apesar de as disciplinas serem identificadas como "tarefas" (desenhos de observação, modelagem, pintura etc.) e muitas vezes sem integração, os exercícios propostos e seus conteúdos formaram uma base generalista satisfatória para inserir esses profissionais, antes desprovidos desses conhecimentos, em um mercado de trabalho incerto. "Era um pacote de informação", aponta Eugênio Ruiz.

A escola oferecia uma parte do material didático (folhas de grande dimensão, barbotinas etc.), outros, principalmente os de pintura, eram trazidos pelos alunos ou de propriedade de alguns professores.

Segundo depoimentos obtidos de ex-alunos, as oficinas eram suficientes, mas não exclusivas dos cursos de Desenho Industrial e Comunicação Visual, pois eles utilizavam vários laboratórios no prédio da Engenharia e foram favorecidos pelas instalações já existentes no prédio da Arquitetura, onde dividiam o espaço físico e os equipamentos.

Contudo, era quase ausente a realização de atividades fora da escola. A turma de Comunicação Visual fez algumas visitas, como à fábrica de papel Suzano, ao passo que os ex-alunos da turma de Desenho Industrial não se recordaram de praticar essas atividades.

53 A lista com os nomes dos entrevistados está presente nas Referências deste livro.
54 Entrevista concedida à autora em 8 dez. 2009.

Esses aspectos fazem parte do contexto de formação do curso; no entanto, a ordem das matérias na grade curricular, a nomenclatura adotada, a proporção de cada grupo de disciplinas nos ciclos do ensino de Desenho Industrial e Comunicação Visual caracterizaram o início da academia de design nessa instituição, como apontado por Ruiz:

> Não me lembro de professores das áreas relacionadas ao (que chamamos hoje de) design, grande parte era descendente das artes plásticas e alguns da arquitetura. Assim, nosso referencial de projeto era muito novo. [...] Os professores artistas traziam algumas referências, como Laszlo Zinner. Ele abria o livro junto com os alunos e mostrava as coisas (Ruiz, 2009).

A limitação do ensino decorrente da falta de conhecimento do campo e da inexperiência acadêmica por parte dos docentes era amenizada pelo contato direto entre alunos e professores, facilitado pela turma de poucos discentes. O intercâmbio de informações era uma via de mão dupla, e permitia, inclusive, que os próprios alunos trouxessem suas experiências de dentro das indústrias/empresas para a sala de aula, como relata o professor Eugênio Ruiz:

> E este material que eu tinha lá (na fábrica de brinquedos Estrela) pedia emprestado para o Luiz Roberto Farina[55], trazia para o Mackenzie e mostrava para os professores, como o prof. Itajahy Martins. Apontei para ele que o que estava sendo dado na escola era Artes Plásticas, e o que seria desenho industrial para a indústria era outra óptica. Assim, ele me convidou algumas vezes para falar com os alunos (Ruiz, 2009).

O próprio Ruiz, na mesma ocasião, refere-se à proximidade de certos professores. Nesse grupo, receberam destaque os professores Sônia Maria Paula e Silva de Lima (desenho), Laszlo Zinner, Odilon Gaspar Amado (fotografia), Ana Maria Santoro Di Sessa (desenho técnico) e Alexandre Wollner, ora por serem dos ateliês e matérias práticas, ora pela proximidade que dispunham para atendimento aos alunos, como confirmado por outros entrevistados.

Os professores, além da disponibilidade do conteúdo apresentado nas aulas, contribuíam com a oferta aos alunos de referências nacionais e internacionais sobre o campo

---

[55] Formado em Desenho Industrial pela Universidade Mackenzie, com cursos de especialização em Embalagem pela Japan Package Design Association, Japan Industrial Design Promotion Organization, e Ergonomia pela Fundação Getulio Vargas, acumulou experiências no departamento de embalagem da Jonhson & Jonhson, Gradiente Eletrônica, Brinquedos Estrela, Seragini Young & Rubricam. Em 1987, inaugurou a Benchmark do Brasil. Foi consultor da Unesco para cursos internacionais sobre embalagens, ministrando e coordenando palestras e cursos na Universidade de Havana e também na Venezuela. Disponível em: <http://www.oswaldocruz.br/>. Acesso em: 8 jan. 2012.

(impressos, propagandas, revistas[56]), naquele período de raras publicações.

Em um campo ainda em fase de formação, muitos professores eram provenientes das Artes Plásticas e da Arquitetura, o que se refletia em um referencial de projeto muito novo aos alunos ingressantes. Um exemplo dessa procedência direta de outras áreas pode ser percebido na disciplina de projeto, que na época era denominada Planejamento, termo adotado pelo Currículo Mínimo de 1969.

Quanto à relação com as artes plásticas, esta é perceptível na porcentagem das disciplinas a elas dedicadas e na prática dos responsáveis por cada disciplina, como relatado pelo professor Ruiz:

> As referências eram, eu acho, 80% de artes plásticas e 20% da arquitetura. As atividades não eram voltadas para a indústria. [...]
> Em apenas 40 minutos ele [Laszlo Zinner] esculpiu uma margarida para mostrar como se usava a goiva, e começamos a usar cada um seu material. Inclusive eu peguei aquele material, que o professor jogou no lixo, e pedi para que ele autografasse. Infelizmente, minha mãe o jogou fora há pouco tempo (Ruiz, 2009).

Em sua maioria, como demonstrado nas grades curriculares levantadas, as disciplinas com foco nas artes plásticas (desenhos de observação, modelagem, pintura etc.) eram dispostas como tarefas independentes e sem integração entre as próprias disciplinas de arte, no contexto do curso como um todo, o que o professor Ruiz resume como "um pacote de informação" e que "preferia estar na modelagem a permanecer quatro horas na aula de desenho de observação".

A proposta curricular de DI e CV dessa instituição foi organizada nos primeiros anos de sua academia a partir do conhecimento de seus docentes, atuantes em diferentes setores profissionais, e influenciada por suas experiências acadêmicas trazidas de outras áreas para o discurso do design, que estava embrionário naquele momento no Mackenzie.

Desse modo, o que os entrevistados destacam é a troca de conhecimentos entre alunos e professores, no curto período em que se traçava o perfil da formação do curso. A sabedoria dos "mestres" na apresentação das técnicas, os quais não realizavam atividade profissional na área de desenho industrial, e

---

56 Os entrevistados não souberam precisar os títulos dessas publicações.

a exposição do aprendizado trazido da indústria por alguns alunos e professores contribuíram para o ensino do curso e suas reformulações, de acordo com o exposto pelos personagens que participaram desta pesquisa.

Somados aos documentos levantados, os depoimentos colhidos ajudaram na tentativa de encontrar as características dos cursos.

Assim, naquela época, o curso de Comunicação Visual voltava-se para diagramação, desenvolvimento de marcas, identidade corporativa e programação visual, nome este que foi adotado posteriormente ao curso. Quanto ao Desenho Industrial, propunha-se projetar objetos, principalmente relacionados ao cotidiano e que pudessem ser produzidos em série. Como colocado sinteticamente por Ruiz[57]: "Desenho Industrial era desenhar sofá, e Comunicação Visual era criar marcas".

Muitos depoentes caracterizaram o curso como um "curso de artes", em consequência da quantidade de disciplinas dedicadas aos conteúdos de linguagem, representação e expressão. Quando o professor Ruiz expõe que "[...] nas aulas de modelagem, os exercícios eram basicamente ir ao jardim pegar uma folha e desenhar, ou criar composições, ou estudar o movimento da composição" e que, faltando um semestre para se formar, apenas tinham feito "pintura", notamos a presença significativa das atividades artísticas no conteúdo curricular, mesmo sendo essas palavras de um ex-aluno do curso de DI.

Recordamos aqui que o professor Ruiz já era projetista na época e posteriormente se dedicou à indústria, o que nos remete a um perfil de aluno que conhecia o campo de atuação com afinidades pelos conteúdos técnicos e práticos. No entanto, independentemente disso, podemos considerar representativa a opinião de alguns alunos sobre a dinâmica do curso, refletida também na declaração do professor Robinson Salata[58] que, como estudante, associava o curso aos oferecidos pelas faculdades de artes.

4.5 Considerações finais

A Universidade Presbiteriana Mackenzie abre, em 1971, dentro da Faculdade de Arquitetura e Urbanismo, os cursos de Desenho Industrial, Comunicação Visual e Desenho e Plástica.

---

57. Entrevista concedida à autora em 8 dez. 2009.
58. Entrevista concedida à autora em 3 abr. 2008.

As incertezas desses campos de atuação faziam com que a maioria dos ingressantes buscasse descobrir seu papel no mercado e firmar identidade em uma época em que o campo do desenho industrial nacional estava em sua fase preliminar e muitos dos produtos eram cópias dos importados.

Diante do cenário político e cultural do início da década de 1970, jovens da classe média formavam uma parcela da sociedade que se voltava para marcar suas convicções políticas e artísticas por meio da militância. Talvez um desses grupos tenha sido composto do corpo discente da instituição. Contudo, o que se pôde perceber pelos depoimentos colhidos é que, especificamente no caso do Mackenzie, as práticas ou pensamentos antigoverno eram camuflados ou não declarados aos olhos de seus integrantes.

Como uma instituição privada presbiteriana, a universidade mantinha uma postura oficial diante do governo e não participava, oficialmente, das lutas contra o sistema político da época. Diante dessa postura, a maioria dos alunos do Mackenzie não permeava os conflitos, como declarado pela ex-aluna Sônia de Carvalho: "Apesar de ser uma época de ditadura, as questões políticas não eram levadas para dentro do *campus*. [...] O Mackenzie não se envolvia com atividades políticas"[59]. Contudo, foi impossível à instituição ocultar de seus alunos, a despeito dessa posição tomada, como declarado por Eugênio Ruiz: "Onde tínhamos de um lado da (rua) o Mackenzie, de direita, e do outro lado, a USP de esquerda [...]. Vivíamos momentos políticos agitados [...]"[60].

Nesse caso, talvez os que fizeram as reivindicações eram minoria, como recordado por seus ex-alunos, mas garantiam certa expressão dos desejos de parte daquela comunidade das primeiras turmas dos cursos de Desenho Industrial e Comunicação Visual, que também buscava as atribuições que lhe competiriam como profissionais e cidadãos.

Por meio dos depoimentos recolhidos e pelo olhar sobre a situação política, econômica e social brasileira da época, fica evidente que os alunos que entravam no curso, principalmente os que se identificavam com as propostas e seguiriam atuantes na área, estavam à procura de uma profissão em que pudessem aplicar suas habilidades voltadas ao desenho, suas técnicas, e aplicá-las à indústria.

Outros fatores que impossibilitavam uma parcela dos alunos de continuar profissionalmente nas respectivas áreas eram

59 Entrevista concedida à autora em 8 dez. 2009.

60. *Idem*

a deficiência do mercado de trabalho e o desconhecimento do campo de atuação, como afirma o professor Ruiz:

> Não chamo os demais que não continuaram de desistentes. Acredito que a realidade do design na década de 1970 ninguém conhecia a profissão. [...] Inclusive, a primeira folha do meu currículo era uma explicação do que era desenhista industrial, fazendo uma relação entre o desenhista arquitetônico. Isso foi uma militância[61].

Os depoentes (desta pesquisa) recordam que pouquíssimos de seus colegas seguiram carreira acadêmica e que essa prática não era pensada naquela época, era uma alternativa profissional.

No decorrer desse período inicial do curso, a colocação profissional era prejudicada também pelo fato de a escola não expor as possibilidades de atuação no mercado. Não havia divulgação, pelo próprio desconhecimento do mercado. Assim, os alunos optavam pelo curso por suas afinidades, principalmente com o desenho e áreas afins, e procuravam atuar em atividades próximas ao que se sabia do campo, como no caso da TV Cultura, conforme citado por Sônia de Carvalho: "Um dos primeiros lugares que as pessoas conseguiram trabalhar era na TV Cultura. [...] Outra alternativa eram as agências de publicidade", no caso dos formandos em Comunicação Visual.

Poucas indústrias conheciam a atividade, destacando-se as automobilísticas que importaram o seu desenho industrial. As do setor moveleiro contrataram, mas também importaram o design. Depois, "[...] na de eletrodoméstico, como a Brastemp, que contratou muita gente na época", segundo palavras do professor Salata[62].

Com isso, um número pequeno de empresas empregava a atividade do designer, e o campo profissional mostrava-se limitado, como afirma o professor Ruiz: "Aos poucos, algumas empresas começaram a valorizar, e foram poucas, como a Giroflex, Securit, Escriba, Forma, que sabiam a importância do design"[63].

As empresas citadas exemplificam a relação intrínseca entre o campo do design e sua área correlata, a arquitetura. Os profissionais de ambos os segmentos compartilhavam as atividades e dividiam os espaços, não apenas na academia, mas

---

61. *Idem*
62. Entrevista concedida à autora em 3 abr. 2008.
63. Entrevista concedida à autora em 8 dez. 2009.

no mercado de trabalho também. Ana Maria Di Sessa expressa essa afinidade da seguinte maneira:

> Na verdade, arquitetura e design têm muita coisa em comum. Você não vai trabalhar um mobiliário se você não tem noção do espaço, assim como você não vai fazer um espaço se você não souber o que vai dentro dele. O homem é o fator principal. Essa relação homem-espaço é que vai estar sempre em questão[64].

Originários de uma tradicional escola paulista de Arquitetura, os cursos de Desenho Industrial e Comunicação Visual do Instituto Presbiteriano Mackenzie foram constituídos de disciplinas provenientes do campo das Artes e da Arquitetura. Além dessas influências, podemos supor que os cursos também estavam alinhados com as incipientes propostas e experiências de escolas anteriores (ESDI e FAU/USP) e certas referências racionalistas (Ulm).

Devido à sua abertura em 1971, os cursos de DI e CV já nasceram com a exigência do modelo curricular derivado do primeiro Currículo Mínimo (1969) para essas áreas, o qual se baseou principalmente na primeira grade consolidada da Escola Superior de Desenho Industrial do Rio de Janeiro, a ESDI.

Em 1969, o Parecer nº 408/69[65] do CFE ditou os princípios do ensino de Desenho Industrial e Comunicação Visual, contribuindo para que a organização e a nomenclatura das disciplinas sofressem poucas alterações nas diferentes instituições. Constatação feita, principalmente ao longo da primeira fase dos cursos do Mackenzie, que esteve vinculada à Faculdade de Arquitetura, como pôde ser verificado nas análises anteriores.

Se, de um lado, o currículo era formado com as referências do Currículo Mínimo, com praticamente as mesmas terminologias entre este e as grades dos cursos abordados neste livro, de outro, para que isso fosse aplicado na prática, era necessário encontrar professores que cumprissem esses requisitos. O Mackenzie, nesse sentido, possuía uma Faculdade de Arquitetura que era referência no ensino, e assim contou com professores dessa escola, bem como com profissionais dessa área e das Artes. Esse fato não excluiu a contratação de outros profissionais que já atuavam em atividades voltadas ao design. Alguns dos contratados no início dos cursos eram docentes de

---

64 Entrevista concedida à profa. dra. Andréa de Souza Almeida em 23 maio 2011.

65 Parecer nº 408/69, aprovado em 12 de junho de 1969.

outras instituições com cursos dirigidos ao design, como no caso da FAAP, citada por alguns dos entrevistados que iniciaram suas carreiras como docentes a convite de antigos professores dessa instituição e que vieram a compor o quadro de profissionais do curso do Mackenzie.

Luiz Teixeira Torres é um desses exemplos, citado por Ana Maria Di Sessa, professora do Mackenzie desde 1972, um ano após a abertura dos cursos de DI e CV. A professora, ex-aluna de Artes Plásticas da FAAP, teve aulas com esse professor nessa escola, auxiliou-o e, assim que se formou, foi convidada por Torres para trabalhar com ele no Mackenzie. Regido pelo mesmo discurso é o depoimento do professor Norberto Stori, que, após ser aluno do professor Caciporé Torres na FAAP, foi chamado por ele para lecionar no Mackenzie. Outro exemplo desse caso de professor que dava aula nas duas instituições é José Moraes, responsável pela disciplina de Composição.

Como exposto, os cursos de Desenho Industrial e Comunicação Visual dividiam os recursos com o de Arquitetura; no entanto, os horários desencontrados das turmas e a falta de atividades integradoras não possibilitaram contato direto entre eles. Tanto nos relatos de ex-alunos como no de professores, identificamos que não foi constituída uma relação de proximidade entre os discentes, por mais que houvessem professores que se dedicassem à Arquitetura e aos cursos da Escola de Comunicação e Artes. Isso também acontecia dentro da própria atmosfera dessa escola, na qual os alunos de DI e CV não mantinham contato direto, apesar do contexto entre disciplinas observado na análise comparativa das grades curriculares.

A relação distante entre os seus alunos não correspondia à proximidade identificada das terminologias dos cursos. Ao analisarmos a estrutura de ambos (DI e CV) pelos títulos das disciplinas no início da década de 1970, verificamos a grande presença daquelas voltadas à linguagem e aos meios de representação, o que podemos considerar uma característica, seja em correspondência às exigências do Currículo Mínimo de 1969 ou derivada da mesma filiação de escola e agentes.

Quanto à organização dos cursos, vale lembrar ainda que o Currículo Mínimo é consequência da Lei de Reforma Universitária do Conselho Federal de Educação de 1968[66], que extinguiu a cátedra e a "[...] estrutura da universidade passava

---

66 Lei nº 5.540/68 aprovada em 28 de novembro de 1968.

a ser prioritária como forma de organização do ensino superior, em que o ensino, a pesquisa e a extensão assumiam natureza privada" (Couto, 2008, p. 16). Assim, em sintonia com as propostas curriculares nacionais, a instituição adotava as mudanças apresentadas pelo Currículo Mínimo.

Uma vez que a origem dos cursos de Desenho Industrial e Comunicação Visual do Mackenzie está vinculada à Faculdade de Arquitetura e que esta, por sua vez, é decorrente da Faculdade de Engenharia, poderíamos supor que as matérias refletiriam atividades de cunho mais técnico. Contudo, a presença majoritária de matérias do campo das artes plásticas exigiu a contratação de professores relacionados a esse campo, o que é percebido nos primeiros anos dos cursos. A vinda de docentes como Caciporé Torres e Ana Maria Di Sessa, ambos artistas plásticos, aponta para o caminho que o ensino daquelas áreas adotaria para os próximos anos no instituto.

Nesse contexto de ampliação do corpo docente, encontramos o pedido de afastamento do professor Lívio Levi do curso de Arquitetura no mesmo ano em que saiu o CM para os cursos de DI e CV. E, ao contrário do que se poderia imaginar, devido às suas inúmeras pesquisas para a abertura do curso exclusivo de design e às vésperas da implantação desses cursos no Mackenzie, o arquiteto Levi deixa o corpo docente devido à falta de um posicionamento mais incisivo por parte da instituição para implantar o curso almejado nos anos 1960.

A atuação de Lívio Levi na academia do design, por meio da busca de referências no ensino e da apresentação de propostas para o campo, identificadas nos acontecimentos e em seus registros, evidencia um pensamento à frente de seu tempo. Nas suas propostas de curso para o Mackenzie, citava a inserção de disciplinas dirigidas à percepção e à semiótica, à apresentação de exercícios com complexidade crescente ao longo do curso e à integração com a indústria, o que nos parece distante do que foi implantado na instituição. Contudo, a proximidade dos agentes de outras instituições de ensino do design mostra-nos uma influência parcial do que estava sendo pensado no campo em suas propostas didáticas e na montagem do curso de design do Mackenzie.

Levi continuou a lecionar na FAAP, enquanto os novos professores contratados e aqueles provenientes do curso de Arquitetura colaboraram para dar sequência aos cursos de DI e CV no Mackenzie. E muitos deles são lembrados por seus ex-alunos pelas práticas exercidas em sala de aula e pelo contato direto que mantinham, proporcionado pela dinâmica do curso.

Apenas os títulos das grades apresentadas não são suficientes para analisar o conteúdo das disciplinas, mas, aliados aos depoimentos, indicam características gerais da organização inicial do ensino de design no Instituto Presbiteriano Mackenzie. Mais do que o conteúdo das disciplinas, os depoentes ressaltam a relação estabelecida com os primeiros agentes do campo, assim exemplificado por Salata: "Se você me perguntar o que mais aproveitei de lá, te digo que foram as pessoas que conheci".

As grades curriculares dos cursos de DI e CV, que durante seus primeiros anos sofreram poucas alterações, não contavam com a integração entre as disciplinas, e a relação entre teoria e prática estava longe de ser estreita, como se busca na atualidade. Assim, na década de 1970, a transmissão do conhecimento foi montada, principalmente, sobre disciplinas introdutórias de linguagem e expressão visual e enriquecida pelas experiências transmitidas por seus docentes que estão entre os primeiros agentes do ensino de design paulistano.

5 Análise

5.1 Contextos

A apresentação das três primeiras escolas paulistanas de design visou estabelecer as características iniciais que conduziram a academia desse campo na cidade de São Paulo, nas décadas de 1960 e 1970. Nesse período em que o Brasil passava por um momento de sua história caracterizado pelos incentivos à produção industrial e pela ascensão dos militares ao poder, ocorre a institucionalização oficial do desenho industrial/design a partir do surgimento das primeiras escolas e associações.

Nos capítulos anteriores foram expostos os caminhos percorridos pelas três instituições que as levaram a ser outorgadas como as pioneiras do ensino de design em São Paulo, demonstradas principalmente pela cronologia dos seus fatos.

A partir das informações apresentadas, a análise procura pontos de contato e relações de concordâncias e/ou discrepâncias entre as características levantadas de cada uma das instituições, na tentativa de responder à questão fundamental desta pesquisa: Houve uma matriz no ensino paulistano de design? A abordagem do trabalho é focar em aspectos passíveis de comparação, como a posição geográfica, a influência dos acontecimentos do período na sociedade brasileira, principalmente paulistana, as grades curriculares, as possíveis referências de ensino comuns e a atuação de seus agentes naquele período. Para a constituição desse campo sinuoso e pouco registrado que é a história do design no Brasil, o uso das referências documentais somadas à história oral permitiu que algumas informações fossem complementadas, o que colaborou para o entendimento de alguns desses aspectos.

5.1.1 Geral (social, econômico, político)

Desde a década de 1950, o contexto mundial era marcado pela divisão entre capitalistas e socialistas como consequência da Segunda Guerra Mundial, que dividiu o planeta em duas partes referentes às suas ideologias políticas, econômicas e sociais. No Brasil, o desenvolvimento industrial e o crescimento econômico almejados nesse período geraram certo otimismo à população, principalmente por setores das camadas médias, ansiosas por adquirir os novos bens de consumo disponíveis no mercado.

A ideologia do governo brasileiro de incentivar a indústria a produzir para essa camada social conviveu com as taxas inflacionárias derivadas das políticas públicas dos anos anteriores. Apesar da importação de produtos industrializados e da falta de investimento tecnológico, que não permitiram a evolução industrial brasileira desejada por alguns setores ligados a esse campo, foi entre as décadas de 1950 e 1970 que o cenário econômico brasileiro se configurou pela ampliação da produção industrial em detrimento da produção agrícola, pela primeira vez no país.

A população quase dobrou e chegou a 100 milhões, aproximadamente. "Ao inaugurar a unidade [Fábrica da Volkswagen], em 1959, o então presidente Juscelino Kubitscheck anunciou o nascimento de um Brasil moderno e industrializado" (Dias, 2009) e com esse lema de crescimento baseado no setor industrial ocorre a vinda de empresas multinacionais, com destaque para as automobilísticas.

As zonas urbanas expandiram-se com o fluxo migratório intranacional. A ampliação da malha rodoviária e o aumento das frotas de veículos possibilitaram a diminuição do tempo dos percursos. O trânsito de mercadorias entre pessoas ganha melhorias com os progressos das construções e obras ao longo do país, bem como o fluxo de informações. As comunicações tornaram-se mais eficientes com a evolução dos meios de divulgação. Televisão, rádio e jornal são os grandes divulgadores de todos os setores (econômico, político e cultural).

O processo de modernização almejado para o Brasil percorreu do populismo nacionalista e desenvolvimentista ao crescimento econômico do início dos anos 1970 dentro do tecnocrático governo militar. Nesse contexto, as diferentes manifestações artísticas encontram suas formas de expressão, como o teatro e o Cinema Novo, os festivais de música, a música popular brasileira e a Bossa Nova, que ganharam prestígio internacional nos anos 1960 e 1970.

O Brasil, no início da década de 1970 presenciou altas taxas de crescimento econômico e aumento da produção industrial, que foi seguido de elevadas taxas de juros e investimento na infraestrutura presentes no período do "milagre econômico".

As mudanças decorrentes do período analisado neste livro, pautadas na ordem de progresso industrial, incitaram muitas iniciativas voltadas ao desenho industrial e à comunicação visual por parte de arquitetos e artistas. Alguns setores produtivos buscaram entender esses campos para ampliar seus negócios e chegar à esperada modernidade promulgada pelos representantes governamentais. O crescimento do país contou com a participação do Estado como promotor e com a iniciativa privada como aliada para permitir a efetivação do discurso. Discurso este que começou a querer apropriar-se do desenho industrial para a melhoria das exportações, a partir dos anos 1970.

5.1.2 Campo do design: profissão e ensino

O período após a Segunda Guerra Mundial criou novos parâmetros de consumo com o aumento da oferta de produtos principalmente voltados ao cotidiano das pessoas. A disputa entre ideais capitalistas e socialistas teve como algumas de suas consequências o aumento da produção industrial e o desenvolvimento econômico em uma parte significativa do mundo.

Naquele momento, os países estrangeiros do bloco chamado de "primeiro mundo"[1], principalmente os EUA, incentivavam o desenvolvimento e o conhecimento das atividades que envolvessem as práticas relacionadas à indústria. Novos materiais, produtos e técnicas surgiram em consequência dessa busca de evolução tecnológica.

Nos EUA, grandes empresas iniciam estudos sobre suas identidades visuais. Fato que podemos estender para o Brasil, que de modo contemporâneo ao período e às ideias iniciou seus primeiros projetos de elaborar imagens corporativas, principalmente de bancos e estatais do setor público. O design, na qualidade de campo de atuação de profissionais voltados à elaboração de projetos de produtos e visuais, visava a uma aproximação desejada de governo, empresa e população, em uma época em que os meios de comunicação ganhavam importância.

1 Depois da Segunda Guerra Mundial, o mundo foi dividido teoricamente em: Primeiro mundo – países desenvolvidos capitalistas; Segundo mundo – países socialistas; e Terceiro mundo – países subdesenvolvidos ou em desenvolvimento.

Para suprir as necessidades sociais daquele período, profissionais de áreas correlatas ao design e dedicados às tarefas que envolviam práticas industriais iniciam suas atividades. Nesse grupo, encontram-se os pioneiros do design, profissionais principalmente do campo das artes e da arquitetura, que desenvolveriam a demanda incipiente dos produtos, tanto do campo gráfico como do objeto.

Nesse sentido, no fim dos anos 1950 e início de 1960, alguns arquitetos já defendiam, nas práticas profissionais, tentativas de implantar a industrialização nos elementos construtivos ou, ainda, o desenvolvimento de componentes industrializados para seus projetos arquitetônicos. Uma parcela significativa desses profissionais também começou a desenvolver projetos como mobiliários e itens de interiores, os quais apareciam como um campo de trabalho promissor naquele momento.

Outra demanda apresentada no período foi encontrar especialistas para exercer atividades junto aos meios de comunicação que se desenvolviam e atingiam a massa populacional. Artistas que começaram a atuar nas artes aplicadas conquistaram um campo novo de atuação, e um exemplo disso é o uso dado ao cartaz como divulgador das ideias e informações, alguns baseados graficamente na linguagem funcionalista.

Dentre os grupos de profissionais que participaram das atividades voltadas a esse estágio da indústria, no nosso caso paulistano, muitos eram representantes das escolas de artes e arquitetura e começaram a levar para dentro da academia as práticas que desenvolviam no mercado.

Os princípios racionalistas que conduziram boa parte desses profissionais eram provenientes das ideias que transitavam por aqui naqueles anos, como o contato feito com agentes responsáveis pela Escola de Ulm que passaram por aqui em período anterior. Max Bill, fundador dessa escola, esteve na *Bienal de Arte de São Paulo*, na década de 1950. Um dos reflexos dos conceitos pregados na escola alemã é verificado nos cartazes vencedores do concurso, no qual se destacaram alunos do IAC. Naquele período, a expressão das artes diante da situação brasileira e a ideologia pregada nos princípios da Escola de Ulm encontraram pontos convergentes e geraram uma relação entre as linguagens adotadas pelos artistas concretos, que posteriormente se tornariam os pioneiros do design paulistano.

O contexto do Pós-Segunda Guerra, principalmente na Europa, trouxe novamente a necessidade da sociedade se reorganizar diante das consequências bélicas. A fim de contribuir para esse intuito, na Alemanha, sugeriu-se a implantação de uma escola que concentraria o ensino de atividades voltadas ao design. A Escola Superior da Forma de Ulm nasceu, em 1953, com princípios racionalistas para formar profissionais do campo arquitetônico, gráfico e de produto. A tecnologia presente no período conduziu a uma linguagem própria que caracterizou os produtos gerados durante o curso, os quais influenciaram grande parte dos demais cursos instalados ao redor do mundo dedicados ao design e que se basearam no uso de linhas retas, formas minimalistas e cores em tons pastéis.

Outro importante centro de estudos do design foi a Escola de Chicago, nos EUA, constituída por antigos alunos e professores da Bauhaus, predecessora da Escola de Ulm. Importantes personagens do design internacional organizaram-se para formar a New Bauhaus, que viria a se chamar Chicago Institute of Design. Os princípios dessa escola também foram referências para os cursos de design brasileiros na medida em que os responsáveis pela implantação da academia nacional visitaram as instalações desse instituto entre as décadas de 1960 e 1970.

No caso do Brasil, a primeira escola destinada exclusivamente ao ensino do design foi implantada na cidade do Rio de Janeiro. A ESDI, como resultado de uma investida política do então governador Carlos Lacerda, abarcou as primeiras atividades acadêmicas e, com isso, também as primeiras discussões sobre a academia brasileira de design. Seu corpo docente foi composto de muitos profissionais, brasileiros e estrangeiros, que estavam relacionados às práticas projetuais de produtos gráficos e de objetos ou que haviam tido contato com alguma escola voltada ao ensino dessas atividades.

Como um dos dois principais centros econômicos da época, São Paulo compartilhava com o Rio de Janeiro a presença de profissionais que desenvolviam atividades relacionadas ao campo industrial, sendo a cidade que concentrava a maior parcela das indústrias. A capital paulista contou com iniciativas profissionais pioneiras, como a formação da ABDI, a organização de eventos, o envolvimento parcial do empresariado e a constituição dos primeiros escritórios do campo, além das propostas acadêmicas de implantação de um ensino voltado às tarefas do desenho industrial e da comunicação visual que despontavam naquele período.

Nesse contexto, é interessante citar a importância das iniciativas de unir arte e ensino, como o Instituto de Arte Contemporânea, no MASP, e a abertura dos cursos de artes da Fundação Armando Álvares Penteado com seu museu.

Quanto à Faculdade de Arquitetura e Urbanismo da USP, esta implantou o Departamento de Projeto com importância igualitária nas quatro áreas (Desenho Industrial, Comunicação Visual, Edificação e Planejamento), em 1962. No ano de 1967, é inaugurada a Faculdade de Artes Plásticas da FAAP e, em 1971, a Faculdade de Artes e Comunicação, no Mackenzie, intercaladas pelo Currículo Mínimo para cursos de Desenho Industrial, em 1969.

A esse respeito, a sequência e contemporaneidade de alguns fatos ocorridos e identificados nessas escolas auxiliaram o estudo da origem e do surgimento das disciplinas e dos cursos de design estudados e suas possíveis relações. A FAU/USP oferecia um curso de Arquitetura e Urbanismo desde 1948, um ano após a abertura desse curso no Mackenzie, e essas instituições formavam as duas primeiras representantes de escolas de arquitetura no Estado de São Paulo. A FAAP, por sua vez, inicia sua atividade educacional em meados da década de 1950, com cursos de artes que derivaram da Escola de Artes. Esta, por sua vez, dá origem à Faculdade de Artes Plásticas, em 1967, na qual eram oferecidos os cursos de DI e CV. Antes, em 1962, a FAU/USP implantou as Sequências de DI e CV em sua grade, ao passo que no Mackenzie a abertura desses cursos ocorreu apenas em 1971, derivados da Faculdade de Arquitetura e Urbanismo.

Nos anos 1960 e 1970, as três escolas estavam localizadas no bairro de Higienópolis, região central da cidade de São Paulo, o que nos levou a questionar como era o contato entre elas e quão próximo seria o relacionamento. A localização assinala um ponto favorável à integração: a proximidade geográfica. Os sítios onde se instalaram foram um aspecto facilitador na comunicação, principalmente devido ao trânsito de professores entre elas. No entanto, não se pode dizer o mesmo quanto às atividades didáticas propostas, ao menos no conjunto total.

Essas observações são verificadas nos depoimentos de discentes e docentes, nos quais se constatou o baixo grau de conhecimento que oficialmente cada uma das escolas de design tinha das outras duas, principalmente os alunos. Mesmo assim, o trânsito das ideias acontecia entre alguns pequenos grupos de discentes ou pelos contatos estabelecidos primordialmente entre os professores, dentro e fora das instalações dos cursos.

A cronologia dos fatos associada às origens dos cursos de DI e CV permitem estabelecer prováveis relações entre as instituições nessa dimensão. Quando os ex-alunos do curso de Arquitetura do Mackenzie da década de 1960 declaram que havia um contato com os alunos da FAU/USP, eles sinalizam que, possivelmente, isso acontecia devido aos locais onde as escolas estavam instaladas e por serem as primeiras duas escolas representantes do campo da arquitetura paulistana.

5.2 Agentes

5.2.1 O meio social

No Brasil, o populismo promulgado por Juscelino Kubitschek inaugura uma fase de crescimento econômico, o que não impediu o agitado período político posterior a seu governo. As sucessivas derrocadas governamentais dos presidentes seguintes espelham a crise instalada no período. Jânio Quadros e João Goulart foram os últimos presidentes eleitos até a tomada do poder pelos militares. Castelo Branco, Arthur da Costa e Silva, Emílio Garrastazu Médici e Ernesto Geisel estiveram no poder durante os anos de 1960 e 1970, e estabeleceram rigorosos vetos às atividades de diferentes áreas e utilizaram-se de práticas questionáveis, provocando o exílio de muitos representantes das classes artísticas e culturais.

Esses anos foram marcados por reações políticas e sociais contrárias àqueles que estavam no poder, os governos ditadores dos países periféricos. Nesse momento, despontam figuras que se tornaram marcos para as nações, principalmente latino-americanas como Che Guevara (Cuba) e Salvador Allende (Chile).

Contudo, a época permitiu certo empreendedorismo brasileiro ao incentivar a implantação de indústrias em território nacional, apesar da falta de incentivo à tecnologia própria e ao desenvolvimento nacional. O aumento do consumo de produtos do cotidiano estava em estágio preliminar, baseado nos moldes americanos, e com o olhar voltado ao crescimento do setor produtivo industrial, principalmente de bens de consumo de massa, o que incentivou alguns empresários a investir no setor.

Na esfera nacional, as conversas entre empresariado e poder público giraram em torno do crescimento amparado na importação de tecnologia e de produtos industrializados e na exportação de bens primários, o que orientou os caminhos das atividades vinculadas a essas atividades naquela época. Essas condições contribuíram para retardar o desenvolvimento tecnológico próprio industrial e a delimitação do desenho industrial/design, apesar da contribuição que esse campo poderia ter aos anseios governamentais. Dentre esses anseios, é interessante apontar que não se tratava de entender o campo das atividades relacionadas ao que conhecemos hoje como design, mas de usá-lo como meio de comunicação com as massas associado às questões estéticas, o que é identificado nos discursos dos representantes do governo e nas atitudes para esse objetivo.

Na sociedade paulistana, alguns representantes das camadas mais abastadas promovem iniciativas com o objetivo de unir arte e educação. Nesses casos, encontramos exemplos como os dos empresários Ciccillo Matarazzo e Assis Chateaubriand, que buscaram desenvolver atividades relacionadas ao ensino das artes nos primeiros museus de São Paulo. A Escola Livre de Artes Plásticas e o IAC foram locais que colaboraram para reunir pioneiros do design paulistano.

A Escola Livre de Artes Plásticas do MASP foi uma parceria entre ambos os empresários, no fim dos anos 1940, que contou com artistas emblemáticos como Volpi, Bonadei, Nelson Nóbrega, Victor Brecheret e Bruno Giorgi, no seu corpo docente. Estes lecionaram para alunos como Aldemir Martins (1922-2006), Mário Gruber (1927-2011) e Marcelo Grassmann (1923). Esses profissionais se tornariam referências na classe artística nacional em âmbito profissional e/ou acadêmico nas décadas seguintes.

Aldemir Martins, por exemplo, iniciou sua carreira em meados da década de 1940 e teve contato com importantes políticos e representantes do meio artístico, sendo premiado em diversos eventos do campo nacional e internacional. O artista cearense fez sua primeira exposição individual no Instituto dos Arquitetos do Brasil, na Rua Sete de Abril, em São Paulo, em 1946, e foi monitor do MASP junto a Pietro

Bardi no início das suas atividades na capital paulista. Mário Gruber e Marcelo Grassmann, por sua vez, foram professores dos cursos livres de gravura da FAAP e, com Darel Valença Lins, formaram um dos grupos mais expressivos das artes na década de 1960.

O MASP, em 1951, passou a oferecer ainda o curso de Professorado em Desenho, sob a coordenação de Flávio Motta, e o IAC destinava-se a associar as artes modernas à contemporaneidade. Nesse sentido, encontramos muitos arquitetos e artistas modernistas que influenciaram as primeiras iniciativas acadêmicas do campo do design. Arquitetos como Lina Bo Bardi, Jacob Ruchti, Salvador Candia, Wolfgang Pfeifer e artistas como Flávio Motta, Roberto Sambonet, Gatone Novelli, Leopoldo Haar e Zoltan Hegedus ministraram aulas para uma turma de alunos que se despontariam no ramo do desenho industrial e inaugurariam um período que ficou marcado pelas ações de institucionalização do campo do design nacional.

O grupo era formado por profissionais que exerciam atividades relacionadas ao campo do desenho industrial e da comunicação visual, os quais naquele momento eram tratadas como paralelas e complementares às suas tarefas derivadas da formação original. Como no caso de Jacob Ruchti, que Alexandre Wollner indica como responsável pela organização dos cursos do IAC. Ruchti desenvolvia projetos de mobiliário e compôs com nomes significativos do campo da arquitetura a loja Branco & Preto, em 1952. Nesse espaço encontramos ao longo do tempo: Plínio Croce, Roberto Aflalo, Miguel Forte e Carlos Millan, arquitetos provenientes das Faculdades de Arquitetura do Mackenzie e da Universidade de São Paulo.

Nesse perfil profissional, encaixavam-se também o trabalho de Lina Bo Bardi e suas atividades relacionadas à arquitetura e ao desenho industrial, dos quais podemos citar duas de suas obras icônicas: o MASP e a cadeira Bowl. Esta, assim como a produção da Branco & Preto, representava os objetos de linhas racionalistas para os espaços modernos que estavam sendo elaborados. Essa característica também percorreu o campo gráfico a partir da produção dos cartazes, muitos de autoria dos agentes do IAC do MASP.

Neste contexto, encontramos outra contribuição desse instituto às artes aplicadas e, consequentemente, ao design brasileiro. Nesse conjunto, vale destacar a participação de artistas e arquitetos atuando juntos no corpo docente, o que viria a ser uma das características das primeiras escolas de design paulistano.

O curso de Professorado também foi uma das grandes contribuições para a formação da academia paulistana do design. Conduzido por Flávio Motta, esse curso integrou o IAC desde 1951 até sua transferência para a FAAP, em 1959, quando contribuiu para que a instituição decidisse colocar em prática atividades que relacionavam arte e educação. Isto derivaria no primeiro curso exclusivo de design da cidade de São Paulo, após algumas transformações e adaptações.

Nesse propósito de unir arte e educação, Bardi e sua esposa Lina também colaboraram na divulgação das artes nacionais ao promoverem exposições sobre o acervo do MASP na Europa e depois nos Estados Unidos. Neste país, puderam estabelecer contatos com escolas de design em companhia do professor Flávio Motta, com o intuito de trazer referências sobre o ensino desse novo campo já nos anos 1950.

Além de importantes profissionais em seu corpo docente, passaram pelo IAC, apesar de seu curto tempo de duração, alguns dos nomes que despontariam no campo do design nacional, e alguns desses colaboraram na montagem das primeiras instituições dedicadas ao ensino dessa disciplina.

Alexandre Wollner, além de ser um dos primeiros profissionais brasileiros do design gráfico, foi aluno da Escola de Ulm e, ao retornar ao Brasil em 1958, colaborou para a formação da primeira escola brasileira exclusiva de design, a ESDI. Isso possibilitou que indicasse personagens estrangeiros para integrar o corpo docente dessa instituição e que fosse chamado para colaborar em outras. Nesse caso, encontramos seu nome diretamente relacionado a uma das escolas estudadas nesta publicação, o Mackenzie. Wollner foi chamado por Salvador Candia (então diretor da Faculdade de Arquitetura e Urbanismo do Mackenzie) para participar do corpo docente do curso de Arquitetura no fim da década de 1960. Nesse período, conforme apontado no capítulo anterior, já havia uma discussão interna na instituição sobre a abertura de um curso de design[2]. Alexandre Wollner passou, então, a colaborar na implantação desse curso enquanto lecionava a disciplina de Comunicação Visual para a turma de Arquitetura. Após a abertura do curso de Desenho Industrial, em 1971, torna-se responsável pela disciplina de Análise Gráfica, na qual permaneceu até 1972[3].

2   Principalmente detectada por intermédio das notas pessoais do professor Lívio Levi (Caderno de Notas. Acervo de Marília Levi).

3   Não encontramos registro oficial dessa data, a qual foi baseada nas falas dos depoentes desta pesquisa e na ausência de seu nome na lista de professores de 1973.

Ludovico Martino, por sua vez, ex-aluno do IAC, formou-se em Arquitetura em 1962 pela FAU/USP, onde conheceu João Carlos Cauduro, a quem se associou em 1964. Cauduro e Martino construíram um escritório[4] que se tornou um ícone para o design nacional. Ambos tornaram-se professores desde os primeiros anos da década de 1960 e, com isso, conviveram com a época de implantação da Sequência de DI e CV na grade curricular da FAU/USP. Cauduro ainda lecionou no curso de Professorado da FAAP nos anos de 1962 e 1963 (Longo Júnior, 2007, p. 31) na Cadeira Formas Industrializadas.

Maurício Nogueira Lima, formado em arquitetura pelo Mackenzie, foi companheiro de Wollner e Martino na turma do IAC e um dos principais representantes das artes das décadas de 1950 e 1960. Como Wollner, venceu o concurso para o cartaz da *Bienal de Arte de São Paulo* e dedicou-se à carreira acadêmica nos anos posteriores. O arquiteto, segundo palavras do professor Donato Ferrari[5], foi um dos colaboradores na remodelação dos cursos da Faculdade de Artes Plásticas da FAAP, e intitulado diretor do curso de Desenho e Plástica, de 1969 a 1972. Durante a década de 1970, foi professor de Comunicação Visual no Mackenzie e na FAAP e, em 1974, inicia as atividades de docência na FAU/USP.

Além da representatividade nacional e internacional no campo das artes, Maurício Nogueira Lima transitou pelas três escolas e participou ativamente da montagem da Faculdade de Arquitetura e Urbanismo de Santos. Com Ubirajara Ribeiro e José da Costa Chaves, o arquiteto foi um dos nomes lembrados por Donato Ferrari como colaborador na organização dos cursos de DI e CV após este último ser convocado para assumir aquela diretoria.

Quanto à presença dos arquitetos no campo do design, os professores do IAC/MASP representavam um grupo de profissionais que estava diretamente ligado a atividades profissionais desses dois ramos de atuação. No fim da década de 1950, as atividades relacionadas ao desenho industrial e à comunicação visual começavam a ganhar importância dentro do sistema produtivo nacional. Isso fez com que muitos profissionais buscassem oferecer projetos desses novos campos integrados à arquitetura e pensar no desenvolvimento industrial.

Desse grupo, faziam parte alguns arquitetos que trabalhavam com projetos de objetos e/ou gráficos em complementação aos projetos arquitetônicos que desenvolviam. Eram

---

4 O nome do escritório era Cauduro & Martino. Hoje, tem o nome de Cauduro e Associados.

5 Entrevista concedida à autora em 7 jul. 2011.

autores de mobiliários, luminárias, itens de interiores etc. que buscavam a delimitação dessa nova prática profissional. Nesse intuito, alguns profissionais envolveram-se com o início da organização profissional, como no exemplo da constituição da Associação Brasileira de Desenho Industrial (ABDI), que contou com grande parcela de arquitetos em suas primeiras formações.

A ABDI – primeira associação do campo – era liderada principalmente por profissionais e professores da ESDI e da FAU/USP. A Associação proporcionou o encontro de diversos profissionais e permitiu a muitos de seus representantes obterem informações dentro e fora do país, por meio de participação em congressos, concursos e feiras direcionados tanto à prática quanto ao ensino do design.

A entidade, voltada à prática profissional e acadêmica, ao reconhecimento da profissão e à divulgação do campo do desenho industrial, foi um dos locais que permitiu o encontro e, consequentemente, a troca de ideias entre os agentes pioneiros desse campo na cidade de São Paulo, onde a maioria dos profissionais possuíam escritório e desenvolviam suas atividades.

A relação com os cursos de arquitetura é identificada quando levantamos os nomes de seus primeiros associados, muitos deles professores da FAU/USP e que ocuparam a diretoria da associação, como Lúcio Grinover, a quem coube a primeira e a segunda presidência. O professor foi um dos que contribuíram para as primeiras tentativas acadêmicas na grade da FAU/USP, o que se deu a partir de sua entrada como docente dessa escola, segundo seu próprio relato (conforme o Capítulo 2).

Outro membro da ABDI, Abrahão Sanovicz, era professor da FAU/USP e foi também participante das iniciativas ocorridas nessa escola no ano de 1962. Arquiteto formado pela FAU/USP em 1959, retorna dos estudos na Itália, em 1962, e é contratado como professor assistente de José Maria da Silva Neves, na disciplina de Composição Decorativa, que constituiria uma das principais vertentes para as Sequências de DI e CV nessa instituição.

Abrahão Sanovicz, João Rodolfo Stroeter, Lúcio Grinover e João Carlos Cauduro formaram o primeiro grupo brasileiro de designers a participar do ICSID, em 1963.

Além desses nomes encontramos ainda Karl Heinz Bergmiller, Décio Pignatari e Willys de Castro como membros fundadores da ABDI. A formação heterogênea desse grupo é aqui representada por um designer, um semiólogo e um artista plástico, sendo os dois primeiros ligados à docência na ESDI.

Ainda nesse grupo encontramos Leib Seincman como um dos representantes do empresariado, dono da indústria de móveis Probjeto (antiga Ambiente) e Fernando Lemos, funcionário e auxiliar do ensino na gráfica da Faculdade de Arquitetura e Urbanismo da USP e profissional do campo das artes plásticas e gráficas, responsável pela elaboração de várias ilustrações (Lemos, 2002) de revistas e livros.

A associação reuniu empresários, instituições e profissionais com diferentes pensamentos. Um exemplo dessa variedade de pensamentos pode ser expresso pela formação e atuação de seus presidentes: o arquiteto Lúcio Grinover (de 1963 a 1968), o artista gráfico Fernando Lemos (de 1968 a 1970), o designer Alexandre Wollner (de 1970 a 1974), o engenheiro Sérgio Penna Kehl (de 1974 a 1976), o artista e profissional do *marketing* Marco Antônio Amaral Rezende (de 1976 a 1978) – sócio do escritório Cauduro & Martino desde 1975 e com formação em planejamento ambiental –, e o desenhista industrial Sérgio Akamatú (de 1978 a 1980).

A importância da academia na constituição dessa associação, representante brasileira da classe, é constatada pela presença de docentes que desenvolviam produtos do campo do design e contribuíam para os pensamentos que regeram a formação das escolas pioneiras. No grupo citado há nomes como: Lúcio Grinover, professor da FAU/USP nos anos 1960; Alexandre Wollner, professor do Mackenzie no início de 1970 e da ESDI; Sérgio Penna Kehl, professor da Escola Politécnica da USP; e Sérgio Akamatú, professor da FAAP nos anos 1970.

Outra entidade que comportou um número expressivo dos pioneiros do design paulistano foi o Instituto de Arquitetos do Brasil. O IAB foi colaborador de algumas iniciativas a respeito do design nas décadas de 1960 e 1970, além de ser um ambiente que possibilitou o encontro de profissionais da academia da arquitetura e do design desse período.

Como podemos identificar nos nomes que integraram cargos com poder de decisão, muitos deles eram provenientes da FAU/USP e FAU/Mackenzie. Um exemplo é o biênio de 1972/1973 que tinha na presidência o arquiteto Paulo Mendes da Rocha (arquiteto, Mackenzie). Encontramos também Francisco Lúcio Mário Petracco (arquiteto e professor, Mackenzie) e Abrahão Velvu Sanovicz (arquiteto e professor, FAU/USP) como 1º e 3º vice-presidentes, respectivamente.

Faziam parte do grupo representativo de docentes que completava essa gestão: Edgar Dente (professor da FAU/USP), João de Deus Cardoso, Lúcio Gomes Machado, Sami Bussab, Eduardo de Castro Mello, Ruy Ohtake, Haron Cohen, Cesar Galha Bergstrom Lourenço, Plínio Croce, Ludovico Antônio Martino, João Eduardo de Gennaro, Jon Andoni V. Maitrejean, Marlene Yurgel, Alfredo Serafino Paesani, Júlio Roberto Katinsky.

Por sua vez, o biênio de 1974/1975 do Instituto de Arquitetos do Brasil, no Departamento de São Paulo, é significativo para identificar a presença dos agentes das diferentes escolas. Nesse período, sob a presidência de Eurico Prado Lopes (professor do curso de DI da FAAP e de Arquitetura do Mackenzie), atuava Eduardo Corona (professor do Mackenzie) como 3º vice-presidente. A diretoria ainda contava com Haron Cohen (professor do curso de DI da FAAP) e Alessandro Ventura (coordenador dos Trabalhos de Graduação Interdisciplinar da FAU/USP e consultor para a área de Desenho Industrial junto à Secretaria de Tecnologia Industrial do Ministério do Desenvolvimento, Indústria e Comércio).

Dentro dos conselhos encontramos ainda Geraldo Vespaziano Puntoni (ex-professor do curso de DI da FAAP), João Vilanova Artigas e Paulo Mendes da Rocha (ex-professor da FAU/USP), retirados de seus cargos em consequência do regime militar.

Entre alguns desses nomes, somados a outros importantes profissionais do design brasileiro, como Lívio Levi, docente do Mackenzie e da FAAP, presentes na ABDI, encontramos uma parcela significativa provinda dos cursos de arquitetura, além de profissionais das artes plásticas, engenharia, sociologia, entre outros, que contribuíram para a formação do design brasileiro.

A importância do envolvimento da academia representado por professores da FAU/USP, FAAP e Mackenzie é revelada também nas participações de seus agentes em premiações, concursos, congressos e encontros nacionais e internacionais que possibilitaram fóruns de encontros entre empresariado, profissionais e docentes e a ampliação das discussões no início da formação do desenho industrial brasileiro.

5.2.2 Escolas (Mackenzie, FAAP e FAU/USP) e seus personagens

A Reforma de 1968 na FAU/USP manteve o princípio de permitir atuações variadas aos formandos em Arquitetura em decorrência das propostas de ensino de 1962. É nesse período também que o Mackenzie, apesar de não adotar transformações análogas às da FAU/USP, possuía disciplinas de DI e CV no curso de Arquitetura. No caso específico de Desenho Industrial, destacamos a atuação do professor Lívio Levi em função de suas atividades no campo do design dentro e fora da academia.

A existência das disciplinas de DI e CV nos cursos de arquitetura das duas instituições (FAU/USP e Mackenzie) é outro indício da importância do campo da arquitetura na formação do design paulistano, reflexo do perfil de seus docentes que desenvolviam profissionalmente atividades de design associadas aos projetos arquitetônicos. Essa confluência dos dois campos (arquitetura e design) mostra-se ainda clara no relato de alguns agentes ao exporem como o campo de atuação da arquitetura era entendido nas décadas de 1960 e 1970 por uma parcela da classe. Assim, declarou o ex-aluno Carlos Perrone: "Os alunos do Mackenzie não viam como disciplinas de design. Eram atividades relacionadas à atividade do arquiteto. Não se sabia o que era design"[6]; e em conformidade com o que foi expresso por Robinson Salata:

> A escola foi fundada dentro da Escola de Arquitetura, e chegava até a ter certa estranheza, pois naquele contexto muitos gostariam de fazer Desenho Industrial, mas quem o fazia eram os arquitetos. De certa maneira, estávamos tirando um espaço de atuação da arquitetura. Aqui na FAU/USP mesmo, por exemplo, muitos arquitetos faziam desenho industrial. Tínhamos o Lúcio Grinover. Pessoas que foram os formadores do campo e que também se envolveram na ABDI[7].

Em concordância, encontramos as próprias palavras do professor Grinover, quando questionado sobre a diferença entre a ESDI e a FAU/USP, ao apontar sua postura diante das funções que os arquitetos deveriam assumir:

6. Entrevista concedida à autora em 8 nov. 2011.
7. Entrevista concedida à autora em 3 abr. 2008

> Pensávamos que, além do desenhista de produto, esse indivíduo que saía da FAU/USP era um indivíduo que podia projetar em diversas áreas, ele escolheria a área na qual se aprofundaria, por isso que tinha as quatro sequências: de projeto, desenho industrial, comunicação visual e urbanismo (*apud* Pereira, 2009, p. 291).

Dentre aqueles que participaram da implantação da Sequência de DI e CV na FAU/USP, a maioria defendia a atuação generalista do arquiteto, ao contrário do que pregava a ESDI. Outro professor da FAU/USP, Júlio Katinsky, aponta que os pioneiros da arquitetura paulistana foram aqueles que contribuíram para o surgimento do desenho industrial na cidade. Ele cita nomes como Oswaldo Arthur Bratke, Rino Levi, Vilanova Artigas, Jacob Ruchti, Walter Zanini e Jorge Zalszupin (*apud* Pereira, 2009, p. 321), devido às atividades que desenvolviam em paralelo à arquitetura. Relacionando esses profissionais à produção em pequena escala, Katinsky expõe:

> Na realidade, o design dessa época foi feito por teimosia dos arquitetos, porque ninguém pagava. Desenhava-se esse móvel, fazia-se esse móvel e daí fazia-se meia dúzia. Tudo de 10, 15, 20 exemplares. Não mais que isso. Não era uma grande produção, sempre uma produção pequena (*apud* Pereira, 2009, p. 335).

Nessa declaração do professor Katinsky, identificamos um setor produtivo em que os arquitetos atuavam e uma das primeiras atividades que eles desenvolveram em complemento ao projeto arquitetônico, o que caracteriza historicamente o campo.

Quanto aos cursos exclusivos de DI e CV da FAAP e do Mackenzie, pelo fato de estarem em estágio embrionário, no fim da década de 1960 e início da de 1970, essas escolas adotavam a FAU/USP, em fase de aperfeiçoamento das sequências dessas habilitações, como referência. Isso é averiguado nos contatos entre os professores das três instituições em oportunidades sociais, promulgadas ou não pela academia. Essas ocasiões permitiam ampliar o conhecimento do campo e trocar informações sobre o que se praticava e o que se pretendia para o campo do design. Para aqueles que também atuavam na docência dessas escolas, mesmo que em cursos de áreas correlatas, essas referências contribuíram para a formação inicial dos cursos de DI e

CV e tornaram-se parâmetros para esses e futuros cursos paulistanos de design, ao menos nos anos 1970 e 1980.

Assim, não apenas a FAU/USP, com parte dos membros presente na ABDI, mas também a FAAP, composta de muitos artistas plásticos, e o Mackenzie, com seus arquitetos, trouxeram para a sala de aula a prática profissional a partir do que eles desenvolviam fora dos muros da academia.

Nesse contexto, a FAAP, independentemente dos seus alicerces artísticos, ao se posicionar como Faculdade de Artes Plásticas e Comunicação, necessitava entrar em sintonia com o novo campo de formação e passou a oferecê-lo em 1967. No entanto, o caráter de um conjunto de disciplinas isoladas foi revisto a partir da greve de 1968, que elegeu o professor Donato Ferrari como responsável para dar novos rumos ao ensino do design na instituição. Donato Ferrari era profissional das artes plásticas e professor de Composição, o que nos sugere que a linguagem artística continuou sendo a condutora dos cursos de DI e CV.

Para entender algumas das referências desses cursos da FAAP, é importante considerar o meio dos agentes responsáveis pela sua organização/reorganização com o objetivo de tentar identificar parte das origens do DI e CV dentro da instituição.

Como artista plástico italiano[8], é interessante pontuar a referência que ele faz a Lourival Gomes Machado no início de sua carreira no Brasil. Segundo Donato Ferrari, Machado possibilitou sua inserção no meio artístico, após apresentação de seus trabalhos ao cenário paulistano[9].

No mesmo período que Lourival Machado comanda a diretoria da FAU/USP, Ferrari realiza suas primeiras exposições, em 1961 e 1962, e amplia seus contatos no campo das artes. Nesse contexto, o artista italiano destaca personagens como Lívio Abramo[10], responsável por lhe apresentar profissionais do campo das artes plásticas. Dentre eles Ferrari destaca Willys de Castro[11] e Hércules Barsotti, além de Mário Gruber e Ferreira Gullar, este último no Rio de Janeiro.

É interessante pontuar que os dois primeiros (Willys de Castro e Hércules Barsotti), além de outros artistas nacionais, foram precursores no campo profissional do design gráfico, ao montarem o Estúdio de Projetos Gráficos, em 1954, um dos primeiros escritórios desse ramo na década de 1950. Esse período caracterizou-se pelas primeiras iniciativas desse tipo, quando são inaugurados o Forminform, em São Paulo, de

8 Donato Ferrari relata, ainda, que assistiu a algumas aulas de arquitetura na Itália.

9 Donato Ferrrari conta que procurava pessoas para mostrar seus trabalhos de artes plásticas com o objetivo de conseguir inserir-se no mercado nacional, e indicaram o professor Lourival Gomes Machado, devido a seu conhecimento e influência no campo artístico nacional. Um dia pegou seus trabalhos e foi até a casa do crítico de arte, onde espalhou pelo chão sua produção artística.

10 Lívio Abramo (Araraquara, Brasil, 1903 – Assunção, Paraguai, 1992), gravador, ilustrador, desenhista. Em 1953, é premiado como o melhor gravador nacional na 2ª Bienal Internacional de São Paulo. Dá aulas de xilogravura na Escola de Artesanato do Museu de Arte Moderna de São Paulo (MAM/SP) e, em 1960, funda com Maria Bonomi o Estúdio Gravura. Em 1962, radica-se no Paraguai e trabalha na Missão Cultural Brasil-Paraguai, posteriormente Centro de Estudos Brasileiros.

11 Willys de Castro foi um dos fundadores da ABDI.

Ruben Martins, Alexandre Wollner e Geraldo de Barros e, em 1960, o MNP Estúdio, de Aloísio de Magalhães, Luiz Fernando Noronha e Artur Lício Pontual, no Rio de Janeiro. Ainda encontramos os trabalhos realizados por Maurício Nogueira Lima para a empresa de Caio Alcântara Machado e a abertura do escritório Cauduro & Martino, em 1964.

Vale lembrar que alguns desses artistas integraram o Grupo Ruptura, na capital paulista, após a primeira Bienal de Arte de São Paulo, em 1951, e tinham como princípio a renovação da arte brasileira. Influenciados pela vinda principalmente de artistas concretos em eventos como esse, os paulistas formaram com os profissionais cariocas[12] um grupo de grande importância para o campo artístico nacional na década de 1950.

Donato Ferrari, ao transitar pelas artes brasileiras por conta de sua atividade profissional, além das passagens pela Galeria São Luiz[13], começa a ser conhecido pelos profissionais do ramo quando é chamado por Flávio Motta para integrar o corpo docente da FAAP. Nessa escola, o artista italiano é apresentado a importantes nomes do panorama artístico paulistano, como Renina Katz, Flávio Império, Sérgio Ferro, Ubirajara Ribeiro[14] e José Gamarra. Como professor da Faculdade Santa Marcelina, onde lecionava a disciplina de Técnica da Composição Industrial I no curso de Artes, em 1962, inicia sobre esse mesmo assunto aulas na FAAP.

As relações estabelecidas e a liberdade de atuação dentro da FAAP foram lembradas pelo professor Ferrari ao caracterizar suas aulas como um "[...] curso de extensão do curso de Formação de Professores"[15], coordenado por Flávio Motta, no início da década de 1960.

O artista italiano também evoca grande parte de sua atuação em território brasileiro ao historiador Walter Zanini. A proximidade desse representante das artes paulistanas e a influência de Zanini no campo permitiram a Ferrari certa abertura nos acontecimentos artísticos, uma vez que, a partir de 1963, iniciou-se a organização do Museu de Artes da FAAP, cujo responsável era Zanini.

Entre 1963 e 1978, o historiador também foi responsável pelo Museu de Arte Contemporânea (MAC/USP), onde instalou significativas mudanças e contribuiu para a divulgação de novas linguagens artísticas. Nesse ambiente, encontramos também a presença de Donato Ferrari, como um dos profissionais atuantes, o que lhe permitiu ampliar a rede de contatos no

12 Artistas cariocas juntaram-se ao Grupo Ruptura, mas depois se desvincularam para abrir o Grupo Neoconcreto.
13 Donato Ferrari ressalta a importância desse local para a arte paulistana a partir de relatos das reuniões e discussões que ali aconteciam entre os representantes dessa classe.
14 Os três primeiros foram professores da FAU/USP nos anos 1960 e o último foi professor de Gravura da FAAP.
15 Entrevista concedida à autora em 7 jul. 2011.

campo artístico. Uma exposição a ele dedicada em 1971, as ações realizadas coletivamente com Nelson Leirner, Tomoshige Kusuno e Lydia Okumura (Fabris, 2009), em 1972, além de alguns trabalhos presentes em Jovem Arte Contemporânea são exemplos representativos do envolvimento de Donato Ferrari no campo das artes paulistanas durante as décadas de 1960 e 1970.

No grupo de professores da FAAP é interessante notar, nesses primeiros anos dos cursos de DI e CV, o trânsito de alguns personagens entre essa instituição e o Instituto Presbiteriano Mackenzie. João Rossi foi um desses exemplos, que, apesar de sua intensa participação nos cursos da FAAP[16], transferiu-se para o Mackenzie. Esse artista entrou para o corpo docente do instituto em 1972 para lecionar a disciplina de Iniciação às Técnicas Industriais e, em 1973, foi nomeado coordenador da área de Comunicações e Artes. Rossi tornou-se uma das referências, sendo lembrado como tal pelos ex-alunos entrevistados devido ao conhecimento no campo das artes e às atividades praticadas em ateliês nas aulas de cerâmica.

No caminho inverso, arquitetos formados pelo Mackenzie também compunham o corpo artístico da FAAP e nesse quadro encaixam-se os professores Haron Cohen e Laonte Klawa, que trouxeram o arquiteto Eurico Prado Lopes[17] para fazer parte do corpo docente, sendo este lembrado por Donato Ferrari como um ótimo profissional devido a seu conhecimento e excelência técnica. Por sua vez, Laonte Klawa[18] também foi professor do Iadê e contemporâneo de docentes de outras instituições, conforme observado pelo grupo e colocado por Leon:

> No ano seguinte (1965), Ítalo Bianchi convidou os arquitetos Haron Cohen, Laonte Klawa, Ruy Ohtake, Samy Bussab, Sérgio Ferro, J. J. de Moraes, Antonio Benetazzo e Carlos Henrique Heck para dar aulas, ao adotar em seu currículo a comunicação visual e o desenho de objetos (Leon, 2005, p. 96).

Haron Cohen, além de ministrar aulas no Iadê na década de 1960, foi admitido como professor na FAAP em 1968 e integrou o corpo docente da FAU/USP junto ao Departamento de Projeto[19], como professor de Desenho Gráfico nessas duas últimas instituições[20]. Laonte Klawa e Haron Cohen desenvolveram uma série significativa de projetos no campo da arquitetura e do design, como o Centro Educacional Lúcia Martins

16 Onde foi diretor da Escola de Artes e posteriormente da Faculdade de Artes Plásticas e Comunicação.

17 Eurico Prado Lopes, arquiteto vencedor do concurso, em 1976, para a edificação do Centro Cultural São Paulo com Luiz Telles.

18 Segundo o *site* da instituição, Laonte Klawa foi o primeiro arquiteto a ingressar como docente. Disponível em: <www.iadedesign.com.br>. Acesso em: 5 jun. 2010.

19 Não foi possível precisar a data de ingresso do professor na FAU/USP.

20 Disponível em: <http://www.silveiraadvogados.com.br/mala/bio.pdf>. Acesso em: 17 fev. 2012.

Coelho[21] e o *Folheto* para o Iadê, ambos projetos de autoria dos dois arquitetos realizados no ano de 1969[22].

Ligado ao grupo de DI e CV, Cohen foi um dos responsáveis pelas propostas acadêmicas de uso dos primeiros equipamentos de vídeo da FAU/USP, na década de 1980. Além de Cohen, fizeram parte desse grupo os professores Décio Pignatari e Lucrécia Ferrara, e dentro da disciplina de Sistemas de Programação Visual II, os docentes: Élide Monzeglio, Issao Minami, Haron Cohen e Vicente Gil Filho[23].

Com relação à FAAP, Donato Ferrari, em depoimento, expõe que uma das principais dificuldades de transformar o curso em faculdade foi a heterogeneidade do grupo de docentes presentes na fundação, além da dificuldade de encontrar profissionais de diferentes áreas de atuação que abrangessem o campo do design.

À procura de estabelecer uma organização adequada aos cursos superiores e pautada na exigência de comportar as disciplinas previstas no CM de 1969, os responsáveis pelos cursos de DI e CV da FAAP montaram os currículos sobre uma ordem inexistente na escola até aquele momento. Em entrevista, Donato Ferrari declara que procurou alguns profissionais para cobrir as deficiências técnicas dos cursos que eram formados, em sua maioria, pelos docentes dos cursos de artes oferecidos antes de 1967. Além da formação específica de design, outras barreiras, citadas pelo professor Ferrari, foram a montagem das disciplinas de conhecimentos gerais e a organização dos assuntos administrativos do curso, e a esse respeito ele recorda o nome de um engenheiro, Waldemar Pinho de Melo, chamado para auxiliá-lo.

As relações sociais e profissionais de cada professor do corpo docente marcaram o início da formação do contingente de professores em ambos os cursos (FAAP e Mackenzie), como lembrado por Ferrari nos exemplos do trio Cohen, Klawa e Lopes, e na dupla Lívio Levi e Daniel Lafer, ao sinalizar a proximidade desses personagens anterior à entrada nessa escola.

Quanto àquele grupo de renomados artistas que já estavam na escola quando houve a reformulação do ensino da FAAP ao longo da década de 1960, é importante assinalar que seus integrantes não receberam com bons olhos as transformações decorrentes desse período.

Segundo o professor Cacíporé Torres, que vivenciou o período, docentes como Flávio Motta, Renina Katz, Flávio

21 Projeto em parceria com Raymundo de Paschoal e Antonio A. Foz. Disponível em: <http://www.docomomo.org.br/seminario%203%20pdfs/subtema_A2F/Angelo_arruda.pdf>. Acesso em: 17 fev. 2012.

22 O exemplo mais contemporâneo e de importância ímpar para a arquitetura paulistana é o projeto de reestruturação da Estação Pinacoteca de responsabilidade de Cohen, concluído no ano de 2002 e inaugurada com esse título em 2004.

23 Disponível em: <http://www.usp.br/fau/fau/secoes/video/historico>. Acesso em: 12 dez. 2011.

Império, João Carlos Cauduro – representantes da FAU/USP que ministravam aulas na FAAP –, assumiram uma posição de repulsa diante das transformações desenhadas antes mesmo da abertura da Faculdade de Artes Plásticas, sendo intensificada com a extinção da Escola de Artes em 1967[24]. Na obrigatoriedade de atender às exigências do MEC, havia a necessidade de a escola implantar uma organização mínima condizente com o curso de nível superior.

Em depoimento, o professor Torres interpreta os fatos da seguinte maneira: "Então tornaram didática aquela organização meio empírica. No momento em que começou a organizar muito, esse grupo saiu", referindo-se aos nomes citados anteriormente e aos acontecimentos que desencadearam a abertura da Faculdade de Artes Plásticas. Nesse contexto, verificamos a presença da professora Renina Katz entre 1953 e 1963 como professora de Composição. Flávio Império permaneceu entre 1964 e 1967, e Sérgio Ferro foi docente da disciplina de Composição e Plástica de 1962 a 1968, ambos contemporâneos de Caciporé Torres, que se dedicou às aulas de escultura e esteve na FAAP entre 1962 e 1971.

Nesse grupo é relevante apontar a presença de Sérgio Ferro desde 1962 no quadro docente da FAU/USP, ano em que a escola implantou as Sequências de DI e CV. Nesse mesmo ano, Flávio Império também se tornou professor-assistente de Renina Katz na FAU/USP, professores desde o fim dos anos 1950 nessa instituição. Caciporé Torres, por sua vez, ingressou no Mackenzie no ano de 1977 para dedicar-se à disciplina de Plástica. Diante das transferências de docentes entre as instituições, o professor, após ser questionado quanto à prática pedagógica no instituto, supõe que o Mackenzie "[...] estava saindo daquela preocupação de mostrar que arquitetura não era mais engenheiro arquiteto, era um criador" e expõe que a escola permitiu "muita liberdade"[25] na prática pedagógica também no curso de Desenho Industrial, ao comparar com o de Arquitetura.

Apesar dessas baixas de profissionais, Donato Ferrari esclarece, em depoimento, que a FAAP manteve uma boa base docente no campo das artes, e a sua procura foi intensificada por quem atuasse em áreas correlatas, principalmente em arquitetura, engenharia, administração. O professor declarou que entrou em contato com professores de arquitetura para que colaborassem no início do curso, mas houve pouca

24 A saída de Renina Katz, em 1963, e a de João Carlos Cauduro, em 1965, podem ser exemplos das ideias que se iniciavam na tentativa de novos rumos para os cursos de artes na instituição antes de configurá-los em faculdade.

25 Entrevista de Caciporé Torres concedida à autora em 19 out. 2011.

contribuição. Quando questionado sobre a colaboração da FAU/USP e do Mackenzie na composição do grupo docente da FAAP após a paralisação de 1968, ele explicita que a FAAP já estava "[...] com um corpo docente formado (diferentemente do Mackenzie) a duras penas. Da FAU, poucas pessoas colaboraram. Ajudaram mais nas discussões". Ainda ao se referir àqueles que possuíam vínculo com a academia e o ajudaram, Donato Ferrari cita[26] nomes como Alessandro Ventura, da FAU/USP, e Karl Heinz Bergmiller e Alexandre Wollner, da ESDI.

Dessa forma, o professor identifica formações desconexas entre FAAP e Mackenzie por uma questão apenas temporal, mas as influências entre elas existiam a partir dos seus representantes que frequentavam os mesmos ambientes (galerias de artes, congressos, associações etc.). No fim da década de 1960, enquanto a FAU/USP já revia a implantação das Sequências, o Mackenzie ainda não tinha aberto o curso, o que fez com que Donato Ferrari se aproximasse de alguns arquitetos acadêmicos à procura de orientação para a remodelação dos cursos de DI e CV da FAAP. Não foi possível identificar até que ponto os contatos estabelecidos influenciaram a montagem do curso da FAAP, mas com a ocorrência de encontros e as propostas discutidas, o fato é que logo depois o curso do Mackenzie nasceu, em 1971, no rastro do da Fundação Armando Álvares Penteado.

Na impossibilidade de precisar a frequência das idas de Donato Ferrari à FAU/USP e ao Mackenzie, a pesquisa detectou que elas aconteciam, principalmente, a convite dos professores e contribuíram para que os primeiros contatos fossem estabelecidos. O professor declara que esteve nessas instituições, o que é confirmado pelo depoimento do ex-aluno de arquitetura Carlos Perrone, ingressante em 1968: "Não conhecia o Donato [Ferrari] antes. Ele e o professor Raphael [Buongermino Netto], os conheci nas ocasiões em que andavam pelo Mackenzie".

No trânsito entre as escolas, dois anos antes de Rossi entrar no Mackenzie, Lívio Levi desligou-se dessa instituição para compor o grupo de professores da FAAP, assim comentado por sua ex-aluna e colega de trabalho Esther Stiller: "A FAAP talvez fosse o caminho que poderia mudar o curso e melhorar a atividade industrial. [Lívio] Foi convidado a dar aula logo em seguida quando saiu do Mackenzie". Convidado

[26] Entrevista concedida à autora em 7 jul. 2011.

pela FAAP, Levi lecionou aulas de Projeto na Faculdade de Artes Plásticas, assim referido pelo professor Donato Ferrari: "O Lívio Levi veio de outra escola. Alguém me apresentou. Eu não o conhecia. [...] O Lívio Levi depois trouxe o [Daniel] Lafer". Essa dupla de arquitetos continuou a promulgar o desenho industrial, não mais como uma disciplina isolada dentro de um curso de Arquitetura, mas como componente de um curso específico de design, e contribuiu para preencher a dificuldade de encontrar docentes para as disciplinas mais técnicas.

Em seus registros, Levi[27] mostrou-se um defensor do desenho industrial. Há neles tentativas de informar aos dirigentes do Mackenzie algumas definições do campo do desenho industrial/design e, ainda, seus esforços na busca de conhecimento sobre como implantar um curso fundamentado, o que é verificado pela quantidade de cartas destinadas à instituição com esse intuito durante a década de 1960.

> Em relação à cadeira de "Desenho Artístico III" - - consideramos conveniente a modificação de seu nome, afim de identificá-la com o seu programa operativo.
>
> Uma vez, estarmos compenetrados da utilidade de uma cadeira que aborde a problemática do "Desenho de Produto", coloca-se a questão do eventual desdobramento desta, em dois ou mais anos letivos, a exemplo do que ocorre na FAU e consequente provisão de facilidades como: oficina de modelos, número de professores, etc.
>
> Na forma atual nota-se conveniência de conexão entre as cadeiras de Comunicação Visual e Desenho Industrial, atualmente separadas por lapso de um ano letivo.

Figura 5.1 – Trecho extraído da carta de Lívio Levi a Salvador Candia, diretor da Faculdade de Arquitetura do Mackenzie, em 8 de maio de 1967 (Fonte: Acervo de Marília Levi).

Em muitas das anotações do professor também encontramos suas observações a respeito de exemplos internacionais da academia do design. Em uma, especificamente, Levi cita a FAU/USP e sugere a inserção das Sequências como conveniente para o período, assim descrito pelo professor em carta (Anexo 11) destinada a Salvador Candia, em 1967.

27 Escritos de Lívio Levi (Acervo de Marília Levi).

Vale aqui pontuar, ainda, a presença de outro docente da disciplina de DI da turma de Arquitetura do outro período (manhã), o arquiteto José Carlos Priester. Formado pelo Mackenzie na década de 1960, Priester possui suas origens artísticas vinculadas a importantes nomes do campo, como Mário Gruber (Radunz, 1999), um dos profissionais ao qual dedica suas referências, principalmente na gravura. Esse arquiteto sempre teve trabalhos ligados às artes plásticas, campo que o projetou profissionalmente, "[...] dividido entre as lidas de arquiteto e de artista, Zico (codinome por ele adotado) vai fazendo um pouco de cada" (Oliveira, 1999). Devemos indicar ainda que o profissional não abandonou a arquitetura como sua fonte de renda, assim por ele colocado: "A arquitetura é um castelo à parte, que lida com o espaço, com mensagens feitas em um universo muito mais caro e complexo". Um exemplo de seu trabalho como arquiteto foi a parceria com os arquitetos Eduardo de Almeida e Vallandro Keating para o concurso para o Pavilhão do Brasil na Expo Osaka em 1970.

Se, de um lado, Priester dedicou-se a pintura, desenho, gravura, unindo artes plásticas e arquitetura, de outro, Lívio Levi desenvolvia sua pesquisa da arquitetura associada às questões industriais.

Os ambientes dos encontros nos campos de design e de arquitetura permitiam o convívio dos agentes que dirigiam suas atividades à prática do desenho industrial, e Levi era um de seus assíduos frequentadores. Apesar de não se poder categorizar que a proximidade dos professores de outras instituições de ensino tenha sido primordial para as sugestões feitas pelo professor Levi ao Mackenzie, o contato com outros profissionais, provavelmente, foi um dos fatores que contribuíram para a geração das propostas de abertura de um curso independente de DI.

A relevância dos estudos realizados por Lívio Levi não lhe garantiu participar do primeiro corpo docente dos cursos de DI e CV do Mackenzie. Abertos em 1971, quando o professor Levi já estava na FAAP, esses cursos contaram com uma parcela de professores de outros cursos de dentro do Mackenzie, principalmente da Arquitetura, com a qual dividiam os espaços físicos. A esses, são acrescentados outros profissionais, como técnicos e, principalmente, artistas, professores ou não dessa instituição.

A importância desses docentes é expressa por seus ex-alunos que identificaram as disciplinas de metodologia, práticas de ateliês e teóricas como as mais significativas devido ao docente responsável, como no caso de João Rossi e Laszlo Zinner. Este último, escultor húngaro, era professor regente da cadeira de Modelagem e Plástica da Faculdade de Arquitetura do Mackenzie entre os anos de1954 e 1977[28]. Zinner foi nomeado coordenador dos cursos de Desenho e Plástica, DI e CV, quando estes foram abertos, sob a diretoria de Jun Okamoto da Faculdade de Arquitetura.

Ao contrário do que se poderia cogitar, coube a um artista a coordenação de um curso originário de uma Faculdade de Arquitetura que descendia de uma Escola de Engenharia.

A participação de profissionais do campo das artes e a composição das primeiras grades curriculares contribuem para identificar certo caráter artístico do início dos cursos de DI e CV do Mackenzie. Isso pode ser notado nas falas de seus participantes, como exemplificado pelo professor Robinson Salata[29], ex-aluno do curso de DI: "Nossa formação era muito mais de artistas plásticos propriamente ditos do que de profissionais voltados para a indústria, ou de alguém que estivesse produzindo ou pensando nos processos industriais".

Se, de um lado, o conhecimento específico das áreas de atuação dos profissionais docentes de áreas correlatas limitava o ensino específico de Desenho Industrial, devido ao desconhecimento do campo naquele período; de outro, a relação de proximidade entre alunos e professores ajudou na evolução das aulas e foi uma importante característica dos cursos. Com a turma pequena, cerca de 25 alunos[30] (os atendimentos eram praticamente individuais), o anseio de implantar um curso voltado às demandas sociais da época levava o corpo docente a proporcionar a troca constante de informações. Eles permitiam, inclusive, que os próprios alunos trouxessem suas experiências de dentro das indústrias/empresas para a sala de aula, como nos casos narrados por Eugênio Ruiz[31] e Celso Antonio Monteiro[32], ambos ex-alunos do Mackenzie.

Com a abertura desses cursos, profissionais que não faziam parte do Instituto Presbiteriano Mackenzie foram chamados para ampliar o corpo docente. Nesse período, juntaram-se ao grupo professores de artes vindos de outras instituições, como Caciporé Torres, que lecionava Gravura na FAAP e passou a ministrar aulas de Plástica. Este, por sua vez,

28 Disponível em: <http://www.ahungara.org.br/site/professorescultorlaszlozinner.pdf>. Acesso em: 10 set. 2009.
29 Entrevista concedida à autora em 3 abr. 2008.
30 Entrevista concedida a Andréa de S. Almeida em 27 maio 2011.
31 Entrevista concedida à autora em 8 dez. 2009.
32 Entrevista concedida a Andrea de S. Almeida em 5 maio 2011.

convidou outros profissionais, como o professor Norberto Stori, seu ex-aluno de Artes Plásticas na FAAP, o qual se tornou responsável pela disciplina de Gravura.

Outro personagem que transitou entre FAAP e Mackenzie, e arquitetura e design no meio acadêmico e profissional foi o professor Sami Bussab, lembrado também por Donato Ferrari. Bussab[33] formou-se em Arquitetura pelo Mackenzie em 1964 e integrou o grupo de professores da Escola Técnica de Desenho e de Comunicação do Iadê, como docente da Cadeira de Desenho de Objeto e coordenador do Departamento de Desenho, entre os anos de 1967 e 1971. Neste ano, no Mackenzie, o professor tornou-se responsável pelo Departamento de Pesquisas Arquitetônicas e pela coordenação do curso de Projeto da Faculdade de Arquitetura. Ainda em 1971, na Faculdade de Artes Plásticas da FAAP, Sami Bussab é intitulado professor da cadeira de Projeto, antes ainda de os cursos de DI e CV receberem o reconhecimento. Em 1979, ele foi chefe do Departamento de Comunicação Visual e Desenho Industrial, permanecendo até 1981. De 1976 a 1980, o professor chefiou o Departamento de Arquitetura da Universidade Mackenzie.

Em paralelo às atividades acadêmicas, o arquiteto também participou das atividades do Instituto dos Arquitetos do Brasil – Departamento de São Paulo – (IAB/SP) entre os anos de 1966 e 1978 e coordenou a Comissão de Desenho Industrial desse órgão nos dois primeiros anos de sua atuação (1966/1967). Nesse período, conviveu com outros profissionais ligados à academia e às atividades relacionadas ao design, como Ludovico Martino, Júlio Katinsky e Haron Cohen.

No ensino do design, a década de 1960 para a Faculdade de Arquitetura e Urbanismo da USP é um período de implantação das novas sequências disciplinares e de decorrentes análises e revisões. Para a FAAP e o Mackenzie, por sua vez, é uma época de desenvolvimento das ideias, com a abertura dos cursos de DI e CV ocorrendo apenas no final da década e início da seguinte. Essa proximidade temporal fazia com que a primeira, possivelmente, tivesse sido consultada pelas seguintes devido à vivência dos anos anteriores e ao envolvimento de seus representantes nos assuntos do campo do design. Assim, a relação entre as três instituições pode ser identificada por meio da participação de seus agentes nas atividades que conduziram as primeiras iniciativas para a delimitação do campo de atuação e do ensino na cidade de São Paulo.

33 Disponível em: <http://www.designio-arq.com.br/curric/curr_sami.htm>. Acesso em: 1º set. 2010.

Dentro das cadeiras e departamentos da FAU/USP, no início da década de 1960, encontramos ícones das artes e da arquitetura que organizaram as primeiras disciplinas em proximidade do que hoje chamamos de design. Destacam-se personagens que, a partir de 1962, colaboraram para uma nova organização do ensino que derivou na Sequência de DI e CV. Assim, dentre os nomes que ocupavam as cadeiras nessa época estão: Hélio de Queiroz Duarte (Marlene Picarelli e Lúcio Grinover – assistentes), Abelardo Riedy de Souza, Roberto Cerqueira César (Luiz Roberto de Carvalho Franco e Dario Imparato – assistentes), Ernest Robert de Carvalho Mange (João Baptista Alves Xavier e Cândido Malta Campos Filho – assistentes) e José Maria da Silva Neves (Abrahão Velvu Sanovicz e Luiz Gastão de Castro Lima – assistentes).

As cadeiras designadas pelo termo Composição, predecessoras do Departamento de Projeto, reuniram aqueles agentes que seriam os responsáveis pelas primeiras discussões acadêmicas dentro da faculdade. Como apontado pelo professor Grinover, a inserção das disciplinas de DI e CV na FAU/USP foi o resultado de discussões internas geradas a partir de algumas atividades praticadas por seus profissionais para o mercado e do desejo de engajamento no processo de industrialização daquela época.

Nesse conjunto, vale destacar o professor José Maria da Silva Neves como responsável pela cadeira que derivaria as disciplinas de DI e CV, com o objetivo de caracterizar as referências dos pioneiros do design paulistano.

Silva Neves, professor dos primeiros agentes que pensaram o design na FAU/USP, formou-se engenheiro arquiteto pela Politécnica da USP em 1922, conviveu com importantes nomes das artes plásticas e foi responsável pela Fundação Paulista de Belas Artes em 1942 com Juarez de Almada Fagundes, Torquato Bassi e Eurico Franco Caiuby. Silva Neves também participou do *1º Salão Paulista de Belas Artes* (1943), do qual participaram, entre outros, Volpi, Tarsila do Amaral e Anita Malfatti, além dos anteriores. O professor teve como discípulos Hélio Duarte e Eduardo Corona, que promulgaram o repertório da relação forma-função em seus projetos profissionais.

Pintor e aquarelista, Silva Neves era responsável por disciplinas do campo artístico e apreciava a funcionalidade e racionalidade, apesar de sua formação eclética. Sua dedicação ao ensino é verificada logo em 1943, quando expôs uma proposta de ensino de desenho ainda na Escola Politécnica.

Com a abertura da FAU/USP, em 1948, o professor politécnico é contratado para dar aula também no curso de Arquitetura, assumindo a cadeira de Desenho Artístico, tendo como assistentes (Ficher, 2005, p. 212) Jacob Mauricio Ruchti (arquiteto formado pelo Mackenzie, 1940), Luiz Gastão de Castro Lima (arquiteto formado pela FAU/USP, 1954) e Abrahão Velvu Sanovicz (arquiteto formado pela FAU/USP, 1958; A Construção em São Paulo, 1973, p. 37).

Sua importância no contexto desta publicação é identificá-lo como um agente presente na fase de transição e formação dos primeiros personagens envolvidos com as atividades relativas ao design dentro da FAU/USP. O professor reuniu e orientou importantes nomes das artes e da arquitetura que conduziram a formação da academia desse campo. Professores como Flávio Motta e Benedito Lima de Toledo são apresentados como discípulos de Silva Neves no texto de Carlos Lemos, outra importante figura acadêmica de arquitetura, que assim descreve:

> Silva Neves era um arquivo ambulante e foi a pessoa mais explorada dando entrevistas para os estudantes [...] Tudo o que o Flávio Motta e o Benedito Lima de Toledo escreveram, que todos escreveram sobre São Paulo, foi o Silva Neves quem contou. Metade do que se sabe sobre Ramos de Azevedo, foi ele quem contou [...] (Lemos, 1985, p. 9, *apud* Ficher, 2005, p. 212).

A importância dos nomes citados, presentes desde a constituição das primeiras disciplinas destinadas ao DI e à CV, não se refere apenas às discussões acadêmicas, mas também como agentes que contribuíram para a divulgação e discussão do campo do design, principalmente, paulistano.

Nesses termos, verificamos a expressiva produção de textos (artigos, reportagens etc.) de alguns desses personagens. Nesse conjunto, podemos destacar a participação de Eduardo Corona (1921-2001), discípulo do professor Silva Neves, como integrante do grupo de docentes que colaboravam nas discussões sobre o campo do design no Mackenzie.

Corona formou-se em Arquitetura pela Universidade do Brasil no Rio de Janeiro, em 1946 (Galleazzi, 2005). De 1966 até 1971, o arquiteto foi um dos redatores da revista *Acrópole*, um dos mais importantes periódicos especializados em arquitetura do Brasil, e escrevia regularmente no informe do IAB/SP, entidade da qual participou ativamente, chegando à vice-presidência no biênio de 1974/1975, sob a presidência de Eurico Prado Lopes.

Eduardo Corona atuou, ainda, junto ao IAB/RJ, em 1947 e 1948, e no CREA/SP, entre 1953 e 1966 e de 1991 a 1996. Ao longo da segunda metade do século XX, foi personagem atuante em diferentes frentes da arquitetura, participou de júris e comissões, desenvolveu funções em órgãos públicos e elaborou conjunto expressivo de projetos e obras arquitetônicas.

A atuação desse profissional também abrangeu as questões relacionadas ao campo do desenho industrial, como pode ser identificado na série de textos sobre esse tema publicados nas revistas *Acrópole*, *Habitat* e *Arquitetura & Construção* (A&C), ao longo da década de 1960. Alguns deles são: "O desenho industrial, o arquiteto e iniciativas erradas", em 1963, e "ABDI, IAB, ESDI, FAU, UD, USE etc.", em 1965, ambos para a revista *Acrópole* (Cara, 2008, p. 98).

O significado de suas ações para o campo da arquitetura percorreu não apenas por meio da elaboração de diversos projetos, como também por sua atividade docente desde 1949 na Faculdade de Arquitetura e Urbanismo da USP. Dedicou-se, sobretudo, ao ensino da arquitetura e produziu uma série de textos para essa área de atuação, destacando-se o *Dicionário da arquitetura brasileira*, em 1957, em parceria com o também professor da FAU/USP Carlos Lemos. Nesse mesmo ano, ele ingressou como docente na Faculdade de Arquitetura da Universidade Mackenzie.

Corona dedicou-se ao ensino e exercício da arquitetura ao longo de toda a sua vida. Na FAU/USP, tornou-se professor titular em 1981. Ao lado da academia continuava desenvolvendo a prática projetual em diversos projetos[34].

Outro exemplo relevante é o artigo de autoria de João Carlos Cauduro, então professor da FAU/USP e da FAAP, para a revista *Habitat*, em 1964, com o título "Origem e desenvolvimento do desenho industrial no Brasil" (Cauduro, 1964). Nessa época, Cauduro já havia passado pela experiência como membro da primeira comissão de designers no ICSID em 1963 e abrange com propriedade as condições do campo naquele período. Ele relata as tentativas de conciliar arte e indústria, o IAC/MASP, o

---

[34] Disponível em: <http://www.brasilartesenciclopedias.com.br/nacional/corona_eduardo.htm>. Acesso em: 22 jan. 2012.

surgimento dos primeiros escritórios, as iniciativas do IAB, as disciplinas da FAU/USP e os objetivos da ESDI.

Vale pontuar que *Habitat* foi um importante meio de divulgação do campo, como pode ser notado com a presença de outros textos sobre o desenho industrial nessa mesma edição. Um sobre o Prêmio Roberto Simonsen, cujos vencedores foram Norman Westwater e Michel Arnault da Mobília Contemporânea com sua poltrona desmontável; e outro escrito por Lúcio Grinover com o título "Desenho industrial". Grinover aproveitou o ensejo dessa premiação para buscar esclarecer certas definições sobre o campo de atuação dentro das necessidades sociais, econômicas e culturais ditadas pela época e pela comunidade para a qual o setor atuava, ao escrever:

> Desenho Industrial não é desenho técnico.
> Desenho Industrial não é decoração.
> Desenho Industrial não é embelezamento do produto.
> Desenho Industrial não é "arte aplicada".
> Desenho Industrial é planejamento técnico, formal do produto; isto é, o projeto de objetos destinado à produção em série, visando à qualidade dos mesmos (Grinover, 1964).

A FAU/USP, por meio de seus representantes e ações pioneiras dentro do design e da arquitetura, ofereceu a possibilidade de estabelecer as primeiras discussões em torno das atividades que seriam desenvolvidas visando à almejada industrialização, acompanhando, assim, o período desenvolvimentista. Seus docentes e alunos formaram um grupo que era procurado, direta ou indiretamente, por representantes de outras escolas, o que possibilitou construir uma relação favorável à troca de ideias.

Apesar de não ser possível, com os dados levantados, detectar uma relação acadêmica e curricular oficial entre as instituições, a convivência de alunos e professores foi clara, principalmente no campo da arquitetura, entre a FAU/USP e a FAU/Mackenzie. Essa aproximação era possível devido tanto às questões de proximidade, praticamente instaladas na mesma rua, como ao fato do tamanho pequeno das turmas, o que permitia aos docentes acompanhar mais cautelosamente cada discente, conferindo uma característica aos cursos que muitos depoentes citaram: a relação de proximidade entre professores e alunos e o consequente interesse e aprendizado gerado. O trânsito constante das ideias percorria desde o campo da arquitetura até questões sociais, políticas e econômicas daquele período.

Os discentes do fim da década de 1960, entrevistados para este estudo, evidenciaram essa proximidade e o convívio, como colocado por dois representantes da Arquitetura do Mackenzie: Esther Stiller e Carlos Perrone. Esther Stiller declara: "Nos anos [em que era estudante] do Mackenzie, [ela] convivia muito com os alunos da FAU/USP. Eram 30 alunos na FAU e 40 no Mackenzie. Só existiam essas duas escolas de arquitetura"[35]. Essa afirmação é consoante com as palavras de Carlos Perrone, que ilustra os fatos da seguinte forma: "No começo, você atravessava a rua e estava na FAU. Eram duas faculdades de arquitetura no Estado de São Paulo e as duas estavam na mesma esquina, [...] era grande a intimidade [entre] quem fez FAU/USP e Mackenzie naquele tempo [...]"[36].

Agentes de diferentes áreas participaram da montagem de cursos pioneiros de DI e CV, muito em função do desconhecimento do campo do design naquela época. Isso permitiu que os primeiros profissionais obtivessem conhecimento abrangente para atuar em áreas diversas.

Essa questão da diversidade no ensino do design como ponto positivo na formação profissional também é apresentada pelo designer gráfico Alexandre Wollner[37] ao citar que quem deveria dar aulas de "[...] design são economistas, administradores, engenheiros, entre outros", e caracteriza que o designer deve ser uma confluência desses conhecimentos e entender como aplicá-los na prática da sua atividade.

Contudo, a compatibilidade da proximidade física com, principalmente, o corpo discente dos cursos (de arquitetura, nesse caso) não pode ser considerada em relação à FAAP. Talvez as características diferentes entre os cursos oferecidos fossem um aspecto que dificultasse a integração, pois naquele período a fundação oferecia apenas cursos de Artes, os quais derivam no fim da década de 1960 os cursos de DI e CV, e apenas em 1990 o curso de Arquitetura é aberto.

5.3 Grades curriculares

A análise comparativa entre as grades curriculares está pautada nos critérios apresentados no início deste trabalho, ou seja, na divisão das disciplinas em três grupos com o objetivo de promover o diagnóstico desejado a partir dos seus títulos.

35 Entrevista concedida à autora em 28 ago. 2011.
36 Entrevista concedida à autora em 8 nov. 2011.
37 Entrevista concedida à autora em 21 jan. 2012.

Os grupos, apresentados na introdução do presente trabalho, são: Disciplinas de conhecimentos gerais, Disciplinas que formam referenciais comuns para a grande área do design e Disciplinas específicas para cada habilitação.

Nas grades escolares, identificamos relações na evolução de cada curso durante o período pesquisado (décadas de 1960 e 1970). A alocação das disciplinas possibilitou-nos levantar algumas características das escolas referenciadas nas terminologias adotadas, nos documentos institucionais e pessoais e nos discursos dos personagens pertencentes às escolas nos períodos estudados.

Internamente, cada escola sofreu influência dos seus cursos de origem e das convicções dos responsáveis na época de implantação para instalar os novos campos de conhecimento: Desenho Industrial (DI) e Comunicação Visual (CV). O reflexo desses ideais pode ser apurado na orientação adotada na montagem de cada curso, uma vez que esta dependeu de quem eram os formadores de opinião dentro de cada instituição e a quem coube organizar os primeiros rumos da academia desse campo nas três escolas, tomadas aqui como pioneiras do design paulistano.

Neste contexto, é válido retomar a leitura do currículo como uma expressão de poder, uma vez que reflete o pensamento daqueles que são responsáveis por organizá-lo. A organização desses cursos expressa a diversidade das ideias de maneira semelhante às propostas disciplinares. A similaridade encontrada nas nomenclaturas das disciplinas, em sua distribuição durante os anos dos cursos e nos temas propostos para as aulas mostra indícios da proximidade deles, considerando a proposta de análise para o assunto deste livro.

5.3.1 A arquitetura e o desenho industrial

Na FAU/USP, o grupo estudado de design é atípico por se tratar de disciplinas de projeto em DI e CV dentro de um curso de Arquitetura. No entanto, a base comparativa estabelecida com as outras duas – FAAP e Mackenzie – é possível quando entendemos essas disciplinas como parte de uma sequência independente de disciplinas de projeto.

O Desenho Industrial e a Comunicação Visual foram introduzidos informalmente nas disciplinas de Composição

Tabela 5.1 – Distribuição das sequências das disciplinas do Departamento de Projeto aprovada no Fórum de 1963 (Fonte: FAU/USP, 1963b).

	Curso Básico				Alternativas			
1º ano	P	PL	DI	CV	–	–	–	–
2º ano	P	–	DI	CV	P	PL	DI	CV
3º ano	P	PL	–	–	P	PL	DI	CV
4º ano	–	PL	–	–	P	PL	DI	CV
5º ano	TESE							

por meio das propostas didáticas dos seus docentes e depois continuaram em disciplinas obrigatórias e autônomas às cátedras a partir da reforma de 1962 ocorrida na FAU/USP, formando as Sequências.

Quando é criado o Departamento de Projeto na FAU/USP (Tabela 5.1), em 1963, a ênfase nas práticas de ateliê marca o ensino da escola, que buscou na formação generalista a consonância entre o crescimento da indústria e a ampliação de conhecimento de seus formandos aliada ao papel social do arquiteto.

Nesse caso, apesar de DI e CV serem disciplinas isoladas dentro de um curso de arquitetura, elas compreendiam propostas de trabalhos nas duas áreas, como o projeto gráfico para uma marca corporativa, na disciplina de CV, desenvolvido ao longo de um semestre letivo. Ou, ainda, a elaboração de projetos de objetos para o dia a dia e sua relação com o usuário, como no caso de luminárias, um dos exercícios propostos por Lívio Levi no terceiro ano de Arquitetura[38].

Verificamos que abordagens como essa também eram praticadas na FAU/USP quando vistos os programas das disciplinas de CV e DI durante a década de 1960 e 1970. No entanto, a sequência em três e quatro anos, respectivamente, possibilitava aos alunos o aprofundamento do conhecimento das atividades relacionadas ao campo do design, permitindo-lhes a apresentação de um trabalho final de curso em uma dessas duas áreas (Tabelas 5.2 e 5.3).

[38] Conforme depoimento de sua ex-aluna Esther Stiller. Entrevista concedida à autora em 28 ago. 2011.

Tabela 5.2 – Grade curricular do curso de Arquitetura e Urbanismo da USP, 1962 (Fonte: FAU/USP, 1962b).

ARQUITETURA E URBANISMO – 1962
CÁTEDRAS – 1ª Série
Física Geral e Aplicada (1ª Parte)
Cálculo Diferencial e Integral. Geometria Analítica
Geometria Descritiva e Aplicações
Topografia. Elementos de Astronomia de Posição
História da Arte. Estética
Projeto I (1ª Parte)
Comunicação Visual 1
Desenho Industrial I (disciplina autônoma)
CÁTEDRAS – 2ª Série
Projeto I (2ª Parte)
Comunicação Visual II (disciplina autônoma)
História da Arquitetura I
Física Geral e Aplicada (2ª Parte)
Desenho Industrial II (disciplina autônoma)
Construção I
Estudos Sociais e Econômicos
Mecânica

(*continua*)

Tabela 5.2 – Grade curricular do curso de Arquitetura e Urbanismo da USP, 1962 (Fonte: FAU/USP, 1962b) (*continuação*).

CÁTEDRAS – 3ª Série
Projeto II
Construção II
História da Arquitetura II
Hidráulica e Saneamento
Planejamento I
Desenho Industrial III
Resistência dos Materiais, Estabilidade das Construções
Fundações (disciplina autônoma)
Comunicação Visual III (disciplina autônoma)
CÁTEDRAS – 4ª Série
Projeto III
Estruturas Correntes de Madeira, Metálicas e de Concreto Simples e Armado
Grandes Estruturas
Desenho Industrial IV (disciplina autônoma)
História da Arquitetura III
Planejamento II (1ª Parte)
CÁTEDRAS – 5ª Série
Projeto IV
História da Arquitetura IV
Planejamento II (2ª Parte)

Tabela 5.3 – Grade curricular do curso de Arquitetura do Instituto Presbiteriano Mackenzie, 1968 (Fonte: Acervo pessoal).

ARQUITETURA E URBANISMO – 1968
1ª Série
Mecânica Estrutural I (Resistência dos Materiais)
Matemática (Cálculo e Analítica)
Geometria Descritiva
Topografia
Composição I
Comunicação Visual (Desenho e Plástica)
Desenho Arquitetônico
2ª Série
Hidráulica
Matemática (Cálculo e Analítica)
Técnica das Construções II
Composição II
Comunicação Visual (Desenho)
Teoria da Arquitetura I
História da Arquitetura I
Física Aplicada
Representação Gráfica (Perspectiva)
Plástica
Materiais de Construção
Estatística
Mecânica das Estruturas I (Resistências dos Materiais)

(*continua*)

Tabela 5.3 – Grade curricular do curso de Arquitetura do Instituto Presbiteriano Mackenzie, 1968 (Fonte: Acervo pessoal) (*continuação*).

3ª Série
Composição III
Teoria da Arquitetura II
História da Arquitetura II
Eletricidade
Paisagismo (de acordo com reestruturação do CM)
Desenho Industrial
Estrutura de Metal e Madeira
Estatística
4ª Série
Composição IV
Concreto Protendido
Concreto Armado
Mecânica dos Solos
Higiene e Saneamento
Economia Política
Legislação
História da Arte
Planejamento I e II
Evolução Urbana
5ª Série
Estudos Sociais
Projeto IV
Sistemas Estruturais
Organização e Administração
Construção IV (Prática Profissional)
Arquitetura no Brasil
Problemas Brasileiros
Planejamento IV

Em 1968, fazia seis anos que a Faculdade de Arquitetura e Urbanismo da USP havia inserido as Sequências de DI e CV em sua grade e já tinha passado por dois importantes fóruns, em 1963 e 1968, com o intuito de aperfeiçoar suas propostas e rever os processos de ensino praticados ao longo da década de 1960.

Como consequência disso, destacamos a série de textos reunidos para a exposição de Desenho Industrial e Comunicação Visual programada para o fim do ano de 1970. Nessa coletânea, representantes da escola, das artes e da cultura nacional discursaram sobre arquitetura, desenho, indústria, sociedade e ensino (FAU/USP, 1970).

Fatos como esse indiciam o pioneirismo da FAU/USP no debate dentro do campo acadêmico do design paulistano. No ano de 1970, enquanto o Mackenzie ainda não havia aberto seus cursos de DI e CV, e a FAAP formava a primeira turma desses cursos, a FAU/USP já repensava o ensino dentro da academia referenciando-se em importantes personagens do campo.

Nesse conjunto foram encontrados os seguintes textos: "Desenho e emancipação", de Flávio Motta; "As artes na cidade", de Ferreira Gullar; "A cidade contemporânea", de Oscar Niemeyer; trechos de "O desenho" – aula inaugural proferida por João B. Vilanova Artigas, em 1967; e ainda uma coletânea de partes de obras[39] de Lúcio Costa.

Enquanto isso, no Mackenzie encontramos uma disciplina de design em cada semestre (do 1º ao 3º). Na disciplina de DI, o docente Lívio Levi propunha tarefas que alinhavam o processo industrial ao objeto na dimensão do usuário, em escala menor à da arquitetura, assim caracterizado por sua ex-aluna Esther Stiller[40]:

> A dinâmica do curso era muito simples, com temas e trabalhos de desenvolvimento rápido. Cada dois meses era um trabalho que tinha um tema a ser desenvolvido. A metodologia era simples, no sentido de buscar a tecnologia da produção. Chegamos a visitar uma ou duas fábricas. Fazíamos desenhos e perspectivas. Os desenhos eram feitos à mão.

As palavras de Esther Stiller aproximam as disciplinas da FAU/Mackenzie da FAU/USP quanto à metodologia praticada. As atividades desenvolvidas nos primeiros anos das disciplinas de Desenho Industrial da Faculdade de Arquitetura da

---

[39] Fazem parte desse grupo os seguintes textos: "A crise da arte contemporânea" (*A arte e a educação*) sobre Arquitetura, "O novo humanismo científico e tecnológico", "Depoimento de um arquiteto carioca", "Ensino do desenho", e "O arquiteto e a sociedade contemporânea".

[40] Entrevista concedida à autora em 28 ago. 2011.

USP propunham exercícios que desenvolvessem a capacidade do aluno para aplicar os procedimentos apreendidos na arquitetura – como proporção e espacialidade – à escala do objeto, como na disciplina de Levi.

As declarações da arquiteta sugerem-nos que a disciplina de Lívio Levi abordava o desenho industrial com o intuito de discorrer também sobre a arquitetura industrializada, outra questão levada por esse professor ao Mackenzie, como verificado em suas notas.

COMUNICAÇÃO VISUAL

projetos de linguagem visual

Pretende-se um curso completo de êmprego de meios de Comunicação Visual. Um curso que poderá desenvolver-se em cinco anos, se o aluno assim o desejar.
Isto é possível pelo arranjo entre unidades básicas e alternativas.

Em geral a Comunicação Visual tem sido compreendida como linguagem necessária para exprimir planos arquitetônicos de edifícios.
Portanto, é inegavelmente entendida como o velho "Desenho Arquitetônico" que ninguém nunca soube bem o que era. Isto é errado. Êste erro aparece de duas maneiras:

Figura 5.2 – Trecho extraído do Relatório de 1969 referente à habilitação de Comunicação Visual da FAU/USP (Fonte: FAU/USP, 1969).

Quanto à FAU/USP, a relevância das Sequências de CV e DI dentro do seu ensino é expressa no Relatório de 1969 da instituição, como observado nos trechos anteriores e na Portaria GR nº 884, de 25 de agosto de 1969.

Os textos dedicados à Comunicação Visual e ao Desenho Industrial expressam que a FAU/USP não pretendia fazer com que essas áreas fossem apenas complementares à Arquitetura. Os termos "curso completo" para CV e "curso total" para DI resgatam a ênfase pretendida para as Sequências, desde a implantação em 1962. Como resultado desse processo, é editada a Portaria GR nº 884 (22), que reitera a divisão do

> **DESENHO INDUSTRIAL**
>
> projetos de objetos industriais
>
> Observações para comunicação visual válidas.
>
> Há grandes ambições na FAU em tôrno dêste curso; elas parecem um tanto anárquicas; apesar de tudo o curso tem dado grandes resultados. É só medir a quantidade de profissionais de arquitetura que, a partir das afirmações ainda débeis, que temos feito sôbre a importância de uma atuação ajudando a indústria, vem trazendo, vem dando. Há necessidade de fixar o programa geral do grupo; o objetivo a atingir. Não se trata de fazer tudo, mas caracterizar uma formação básica e um conjunto de alternativas que possam oferecer aos alunos interessados, um curso total como que especializado. Êste curso tem grande importância na etapa atual do desenvolvimento da indústria brasileira. Só isto caracterizaria um programa. É necessário aliviar a indústria de um certo autodidatismo curioso e inventor, nem sempre justos, assim como dar condições que lhe permitam abandonar a cópia de projetos metropolitanos.

Figura 5.3 – Trecho extraído do Relatório de 1969 referente à habilitação de Desenho Industrial da FAU/USP (Fonte: FAU/USP, 1969).

ensino em departamentos e reassinala a importância que as duas habilitações (DI e CV) assumiam no contexto da escola.

Enquanto Levi discutia o desenho industrial dentro da Faculdade de Arquitetura do Mackenzie, nos anos 1960, a FAU/USP também o fazia em seus encontros. A importância do desenho industrial e da comunicação visual nessa escola, associada ao papel social do arquiteto, regeu boa parte de seus acontecimentos durante essa década e a seguinte.

Esses documentos revelam o pioneirismo da FAU/USP quanto à importância de inserir as práticas profissionais do design na função do arquiteto, desde o início da década de 1960. Os estudos desenvolvidos pelos agentes dessa escola possibilitaram construir documentos que delimitassem o ensino desse campo a partir do conhecimento que se tinha na época, chegando ao final dos anos 1960 com uma estrutura curricular consolidada, a qual serviu de paradigma para outras propostas acadêmicas, sendo o Mackenzie um de seus descendentes.

5.3.2 A relação entre as grades

O modelo da FAU/USP, fora dos padrões das demais escolas de arquitetura e de desenho industrial, não limitou sua importância no campo do design.

Assim, uma vez que a FAU/USP implantou sua Sequência de DI e CV em período anterior ao Mackenzie, seus personagens foram consultados e serviram de guia para os novos cursos.

No caso do Mackenzie, apesar de a relação dos cursos de DI e CV com o de Arquitetura não estar diretamente associada nos depoimentos dos alunos, não ocorreu o mesmo distanciamento quanto às origens dos cursos de CV e DI. As primeiras experiências de disciplinas na Arquitetura e o compartilhamento do corpo docente e do próprio espaço físico são elementos que podem ser considerados na caracterização desses cursos.

No que se refere à carga horária dos cursos de DI e CV do Mackenzie e sua distribuição nas grades dos anos de 1971 e 1972, verificamos que não houve alteração, sendo as disciplinas e a quantidade de horas do 3º Ciclo exatamente as mesmas dos primeiros. O pequeno deslocamento entre os ciclos, com concentração de carga horária maior no 1º, e não no 2º ano, é observado a partir de 1973. Essa organização se manteve na íntegra nos anos seguintes, como visto na grade de 1975 (ver capítulo 4).

A alteração na distribuição das cargas horárias, ocorrida em 1973, é vista nas tabelas seguintes (Tabelas 5.4 e 5.5) ao observarmos a concentração no 3º Ciclo das matérias do grupo de disciplinas de conhecimentos específicos de cada habilitação. A partir de 1973, há a alocação das disciplinas de conhecimentos da grande área do design do 3º para o 1º e o 2º Ciclos, em favorecimento das disciplinas projetuais. As matérias de conhecimentos comuns para ambos (CV e DI) foram as que mais sofreram alteração quanto ao ciclo em que eram oferecidas no Mackenzie.

Nessa instituição, o significativo aumento da carga horária das disciplinas dedicadas às atividades específicas do design (em seus títulos) é verificado no último ciclo dos cursos, com a pretensão de fazer com que o aluno aplicasse os fundamentos obtidos em suas áreas específicas de atuação, o que lhe permitia o desenvolvimento de questões mais complexas relacionadas ao campo. Essa mesma composição, que concentra as disciplinas específicas no último ano dos cursos, também se apresenta nas grades da FAAP. Nesse caso, não é em função do aumento da quantidade oferecida, mas sim resultado da proporção que essas disciplinas adquirem quando há uma diminuição das demais.

Uma forma de interpretar esse fato é a ampliação do conhecimento ao longo do tempo no campo de design. É dessa época, por exemplo, a inserção das disciplinas de Ergonomia, Industrialização e Prática do Desenho Industrial no Mackenzie. Essas disciplinas representavam 75% da carga horária do 3º Ciclo em 1975.

A concentração das matérias cujos títulos voltavam-se às disciplinas de conhecimentos específicos de cada habilitação no 3º Ciclo é apenas uma das mudanças entre os grupos das disciplinas analisadas. No Mackenzie, a partir de 1973, há a alocação das disciplinas de conhecimentos da grande área do design do 3º para o 1º e o 2º Ciclos, em favorecimento das disciplinas projetuais.

Tabela 5.4 – Grade curricular da FAAP – CV, 1972.

FAAP – Comunicação Visual – 1972	
Disciplinas	**C.H.**
1º Semestre	**375**
● Desenho	90
● Desenho Geométrico	30
★ Análise dos Mat. Expr. (Composição)	45
● História da Arte	30
● Plásticas	45
● Elementos de Comunicação	30
❏ Estudo dos Problemas Brasileiros	30
❏ Sociologia	30
● Oficina (Modelagem)	45

(*continua*)

Tabela 5.4 – Grade curricular da FAAP – CV, 1972 (*continuação*).

2º Semestre	375
● Desenho	90
● Desenho Geométrico	30
★ Análise dos Mat. Expr. (Composição)	45
● História da Arte	30
● Plásticas	45
● Teoria de Comunicação	30
❑ Estudo dos Problemas Brasileiros	30
❑ Sociologia	30
● Oficina (Modelagem)	45
3º Semestre	**390**
★ Análise Gráfica	30
● Desenho Técnico	45
♦ Desenvolvimento de Projetos	90
❑ Estética	30
● Expressão Bidimensional (Serigrafia)	45
● Geometria Descritiva e Perspectiva	30
● História das Artes e da Técnica	30
● Oficina (Projeto)	30
❑ Psicologia	30
★ Teoria e Técnica dos Materiais	30
4º Semestre	**360**
★ Análise Gráfica (Foto)	30
● Desenho Técnico	45
♦ Desenvolvimento de Projeto	90

(*continua*)

Tabela 5.4 – Grade curricular da FAAP – CV, 1972 (*continuação*).

❑ Estatística	30
❑ Estética	30
● Expressão Bidimensional (Lito Metais)	45
● Geometria Descritiva e Perspectiva	30
● Oficina (Projeto)	30
❑ Psicologia	30
★ Teoria dos Materiais	
5º Semestre	**360**
● Expressão Tridimensional	60
♦ Desenvolvimento de Projeto	90
❑ Estatística	30
● Oficina (Foto)	45
★ Tecnologia Mecânica	45
★ Teoria da Fabricação	60
● Teoria da Informação e Opinião Pública	30
6º Semestre	**360**
❑ Economia	30
● Expressão Tridimensional	60
● Teoria da Fabricação	60
● Pesquisa Operacional	30
♦ Desenvolvimento de Projeto	90
★ Tecnologia Mecânica	45
● Oficina (Gráfica)	45

(*continua*)

Análise

Tabela 5.4 – Grade curricular da FAAP – CV, 1972 (*continuação*).

7º Semestre	315
● Pesquisa Operacional I	30
♦ Desenvolvimento de Projeto	120
★ Tecnologia Mecânica	30
● Oficina (Mecânica)	45
● Expressão Cinética	60
❏ Economia	30
8º Semestre	300
● Oficina (Mecânica)	45
♦ Desenvolvimento de Projeto	120
● Oficina (Foto)	30
● Oficina (Gráfica)	45
❏ Economia	30
❏ Ética	30

Legenda*

❏ Conhecimentos Gerais
● Conhecimentos Básicos – Comuns à área do design (CV e DI)
★ Conhecimento Específico de cada habilitação (CV ou DI)
♦ Disciplina de Projeto – Planejamento

* Classificação feita pela autora.

Tabela 5.5 – Grade curricular do Mackenzie – CV, 1972 e DI, 1973.

Comunicação Visual – 1972	
Disciplinas	C.H.
1º Ciclo – Básico	960
❏ Antropologia	60
● Expressão no Espaço (Marcen., Model. e Cer.)	240
● Expressão no Plano (Desenho e Gravura)	180

(*continua*)

Tabela 5.5 – Grade curricular do Mackenzie – CV, 1972 e DI, 1973 (*continuação*).

● Plástica (Teoria da Informação e Percepção)	60
● Composição	90
● Desenho Geométrico	90
● Geometria Descritiva	120
● Est. História, Artes e Técnicas	60
❑ Estudo dos Problemas Brasileiros	60
2º Ciclo – Comunicação Visual	**1050**
● Estética. História da Arte e Técnica	60
● Perspectiva	90
❑ Estudos Sociais e Econômicos	60
● Plástica (Teoria da Informação e Percepção)	60
● Ciência da Comunicação	60
♦ Planejamento	120
● Desenho Técnico	60
● Expressão em Movimento (Foto)	60
● Expressão no Plano (Gravura)	90
● Expressão no Plano (Desenho e Serigrafia)	180
★ Análise Gráfica	150
● Expressão no Espaço (Maquete)	60
3º Ciclo – Comunicação Visual	**870**
● Expressão em Movimento (Desenho Animado)	60
● Expressão em Movimento (Cine)	90
● Expressão em Movimento (TV)	90
● Expressão no Plano (Est. Quad.)	60
● Estética. História da Arte e Técnica	60
★ Análise Gráfica	180
★ Teoria Técnica e Materiais	90
● Ciência da Comunicação	60
♦ Planejamento	120
❑ Estudo dos Problemas Brasileiros	60

(*continua*)

Análise

Tabela 5.5 – Grade curricular do Mackenzie – CV, 1972 e DI, 1973 (*continuação*).

Desenho Industrial – 1973	
Disciplinas	**C.H.**
1º Ciclo – Básico	**1020**
● História da Arte e Estética	60
❏ Estudo dos Problemas Brasileiros	60
● Introdução à Ciências Humanas e Sociais	90
● Expressão no Espaço (Marcen., Model. e Cer.)	180
● Expressão no Plano (Desenho)	90
● Expressão no Plano (Gravura)	90
● Teoria da Informação e Percepção	60
● Composição	90
● Geometria Descritiva	90
● Desenho Geométrico	90
● Desenho Técnico	60
● Expressão em Movimento (Foto)	60
2º Ciclo – Desenho Industrial	**900**
● Perspectiva	60
● Teoria da Informação e Percepção	60
● Ciência da Comunicação	60
◆ Planejamento	120
● Expressão no Espaço (Maquete)	60
● Expressão no Espaço (Escultura)	60
● Expressão no Plano (Desenho e Serigrafia)	180
★ Análise dos Materiais Expressivos	60
★ Ergonomia	120
❏ Matemática	60
❏ Física	60

(*continua*)

Tabela 5.5 – Grade curricular do Mackenzie – CV, 1972 e DI, 1973 (*continuação*).

3º Ciclo – Desenho Industrial	840
● Teoria da Informação e Percepção	60
★ Prática do Desenho Industrial	120
★ Industrialização	90
★ Ergonomia – Teórica-prática	120
★ Análise dos Materiais Expressivos	120
★ Teoria da Fabricação	90
● Ciência da Comunicação	60
♦ Planejamento	120
❏ Estudos Socioeconômicos	60

Legenda*

❏ Conhecimentos Gerais
● Conhecimentos Básicos – Comuns à área do design (CV e DI)
★ Conhecimento Específico de cada habilitação (CV ou DI)
♦ Disciplina de Projeto – Planejamento

* Classificação feita pela autora.

É interessante, nesse ponto, recordar que nos discursos sobre a ESDI feitos por Niemeyer (2007) e nos documentos das propostas iniciais das Sequências de DI e CV aparecem referências desse mesmo caráter ao priorizar abordagens mais complexas relacionadas às questões projetuais nos últimos anos de seus cursos. A organização verificada, principalmente nas grades apresentadas do Mackenzie, leva-nos a indícios da adoção de postura similar dentro dessa instituição, sendo menos perceptível no caso da FAAP.

As alterações, principalmente com relação à posição das disciplinas na grade, demonstram certa indefinição quanto aos rumos do campo de desenho industrial e comunicação visual e a tentativa de se adequar às condições da atuação profissional, ainda pouco definida naquele momento. Na FAAP, a distribuição das disciplinas entre os ciclos é praticamente a mesma durante os primeiros anos do curso de DI. Aliás, quando o curso anual passa a ser oferecido em semestres, verificamos uma simples divisão das disciplinas em duas, sem acarretar mudanças na carga horária (Tabela 5.6).

Tabela 5.6 – Comparação de distribuição da disciplina de Oficina (Modelagem) da FAAP – 1967, 1970 e 1972.

FAAP – CV – 1967
1ª Série
Oficina (Modelagem)

FAAP – CV – 1972
1º Semestre
Oficina (Modelagem)
2º Semestre
Oficina (Modelagem)

O fato de os cursos da FAAP serem oferecidos em quatro anos, e não em três como os do Mackenzie, também não ditou uma organização curricular discrepante em relação a essas duas escolas, com a presença de um 1º ano básico que ocorria em ambas as escolas. A diferença entre elas dava-se no 2º ano, quando a turma da FAAP se dividia em curso de Professorado e Artes Plásticas, de um lado, e Desenho Industrial e Comunicação Visual, do outro. A opção por uma dessas habilitações acontecia no 3º ano na FAAP, ao passo que no Mackenzie essa mesma escolha se dava no 2º ano.

Dentre as nomenclaturas relacionadas aos assuntos de ordem social, encontramos no Mackenzie a Antropologia nos anos de 1971 e 1972, e na FAAP, em 1970. A interrupção da oferta dessa disciplina, no caso do Mackenzie, assinala uma importância de menor valor dada ao campo das ciências sociais na formação das grades, o que pode ser interpretado como uma dissonância às questões levantadas no período sobre os conhecimentos aptos ou necessários à formação do designer.

No Mackenzie, na grade de 1973 de DI, não há outras disciplinas do grupo de conhecimentos gerais[41], exceto Matemática e Física, exigidas pelo CM. Em contrapartida, na FAAP, estas aparecem nos quatro anos dos cursos (Sociologia no 1º ano; Psicologia e Estatística no 2º ano; Estatística e Economia no 3º ano; e Economia e Ética no 4º ano), ao passo que Matemática e Física não estão presentes. Se adotarmos

41 Classificação intitulada pela autora para a análise pretendida (conforme apresentado na introdução).

que a grade do ano de 1972 da FAAP estava em coerência com o exigido pela lei, ano em que o curso obteve seu reconhecimento, esse é mais um exemplo das distintas interpretações geradas pelo Currículo Mínimo de 1969, como no caso da Matemática, que muitas vezes era interpretada como Geometria.

Se de um lado a proporção das disciplinas de conhecimentos gerais é pequena diante da grade como um todo, de outro, a quantidade daquelas voltadas ao campo artístico é expressiva. Dado esse que encontramos na formação das primeiras grades de DI e CV da FAAP. Nesse caso, os depoentes dos cursos reforçaram a caracterização do curso da FAAP como aulas de artes sem conexões entre si e associadas aos cursos pertencentes à Escola de Artes, dedicadas à linguagem e identificadas nos nomes entre parênteses[42]. Disciplinas com o nome de Plástica e Oficina conviviam com as intituladas Expressão, termo também adotado pelo Mackenzie para esses cursos.

A frequência do uso do termo "Expressão" é uma das características das grades curriculares do Mackenzie e relaciona-se às atividades destinadas às linguagens e representações artísticas (modelagem, maquete, gravura etc.). O grupo dessas disciplinas é encontrado ao longo de todo o curso e representa a maioria das disciplinas nos primeiros anos, principalmente, como pode ser verificado pela carga horária dedicada a elas e pelo aumento da oferta dessas matérias ao longo dos ciclos. Essa ocorrência resulta em uma parcela menor daquelas destinadas aos conhecimentos gerais, concentradas no 1º ciclo do curso, e daquelas de conhecimento específico de cada habilitação, em número maior no último ciclo.

Se a presença das disciplinas denominadas Expressão é uma das características do curso de DI e CV do Mackenzie, na FAU/USP encontramos o termo "Linguagem" nas disciplinas de CV, curso em que artistas compunham o grupo de professores.

A relevância da disciplina de Planejamento (Projeto) dentro dos cursos de CV e DI do Mackenzie é outra característica das grades dos primeiros anos dessa escola e que permaneceu por toda a década de 1970 desde a abertura. A natureza metodológica dada ao projeto era a principal abordagem dessa disciplina, oferecida em ambos os cursos pelo professor Waldyr Hungria, além de ser a disciplina mais próxima ao Projeto, como conhecemos hoje. Ao lado dela, dentre as disciplinas proeminentes aos alunos, encontramos ainda a de Teoria da Informação, ministrada pelo professor Teixeira Coelho, que

---

42 Nesse grupo, encontram-se registradas as seguintes disciplinas: Artística, Matemática Aplicada, Composição, Estilística, Modelagem, Cerâmica, Pintura, Tecnologia, História das Ideias Estéticas, Meios de Representação Gráfica, Gravura, Mecânica, Escultura, Maquete e Modelo, Método e Técnica de Pesquisa, Análise dos Materiais, Fotografia e Utilização de Materiais Expressivos.

acompanhou os cursos desde o início. Ela assumiu seu nome próprio (Teoria da Informação e Percepção) apenas em 1973, estando sob o título de Plástica na grade dos dois primeiros anos de Comunicação Visual (1971 e 1972).

Neste ponto verificamos que os termos originários "Plástica" e "Planejamento" provavelmente sejam uma herança terminológica empregada nos cursos de Arquitetura, conforme visto quando revisitamos as grades da FAU/USP e da própria FAU/Mackenzie. Contudo, ao se fazer essa alteração para Teoria da Informação e Percepção, há um flagrante de adaptação que seguia as matérias dadas na ESDI, nos Setores de Metodologia Visual, Introdução à Lógica e Teoria da Informação (Niemeyer, 2007, p. 104-105), e que orientaram a proposta do Currículo Mínimo do CFE.

Diferentemente do ocorrido na FAAP, a divergência mais significativa nas grades dos cursos de DI e CV do Mackenzie são os termos adotados para as disciplinas específicas de cada habilitação, porém, isso não chegava a criar um distanciamento entre a formação de ambas, como encontrado também no CM. Ao identificarmos que a carga horária e a sequência das disciplinas, quanto aos seus títulos, foram distribuídas igualitariamente nos anos analisados, verificamos que os cursos foram conduzidos sob os mesmos critérios.

Com o mesmo corpo docente, podemos levantar a suposição de que os cursos de CV e DI do Mackenzie, apesar do pouco contato entre seus alunos, compartilhavam das mesmas fontes, referências, estrutura e organização da grade curricular[43].

Dentre as três escolas estudadas nesta publicação, apesar de o Mackenzie ter sido a última a implantar os cursos de DI e CV, seus formandos ainda sofriam com as dificuldades quanto ao ingresso no mercado de trabalho, pois no início da década de 1970 havia um pequeno número de empresas que compreendiam o design.

5.3.3 Grades X CM de 1969

Conforme proposta do Currículo Mínimo de 1969, a divisão em disciplinas básicas e profissionais permitiu uma ampla abordagem devido à abrangência dos termos adotados. Nos grupos (B-1 e B-2 do CM) dedicados à formação específica de cada área, encontramos títulos coincidentes, como Expressão, Teoria (da Técnica e dos Materiais, para um, e Técnica da

43 Conforme visto nas propostas disciplinares, ao recordarmos ainda os depoimentos de alguns professores da época (Alexandre Wollner e Ana Maria Di Sessa).

Fabricação, para outro), Projeto e Desenvolvimento. A diferença significativa de nomenclatura das disciplinas estava em Materiais Expressivos e Técnicas de Utilização, para o DI, e Análise Gráfica, para CV (que existiam desde o início dos cursos, inclusive no da FAAP, cuja abertura se deu antes dessa proposta), como apresentado a seguir.

```
A  — Matérias Básicas

     1. Estética e História das Artes e Técnicas
     2. Ciências da Comunicação
     3. Plástica
     4. Desenho

B-1 — Matérias profissionais para o curso de Desenho Industrial

     1. Materiais Expressivos e Técnicas de Utilização
     2. Expressão
     3. Estudos Sociais e Econômicos
     4. Teoria da Fabricação
     5. Projeto e seu Desenvolvimento

B-2 — Matérias profissionais para o curso de Comunicação Visual

     1. Expressão em Superfície, Volume e Movimento
     2. Estudos Sociais e Econômicos
     3. Teoria da Técnica e dos Materiais
     4. Análise Gráfica
     5. Planejamento: projeto e desenvolvimento
```

Figura 5.4 – Trecho extraído da Resolução nº 5, de 2 de junho de 1969. Fixa o Currículo Mínimo para o curso de Desenho Industrial (Brasil, 1969).

Verificando as primeiras grades dos cursos de DI e CV da FAAP, observamos que algumas matérias sofreram adaptações em suas terminologias para que entrassem em conformidade com as adotadas no documento de 1969. Mesmo na grade de 1967, anterior ao Currículo Mínimo, notamos correspondência, ao passo que os nomes entre parênteses davam indícios do objeto das aulas. Isso nos levantou a questão sobre o período de elaboração dessa grade de 1967. Uma possibilidade levantada é a de que a grade inicial da FAAP atribuída oficialmente a esse ano, e que foi encontrada em nossa pesquisa, na verdade tenha sido elaborada depois do CM, para que os alunos pudessem obter o título profissional, uma vez que a primeira turma se formou em 1970[44].

Isso também se evidencia quando observamos as poucas alterações nos nomes das disciplinas na comparação entre a grade de 1967, antes do CM, e as de 1970 e 1972, quando o Currículo Mínimo já havia sido divulgado. Essa verificação é possível quando relacionamos a grade curricular com o discurso dos entrevistados ao afirmarem que os nomes entre parênteses condiziam com os conteúdos ministrados nas aulas.

As grades da FAAP apresentam a disciplina chamada Oficina como uma peculiaridade dessa escola quando comparada às outras duas (FAU/USP e Mackenzie), pois essa nomenclatura não foi empregada no CM. No entanto, é conveniente observar que esse termo, proveniente da área das Artes/Bauhaus, era um dos setores que compunham o currículo da ESDI (Niemeyer, 2007, p. 106), de 1966, que serviu de base para a montagem do CM de 1969, aprovado pelo CFE. Inclusive, a oferta de disciplinas com esse título ganhou importância nas grades seguintes do curso, como pode ser observado pela quantidade gradual a cada ano.

Relacionadas às práticas artísticas, as disciplinas com o título de Oficina ofereciam diferentes temas a cada ciclo (modelagem, gravuras, maquete etc.), assim como na escola carioca. No Setor de Oficinas da ESDI também eram desenvolvidos exercícios relacionados ao trabalho manual, porém voltados aos materiais e suas técnicas (gesso, madeira, metal, serigrafia, tipografia etc.). Essa postura assumida pela Escola Superior de Desenho Industrial de manter as práticas herdadas da época "mestre-artesão" na formação do designer é criticada por Niemeyer (2007, p. 108) devido à incompatibilidade da própria atividade desse profissional relacionada à indústria e não quanto ao questionamento sobre o propósito das oficinas, ao longo dos anos.

As atividades propostas dentro dessas disciplinas (marcenaria, modelagem, cerâmica etc.) também compunham as grades de DI e CV do Mackenzie, mas nesses casos apareciam como subtítulos das disciplinas de Expressão, que se voltavam principalmente às linguagens artísticas. Esse termo fazia parte do CM e foi adotado em grande parte das grades de DI e CV do Instituto Presbiteriano Mackenzie, tornando-o uma de suas características, como escrito no capítulo anterior. No

44 Outro indício encontrado é o aparecimento da disciplina de Estudos de Problemas Brasileiros (EPB) – Decreto-lei nº 869, de 12/9/1969 – imposta durante o regime militar, em 12 de setembro de 1969. Essa nomenclatura também não é encontrada no CM de 1969, uma vez que este foi apresentado em 12 de junho de 1969, exatamente três meses antes da lei federal.

entanto, não foi apenas o uso do termo "Expressão" que correspondia à proposta curricular exigida por lei. Toda a grade curricular inicial dos cursos de DI e CV do instituto era um reflexo direto dos títulos das matérias apresentadas pelo Conselho Federal de Educação (CFE), em 1969.

Esse grupo de disciplinas não sofreu mudanças de nomenclatura e manteve-se sempre como: Plano, Espaço e Movimento, em sintonia com o CM (Expressão em Superfície, Volume e Movimento). Essas disciplinas foram interpretadas pelo Mackenzie como suporte das atividades artísticas, o que apresenta os indícios da relevância das práticas de ateliê nos primeiros anos dos cursos. Desse modo, o curso encontrou uma maneira de inserir grande parte das atividades relacionadas ao campo artístico em uma das "matérias" exigidas pelo CM.

Quanto às nomenclaturas adotadas para os cursos de DI e CV do Mackenzie, se comparadas com as do Parecer nº 408/69, verificamos que as terminologias adotadas são as mesmas que foram estipuladas oficialmente (Tabelas 5.7 e 5.8).

Tabela 5.7 – Currículo Mínimo de 1969.

Currículo Mínimo – 1969
Matérias Básicas
Estética e História das Artes e Técnicas
Ciência da Comunicação
Plástica
Desenho
Matérias Profissionais de DI
Materiais Expressivos e Técnicas de Utilização
Expressão
Estudos Sociais e Econômicos
Teoria da Fabricação
Projeto e Seu Desenvolvimento

(*continua*)

Análise

Tabela 5.7 – Currículo Mínimo de 1969 (*continuação*).

Matérias Profissionais de CV
Expressão em Superfície, Volume e Movimento
Estudos Sociais e Econômicos
Teoria da Técnica e dos Materiais
Análise Gráfica
Planejamento: Projeto e Desenvolvimento

Tabela 5.8 – Grade curricular do Curso de Comunicação Visual do Mackenzie, 1971.

Mackenzie – CV – 1971
1º Ciclo – Básico
Matemática
Física
Economia
Antropologia
Expressão no Espaço (Marc., Model, Cerâm.)
Expressão no Plano (Desenho)
Plástica (Teoria da Informação e Percepção)
Composição
Geometria Descritiva e Desenho Geométrico
2º Ciclo – Comunicação Visual
Estética. História da Arte e Técnica
Perspectiva
Estudos Econômicos
Plástica (Teoria da Informação e Percepção)
Ciência da Comunicação

(*continua*)

Tabela 5.8 – Grade curricular do Curso de Comunicação Visual do Mackenzie, 1971 (*continuação*).

Planejamento
Desenho Técnico
Expressão em movimento (Foto)
Expressão no Plano (Gravura)
Expressão no Plano (Desenho e Serigrafia)
Análise Gráfica
3º Ciclo – Comunicação Visual
Expressão em Movimento (Desenho Animado)
Expressão em Movimento (Cine)
Expressão em movimento (TV)
Expressão no Plano
Estética. História da Arte e Técnica
Análise Gráfica
Teoria Técnica e Materiais
Ciência da Comunicação
Planejamento
Estudo dos Problemas Brasileiros

Enquanto o Mackenzie dispunha suas disciplinas à semelhança do parecer, a FAAP incorporou algumas nomenclaturas diferentes para os mesmos cursos, o que não criou empecilho para seu reconhecimento, como visto anteriormente.

Nessas condições e de acordo com o relato de Donato Ferrari[45], não foi difícil a obtenção do reconhecimento dos cursos de DI e CV da FAAP por seu currículo "cobrir mais do que o requisito mínimo", no sentido de haver mais disciplinas que o exigido no CM. Nesse sentido, Psicologia, Estatística, Economia e Ética, para os ingressantes entre 1967 e 1970, são alguns dos exemplos registrados. Além de Pesquisa Operacional e Tecnologia Mecânica, como exemplos daquelas que remetiam à prática profissional do designer.

45 Entrevista concedida à autora em 7 jul. 2011.

A maioria dos títulos das disciplinas das grades da FAAP possuía correlação com as descritas no CM, havendo pequena discrepância em terminologias, como para Elementos da Comunicação e Teoria da Comunicação, que no CM estava grafado como Ciências da Comunicação.

Para esse grupo referente aos temas de conhecimento específico, o Mackenzie, além de Análise dos Materiais Expressivos e Teoria da Fabricação, exigidos pelo CM e já presentes na FAAP, tinha também as disciplinas de Prática do Desenho Industrial, Ergonomia e Industrialização para o curso de DI a partir de 1973.

Assim, em sintonia com as propostas curriculares nacionais, o Mackenzie adotava as nomenclaturas presentes no CM. Um exemplo de termo adotado pelo Currículo Mínimo[46] de 1969 é a disciplina dedicada à prática projetual, denominada Planejamento naquela época.

As poucas alterações da grade dos cursos de DI e CV do Mackenzie deveram-se, em grande parte, ao período que foram implantados, em 1971, quando já eram guiados pelo Parecer nº 408/69[47] do CFE. Esse documento procurava contribuir para que a organização e a nomenclatura das disciplinas sofressem poucas alterações nas diferentes instituições. Ao seguir esse princípio, há nas primeiras grades desses cursos do Mackenzie um único nome destinado a objetos diferentes, quando consideramos aqueles entre parênteses[48]. Assim enquadram-se as disciplinas de Desenho e Serigrafia nomeadas como Expressão no Plano.

Se de um lado encontramos a tentativa de certo rigor, de outro, a interpretação de cada escola com relação ao parecer não foi uniforme. A abrangência dos nomes que compuseram a proposta oficial permitiu uma variação quanto à organização e à distribuição das disciplinas, o que pode ser verificado para a de Fotografia das duas escolas particulares analisadas. Enquanto o Mackenzie a inseria em Expressão em Movimento, na FAAP, além de estar no primeiro ano do curso como Expressão Cinética, fez-se representar como Expressão Bidirecional e Análise Gráfica.

Contudo, quando nos remetemos aos temas das aulas da FAAP e do Mackenzie, há grande proximidade, independentemente do nome que oficialmente lhes foi dado. Fato que aproxima essas duas escolas, bem como a manutenção dos nomes desse grupo de disciplinas que praticamente

46 A Resolução nº 5, de 2 de junho de 1969, fixa os mínimos de conteúdo e duração para o curso de Desenho Industrial.
47 Parecer nº 408/69, aprovado em 12 de junho de 1969.
48 De acordo com depoimentos dos ex-alunos, o conteúdo das disciplinas correspondia aos nomes entre parênteses.

permaneceram inalterados ao longo dos primeiros anos dentro de cada habilitação.

O Currículo Mínimo de 1969, contrariamente ao que se pretendia, gerou certa liberdade de criação de currículos plenos e uma diversidade de interpretações. Isso pode ser observado ao compararmos as grades da FAAP e do Mackenzie, como no exemplo das disciplinas intituladas de Oficinas, na primeira, e Expressão, no segundo, mas que se voltavam a abordagens próximas, com nomes semelhantes.

A variedade das abordagens disciplinares pode ser observada nos títulos que compuseram as grades apresentadas neste trabalho. Elas permitiam a formação mais ampla para a atuação do designer, mesmo sendo vistas como tarefas desconexas por alguns alunos durante aquele período.

Para a Faculdade de Arquitetura e Urbanismo da USP, por sua vez, o Currículo Mínimo foi um divisor das ideias sobre as disciplinas naquele momento dentro da instituição. Um grupo continuava a acreditar na atuação dos arquitetos no campo do design a partir de uma formação abrangente. O outro considerava que para que os cursos de DI e CV, organizados em sequências, possibilitassem o reconhecimento do egresso da FAU/USP como desenhista industrial, no caso de uma possível regulamentação da profissão, necessitaria adequá-los à grade oficial do CM, o que geraria uma quantidade inconcebível de aplicações de disciplinas na grade da faculdade.

Os cursos de design do Mackenzie nasceram após a divulgação do Currículo Mínimo. Porém, a FAAP teve de se reorganizar no meio do caminho em atendimento à legislação, ao passo que a FAU/USP preferiu se manter como um curso de Arquitetura composto de disciplinas obrigatórias e optativas das áreas correlatas, visto que não respondia oficialmente ao CM do CFE, por ser estadual e responder à Secretaria de São Paulo.

No caso da FAAP, segundo palavras de Donato Ferrari, o CM "[...] não influenciou, mas foi fundamental na remontagem do curso" ao se remeter à maneira possível de propor certo equilíbrio na distribuição das disciplinas, que antes eram dominadas por aquelas do campo artístico derivadas dos cursos e agentes responsáveis presentes na instituição.

Independentemente do período que foram instalados, principalmente comparados ao ano da divulgação do primeiro Currículo Mínimo (1969), os cursos da FAAP, antes, e do Mackenzie, depois, apresentam uma identidade inicial caracterizada pela equivalência dos títulos de suas disciplinas e distribuição ao longo da evolução de ambos. A ênfase dada aos assuntos dedicados aos conhecimentos gerais[49] da área de design nos dois cursos delimitava uma das características comuns a ambos, o que aproximava a formação dos egressos de DI e CV das duas escolas.

Os cursos de DI e CV da FAAP caracterizaram-se no início pela alta frequência de disciplinas artísticas voltadas à linguagem e à representação. As nomenclaturas de ambas sofreram pequenas adequações no período estudado, sendo as diferenças mais significativas entre termos decorrentes da origem de cada curso. Enquanto DI e CV do Mackenzie nasceram com termos semelhantes ao CM de 1969, os da FAAP, além desses, ofereciam disciplinas relacionadas aos cursos de artes, provavelmente já existentes na instituição, uma vez que constituía uma das principais escolas de artes naquele período.

Assim, a partir da divulgação do Parecer nº 408/69 do CFE, as nomenclaturas das duas instituições entram em consonância, o que não significa que o mesmo tenha ocorrido com as práticas acadêmicas. A própria origem dos cursos aponta para composições distintas. Na FAAP, os cursos faziam parte da Faculdade de Artes Plásticas, originária da Escola de Artes. No Mackenzie, a Faculdade de Comunicação e Artes era composta dos cursos de Desenho Industrial, Comunicação Visual e Desenho e Plástica. Estes, por sua vez, nasceram na Faculdade de Arquitetura e Urbanismo, que era originária da Escola de Engenharia.

A análise das grades curriculares apresentadas possibilitou identificar sincronias e dicotomias entre a nomenclatura utilizada ao longo dos primeiros anos dos cursos de Desenho Industrial e Comunicação Visual. Essas terminologias foram adotadas como um dos pontos de análise para esta pesquisa e para a avaliação dos discursos dos entrevistados sobre o curso.

O que notamos a partir dos dados apresentados é a presença, em São Paulo, de uma matriz de ideias e, possivelmente, de práticas didáticas semelhantes conforme o grupo de disciplinas e o campo de origem, arte e arquitetura, o que acontece a partir das relações sociais e profissionais estabelecidas entre seus agentes, principalmente em esferas externas às instituições estudadas neste trabalho, mas não somente nessas.

Internamente (mas com maior densidade na FAU/USP) houve um núcleo que pensou o design e tentou implantar seu

---

49 De acordo com o critério adotado pela autora para esta pesquisa.

ensino a partir de ações que se referenciassem nos setores mercadológicos e acadêmicos, públicos e privados. E alguns desses personagens atuavam em ao menos duas das três instituições.

As duas escolas particulares voltaram-se ao ensino dessa área elegendo a FAU/USP como uma das referências principais, o que foi possível devido ao contato com alguns de seus membros em ocasiões e atividades internas e paralelas à academia.

Como apresentado ao longo deste trabalho, não havia um contato direto oficial e institucional entre as escolas. A formação dos currículos das três primeiras propostas de ensino de design na cidade de São Paulo reflete em parte uma origem distinta da carioca, quando nos referimos à proposta inicial, de abrir uma escola exclusiva de Desenho Industrial sob os moldes racionalistas. No Rio de Janeiro, a referência principal se situou na escola alemã a partir de um pequeno grupo de profissionais de projeto e artes reunidos em uma única instituição.

Os ensinamentos da Escola da Forma de Ulm encontraram também seu espaço na constituição do ensino na cidade de São Paulo. Nesse aspecto, verificamos que parte da ideologia praticada em território carioca foi adotada no ensino paulistano do design quando identificamos a influência das práticas profissionais dentro da academia por meio de seus agentes e da ênfase dada às atividades projetuais. Fato que pode ser identificado com a presença de alguns de seus agentes e nas propostas disciplinares dos cursos de DI e CV desse município, principalmente na FAU/USP, apesar da forte referência do cenário italiano de design que marcou essa unidade da USP.

Sydney Freitas expôs essa ideologia de ensino quando se referiu à ESDI como modelo para as outras escolas de design e ao identificar o projeto como "espinha dorsal" do curso de Desenho Industrial (Freitas, 2000b). Encontramos essas condições também na formatação dos primeiros cursos desse campo na capital paulista, uma vez que o aprender com o "fazer" ganha importância no ambiente do ateliê, em detrimento das teorias didáticas e pedagógicas feitas para a formação docente.

A questão da endogenia, levantada por Freitas (2000b) e por Niemeyer (2007), e a descendência das definições construídas pelos primeiros docentes, que priorizavam o ensino de projeto a partir da prática profissional no mercado, evidenciam a característica acrítica do ensino de design.

Nas primeiras tentativas paulistanas, o conteúdo principal proposto do design girava em torno das disciplinas de Projeto[50],

---

50 Haja vista também que, no curso de Arquitetura da USP, as disciplinas de DI e CV foram inseridas dentro de um departamento com o mesmo nome.

o que condicionou a uma deficiência das abordagens teóricas na área de design especificamente. Em consequência, podem ser formados profissionais como sinônimos de executores, nas tradições dos trabalhos mestres-aprendizes.

Nesses moldes ainda, a busca de construir uma integração entre os assuntos propostos nas diferentes disciplinas – questionada durante o período – não chegava a ser efetivada devido à maneira, às vezes improvisada e "costurada", como os cursos eram pensados: um conjunto de disciplinas sem conexão entre si. Essa situação também é criticada por Rita Couto, que destaca a fragilidade dessa prática no ensino do design e sua estrutura segmentada em departamentos (Couto, 1999). Mas no caso das particulares paulistanas, a segmentação se deu por grupos de professores e de disciplinas, como as artísticas e as de projeto comandadas por arquitetos, por exemplo.

A dificuldade em formar o corpo docente nos princípios da academia, de acordo com os depoimentos dos agentes entrevistados, levou à participação de profissionais, principalmente do campo das artes e da arquitetura, na montagem dos cursos de DI e CV.

A eles coube organizar os conteúdos disciplinares e os métodos de ensino, que em muitos casos refletiam as atividades praticadas dentro de seus escritórios.

A semelhança mais explícita entre docentes das disciplinas de projeto em São Paulo e no Rio de Janeiro é a prática didática em aula usar a mesma dinâmica de orientação de projeto levada a cabo nos escritórios, principalmente nas duas instituições privadas, uma vez que nestas muitos agentes não tinham a mesma dedicação de carreira que a USP, como universidade, oferecia. Como profissionais do mercado, em sua maioria, a sala de aula era extensão das práticas projetuais e os temas das aulas decorriam das necessidades vivenciadas por eles.

Ao escrever sobre a origem extrainstitucional do processo educativo no design, Freitas conclui que fica quase impossível falar em projeto pedagógico devido à falta de conhecimento fundamentado (Freitas, 2000b). Assim, na ausência de um conjunto teórico nos princípios da academia de design, as disciplinas de projeto foram adotadas para a análise pretendida, ao passo que o meio social serviu de "fórum" para averiguar o trânsito das ideias que percorriam esse campo.

Em São Paulo, além da academia, havia um diálogo entre os profissionais que realizavam trabalhos no campo do design e trocavam informações de acordo com os meios sociais em que circulavam no campo arquitetônico, das artes plásticas e das artes gráficas.

O mercado em São Paulo, apesar de restrito no projeto de produto, gerou algumas oportunidades de trabalho, o que estimulou os agentes dos campos das artes e da arquitetura a investir no campo do design. Deve-se considerar também que, nos anos 1970, o apoio às áreas tecnológicas em detrimento das artes, entre outros, fez os artistas rumarem para o campo da comunicação visual e em alguns casos para o campo do desenho do objeto. Inclui-se a isso uma academia, que, em linhas gerais, compartilhou de ideias semelhantes, seja na vertente que veio das artes, seja na vertente que veio dos arquitetos. Em ambos os casos, vemos a defesa da integração do projeto, por meio da união das artes, arquitetura e design.

Integração essa que, apesar de algumas diferenças entre essas duas áreas com relação a onde dar ênfase, de quem exerceria o papel de eixo principal e até de métodos de ensino, teve defesa inicial nos pensamentos de Pietro Bardi no MASP, de um lado, e, de outro, na constituição de uma proposta de formar um arquiteto "total" na FAU/USP. Ambos considerados matrizes de pensamento de artistas e arquitetos que atuavam em demais cursos de DI e CV em São Paulo.

Considerações finais

Quando começaram a surgir no Brasil, de modo mais perceptível, as atividades no campo do design industrial – ainda chamado desenho industrial e comunicação/programação visual –, as possibilidades de atuação nessa área eram incertas. Essa situação não é muito diferente nos dias de hoje em grande parte da sociedade, apesar do reconhecimento atual da profissão, principalmente no design de produto.

Escrever sobre algo relacionado ao design não nos exime de entrar em questões polêmicas e variadas, tendo em vista a diversidade de temas e abordagens. Com *O ensino paulistano do design*, pretende-se contribuir para que algumas questões mínimas sejam pontuadas com mais clareza com o objetivo de auxiliar a identificar quais parâmetros conduziram a academia dessa área em seus primeiros anos na cidade de São Paulo.

Em meio ao grande número de escolas de design na atualidade, ao buscar os caminhos do ensino, optamos por voltar às origens por meio do levantamento das primeiras instituições de ensino superior (a partir das épocas de implantação de disciplinas e cursos) como locais originais de formação do ensino do campo profissional. Para isso, adotamos como problema fundamental desta pesquisa verificar se existiu alguma relação comum nessa origem que levaria a identificar uma (ou mais) matriz pedagógica ou conceitual do ensino paulistano de design.

Durante as décadas de 1960 e 1970, o desenvolvimento econômico e as promessas de incentivo à indústria criaram certo otimismo à população, em uma época que acabou sendo marcada pela tomada de poder pelos militares, em 1964.

O crescimento industrial não provocou um desenvolvimento significativo do projeto nacional, pois grande parte da economia se baseava na importação de projetos de bens de consumo e na falta de incentivo ao desenvolvimento tecnológico local. A produção teve aumento focado nos setores relacionados ao processo industrial incentivado naquele período, como em bens de consumo duráveis, com maior destaque em São Paulo, principalmente na capital. A cidade contava com mais empresas que os demais centros urbanos e vivenciou um acelerado processo de urbanização.

Diante da expansão da oferta de bens de consumo no cotidiano, ao menos para uma parte das camadas médias, algumas atividades que poderiam contribuir para a evolução do campo industrial já estavam sendo realizadas por profissionais de áreas como arquitetura, artes plásticas, engenharia etc. Isso fez com que muitos desses profissionais, entre eles docentes das instituições aqui pesquisadas, procurassem inserir disciplinas em seus cursos para atender à nova demanda social e acompanhar o crescimento previsto para o país.

Com o processo de industrialização e o desconhecimento do campo do desenho industrial pela sociedade, uma parcela significativa dos arquitetos integrantes das instituições de ensino superior tentou se inserir no mercado com projetos de produtos e gráficos próximos ou complementares ao projeto do campo arquitetônico.

Outro grupo significativo de profissionais era formado por pessoas do campo artístico. Dedicado às artes aplicadas, esse grupo constituía-se de ex-alunos das escolas de artes e de profissionais que não possuíam formação acadêmica, mas que se aperfeiçoaram na prática do ofício. Atuaram mais na parte de comunicação visual, mas às vezes também em produto, como Antonio Lizárraga.

Ao levantar a cronologia dos fatos, verificamos que as primeiras experiências acadêmicas de design ocorreram nas três instituições pesquisadas, cuja relevância na constituição do campo não se restringiu apenas às datas da implantação de seus cursos e disciplinas.

Os episódios apresentados neste livro apontam que os primeiros tempos do design paulistano não estavam restritos aos eventos de caráter profissional no mercado. O envolvimento dos docentes de arquitetura e artes plásticas no ensino de áreas do design, presentes antes mesmo da implantação oficial dos cursos específicos, sinaliza o grau de participação dessa academia na constituição do campo do ensino de design.

Nomes de alguns de seus representantes são encontrados ao longo desta publicação, quando citamos suas passagens, encontros e contatos estabelecidos nos acontecimentos do campo, nas visitas a instituições internacionais e na vinda de importantes profissionais estrangeiros ao Brasil. Eles atuaram como membros das entidades (como ABDI e IAB), participantes de eventos nacionais (Feira de Utilidades Domésticas e Prêmio Roberto Simonsen de Desenho Industrial) e internacionais (International Council of Societies of Industrial Design – ICSID), consultores para questões de ordem legal e premiações.

As atuações dos agentes aqui relatados e suas participações no campo do design nacional apontam a formação de uma "comunidade" de profissionais formada por uma rede social de relações profissionais e de amizades, com muitas ramificações e em diferentes direções, a qual compartilhava intenções semelhantes: a busca da definição e constituição desse campo. Campo esse que, em formação, era o cenário em que foram estabelecidos alguns espaços institucionais e de mercado que eram comuns à maioria inserida nessa rede.

Essas constatações e suposições apresentadas ao longo desta pesquisa derivam, em grande parte, de entrevistas com personagens (alunos e professores) do período, com o objetivo de suprir a dificuldade em obter informações oficiais dentro das instituições particulares, objetos deste estudo.

Ao levantar a presença desses personagens nos acontecimentos do campo, verificamos que a participação profissional e docente, nas primeiras ações do design paulistano, de alguns professores da FAU/USP, FAAP e Mackenzie foi acompanhada de uma troca de ideias. Esse fato levou à interpretação de que, no meio dessa troca, constituiu-se, indiretamente, um conjunto de pensamentos e ideias que permearam as primeiras tentativas de ensino de design na cidade de São Paulo.

Muitos desses personagens foram responsáveis pelos estudos, organização e implantação das primeiras propostas dessa academia. Grande parte deles atuou em mais de uma escola e, juntos, desenvolveram projetos profissionais, supostamente intensificando o trânsito das informações.

Na ausência de uma formação específica e oficial em design desses pioneiros, as práticas adotadas pelos professores da época provieram de conhecimentos pessoais e profissionais obtidos fora da academia, no nível do campo prático da disciplina, e dentro da academia por meio das heranças dos antigos "mestres" e de suas experiências como docentes em cursos correlatos.

Na caracterização dos cursos de design em três tipos pedagógicos feita por Freitas (2000b), encontramos o modelo adotado pelas três propostas de ensino aqui estudadas, o qual também originou grande parte das escolas brasileiras: o ensino de "projeto como espinha dorsal". Nesse modelo, o predomínio das disciplinas voltadas às atividades projetuais é verificado na carga horária superior às demais disciplinas, na complexidade progressiva dos temas abordados dentro de cada disciplina e na ênfase dada aos laboratórios e ateliês durante o curso.

A importância das atividades projetuais devido à extensa carga horária na estrutura curricular foi o fator considerado para adotarmos as disciplinas de projeto como objeto para a análise pretendida e as considerações apontadas.

Devido à abrangência e às incertezas da formação pretendida no início da academia e à distinção que ocorreu em virtude das origens institucionais dos cursos/disciplinas, averiguamos que cada escola adotou grades parcialmente distintas nas nomenclaturas iniciais. No caso da FAAP, os nomes das disciplinas derivaram dos cursos de artes lecionados por artistas plásticos, em sua maioria. No Mackenzie, os títulos das disciplinas correspondiam ao Currículo Mínimo[1] de 1969; os professores eram, em grande parte, arquitetos da instituição, o que repercute nas nomenclaturas iguais ou similares às disciplinas que lecionavam nos novos cursos.

Na FAU/USP, por sua vez, a inserção da Sequência de DI e CV foi decorrente de um movimento interno sobre o ensino e a atividade profissional em arquitetura e da atuação de alguns professores que desenvolviam atividades no campo do design. Nesse caso em especial, como experiência única, buscava-se a capacitação em diversas atividades do campo técnico e artístico, além de um alinhamento com a produção industrial, sem se perder o papel social do arquiteto.

Ao considerarmos o conjunto das três escolas sob o ponto de vista da procedência de seus cursos, julgamos haver certa "variedade" de referências na época da constituição do campo, o que, no entanto, não impediu de ter pontos de contatos.

Ainda havia a dificuldade de conciliar um grupo heterogêneo de profissionais em um campo desconhecido e de atuação diversificada, o que fez principalmente os professores associados às disciplinas de projeto que desenvolviam trabalhos no campo profissional do design buscarem referências externas à academia.

---

1   Parecer nº 408/69 do CFE, que estabeleceu o Currículo Mínimo para os cursos de Desenho Industrial.

Considerações finais

Ao estudarmos as disciplinas de projeto para a análise, procuramos a existência ou não de relações que pudessem apontar um panorama inicial da academia paulista. Nesse sentido, identificamos a FAU/USP como um ponto referencial importante da academia do design paulistano, ao menos nas linhas de ensino de projeto[2], uma vez que nela ou em volta dela circularam personagens influentes.

Envolvidos nas questões acadêmicas e profissionais, seus docentes colaboraram para a construção do pensamento de design da época, por meio de participação nos eventos, trabalhos profissionais e aprofundamento das investigações sobre o campo, visto que estavam sob regime de dedicação maior que os "horistas" de outras instituições[3].

Apesar de não ser possível identificar nos documentos a troca oficial de informações entre os cursos e a sequência de design estudados, é provável que o convívio social de seus personagens tenha facilitado o trânsito de ideias entre essas instituições.

Nessas condições, adotou-se o termo "matriz" como o "[...] lugar onde algo se gera ou cria [...]. Aquilo que é fonte, origem, base [...]" (Ferreira, 2009, p. 1294). E na análise das ocorrências dos primeiros anos da academia de desenho industrial/design, identificamos na relação entre os representantes algo a que é aplicável essa definição, devido ao aspecto que as relações tomaram em acontecimentos internos e externos à academia.

Essa relação foi interpretada como uma "matriz social" da academia paulistana do design, com a concepção de "matriz social" como algo dinâmico que ocorre de maneira processual conforme as ideias, os valores e a conduta compartilhados por um conjunto de indivíduos que participam de um mesmo campo acadêmico e profissional. A maioria desses, de arquitetos e artistas próximos às esferas do design, estabeleceu a rede social mencionada anteriormente no mercado e no campo do ensino.

São Paulo, comparada ao Rio de Janeiro, não contou com uma linearidade facilmente identificada ou estabelecida nos fatos da construção do seu ensino de design. Na capital carioca, outros fatores condicionaram a montagem da ESDI[4] e permitiram a aplicação dos princípios da Escola de Ulm. A "matriz social", por sua vez, interpretada aqui nos termos dos acontecimentos paulistanos, também se distingue, uma vez que não é tratada como sinônimo da coletividade institucional, e sim de grupos de agentes, com as mesmas características, sejam elas sociais, culturais, econômicas ou políticas.

2 Identificadas aqui pela ulminiana (funcionalista) e a italiana (Gestalt).

3 Durante a década de 1960, os temas envolvendo o design são trazidos para dentro das disciplinas de projeto na FAU/USP, por meio de apostilas e textos sugeridos nas aulas.

4 Diversos estudos foram realizados e publicados sobre essa escola. Alguns encontram-se citados nas Referência deste trabalho.

Ao levantar os personagens, verificamos que uma parcela significativa dos arquitetos paulistanos atuava no mesmo campo do desenho industrial, paralelamente à arquitetura. Por meio de suas atuações profissionais, desenvolviam projetos de produtos, alguns destinados ao interior de suas edificações, outros aos componentes e elementos da construção.

Nesse pensamento de design, encontramos professores da Faculdade de Arquitetura e Urbanismo da USP que baseavam sua produção na linha funcionalista, cujo principal modelo foi a escola alemã de Ulm. Eram arquitetos que se voltavam para a indústria, constituíram o primeiro grupo docente para as disciplinas relacionadas, principalmente, com o desenho industrial dentro da FAU/USP e buscaram transportar suas experiências profissionais para dentro dessa escola.

Assim, verificamos que as interações ocorridas e fundadas nas discussões sobre o campo do design formaram alguns pensamentos comuns que foram explorados e repercutiram parcialmente na montagem da academia do design, os quais podem ser representados em pensamentos próximos sobre a atuação do arquiteto no design, entre artigos da época, feitos, por exemplo, pelo professor Eduardo Corona da FAU/Mackenzie, e no texto publicado em 1963 sobre o primeiro ano da Sequência de Desenho Industrial/Comunicação Visual da FAU/USP. Ou na filiação metodológica funcionalista comum que Lívio Levi e Alexandre Wollner desenvolvem na FAU/Mackenzie e que é desenvolvida por alguns arquitetos na FAU/USP; ou na filiação próxima a Bauhaus que é desenvolvida por artistas na FAAP e está presente na FAU/USP na Sequência de Comunicação Visual.

Sendo o desenho industrial um campo voltado à prática projetual, dentro da análise realizada, observamos o grupo composto das disciplinas de projeto. A importância desse conjunto é observada na expressiva carga horária dedicada ao tema nas duas habilitações estudadas (DI e CV). A similaridade na composição[5] dessas disciplinas nas diferentes instituições aproxima as propostas curriculares e nos sugere uma "matriz pedagógica parcial", nos termos das disciplinas de projeto, no campo do design paulistano.

Não se trata aqui de adotar como "matriz pedagógica" a organização geral estrutural das grades curriculares das primeiras instituições de ensino de design na cidade de São

---

5   Assumiu-se o termo "composição" nesse caso para se referir à porcentagem de carga horária e à distribuição ao longo dos ciclos dos cursos.

Paulo, uma vez que eram distintas quanto a suas origens e ao corpo docente. Daí a parcialidade dessa matriz em particular.

Nas primeiras turmas de DI e CV da FAU/USP, encontramos exercícios acadêmicos que apontam um pensamento filosófico funcionalista passível de se relacionar com as propostas ulminianas, do ponto de vista dos temas sugeridos e das respostas obtidas, identificadas pelo mote "a forma segue a função". Essas propostas também podem ser observadas nas outras duas instituições, Mackenzie e FAAP, mas com maior intensidade na primeira.

Conforme foi levantado, no início da década de 1960, os cursos de DI e CV do Mackenzie contavam com uma quantidade significativa de professores formados nos moldes dos axiomas racionalistas advindos da engenharia, ao passo que a FAAP compreendia em seu quadro muitos artistas ligados à expressão e à linguagem e mais próximos às artes e às concepções bauhausianas. Essas ocorrências não excluem a presença das duas linhas de pensamento no quadro de ambas as instituições. A propósito, também se identificam na FAU/USP pensamentos balizados pela função pragmática, o que aproxima suas características daquelas infundidas na FAAP pelos profissionais que participaram da formação desta última[6].

Considerando o conjunto das disciplinas de projeto, esse segundo grupo dedicava-se às disciplinas de Comunicação Visual; muitos de seus professores percorreram os meandros das artes paulistanas nas décadas anteriores (1940 e 1950) e trouxeram, com seus conhecimentos, referências comuns: como a escola italiana de artes e design e as premissas da Bauhaus. Uma parte deles transitou entre as galerias de artes do IAC[7], no MASP, e os cursos livres da FAAP e compôs um grupo profissional que participou da organização inicial das escolas paulistanas de design.

As propostas, no início da implantação da Sequência de Comunicação Visual na FAU/USP, incentivavam a expressão criativa próxima da subjetividade – como pregado pela Bauhaus –, permitindo a criatividade pessoal e desenvolvendo exercícios plásticos, sem adotar a utilidade como prioridade. Como relatado por ex-alunos e verificado nas propostas disciplinares desse grupo (FAU/USP, 1965) professores como Ernest Robert de Carvalho Mange, Élide Monzeglio, Renina

[6] Há um grupo de importantes profissionais que participaram dos cursos de artes da FAAP e se dedicaram à docência na FAU/USP. Alguns desses nomes são citados neste trabalho e muitos tornaram-se referências no ensino de ambas as instituições.

[7] A referência principal para os cursos do IAC no MASP foi a Escola de Chicago. Cf. Leon, 2005.

Katz, entre outros, exploravam exercícios de campo, composição, cor e texturas[8].

Assim, a FAU/USP, sob os preceitos de formação de arquitetos com ampla atuação nas áreas de projeto, como ocorreu na Itália nos anos 1950, baseou-se nas premissas bauhausianas e no pensamento funcionalista para implantar as Sequências de DI e CV. Esses aspectos têm consonância com o pensamento do professor Katinsky (Pereira, 2009) quando este expõe que a escola teve como referência os princípios da Escola de Chicago (em certo sentido de inspiração inicial na Bauhaus) e da Escola da Forma de Ulm, mas que não reproduziu nenhum desses modelos, pois se diferenciou ao não propor um ciclo básico e estabelecer uma equidade entre as áreas de projeto no currículo de arquitetura.

No ano de 2012, quando a inserção das Sequências de Desenho Industrial e Comunicação Visual da FAU/USP completa 50 anos, encontramos a definição e a organização do curso de design também com uma formação generalista em projeto, mas específica ao campo do design. Como particularidade, há uma maior integração com a arquitetura ao inserir a discussão do design no espaço urbano e na edificação. Essa herança é verificada ao citar-se a experiência acumulada das décadas anteriores e associá-la a "um patrimônio intelectual da escola"[9].

Isso nos faz considerar que hoje há um discurso na academia tradicional do design à procura de uma formação panorâmica e que pode ser identificado nos cursos atuais das três escolas, objetos do presente estudo[10]. A ideia de possibilitar autonomia no sentido de liberdade de criação e proposições para os futuros designers é mantida e objetivada, de acordo com discursos de alguns dos professores aqui entrevistados, apontando que a diversidade dos conteúdos e a formação generalista continuam no cerne do ensino do design como uma das possibilidades pedagógicas, ao menos nas instituições mais tradicionais.

Contudo, as questões relacionadas à pedagogia são hoje merecedoras de especial atenção pela importância que adquiriram na reflexão sobre as experiências e proposições de melhoria na academia brasileira do design. Um exemplo da importância desse estudo é a existência de um laboratório dedicado a essa abordagem, o Laboratório de Pedagogia em Design (LPD)[11]. Sob a coordenação da professora Rita Maria

---

8 Outra importante contribuição apresentada foi a do professor e escultor Caetano Fraccarolli, que "tinha uma sólida formação especialmente sobre a Gestalt. E-mail do professor Carlos Zibel Costa ao professor Marcos da Costa Braga em 4 mar. 2011.

9 Disponível em: <http://www.usp.br/fau/cursos/graduacao/design/index.html>. Acesso em: 14 jan. 2012.

10 Conforme informações institucionais obtidas nos meios impressos e virtuais de divulgação dos respectivos cursos.

11 As atividades do LPD estão voltadas aos estudos relativos a questões de ensino, currículo, formação docente e interdisciplinaridade em Design; questões socioculturais relacionadas ao desenvolvimento e popularização de tecnologias computacionais, ao estudo do potencial do uso de computadores e redes computacionais, para a comunicação e expressão humana. Disponível em: <http://www.dad.puc-rio.br/>. Acesso em: 1º dez. 2011.

de Souza Couto, da Pontifícia Universidade Católica do Rio de Janeiro (PUC/RJ), o grupo contempla diferentes linhas de pesquisa nesse campo e apresenta caminhos para novas explorações, bem como a leva de artigos sobre o tema nos congressos de design.

Ainda quanto à questão da "pedagogia do design", encontramos nas palavras do professor Sydney Freitas a relevância de abordar esse tema nas pesquisas em andamento. Ao comentar sobre a influência das "tradições acríticas" dos cursos de design brasileiro, Freitas aponta em seu artigo que a "pedagogia não se trata de uma simples reprodução de modelos teóricos", e indica que se deve buscar a reconstrução dos conhecimentos educativos, além de sua aplicação sistemática (Freitas, 2000b).

A falta de pedagogia no início desses cursos é uma característica comum entre o cenário paulistano e a ESDI, no Rio de Janeiro, como indicado também por Niemeyer (2007). E, portanto, partimos de uma matriz aqui, ou seja, os professores de projeto praticavam um ensino segundo a prática profissional no mercado.

As questões levantadas nesta publicação, resultantes dos limites temporais a que se destinou e de fontes de naturezas diversas, mostram o quanto há ainda para ser pesquisado sobre o ensino do design nacional. Dentre os assuntos possíveis, podemos citar a busca de conhecer o que era exatamente praticado em sala de aula e qual a relação com o perfil dos egressos e/ou com o que há registrado oficialmente.

Uma escola apontada neste trabalho com raros registros é o Iadê, por onde passaram, entre alunos e professores, importantes nomes das artes e do design nacional e que atuaram em paralelo com as escolas aqui estudadas.

Referente ainda às instituições, encontramos registros e quantidade de documentação discrepantes entre as três escolas. Enquanto a FAU/USP possui um respeitável acervo a seu respeito, ainda em construção, os cursos de DI e CV do Mackenzie começam a contar sua história por meio de algumas propostas de pesquisa. A FAAP, por sua vez, referência no campo das artes nacionais, e que virou modelo não só pela fundação, mas também pelos alunos e professores, apresenta pouca pesquisa quanto a seus cursos de DI e CV. Isso deriva uma grande frente de exploração tanto no que diz respeito à história de suas faculdades na qualidade de representantes das primeiras iniciativas no campo do design como a seus personagens, pois "[...] conhece-se mais uma escola através de seus componentes humanos do que através dos seus prédios, instalações, equipamentos e papéis", como adotado por Witter (1985, p. 68) em sua pesquisa.

Muitos nomes neste estudo, apresentados, nas três instituições, são merecedores de estudos mais específicos quanto à importância que tiveram no campo do design paulistano, e a relação social e profissional trouxe à tona novas possibilidades de estudo quanto à influência dos trabalhos profissionais dentro da academia brasileira de design em seus primeiros anos.

A proposta deste livro não se voltou a apresentar individualmente personagens do design brasileiro, no entanto, possibilitou o levantamento de alguns nomes que estiveram presentes na construção desse campo. A importância de suas atuações é demonstrada em pesquisas anteriores que os tiveram como objeto de estudo, restando a outros ainda uma análise mais específica.

Pensar em novos planos de ensino consiste em novas (ou parcialmente novas) propostas, não somente do conteúdo, mas do modo de expor esse conteúdo aos alunos. Assim, estudos direcionados às metodologias no ensino do design, bem como à evolução dos cursos, a partir da inserção de novas disciplinas na composição de suas grades, podem sugerir o perfil buscado para esse profissional de acordo com a época em que se insere. Uma investigação nesse sentido contribui para entender o que se espera desse profissional e para compreender as novas tarefas que a ele são exigidas.

Após os estudos realizados, percebemos a necessidade de se avançar na pesquisa do campo teórico do design. Tomando como referência os limites do território nacional e a abrangência desse campo de atuação, uma infinidade de temas estão carentes de estudos e seriam escopos de novos projetos de pesquisas.

O ensino superior de design, orientado ainda por um modelo das décadas anteriores, carece de análise para responder de maneira dinâmica e adequada às necessidades da sociedade atual e futura. As escolas apresentadas nesta obra foram (e são) objetos de várias pesquisas e observa-se que ainda há muito a ser estudado diante da complexidade da constituição e atuação do campo do design.

Referências

Publicações

ADUSP. **O livro negro da USP**: o controle ideológico na Universidade de São Paulo. São Paulo: Adusp, 1979.

ALBERTI, V. **História oral:** a experiência do CPDOC. Rio de Janeiro: Centro de Pesquisa e Documentação de História Contemporânea do Brasil, 1989.

BARDI, P. M. **Excursão ao território do design.** São Paulo: Banco Sudameris S. A., 1986.

BOBBITT, J. F. **The curriculum**. New York: Houghton Mifflin, 1918.

BONSIEPE, G. **Design:** do material ao digital. Florianópolis: FIESC/IEL, 1997.

BRAGA, M. C. **ABDI e APDINS-RJ:** História das associações pioneiras de design do Brasil. São Paulo: Editora Blucher, 2011.

BRAGA, M. C.; MOREIRA, R. S. (Org.). **Histórias do design no Brasil.** São Paulo: Annablume Editora, 2012.

BRAGA, M. C. (Org.). **O papel social do design gráfico:** História, conceitos & atuação profissional. São Paulo: Editora Senac, 2011.

CALVERA, A. (Ed.). **Arte? Diseño. Nuevos capítulos en una polemica que viene de lejos.** Barcelona: Gustavo Gili, 2003.

COUTO, R. M. S. **Escritos sobre ensino de design no Brasil.** Rio de Janeiro: Riobooks, 2008. 96 p.

ESCOREL, A. L. **O efeito multiplicador do design.** São Paulo: Editora Senac, 2000.

FAZENDA, I. C. A. **Educação no Brasil anos 60. O pacto do silêncio.** São Paulo: Loyola, 1988.

FERRARA, L. A. **Design em espaços.** São Paulo: Rosari, 2002.

FERREIRA, A B. H. **Novo dicionário básico da língua portuguesa.** 4. ed. Curitiba: Editora Positivo, 2009.

FICHER, S. **Os arquitetos da Poli:** ensino e profissão em São Paulo. São Paulo: Edusp, 2005.

GIUCCI, G. **A vida cultural do automóvel:** percursos da modernidade cinética. Tradução Alexandre Martins. Rio de Janeiro: Civilização Brasileira, 2004.

HABERT, N. **A década de 70:** apogeu e crise da ditadura militar brasileira. São Paulo: Ática, 1992.

HOUAISS, A.; VILLAR, M. S. **Dicionário Houaiss da Língua Portuguesa**. Rio de Janeiro, Objetiva, 2001.

LEITE, J. S. (Org.). **A herança do olhar:** o design de Aloísio Magalhães. Rio de Janeiro: Artviva Produção Cultural, 2003.

LEON, E. **Design brasileiro:** quem fez, quem faz. Rio de Janeiro: Editora Senac, 2005.

LOURENÇO, M. C. F. **Museus acolhem moderno.** São Paulo: Edusp, 1999. 293 p.

MAGALHÃES, A.; TABORDA, F.; LEITE, J. S. **A herança do olhar:** o design de Aloísio Magalhães. São Paulo: Editora Senac, 2003. 279 p.

MARTINS, I. **Desenho, arte e técnica**. Belo Horizonte/São Paulo: Fundação Nestlé de Cultura/ Ponte Editorial Ltda, 1992. 203 p.

MATTAR, D. (Org.). **Memórias reveladas:** a atuação cultural da FAAP – 1947-2010. São Paulo: FAAP, 2010.

MELO, C. H. de. **O design gráfico brasileiro:** anos 60. São Paulo: Cosac Naify, 2006.

MORAES, D. de. **Limites do design**. São Paulo: Studio Nobel, 1999.

MORAIS, F. **Chatô:** o rei do Brasil, a vida de Assis Chateaubriand. São Paulo: Companhia das Letras, 1994.

MORIN, E. **Os sete saberes necessários à educação do futuro**. São Paulo: Cortez/ Unesco, 1999.

NIEMEYER, L. **Design no Brasil:** origens e instalação. 4. ed. Rio de Janeiro: 2AB, 2007.

PIGNATARI, D. **Informação, linguagem, comunicação**. 7. ed. São Paulo: Perspectiva, 1976.

SANOVICZ, A.; KATINSKY, J. R. **Desenho industrial e programação visual para escolas de arquitetura**. Brasília, DF: ABEA, 1977.

SILVA, T. T. da. **Documentos de identidade:** uma introdução às teorias do currículo. Belo Horizonte, Autêntica, 1999. 156 p.

SOUZA, P. L. P. **ESDI:** biografia de uma ideia. Rio de Janeiro: EDUERJ, 1996.

STOLARSKI, A. **Alexandre Wollner e a formação do design moderno no Brasil:** depoimentos sobre o design visual brasileiro. São Paulo: Cosac Naify, 2005.

WICK, R. **Pedagogia da Bauhaus**. São Paulo: Martins Fontes, 1989. 464 p.

WITTER, G. P. (Coord.). **Desenho industrial: uma perspectiva educacional**. São Paulo/Brasília: Arquivo do Estado de São Paulo/CNPq/ Coordenação Editorial, 1985. 130 p.

WOLLNER, A. Os pioneiros da programação visual. In: ZANINE, W. (Org.). **História geral da arte no Brasil**. São Paulo: Instituto Walter Moreira Salles, 1983. v. 2.

YOUNG, M.; SPOURS, K. **Beyond vocationalism:** a new perspective on the relationship between work and education. London: 1975.

_____. **Textos recentes e escritos históricos**. São Paulo: Rosari, 2002. 105 p.

Teses e dissertações

ALBUQUERQUE, R. P. **Uma Escola de Arquitetura – FAU/USP:** edifícios e ensino. 2004. Dissertação (Mestrado na área de concentração Design e Arquitetura) – Faculdade de Arquitetura e Urbanismo, Universidade de São Paulo, São Paulo, 2004.

ÁLVARES, M. R. **Ensino do design:** a interdisciplinaridade nas disciplinas de projeto em design. 2004. 163 f. Dissertação (Mestrado em Engenharia de Produção) – Programa de Pós-graduação em Engenharia de Produção, Universidade Federal de Santa Catarina, Florianópolis, 2004.

BOMFIM, G. A. **Desenho industrial:** uma proposta para reformulação do currículo mínimo. 1978. 133 f. Dissertação (Mestrado em Engenharia de Produção) – Programa de Pós-graduação de Engenharia de Produção, COPPE/ UFRJ, Rio de Janeiro, 1978.

BRAGA, M. C. **Organização profissional dos designers no Brasil:** APDINS-RJ, a luta pela hegemonia no campo profissional. 2005. Tese (Doutorado em História Social – PPGH/UFF) – Universidade Federal Fluminense, Niterói, 2005.

CARA, M. S. **Do desenho industrial ao design:** uma crítica para a disciplina. 2008. 182 f. Dissertação (Mestrado na área de concentração Design e Arquitetura) – Faculdade de Arquitetura e Urbanismo, Universidade de São Paulo, São Paulo, 2008.

COSTA, J. B. **Ver não é só ver:** dois estudos a partir de Flávio Motta. 2010. Dissertação (Mestrado na área de concentração História e Fundamentos da Arquitetura e do Urbanismo) – Faculdade de Arquitetura e Urbanismo, Universidade de São Paulo, São Paulo, 2010.

DIAS, M. R. A. C. **Ensino do design.** 2004. 163 f. Dissertação (Mestrado em Engenharia de Produção) – Programa de Pós-Graduação em Engenharia de Produção, Universidade Federal de Santa Catarina, Florianópolis, 2004.

DOMSCHKE, V. L. **O ensino da arquitetura e a construção da modernidade.** 2007. Tese (Doutorado na área de concentração Projeto de Arquitetura) – Faculdade de Arquitetura e Urbanismo, Universidade de São Paulo, São Paulo, 2007.

FREITAS, S. F. de. **A influência de tradições acríticas no processo de estruturação do ensino/pesquisa de design.** 1999. Tese (Doutorado em Engenharia de Produção) – Programa de Engenharia de Produção, COPPE/UFRJ, Rio de Janeiro, 1999.

GARCIA, H. C. **VKhUTEMAS/VKhUTEIN, Bauhaus, Hochschule für Gestaltung Ulm:** experiências didáticas comparadas. 2001. Dissertação (Mestrado em Arquitetura e Urbanismo) – Faculdade de Arquitetura e Urbanismo, Universidade de São Paulo, São Paulo, 2001.

LEON, E. **IAC – Instituto de Arte Contemporânea:** Escola de Desenho Industrial do MASP (1951-1953) – primeiros estudos. 2006. Dissertação (Mestrado em História e Fundamentos da Arquitetura e do Urbanismo) – Faculdade de Arquitetura e Urbanismo, Universidade de São Paulo, São Paulo, 2006.

LIMA, A. P. P. **Assis Chateaubriand e Silvio Santos:** patrimônios da imprensa nacional. 2001. 121 f. mimeo. Projeto Experimental do Curso de Comunicação Social, UFJF, Juiz de Fora, 2001.

LONGO JÚNIOR, L. C. C. **Design total:** Cauduro Martino, 1967-1977. 2007. Dissertação (Mestrado na área de concentração Design e Arquitetura) – Faculdade de Arquitetura e Urbanismo, Universidade de São Paulo, São Paulo, 2007.

PEREIRA, J. A. **Desenho industrial e arquitetura no ensino da FAU/USP (1948-1968).** 2009. Tese (Doutorado na área de concentração Teoria e História da Arquitetura e do Urbanismo) – Escola de Engenharia de São Carlos, Universidade de São Paulo, São Carlos, 2009.

SIQUEIRA, H. P. **Desenho industrial na Universidade Mackenzie:** o retorno para a faculdade de arquitetura e urbanismo. Trabalho acadêmico (Trabalho da disciplina História Social do Design no Brasil) – Faculdade de Arquitetura e Urbanismo, Universidade de São Paulo, São Paulo, 2009.

Periódicos e artigos

ALONSO, C. E. Alma negada. **Projeto Design**, São Paulo, n. 271, p. 34-36, set. 2002.

BRAGA, M. C. Manlio Rizzente: pioneiro do design. **AGITROP** – Revista Brasileira de Design. Seção Atualidades. ano IV, n. 37, 2011.

BRAGA, M. C. ABDI: história concisa da primeira associação profissional de design do Brasil. **Revista D: design, educação, sociedade e sustentabilidade**. Porto Alegre, UniRitter, v. 1, p. 1-15, 2007.

CAMARGO, M. J. de. Arquiteto Miguel Forte: 1915-2002. **ARQUITEXTOS**, São Paulo, ano 3, nov. 2002. Disponível em: <http://www.vitruvius.com.br/revistas/read/arquitextos/03.030/732>. Acesso em: 12 nov. 2011.

CASTRO, C. **O golpe de 1964 e a instauração do regime militar**. Faculdade Getulio Vargas/Centro de Pesquisa e Documentação de História Contemporânea do Brasil – FGV/CPDOC, Fatos e Imagens, 2012. Disponível em: <http://cpdoc.fgv.br>. Acesso em: 10 set. 2010.

CAUDURO, J. C. Origem e desenvolvimento do desenho industrial no Brasil. **Habitat**, São Paulo, v. 14, n. 76, p. 47-50, 1964.

DALLARI, H. Os cartazes das Bienais de São Paulo nos anos 50. **AGITROP**, Ensaios, v. 3, n. 29, 2008.

DENIS, R. C. Design, cultura material e fetichismo dos objetos. **Arcos, design, cultura material e visualidade**, Rio de Janeiro, v. 1, p. 14-38, 1998.

DE PAULA, A. J. F. et al. Breve história e análise crítica do ensino do design no Brasil. **Convergências** – Revista de investigação e ensino das artes, v. 5, p. 1-8, 2010.

DESIGN & INTERIORES. São Paulo: Projeto Editores, ano 3, n. 19, jun./jul. 1990.

DIAS, S. **Fábrica da Volkswagen do Brasil em São Bernardo do Campo completa 50 anos**. 21 nov. 2009. Disponível em: <http://www.alphaautos.com.br/2009/11/fabrica-da-volkwagen-do-brasil-em-sao.html>. Acesso em: 10 fev. 2011.

EDUCAR. Curitiba: Editora UFPR, n. 28. 2006.

FABRIS, A. **Walter Zanini, o construtor do MAC-USP**. USP/CBHA, 2009, p. 17. Disponível em: <http://www.cbha.art.br/pdfs/cbha_2009_fabris_annateresa_art.pdf>. Acesso em: 12 jan. 2012.

FAGGIN, C. O ateliê na formação do arquiteto: uma análise crítica do documento apresentado por Carlos Millan na FAU/USP, em 1962. **Sinopses**, São Paulo, edição especial, p. 131, 1993.

FAU/USP. Relatório sobre o ensino de arquitetura no Brasil, UIA UNESCO. **Sinopses**, São Paulo, edição especial, 1993.

FAVERO, M. L. A. A universidade no Brasil: das origens à Reforma Universitária de 1968. **Educar**, Curitiba, n. 28, dez. 2006.

FERNANDEZ, S. O impacto das políticas públicas no design na América Latina (1950-meados de 1970). Tradução Ethel Leon. **AGITROP** – Revista brasileira de design, Ensaios, v. 2, n. 13, 20 jan. 2009.

FERRARA, L. A. Desenho industrial: do design ao projeto. In: PERSPECTIVAS DO ENSINO E DA PESQUISA EM DESIGN NA PÓS-GRADUAÇÃO, 2002, São Paulo. **Design: Pesquisa e Pós-Graduação**. São Paulo: CNPq, p. 105-112, 2001.

FREITAS, S. F. Currículo e reestruturação do ensino/pesquisa de design: opinião de especialistas com o uso do Método Delphi. **Estudos em Design**, Rio de Janeiro, v. 8, n. 1, p. 37-54, 2000a.

FICHER, S. O ensino da construção no domínio da arquitetura. São Paulo, **Revista Projeto**, número 12, 1988, p. 129-130.

FONTOURA, A. M. Design, sociedade do conhecimento e educação. **ABC Design**, Curitiba, n. 9, p. 28-33, jul. 2004.

GALLEAZZI, I. Eduardo Corona: estudo de uma residência unifamiliar, 1956. **Arquitextos**, São Paulo, 06.066, Vitruvius, nov. 2005. Disponível em: <http://www.vitruvius.com.br/revistas/read/arquitextos/06.066/405>. Acesso em: 22 nov. 2011.

GRINOVER, L. Desenho atende ao mercado em termos de produção. **O dirigente industrial**, São Paulo, v. 7, n. 12, ago. 1966.

GRINOVER, L. Desenho industrial. **Habitat**, São Paulo, v. 14, n. 76, p. 52-54, 1964.

GRINOVER, L. O desenhista industrial no Brasil: formação e mercado de trabalho. **Produto e Linguagem**, São Paulo, ABDI, v. 1, n. 2, segundo trimestre, 1965.

GRINOVER, L. Quatro arquitetos brasileiros em Paris. **Acrópole**, n. 297, p. 268-269, jul. 1963.

GUEDES, M. H. L. As percepções do currículo. **Estudos em Design**, Rio de Janeiro, número especial, p. 25-35, 1997.

GUNN, P. O Departamento de Tecnologia e o currículo da FAU/USP. **Sinopses**, edição especial, p. 77, 1993.

HIROYAMA, E. Obra de Eduardo de Almeida é analisada em artigo de arquiteto e professor Edison Hiroyama. **Arquitetura & Urbanismo**, n. 202, 2011.

KARLING, A. A. A didática necessária. **Ibrasa**, São Paulo, 1991.

KRAMER, S. Propostas pedagógicas ou curriculares: subsídios para uma leitura crítica. **Educação & Sociedade**, Campinas, v. 18, n. 60, p. 15-35, 1997.

LEMOS, F. Jornaleco: um jornal de transgressões subterrâneas. São Paulo, nov. 2002. Disponível em: <http://www.jornaleco.net/Entrevistas/Fernando%20Lemos>. Acesso em: 10 fev. 2011.

LESSA, W. D. A ESDI e a contextualização do design. **Piracema**, Rio de Janeiro, v. 2, n. 2, 1994, p.102-107.

LIMA, G. S. C.; LIMA, E. L. C. Panorama do ensino de design gráfico no Brasil. In: ASSOCIAÇÃO DE DESIGN GRÁFICO DO BRASIL. (Org.). **O valor do design**: Guia ADG Brasil de prática profissional do designer gráfico, São Paulo, v. 1, p. 163-166, 2003.

MAGALHÃES, A. O que o desenho industrial pode fazer pelo país? **Arcos**, Rio de Janeiro, v. 2, p. 16-43, 1999.

MARGOLIN, V. Um modelo social de design: questões de prática e pesquisa. **Design em foco**, Salvador, v. 1, n. 1, p. 43-50, jul. 2004.

MELFI, A. J. Curso por curso: as sete novas carreiras da USP. **O Estado de S. Paulo**, São Paulo, 25 jul. 2005. Caderno Vida & São Paulo, p. A18.

MILLAN, C. B. O ateliê na formação do arquiteto. (15 de janeiro de 1962.) **Sinopses**. São Paulo, edição especial, p. 16, 1993.

MIRANDA, G. **Dados biográficos de Gontran Guanaes Netto.** [S. l.: s. n.], 2010. Disponível em: <www.http://tecituras.wordpress.com/2010/01/10/dados-biograficos-sobre-gontran-guanaes-netto>. Acesso em: 12 set. 2011.

NOGUEIRA, B. C.; BIRKHOLZ, L. A FAU/USP: sua criação e funcionamento na Vila Penteado. **Sinopses/memoria**, São Paulo, p. 3-11, 1993.

OLIVEIRA, M. O cigano do pincel. **Anexo**. Joinville, 1999. Disponível em: <http://www1.an.com.br/1999/jul/04/0ane.htm>. Acesso em: 12 jan. 2012.

ONCK, A. V. **Metadesign**. Tradução Lúcio Grinover. São Paulo: Pós-graduação FAU/USP, n. 85, 12 p. Mimeógrafo, 1965.

OWEN, C. Design Education and research for the 21st century. **Design Issues**, Cambridge, v. 7, n. 2, 1991.

PENIN, S. USP amplia vagas e cria curso de Design. **Folha de S. Paulo**. Folha Cotidiano, São Paulo, 2 jun. 2005, p. C1.

PICARELLI, M. O desenho industrial no Departamento de Projeto da FAU/USP. **Sinopses**, edição especial, p. 49, 1993.

PIGNATARI, D. A profissão de desenhista industrial. **Arquitetura**, São Paulo, n. 21, p. 25-28, mar. 1964a.

PIGNATARI, D. O desenhista industrial. **Habitat**, São Paulo, n. 77, p. 39-42, maio/jun. 1964b.

PONTES, M. A. N.; VASSÃO, M. O. M. Arte e censura. In: **Cronologia de artes plásticas: referências 1975-1995**. São Paulo: Centro Cultural São Paulo, 2010.

PRÊMIO LUCIO MEIRA. **Jornal do Brasil**, Rio de Janeiro, 3º Caderno, p. 14, 5 nov. 1964.

RADUNZ, D. Priester. **Anexo**. Joinville, 1999. Disponível em: <http://www1.an.com.br/1998/jun/26/0ane.htm>. Acesso em: 12 jan. 2012.

SCHWARCZ, L. M. Identidades e conflitos: a diversidade como destino. **O Estado de S. Paulo**, São Paulo, Caderno Cultura, p. D9, 12 fev. 2006.

SERAPIÃO, F. Uma história para ser contada: A saga de Roberto Rossi Zuccolo, professor de todos os arquitetos modernos saídos do Mackenzie e alinhados com a escola paulista. **Revista Projeto Design**, São Paulo, n. 350, abr. 2009. Disponível em: <http://arcoweb.com.br/projetodesign/artigos/artigo-uma-historia-para-ser-contada-01-04-2009>. Acesso em: 15 jan. 2012.

SHAPIRA, N. P. Um novo papel para o ensino do design. **Design & Interiores**, São Paulo, n. 46, p. 93-94, jun. 1995.

STEIN, S. M. S.; RIBEIRO, C. C. A interdisciplinaridade na busca de uma estratégia no ensino do design. Ouro Preto / MG, 2000, 5 p. **GRAPHICA**, Ouro Preto, 2000. Artigo técnico.

WHITELEY. N. O designer valorizado. Rio de Janeiro, 1998. Arcos, Rio de Janeiro, ESD/UERJ, v. 1, p. 63-75, out. 1998.

Anais

CERQUEIRA, V. SINAES: Considerações sobre o processo de avaliação de cursos de graduação em desenho industrial/design. In: CONGRESSO BRASILEIRO DE PESQUISA E DESENVOLVIMENTO EM DESIGN, 2008, São Paulo. **Anais**... São Paulo, 2008, p. 779-780.

COUTO, R. M. S. Algumas reflexões para implantação das diretrizes curriculares em bacharelados de design. In: FÓRUM DE DIRIGENTES DE CURSOS SUPERIORES DE DESIGN, n. 4, 1999, Londrina. **Anais**... Londrina, v. 1, 1999, p. 57-91.

_____. Educação em design, design na educação. In: CONGRESSO NACIONAL DE INICIAÇÃO CIENTÍFICA EM DESIGN DA INFORMAÇÃO, 2003, Recife. **Anais**... Recife, 2003.

FERNANDES, D. M. P. Design e tecnologia: uma abordagem pedagógica. In: WORKSHOP INTERNACIONAL: RENOVAÇÃO TECNOLÓGICA EM DESIGN – LBDI/CNPq, v. 1, 1992, Curitiba. **Anais**... Curitiba, 1992.

FREITAS, S. F. de. Conceitos de pedagogia e de educação e modelos de ensino de design no Brasil. In: CONGRESSO P&D DESIGN, 2000, Novo Hamburgo. **Anais**... Novo Hamburgo: FEEVALE, 2000b.

GIORGI, G. Design: dois pontos. In: PERSPECTIVAS DO ENSINO E DA PESQUISA EM DESIGN NA PÓS-GRADUAÇÃO, 2002, São Paulo. Design: Pesquisa e Pós-graduação. **Anais**... São Paulo: CNPq / Faculdade de Arquitetura e Urbanismo, 2002, p. 157-158.

GOMES, L. V. N.; SAMPAIO, L. M. O que faz o ensino do design ser superior? In: CONGRESSO P&D DESIGN, 2006, Curitiba. **Anais**... Curitiba: Unicenp, 2006.

GUEDES, C. L. O design no ensino fundamental. In: CONGRESSO P&D DESIGN, 2002, Brasília. **Anais**... Rio de Janeiro: AEND-BR, 2002 (CD-ROM).

IAFIGLIOLA, L. G. O ensino do desenho industrial na formação do arquiteto: a experiência da Faculdade de Arquitetura e Urbanismo da Universidade de São Paulo. São Paulo: UNESP, 2006, p. 167-186. In: SILVA, J. C. P. da.; SANTOS, M. C. L. dos. (Org.). **Estudos em design nas universidades estaduais UNESP e USP**. São Paulo: Unesp, 2006.

MILITO, C.; SANTANA, A. M. C.; GONTIJO, L. A.; MEDEIROS, E. F.; SANTOS, M. A. Ergonomics and learning organizations: an experience in educational sector. In: HUMAN FACTORS IN ORGANIZATIONAL DESIGN AND MANAGEMENT – ODAM, 1998, The Hague, Holanda. **Human factors in Organizational Design and Management.** Editors: P. Vink, E. A. P. Koningsveld, S. Dhondt. Amsterdam: Elsevier Science, v. VI, 1998, p. 713-718.

NOBRE, A. L. Ulm-Rio: questões de projeto. In: **XIV Encontro Nacional de ANPUR.** Simpósio temático, Industrialização e planejamento: a produção e a distribuição social da arquitetura contemporânea. Rio de janeiro, 2011.

ONO, M. M. A responsabilidade social e cultural do ensino e pesquisa em design no desenvolvimento de produtos para a sociedade. In: SEMINÁRIO INTERNACIONAL PERSPECTIVAS DO ENSINO E DA PESQUISA EM DESIGN NA PÓS-GRADUAÇÃO. CNPq, 2002, São Paulo. **Anais**... Organização M. C. Santos, R. A. C. Perrone. São Paulo: Ateliê Editorial, v. 1, 2002, p. 167-177.

PEREIRA, A. T. C.; FONTOURA, A. M. O ativismo no ensino do design. In: CONGRESSO P&D DESIGN 2000 – 4º Congresso Brasileiro de Pesquisa e Desenvolvimento em Design, 2000, Novo Hamburgo. **Anais**... Novo Hamburgo: AEnd-BR Estudos em Design FEEVALE, v. 1, p. 447-454, 2000.

SCHENBERG, M. **Catálogo da mostra Coletiva 8 Artistas** – Apeningue, Galeria Atrium. São Paulo, 1966.

SIQUEIRA, R. M.; BRAGA, M. C. FAU/USP, 1962: a implementação do Grupo de Disciplinas de Desenho Industrial no curso de Arquitetura e Urbanismo. In: CONGRESSO INTERNACIONAL DE PESQUISA EM DESIGN – CIPED, 2009, Bauru. **Anais**... Bauru: Unesp, 2009.

Referências legislativas

BRASIL. Ministério da Educação. Resolução nº 5, de 2 de junho de 1969. Fixa o currículo mínimo para o Curso de Desenho Industrial. **Diário Oficial da União.** Brasília, DF, 2 jun. 1969.

BRASIL. Ministério da Educação. Secretaria da Educação Fundamental. Parâmetros curriculares nacionais da secretaria de educação fundamental. Brasília, DF, 1997. 126 p.

Outros

ARTIGAS, J. B. V. **Caderno dos riscos originais**: projeto do edifício da FAU/USP na Cidade Universitária. São Paulo: FAU/USP, 1998.

CARTA de Lívio Levi a Salvador Candia.

CARTA do Instituto Mackenzie ao professor Lívio Levi, em 19 de março de 1970. Documento Nº SDP – 28/70.

DOCUMENTO emitido pelo IAB que atesta a ida de Lívio Levi aos Estados Unidos.

ENCICLOPÉDIA ITAÚ CULTURAL. Centro de Documentação e Referência: Catálogo online. São Paulo, Midiateca.

FAU/USP. **Ata de Reunião ordinária – 6.8.1968**. São Paulo: Departamento de Projeto FAU/USP, 1968.

FAU/USP. **Portaria nº 9, de 22 de dezembro de 1961**. Fixa o "curriculum" padrão dos cursos normais da Faculdade de Arquitetura e Urbanismo da Universidade de São Paulo. São Paulo: FAU/USP, 1961.

FAU/USP. **Desenho Industrial e Comunicação Visual: Exposição, Debates – 12 e 13 de outubro**. São Paulo: FAU/USP, 1970, 34 p. (coletânea de textos para a exposição de Desenho Industrial e Comunicação Visual programada pela FAU/USP para os meses de outubro-novembro de 1970). (mimeo).

FAU/USP. **Desenho Industrial 1962**. São Paulo: Departamento de Projeto FAU/USP, 1963a.

FAU/USP. **Fórum 69 / Relatório Museu FAU**. São Paulo: FAU/USP, 1969.

FAU/USP. **Relatório das Atividades de 1962**. São Paulo: FAU/USP, 1962a.

FAU/USP. **Seriação Padrão Semestral das Disciplinas Obrigatórias**. Aprovada pela Câmara de

Graduação por delegação do CEPE em sessão de 22/1/1971. São Paulo: FAU/USP, 1971.

FAU/USP. **Sequência de Desenho Industrial**. São Paulo: Departamento de projeto FAU/USP, 1963b.

FAU/USP. **Sequência de Comunicação Visual**. São Paulo: Departamento de Projeto FAU/USP, 1964, p. 2.

FAU/USP. **Sequência de Comunicação Visual**. São Paulo: Departamento de Projeto FAU/USP, 1965.

FAU/USP. **Programa Proposto para 1962**. São Paulo: Setor de Documentação/Setor de Publicações FAU/USP, 1962b.

IAB/SP. Relatório sobre o ensino de arquitetura no Brasil, UIA UNESCO. **Sinopses**. edição especial, 1993, p. 144-154.

ITAÚ CULTURAL. Centro de Documentação e Referência: Midiateca. Catálogo online. [S. l., s. d.]. Disponível em: <http://www.itaucultural.org.br/aplicexternos/enciclopedia_teatro/>. Acesso em: 25 jan. 2012.

PRODUTO E LINGUAGEM. São Paulo: Associação Brasileira de Desenho Industrial, 1965, ano 1, n. 1, 1º trimestre.

PRODUTO E LINGUAGEM. São Paulo: Associação Brasileira de Desenho Industrial, 1965, ano 1, n. 2, 2º trimestre.

SILVA, R. T.; MELO, C. H. de. **Apresentação da grade curricular e das linhas estratégicas de pesquisa em design**. São Paulo: FAU/USP, 2006.

SIQUEIRA, H. P. **Desenho industrial na Universidade Mackenzie: o retorno para a Faculdade de Arquitetura e Urbanismo**. São Paulo. (Monografia da disciplina História Social do Design no Brasil) – Faculdade de Arquitetura e Urbanismo da Universidade de São Paulo, São Paulo, 2009, p. 3

Depoimentos

FAU/USP

ALEXANDRE, C. A. I. O ensino de design. Itupeva, 18 ago. 2011. Entrevista concedida à autora.

COSTA, C. Z. da. O ensino paulistano de design. São Paulo, 4 abr. 2008. Entrevista concedida à autora.

PIGNATARI, D. O ensino de design. São Paulo, 17 maio 2011. Entrevista concedida à autora.

FAAP

FERRARI, D. O ensino paulistano de design. São Paulo, 7 e 21 jul. 2011. Entrevista concedida à autora.

FRANCISCO JR, M. O ensino paulistano de design. São Paulo, 3 abr. 2008. Entrevista concedida à autora.

NII, K. O ensino paulistano de design. São Paulo, 11 jan. 2012. Entrevista concedida à autora.

PONGETTI FILHO, O. O ensino paulistano de design. São Paulo, 31 set. 2011. Entrevista concedida à autora.

SPARAPAN, A. C. O ensino paulistano de design. São Paulo, 26 mar. 2008. Entrevista concedida à autora.

STEPHAN, A. P. (Eddy). O ensino paulistano de design. São Paulo, 26 nov. 2009 e 26 maio 2011. Entrevista concedida à autora.

TORRES, C. O ensino paulistano de design. São Paulo, 19 out. 2011. Entrevista concedida à autora.

Mackenzie

CARVALHO, S. L. V. de. O ensino paulistano de design. São Paulo, 23 out. 2009. Entrevista concedida à autora.

OKAMOTO, J. O ensino paulistano de design. São Paulo, 1º abr. 2008. Entrevista concedida à autora.

PERRONE, C. O ensino paulistano de design. São Paulo, 8 nov. 2011. Entrevista concedida à autora.

RUIZ, E. W. O ensino paulistano de design. São Paulo, 8 dez. 2009. Entrevista concedida à autora.

SALATA, R. S. O ensino paulistano de design. São Paulo, 3 abr. 2008. Entrevista concedida à autora.

STILLER, E. O ensino paulistano de design. São Paulo, 28 ago. 2011. Entrevista concedida à autora.

STORI, N. O ensino paulistano de design. São Paulo, 1º nov. 2011. Entrevista concedida à autora.

WOLLNER, A. O ensino de design. São Paulo, 13 e 21 jul. 2010. Entrevista concedida à autora.

ZARONI, E. O ensino paulistano de design. São Paulo, 26 out. 2011. Entrevista concedida à autora.

Mackenzie – entrevistas assistidas

Estas entrevistas foram concedidas à professora doutora Andréa de Souza Almeida, representante do grupo de pesquisa do Instituto Presbiteriano Mackenzie, responsável pelo levantamento da história dos 40 anos do curso de Desenho Industrial dessa instituição.

GIORGI JR, G. Os 40 anos do curso de Desenho Industrial do Mackenzie. São Paulo, 7 maio 2011.

MARTINS, N. Os 40 anos do curso de Desenho Industrial do Mackenzie. São Paulo, 21 maio 2011.

MONTEIRO, C. A. Os 40 anos do curso de Desenho Industrial do Mackenzie. São Paulo, 5 maio 2011.

PADOVANO, S. Os 40 anos do curso de Desenho Industrial do Mackenzie. São Paulo, 2 jun. 2011.

SESSA, A. M. Di. Os 40 anos do curso de Desenho Industrial do Mackenzie. São Paulo, 23 maio 2011.

ZARONI, E. Z. Os 40 anos do curso de Desenho Industrial do Mackenzie. São Paulo, 5 maio 2011.

Páginas eletrônicas consultadas

www.arterix.com/pt
www.academia.org.br
www.agitrop.com.br (Revista Brasileira de Design)
www.ahungara.org.br
www.alphaautos.com.br
www1.an.com.br
www.art-bonobo.com
www.brasilartesenciclopedias.com.br
www.braun.com
www.camaramunicipalsp.gaplaweb.com.br
www.casadehistoria.com.br
www.catalogodasartes.com.br
www.catalogodasartes.com.br
www.cbha.art.br
www.designio-arq.com.br
www.docomomo.org.br
www.editora.cosacnaify.com.br
www.editoraaleph.com.br
www.emec.mec.gov.br
www.faap.br
www.flaviomcrinhorego.org
www.fgv.br/cpdoc

www.henry-van-de-velde.com
www.iadedesign.com.br
www.inep.gov.br
www.itaucultural.org.br
www.japao100.com.br
www.jornaleco.net
www.lattes.cnpq.br (Plataforma Lattes)
www.lumilafer.com.br
www.mac.usp.br
www.mackenzie.br
www.masp.art.br
www.mnemocine.com.br
www.nelsonleirner.com.br
www.nicolaselavianos.com.br
www.oswaldocruz.br
www.pinturabrasileira.com
www.puc-rio.br
www.scielo.br
www.silveiraadvogados.com.br
www.simoesdeassis.com.br
www.tecituras.wordpress.com
www.unifra.br
www.usp.br
www.vitruvius.com.br

Anexos

Anexo 1

Roteiro geral para as entrevistas

Modelo de roteiro geral:

. Nome Completo. Formação. Escola. Ano de Conclusão.

. Como teve conhecimento do curso de Desenho Industrial? Qual seu interesse no curso?

. Quais suas referências, naquela época, da área do design (publicações, profissionais, empresas)? Meio social, escola de 2o grau, locais que frequentava, etc.

. O que se entendia do campo, na época de abertura do curso?

. Por que escolheu cursar esta Instituição?

. Qual atividade pretendia desenvolver profissionalmente enquanto estudante?

. Qual a relação com demais Instituições (áreas correlatas)?

. Como se dava o contato com a profissão?

. Quais escola(s) que já lecionou Design / Desenho Industrial no nível de graduação? (se docente)

. Cite professores a quem você atribuiria influência na sua prática docente e comente de que forma isto repercutiu na didática adotada por você.

. Lembra-se de algum(s) exercício projetual (nos seus anos do curso de graduação) que replicou ou contribuiu diretamente na sua vida profissional? Qual? Por que?

. Você acredita que ele tenha influenciado em certas definições na sua carreira profissional? Quais as contribuições trazidas pelos exercícios propostos pela academia na sua vida profissional?

. Poderia indicar algum ex-aluno das primeiras turmas do curso que possa vir a auxiliar para este trabalho? Preferencialmente algum aluno que hoje atue também na área acadêmica, no ensino de design.

. (Se o depoente foi um dos responsáveis pela formatação de alguma grade curricular) Por que decidiu-se abrir este curso e por que foi adotado tal formato?

. Quais as referências consultadas para tal formatação?

. Houve alguma mudança na área (design) que justificou alguma alteração ou adaptação na grade curricular?

A este modelo serão incorporadas questões específicas a cada entrevistado.

Anexo 2

Esquema pedagógico da Escola Técnica de Criação do MAM, proposto por Tomás Maldonado e Otl Aicher em 1956

Estrutura planejada para a ETC-MAM

TEORIA DA COMUNICAÇÃO VERBAL
estudo de signos e símbolos verbais
HISTÓRIA DOS MEIOS DE INFORMAÇÃO
livros, jornais, rádio e televisão
PRÁTICA DA INFORMAÇÃO
(resolução e exercícios em campos diferentes campos da Comunicação Verbal)
Estilística
Teoria da Tradução
INTEGRAÇÃO CULTURAL
2º, 3º e 4º anos

TEORIA DA COMUNICAÇÃO VISUAL
estudo de signos e símbolos, de semântica, sintaxe e pragmática visual
HISTÓRIA DOS MEIOS DE COMUNICAÇÃO VISUAL
PRÁTICA DA COMUNICAÇÃO VISUAL
(resolução e exercícios em práticos nos diferentes campos da Comunicação Visual)
INTEGRAÇÃO CULTURAL
3º e 4º anos

COMUNICAÇÃO VISUAL
INFORMAÇÃO
COMUNICAÇÃO

CURSOS FUNDAMENTAIS

DESENHO INDUSTRIAL

INTRODUÇÃO ÀS ARTES VISUAIS
Cor, superfície, estrutura, espaço
MÉTODOS DE REPRESENTAÇÃO
Fotografia
Caligrafia Analítica
Introdução à Tipografia
Desenho Técnico
Linguagem
INTEGRAÇÃO CULTURAL
Metodologia
1º curso - elementos de Lógica Matemática; 2º curso - Morfologia
História da Cultura do Século XX
1º ano - Introdução às origens do Movimento Moderno em Arquitetura, Design Industrial, Tipografia, Pintura, Escultura, Literatura
Psicologia
Introdução à Teoria da Percepção
Antropologia Cultural e Sociologia
1º ano - Noções fundamentais e estudo das relações entre forma, função e técnicas em diferentes culturas, elementos de sociologia empírica
História das Técnicas
1º ano - Renascença, séculos XVII e XIX
1º ano - Século XX, até 1930

PRÁTICA DE OFICINA
impressão, tipografia, encadernação, madeira, metal
INTEGRAÇÃO CULTURAL
Metodologia
História da Cultura no Século XX
Psicologia
Antropologia Cultural e Sociologia
História das Técnicas
Matemática

DESENHO INDUSTRIAL - teoria
Forma, função e técnicas
DESENHO INDUSTRIAL - prática
Trabalhos de design para a indústria, desenvolvidos por estudantes em colaboração com professores
DISCIPLINAS TEÓRICAS - eletivas
Estática, construção, estrutura modular, matemática, mecânica
Estática
Cinemática
Matemática
Eletrônica
INTEGRAÇÃO CULTURAL
3º e 4º anos
AUTOMAÇÃO

Anexo 3

Parecer 408/69: fixa o currículo mínimo para os cursos de Desenho Industrial e Comunicação Visual. Conselho Federal de Educação – CFE

CURSOS DE:

17. COMUNICAÇÃO VISUAL
18. DESENHO INDUSTRIAL

Parecer n.º 408/69, aprovado em 12 de junho de 1969

Relator: Cons. Celso Kelly

O Desenho Industrial, expressão que se introduziu entre nós, sem que correspondesse ao exato significativo da expressão americana de origem, constitui, em verdade, o caminho da criatividade do objeto, atendendo aos fatores econômicos, sociais e estéticos, que se refletem no projeto e no seu desenvolvimento. Não se trata do mero desenho de precisão para representação de objetos em máquinas, nem tampouco do simples traçado de uma forma de bom gosto, graças à presença da arte. Transcende a esse aspecto e representa, de fato, a tarefa de projetar objetos, tal como, em amplo sentido, tem a Arquitetura a de projetar casas, e o Urbanismo a de projetar cidades. A importância de cursos dessas disciplinas torna-se fundamental ao desenvolvimento econômico e social do País, por sua contribuição à produtividade e ao bem-estar. Como o objeto se destina ao uso comum, outro aspecto se adiciona àqueles acima referidos: o da plena aceitação, ou seja, o seu poder de acesso, ou comunicabilidade, ao público.

Ao considerar a revisão curricular do curso de licenciatura em Desenho e Plástica, ampliamos a sua tarefa na escola, que, no setor de arte plástica, deverá visar a integrar a arte na vida, objetivando:

a) proporcionar melhores condições de sensibilidade e entendimento ao consumidor;
b) enriquecer, pelos meios plásticos, a expressão humana e as comunicações coletivas;
c) estender aos objetos, pelo seu valor formal, os efeitos até então esperados — apenas das manifestações estéticas puras;
d) associar arte e indústria, na interpretação de soluções e processos;
e) contribuir para o bem-estar da comunidade.

No texto do parecer, recordamos que:

> "duas grandes experiências acentuaram a *generalização* da arte, a associação entre arte e *indústria* e a fruição da arte no uso *comum* dos objetivos e ambientes: a Bauhaus, com Gropius à frente, e a Escola Superior de Ulm, à frente Max Bill".

Examinando anterior memorial relativo à experiência brasileira da Escola Superior de Desenho Industrial (ESDI), do sistema do Estado da Guanabara, o Conselho Federal de Educação pôs em relevo "a excelência da escola, através de seus currículos e programas e da qualificação de seus professores", sem, contudo, poder pronunciar-se quanto ao currículo, por não se tratar de habilitação para profissão regulamentada, nos termos do art. 70 da Lei de Diretrizes e Bases.

Anexo 3

Parecer 408/69: fixa o currículo mínimo para os cursos de Desenho Industrial e Comunicação Visual. Conselho Federal de Educação – CFE *(continuação)*

Volta agora o Conselho Estadual de Educação da Guanabara a pleitear a fixação de currículo mínimo para o Curso Superior de Desenho Industrial, amparado no artigo 26 da recente Lei n.º 5.540, de 28-11-68, que admite a fixação de currículos, além da hipótese antes prevista na L.D.B., também. Verifica-se, pois, a oportunidade do pronunciamento do Conselho, de acordo com a nova legislação.

Voto do Relator

As profissões a que corresponde a preparação proporcionada na Escola Superior de Desenho Industrial, quer a de *projetista industrial*, quer a de *comunicador visual*, devem ser consideradas fundamentais ao desenvolvimento. A comunicação passou a ser estudada em nível superior, nos cursos de Comunicação, que sucederam aos de Jornalismo, ampliando suas áreas de especialização: comunicação de massa, em relação a que o fenômeno da visualidade assume extraordinária importância.

Conclusão do Relator

O programa apresentado pela Escola Superior de Desenho Industrial (ESDI) do Estado da Guanabara exemplifica uma formulação apreciável, de experiência ainda recente, porém inspirada nas melhores fontes. Trata-se não de um *currículo mínimo*, mas de um currículo pleno no desenvolvimento de um programa lógico, partindo de uma série básica ou comum e desdobrando-se, a partir da 2.ª série (até 4.ª série), em dois cursos diferenciados: o de Desenho Industrial e o de Comunicação Visual.

O *currículo mínimo* de todos os cursos do grupo de arte conterá a disciplina comum: Estética e História das Artes, sendo que, quanto a esta, o aprofundamento será de acordo com a destinação do curso.

Num e noutro currículos, deverão ser observadas as seguintes recomendações:

§ 1.º — O estudo, sob o ponto de vista teórico, partirá da Estatística, prosseguirá na História das Artes e dará ênfase especial à evolução das técnicas.

§ 2.º — As ciências da Comunicação enquadrarão em seus programas, além da Ética, os aspectos condizentes com as duas profissões, especialmente as Teorias da Informação, da Percepção e da Opinião Pública.

§ 3.º — O estudo da Plástica compreenderá a pesquisa da forma, as possibilidades de criação e a psicologia de suas soluções.

§ 4.º — O estudo do Desenho envolverá o Desenho Artístico e o Desenho de Precisão, acrescidos da fotografia e outros meios de expressão úteis.

§ 5.º — A Análise dos Materiais Expressivos será acompanhada de exercícios experimentais e artesanais que os dominem, adestrando os alunos nas técnicas de utilização.

§ 6.º — A Expressão abrangerá: expressão em superfície (desenho, fotografia, gravuras, montagens, colagem); expressão em volume (modelagem, maquetes, objetos), expressão em movimento, ou seqüências (móbiles, historietas em quadrinho, desenho animado, diafilmes).

§ 7.º — Os Estudos Sociais e Econômicos objetivarão problemas ligados simultaneamente ao desenvolvimento brasileiro e aos problemas pertinentes às duas profissões.

§ 8.º — As atividades criativas consistirão em projetos e seu desenvolvimento, isolados ou em planejamentos conjugados, devendo ser predominantes as atividades de ateliê e os estágios em oficinas e escritórios idôneos.

Anexo 3

Parecer 408/69: fixa o currículo mínimo para os cursos de Desenho Industrial e Comunicação Visual. Conselho Federal de Educação – CFE *(continuação)*

§ 9.º — As demais disciplinas corresponderão às suas áreas próprias.
§ 10 — A organização do currículo pleno atribuirá as áreas didáticas de cada professor, admitido o desdobramento das matérias do currículo mínimo, bem como o acréscimo de outras disciplinas.
Estimamos como conveniente a duração mínima de cada um dos dois cursos em 2.700 horas, ministradas pelo menos em três e no máximo em seis anos letivos.

Resolução nº 5, de 2 de julho de 1969

— *Fixa os mínimos de conteúdo e duração para os cursos de Comunicação Visual e Desenho Industrial.*

O Conselho Federal de Educação, na forma do que dispõem os artigos 26 e 30 da Lei n.º 5.540, de 28 de novembro de 1968, e tendo em vista as conclusões do Parecer n.º 408/69, que a esta se incorpora, homologado pelo Sr. Ministro da Educação e Cultura, em 30 de junho de 1969, resolve:
Art. 1.º — Os currículos mínimos dos cursos de Desenho Industrial e Comunicação Visual compreendem as seguintes matérias, assim distribuídas:

A — *Matérias Básicas*

1. Estética e História das Artes e Técnicas
2. Ciências da Comunicação
3. Plástica
4. Desenho

B-1 — *Matérias profissionais para o curso de Desenho Industrial*

1. Materiais Expressivos e Técnicas de Utilização
2. Expressão
3. Estudos Sociais e Econômicos
4. Teoria da Fabricação
5. Projeto e seu Desenvolvimento

B-2 — *Matérias profissionais para o curso de Comunicação Visual*

1. Expressão em Superfície, Volume e Movimento
2. Estudos Sociais e Econômicos
3. Teoria da Técnica e dos Materiais
4. Análise Gráfica
5. Planejamento: projeto e desenvolvimento

§ 1.º — Estética é a disciplina comum aos currículos de arte. Seu estudo está em conexão com a História das Artes e das Técnicas e dará tratamento especial às manifestações ocorridas no Brasil.
§ 2.º — As ciências da Comunicação enquadrarão em seus programas, além da Ética, os aspectos condizentes com as duas habilitações, especialmente as Teorias da Informação e da Opinião Pública.
§ 3.º — O estudo da Plástica compreenderá a pesquisa da forma, as possibilidades de criação e a psicologia de suas soluções.
§ 4.º — O estudo do Desenho envolverá o Desenho Artístico e o Desenho de Precisão, acrescidos da fotografia e outros meios de expressão úteis.

Anexo 4

Minuta de resolução de 20 de outubro de 1979. Fixa os mínimos de conteúdo e a duração para o curso de Desenho Industrial e suas habilitações em Projeto de Produto e Programação Visual. Documento resultante do 1º Endi, apresentado ao Ministério da Educação e Cultura

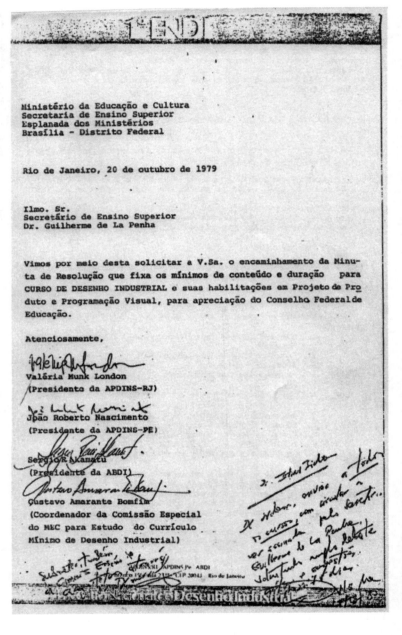

Anexo 5

Portaria GR nº 122, de 25 de novembro de 1963, na Universidade de São Paulo

Anexo 5

Portaria GR nº 122, de 25 de novembro de 1963, na Universidade de São Paulo *(continuação)*

Anexo 6

Sequência de Comunicação Visual nos anos 1960 na FAU/USP a partir dos documentos extraídos do Departamento de Projeto da Faculdade

---

UNIVERSIDADE DE SÃO PAULO
FACULDADE DE ARQUITETURA E URBANISMO

1967

Cátedra nº 12 - "COMUNICAÇÃO VISUAL I" - Disciplina Autônoma 123 - "COMUNICAÇÃO VISUAL III"
Instrutores : João Baptista Alves Xavier e Ludovico Antonio Martino

INTRODUÇÃO

Tendo o 1º e 2º anos partido do nível sintático para a reconstituição dos elementos fundamentais da linguagem visual, ordenando a experiência da forma, no 3º ano, volta-se para a discussão e observação dos fenômenos concretos da comunicação visual no mundo moderno; sua função, seus meios de produção, seu significado e sua expressão.

Os dois anos de exercício da linguagem, em conjunto com os demais setores de formação das outras sequências do curso, estabelecem o equipamento mínimo necessário a uma visão crítica e objetiva da realidade, que no 3º ano com a semântica e a progmática, completam os três níveis da linguagem visual.

PROGRAMA

1.00 - Mensagem visual

    1.01 - Semiótica (teoria geral dos signos e suas aplicações)

    1.02 - Diagramação de impressos: programação visual, catálogos, tabelas, livros, revistas, jornais, etc.(processo de reproduções industriais e artesanais).

2.00 - Informação visual do produto: embalagens, rótulos, indicadores de instrumentos, mostradores, etc. (processos técnicos, visitas a indústrias).

    2.01 - Informação visual no complexo arquitetônico: legendas informativas em fachadas e interiores, etc.

    2.02 - Informação visual no espaço urbano: sinalização de vias, sinalização de tráfego, etc.

PLANO DE TRABALHO

A disciplina será desenvolvida durante o ano letivo, de acôrdo com o

Anexo 7

Reportagem no jornal Folha de S. Paulo sobre a crise do curso de Formação de Professores da FAAP, em 22 de junho de 1967

Anexo 8

Certificado da Boa Forma concedido a Lívio Levi em 1964

Anexo 9

Apontamentos de Lívio Levi sobre viagem aos EUA em participação ao ICSID, em 1965

São Paulo, 15 de Dezembro de 1.967

A
MAGNÍFICA REITORA DA UNIVERSIDADE MACKENZIE
Dra. ESTER DE FIGUEIREDO FERRAZ

Magnífica Reitora,

Retornando de minha viagem aos Estados Unidos e Canadá, desejo em primeiro lugar colocar a V. disposição, assim que julgar oportuno, os seguintes elementos:
1) Esquema de Faculdade de Design Ambiental.
2) Plano preliminar para estruturação de curso de Industrial Design, apresentado no decorrer da V Assembléia Geral e Congresso do "International Council of Societies of Industrial Design" aos Prof. Tomás Maldonado, (ex-Reitor da Hochschule fur Gestaltung, Ulm); Prof. Gino Valle, (Coordenador, corso sup. di Disegno Industriale, Venesa) Prof. Misha Black, (Diretor do Royal College of Art - Depto. de Design Engineering, de Londres); tendo sido, na ocasião, discutido e criticado.
3) Justificativa para criação dos cursos especiais de design, propostos em correspondência anterior à essa Reitoria bem como à Diretoria da Faculdade de Arquitetura.
4) Documentação diversa, inclusive Bibliografia de Pesquisa Arquitetonica, etc.

A seguir desejo informar ter estado em contato com o Professor JAMES PRESTINI, do curso de Arquitetura da Universidade da Califórnia, em Berkeley, tendo o mesmo oferecido, na ocasião, sua biblioteca particular de Design (compreendendo arte, arquitetura, Industrial Design, etc.), supostamente das maiores e mais completas dos Estados Unidos. O catálogo geral encontra-se comigo, estando ao dispor de V. Magnificiência para exame e deliberação. O preço pedido é de US$ 40.000 (Quarenta mil dólares) para o conjunto completo referido.

O mesmo Professor irá, em futuro próximo, à Argentina, onde ministrará curso para professôres. Desta forma, poderíamos contar com um curso ou sequência de palestras a serem proferidas pelo mencionado Professor aqui entre nós, bastando, para isso, marcarmos a época oportuna, (Durante o decorrer do próximo ano), bém como demais detalhes. O curso seria especialmente interessante no que concerne a metodologia.

Sendo só para o presente, firmo-me

Cordialmente,

Anexo 10

Carta do diretor da Faculdade de Arquitetura e Urbanismo da Universidade Presbiteriana Mackenzie, prof. Gustavo Ricardo Caron, ao professor Lívio Levi, em 5 de dezembro de 1966. (Fonte: Acervo Marília Levi)

UNIVERSIDADE MACKENZIE
FACULDADE DE ARQUITETURA
RUA ITAMBÉ, 45
SÃO PAULO - BRASIL

Of. nº 1016/66

São Paulo, 5 de Dezembro de 1966

Senhor Professor

    Aceitas suas ponderações iniciais sôbre o assunto, na qualidade de Diretor desta Faculdade, solicito-lhe proceder aos estudos iniciais para o planejamento, programação e estruturação curricular de um curso de Desenho Industrial, de nível superior, a ser consubstanciado em uma Faculdade ou Escola de Desenho Industrial.

    Essa sua valiosa colaboração será encaminhada aos orgãos superiores da Universidade para assim dar-se início ao estudo dos problemas que a criação e implantaçaõ desse curso trará a mesma.

    De acôrdo com suas opiniões previamente externadas, será melhor, pelo menos por ora, limitarmos o escopo de curso programado apenas ao setor de "desenho de produto" procurando porém, um aprofundamento que garanta a obtenção de elevado padrão de competencia profissional.

    Certos de que saberá bem desincumbir-se desta tarefa, subscrevo-me mui.

Cordialmente

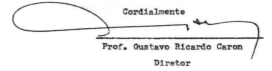

Prof. Gustavo Ricardo Caron
Diretor

Anexo 11

Carta do professor Lívio Levi ao diretor da Faculdade de Arquitetura e Urbanismo da Universidade Presbiteriana Mackenzie, prof. Salvador Cândio, em 8 de dezembro de 1967. (Fonte: Acervo Marília Levi)

São Paulo, 8 de Maio de 1.967

Exmo. Sr. Dr. Salvador Candia
D. Diretor da Faculdade de Arquitetura Mackenzie.

Prezado Senhor:

   Em atenção a sua solicitação de 19 de Abril proximo passado, vimos consignar nossa contribuição ao levantamento por V.S. pretendido.
   Fica sub-entendido preliminarmente não estarmos de acôrdo com o "atual andamento da escola", sendo indubitável a possibilidade e necessidade de melhorá-la, em todos os sentidos.
   As observações doravante elencadas, dirão respeito em sua maioria ao aspecto das "instalações da escola" de vez que no tocante ao ensino, existe incumbida por V.S. uma comissão de reestruturação que certamente produzirá brilhantes resultados.
   Em relação à cadeira de "Desenho Artístico III" – consideramos conveniente a modificação de seu nome, afim de identificá-la com o seu programa operativo.
   Uma vez, estarmos compenetrados da utilidade de uma cadeira que aborde a problemática do "Desenho de Produto", coloca-se a questão do eventual desdobramento desta, em dois ou mais anos letivos, a exemplo do que ocorre na FAU e consequente previsão de facilidades como: oficina de modelos, número de professores, etc.
   Na forma atual nota-se conveniência de conexão entre as cadeiras de Comunicação Visual e Desenho Industrial, atualmente separadas por lapso de um ano letivo.
   Quanto a criação de um curso superior de Desenho Industrial, a ser criado no âmbito da Universidade, pedimos reportar-se a correspondência anterior com a Diretoria e Reitoria.
   Analisada a situação atual, constata-se o seguinte:
   1ª)-As instalações atuais vistas em conjunto não oferecem ambiente físico ideal para estimular um otimo rendimento de ensino.
   2ª)-Não há o "CAMPUS UNIVERSITARIO" como é entendido o têrmo, ao designar uma configuração arquitetônico- paisagís-

(segue)

Anexo 11

Carta do professor Lívio Levi ao diretor da Faculdade de Arquitetura e Urbanismo da Universidade Presbiteriana Mackenzie, prof. Salvador Cândio, em 8 de dezembro de 1967. (Fonte: Acervo Marília Levi) *(continuação)*

tica adequada.

3º)-A propria Faculdade de Arquitetura, em seu tratamento arquitetonico com os varios espaços resultantes não parece representar o ideal, havendo ainda salas separadas do predio principal que vem sendo utilizadas em condições precárias.

As varias funções (salas de aulas teóricas, salas de projeção, etc) se encontram decentralizadas de uma forma desordenada inclusive dependendo de autorizações previas para seu uso.

4º)-Ausência de ambiente adequado para exame e guarda de trabalhos, preparação de aulas, armarios individuais para guarda de material didático, museu de materiais, arquivo, etc, para uso do corpo docente.

5º)-Deficiência no conjunto de equipamento de projeção - (epidioscopio, projetores de slides e filmes). Ausencia de retro-projetor, slidoteca e filmoteca especificamente organisadas para complementação audio-visual.

6º)-Ausência de anfiteatros adequados para aulas teoricas. Péssimas condições do equipamento atual das salas de aulas praticas,- havendo pranchetas empenadas, inadequadas, pretas, bancos rudimentares, armarios insuficientes e mal dispostos, contribuindo para o estado geral de desordem visual.

Iluminação deficiente assim como a conservação e limpeza das salas.

7º)-Falta de inter-comunicação salas-secretaria.

8º)-Deficiencia acústica do ambiente, permitindo elevados níveis de ruido pela ausência de tratamento adequado das superficies das salas e de suas aberturas, tendo em vista o ruido provocado nas classes contiguas e nos intervalos das escolas vizinhas.

9º)-Ausência de sala de exposições equipada para mostras periódicas de trabalhos.

10º)-Falta de veículos adequados, para manter atualizados os membros do corpo docente sobre atividades e programas das diversas cadeiras.

11º)-Ausência de central heliografica operando a preço de custo, sendo os trabalhos atualmente recebidos em original, impedindo o arquivamento de interesse didatico.

Falta de uma cooperativa de consumo, permitindo aos alunos a aquisição menos onerosa dos materiais necessarios a execução dos trabalhos práticos.

12º)-Excesso de horas de aula provocando o relegamento de determinadas cadeiras consideradas "menos importantes" e criando "invasão" de horarios de aula para execução de trabalhos práticos de outras materias.

13º)-Ausência de um regime de estágios controlados, em escriterios de profissionais.

Anexo 12

Nomes dos professores dos cursos de Di e CV do Mackenzie que faziam parte do corpo docente quando da conclusão da primeira turma, em 1973

INSTITUTO MACKENZIE

PRESIDENTE EM EXERCÍCIO
DR. CLAUDIO PEREIRA JORGE

SUPERINTENDENTE
DR. SANTO LUIZ LAVÍTOLA

UNIVERSIDADE MACKENZIE

REITOR
PROF. JOÃO PEDRO DE CARVALHO NETO

VICE-REITOR
PROF. FRANCISCO B. HOFFMANN

SECRETÁRIO GERAL
SR. PAULO ROBERTO C. BATISTA

SUB-SECRETÁRIO GERAL
SR. LUIZ MASSAHIRO HANADA

FACULDADE DE ARQUITETURA

DIRETOR
PROF. JUN OKAMOTO

COORDENADOR DOS
CURSOS DE COMUNICAÇÕES E ARTES
PROF. LASZLO ZINNER

SECRETÁRIA
IWONKA MONTE

INSPETORA FEDERAL
PROF.ª ZILDA MACHADO TAVEIRA

HOMENAGEM
PROF. JOÃO PEDRO DE CARVALHO NETO
MAGNÍFICO REITOR

PATRONO
PROF. LASZLO ZINNER

PARANINFOS
PROF. JOSÉ TEIXEIRA COELHO NETTO
PROF. LUIZ TEIXEIRA TORRES

PROFESSORES

ALVIMAR CARMONA MACHADO
ANA MARIA S. DI SESSA
ANNA MARIA A. K. RAHME
ANGELO SCHOENACKER
ANTONIO CARLOS SANT'ANA DIEGUES
ANTONIO LAFFRATTA
ANTONIO PRIMO GHIZZI
ARNOLD PIERRE MERMELSTEIN
BARTOLOMEO ALBANESE
BENJAMIM PRIZENDT
CARLO ANTONIO PORTA
CARLOS NICOLAEWSKY
CLOVIS P. NUNES DA SILVA
EDGARD RODRIGUES DE SOUZA
FLÁVIO ABU-IZZE
GALBA OZORIO
HELOISA CRISTINA S. CUPINI
ITAJAHI MARTINS
IVAN A. JUNQUEIRA DANTAS
JAN KOUDELA
JOÃO ROSSI
JOSÉ ANTONIO VERDERESI
JOSÉ CARLOS DE PAULA CARVALHO
JOSÉ MACHADO DE MORAES
JOSÉ M. GONÇALVES DE OLIVEIRA
JOSÉ RICARDO P. GRACIANO
JOSÉ TEIXEIRA COELHO NETTO
LASZLO ZINNER
LUCIANO A. PRATES JUNQUEIRA
LUIZ TEIXEIRA TORRES
MARCO A. SALGADO MENDES
MARIA CRISTINA C. BULCÃO
MILTON DE ABREU CAMPANARIO
MARIA DIVA V. TADDEI
MARIA PIA COLLAROS
NOELY W. DE ALMEIDA
ODILON G. AMADO
ODUVALDO DONNINI
RAPHAEL GRISI
RICARDO OHTAKE
SEMI AMMAR
SILVIO TEIXEIRA COELHO
SONIA MARIA PAULA E SILVA DE LIMA
TAKESHI KATSUMATA
VICENTE BICUDO
VICENTE GUILHERMO N. MORENO
WALDYR HUNGRIA
WALTER SAMPAIO SMOLKA
YARA BOMFIM CORREA